洛阳危机

孝文帝密使

李纲

-著-

江苏凤凰文艺出版社
JIANGSU PHOENIX LITERATURE AND ART PUBLISHING, LTD

—— 目录 ——

CONTENTS

城北阊阖门之内，宫城巍峨，锦阁巨烛相映，金玉珠玑为帘，彻夜通明。又有西北一隅，金镛小城，寥落有光。其余各处，洛阳三百二十里坊，唯赖西月映照，百万屋下庶民，树颠筑巢寒鸦，皆入深眠。一队身着明光甲胄、腰佩环首直刀的巡夜禁军，整齐迈过洛水永桥，沿铜驼大街向北行进。

寿丘里计东西二里，南北十五里，为皇宗显贵所居，洛京坊间多称之为“王子坊”，从那家家的围墙去看，便是与其他里坊的院落有着云泥之别，几乎户户筑坚实高墙、覆油亮莲纹瓦，川林围绕，高台芳榭，一望便知，户主定居山海要职。到了一户院墙恰过人高的门庭之前，只见一丛残叶修竹、几株娇艳寒梅，迎着料峭冷风从院落之内探出墙头。

神虎门外，公主元慕兰执辔于马背之上，肃然而立。马首时而低沉，时而高昂，在它呼吸之间，马嚼子为霜气和雾气交替萦绕。其身后一男一女也处于时刻待命状，一左一右，侍于公主两侧。一只绒毛洁白、体态高大的雪狼山犬四腿笔挺、双耳高耸，静静地矗立在三人后方。

摇头，肃然道：“镇南将军在上，并有都护郎在旁，将军为陛下钦命查案大臣，都护郎为前将军公子，皆为馆案之核心中坚人物。今日郦某此来，除去以上沟通案情，实有一事相告，亦是我身离兖州之时，所负天子之重托……”

慕兰公主接在手里，见是一卷残旧的《神农本草经》抄本，她恍惚间似乎也想起往日某事。闻玉继续说道：“姊姊，你展开这书卷，看下我标记的那一篇。你还记得我埋怨韩英随意折我医书吗？而当时韩英却答我，这书纸似乎并不是他折叠起来的。你看标记的那一篇写的是什么？再看它上面，留有很清晰的旧折痕。”

“郦道元，你这叫什么话！”咸阳王勃然，“于烈将军乃禁军统帅，我为天子元弟、当朝宰辅，不该去精诚同心、效忠陛下吗？”“殿下息怒，”王肃慌忙解围，“其实是有一样证物，已经牵涉到殿下这里，既然殿下来此，还烦请殿下说明此物的来历与去处，好让下官们寻了正确的思路继续查案。”

让人吃惊的是，在队尾的马背之上，竟驮有几具尸首，尸身之上所着甲胄，既有射声校尉尉卒常甲，又有太子翊军校尉制装。各自为首的张议与于登二人，也并不多言，将质子交予白鹭曹候官之后，各自领兵回府。

趁着冰冷的夜色，有一高头骏马，斜插过即将关闭的城门出城疾驰而去。

骑马之人正是慕兰公主的贴身扈从汐月，她的坐骑为天子御赐给公主的神骏渠黄。汐月很快绕过洛水幽林，间道城南万安山，飞驰到城外二三十里之处。她的目的地，是设在嵩岳北麓的天子行銮驻地。

半月之后，上元之夜，天子发出敕令，诏命南青州迁洛之两千巧匠，结队南过轘辕关，前往嵩山之麓一方石罅流泉处，开建一座幽胜的山间伽蓝。

畿内百姓传说：有位皇家公主，要在此处落发为比丘尼。

/第一章/

须弥天阁

太和二十年，十一月。北魏新都，洛阳城。

某夜，亥子之交，弦月高挂，洛水静淌。

城北阊阖门之内，宫城巍峨，锦阁巨烛相映，金玉珠玑为帘，彻夜通明。又有西北一隅，金镛小城，寥落有光。其余各处，洛阳三百二十里坊，唯赖西月映照，百万屋下庶民，树颠筑巢寒鸦，皆入深眠。

一队身着明光甲胄、腰佩环首直刀的巡夜禁军，整齐迈过洛水永桥，沿铜驼大街向北行进。

突然，桥南传来一阵嘈杂声，瞬时变为骇人的喊杀声。细听，那声音并非洛阳正音，也不似鲜卑俗语，而是来自北方草原的柔然声调，此起彼伏。并有数十把闪闪弯刀——自燕然馆内，竟冲出几十个衣衫凌乱的健硕武士，只消须臾间，一个手持短刃的黑衣夜行者，即刻惨死于柔然武人的乱刀之下。

巡夜禁军闻声先至，片刻之后，负责四夷馆界民事治安的里正披衣后到，洛阳县、河南郡、司州府衙也迭次派出夜值吏员，各自扬鞭催马，迅速奔往事故发生地。

次日辰时，各处里门、郭门、城门、宫门四开之刻，人们开始传播一件惊天大事：昨夜在城南发生了一桩血案——有黑衣夜行人，被乱刃砍死在燕然馆大门阶前！

燕然馆为坐落于四夷馆区域的一处三进馆寓。四夷馆界为天子敕建的专供归化大族、臣服王公、藩国贡使之常居处，整片建筑坐落在永桥之南，圆丘以北，伊洛之间，除燕然馆外，其余三馆分别为金陵馆、扶桑馆、崦嵫馆。半年以来，在燕然馆内，计有吐谷浑王子与家眷短暂小住之外，长为来自柔然胡廷的四王子郁久闾洛伦及其数十名武装扈从居留。郁久闾四王子的身份，既为柔然胡廷可汗派至大魏皇都的使者，更是草原藩国送往洛阳的质子。

而那个被当场击杀的黑衣人的身份，洛阳十万户百姓都一无所知。有好事者多方打听，仍是一无所获。各级官府及城门尉、禁军巡防，皆对此案讳莫如深。百姓只是听闻：对于四夷馆案的追查权，已越过洛阳县、河南郡两级，直接升至司州府（司州全名为“司隶校尉州”，该州辖治京都洛阳及京畿十二郡六十五县）。

又逾数日，消息灵通者得到确凿说法：天子已从兖州行在发回诏命，要求居京的太子留台与太尉府联合会审，彻查该案。

腊月十八，桃符新挂、蒲苇悬门的元日佳节已悄然临近。

无论是在北方的洛阳，还是在南方的建康，甚至更北的柔玄、怀荒，往南的广州、越州，虽有长江相隔，但人们都称这一天为三元、正旦。因为这元日，不仅是正月的朔端，也是新年的肇始，更是四季轮回的重启。

郭城西区，寿丘里。

此域之内，私邸林立，多居勋贵高门，飞檐错致，锦阁逶迤，竞比豪阔。

多年来，穆泰与咸阳王元禧交情甚笃。太和十九年底，时任尚书右仆射、爵封冯翊侯的穆泰出京外任定州刺史，二人虽旬月书信不断，却已是经年未见。

咸阳王府。

仆从奉上果品醴酪，添罢炭火香炉，咸阳王屏退左右，与来客独处正厅。

一番寒暄，可见两人重逢的气氛甚是融洽。

咸阳王悠然道：“冯翊侯，你这离京外放，做了一方诸侯，自在潇洒，本王在京可是累得够呛，束手束脚啊。主上大半时间在京都之外巡查考课诸州官治民情，眼见南阳、钟离前线战事趋紧，后方辎重调配，洛阳新都修桥造路，朝廷上下督课新旧百官，忙得我一塌糊涂。想来这年底是要得些空闲，皇兄却东去兖州拜谒孔林，把京都的一摊子大小诸事，就又留给了太子留台与我这太尉府，说实话，真希望储君能够早些有担当。我也好如我那伯父河阳王一般，落得个清闲自在，做个太平亲王。”

穆泰一边摇头微笑，一边摆弄赏玩案几之上的几样奇巧器具。只见那几只盛放点心的六瓣花形盘碟，见所未见，通体为清丽纯美的湛蓝色，光莹精妙胜过水晶。那盛装酪浆的鸭形提瓶，亦是玲珑剔透，瓶壁竟无半点杂色，与之配套的几只杯盏，更是做工精巧，透亮如水，皆高脚细颈。饱满浑圆的杯腹之上，或饰以一枝卷曲灵动的忍冬蔓草，或是一串栩栩如生的葡萄浮雕。

“殿下，这几件琉璃器可是好宝贝啊，下官眼拙，料其应为我中土所无之奇物，其价恐比黄金还贵。”穆泰连连点头，不禁啧啧称奇。

咸阳王哈哈一笑：“冯翊侯好眼力，这几样杯碟，皆是波斯国的西来琉璃，正名为颇黎，据说原产地是大秦，萨珊波斯承其技艺，圆熟至此。前几日里才得来这几件奇物。”

“真乃稀罕！”穆泰满眼的艳羡赞叹，满心的流连忘返，小心翼翼地放下轻盈透亮的高脚颇黎杯，接着咸阳王方才的话往下说，“下官以为，这理儿，可不是殿下您说的那个理儿，实在是至尊这摊子事，少了殿下您的鼎力匡扶是不行的。殿下以贵胄之尊，封太尉，领首善之地司州刺史，兼都督司、豫、荆、郢、洛、东荆六州诸军事，可谓名副其实的国之巨础啊。”

咸阳王微微一笑，他伸手拿起一小块儿牡丹鲜花饼：“穆氏家族参赞初基，为我大魏列祖肇创社稷立下汗马功劳，世受皇恩，功表于世。在皇家所厘定世家大姓之中，穆姓不仅位列一流士族，且为勋臣贵胄八姓之首，巨宦盈朝，个个位高权重啊。冯翊侯，我可是替你们家算过，过去百年间，包括冯翊侯你自己，共有十一位穆府子弟尚娶大魏公主为妻室，这可是其他勋贵都没有的殊荣……”说起穆家百载新旧事，咸阳王如数家珍，两眼放光，看那情形好似他自己都垂涎三尺，他也顾不得再去吃那香酥可口的鲜花小饼，将其放回碟中，“皇兄也经常训导诸弟，说凡事定要多多照顾穆、陆诸家。说句公允的话，你们这八大功勋世家，才是我大魏帝国不可或缺的国柱。至于本王，只能说是幸得皇兄错爱吧。”咸阳王略略叹息，肘依凭几，以手托腮，凝着满目的雕梁画栋，不由感慨，“一转眼二十年过去了，真是怀念当初皇兄做青宫太子、我当逍遥亲王的快活日子，主上自幼天纵多能，克文克武，我却是夜以继日痴迷握槊赌博。还有三弟、四弟、五弟、六弟，个个天真无邪，每至秋高气爽，擎苍牵黄，角弓骏马，出平城中华门，涉武州川，好不自在……”

“嘿嘿，殿下，您听，是不是这么个意思，”穆泰一边轻击案儿，以为节拍，一边陶醉其中，沉吟哼唱，“男儿欲作健，结伴不须多。鹞子经天飞，群雀两向波。放马大泽中，草好马着膘……”

“对，就是这么个意思，如这《企喻歌辞》所咏，我鲜卑男儿力健尚武，是骨血里带着的，比那些只懂摆弄辞赋章句的文士小子不知要英武多少。那时候有父皇文献皇帝在，有文明老太后在，谁也没想到，时至今日，恰恰是最贪恋玩乐的我，要帮持主上操持这么大的家业。这真不是我想过的日子。”咸阳王连连摇头。

穆泰嬉笑：“殿下，下官自中山归京，定州地薄，也没什么好的土产风物带给您，恰半年之前，在那太行北端、涞水之源发现了一座大的铜矿，所得铜料，质地上乘。近年天子下诏中书省，多铸太和五铢制钱，汇通商贸，下官此来带了炼好的精铜三十万斤，今日里给中书省递交了三万斤入朝廷府库，余下的……都还在马匹车辆之上，尚且停留在郭外野林，殿下您看？”

咸阳王一怔，旋而面露喜色：“这，不太好吧？”

“殿下，至尊在太和十八、十九年的诏书里说得很明白，只因我圣朝贸易通达，市面泉布不敷需用，对于朝廷尚书台主导之外的民间铸钱，也是允许的，保证泉布的足色则可。民间大户尚且设炉鼓铸，代铸五铢，行通于市，何况殿下您，这个又不违至尊的敕禁。近月我听闻，洛阳城内东、西、南三大市，铜钱使得都紧张，定是那铜料不足的缘故。泉布匮乏，各藩国商贾来京贸易、各州郡货物流通定也受限。想来近年各地又兴建伽蓝，比造佛像，耗铜也定然是不少，京城营造这须弥天阁寺，工程浩大，咸阳王不是还贡献了两千斤精铜吗？”

咸阳王点头：“是啊，这个，也是作为皇弟应该做的。”

“殿下，您看这几十大车的铜料，下官是不是送到北邙山极乐寺去？我会简派精干的人手护着。待过了来年二三月，天气转暖，我为殿下在城内择块阔地，张罗个铸钱的工坊。”

咸阳王干咳一声：“好，那就……先放在那里吧。”

穆泰知道，位于郭城之外北邙山上的极乐寺，是咸阳王上个月才供养造起的王府伽蓝，寺院占地百余亩，风水、景致俱佳。此时正值隆冬，又是刚刚完工，咸阳王忙里忙外，极乐寺开光之日也就一拖再拖，正式的方丈、维那都还尚未议定，当前寺内只有王府内眷遴选邀请的十余僧人入驻看护。

“殿下，”穆泰端起颇黎雕花杯，美美地品了一口热腾腾的酪浆，“武库署铁作场送来的铁具，您满意吧？”

咸阳王正用丝绢小心地拭擦自己拇指上的翠玉鸡心韘，听到穆泰的问话，停下手中的动作，白了他一眼，眼眉挑起，抿嘴笑了：“你的鬼主意着实多。满意，我相当满意。”

穆泰曾任尚书右仆射，帝都迁洛之初，由尚书台主导，在城南伊水西畔狮子坊设有一座铁作工场，占地颇广，其东墙又凸出狮子坊东界围栅三千八百步，径达河沿，役工不出场界，可直于伊水河中汲水炼铁。一年之前，这座铁作场被划拨为朝廷武库署下辖的专门机构。

咸阳王放下柔顺的白绢：“冯翊侯，这事儿可真是稀奇，我思来想去，却真是想不通这化铜为金的玄妙之处，世间真有这般神奇之事？可是我却不由不信，我明明派人送到铁作场的是两千斤铜，你却给我还回来三百斤金，”咸阳王眉头紧锁，满脸疑惑，又说道，“你莫不是诓骗本王，逗我开心？我看指定是。”

穆泰赶紧咽下刚吃进嘴里的蜂蜜果子，灌下一大口酪浆把果子冲下喉咙，鼓着双目：“殿下啊，您可真是冤枉了下官。您想穆泰哪来那么多黄澄澄的金子？自太和八年，朝廷为规避大小官吏巧立名目滥夺民财，施行明明白白的俸禄制以来，下官统共也没攒着几锭金银，全家老小就指望至尊恩赐的那五百户职田糊口，父祖攒下的田产山泽也早都让渡给了诸弟妹承继。”

穆泰所说，虽有夸饰，但咸阳王思忖，他确实也不大可能攒下如此巨财。

穆泰将手边的凭几稍移，向咸阳王这边倾身，悄声说道：“殿下您想，世间之物，其倏忽而易旧体，改更而为异物者，千端万品，不可胜论。如铅，色白也，但点之以丹砂即成赤。至于高山变深渊，深谷成峻岭，则为大物之变化。所以说呢，变化之理，乃天地之大道。殿下何以执着认定点铜成金就是不可能、不可思议之怪事呢？”

咸阳王凝着眼前那通红的火炭：“嗯……你说的，似有道理。”

“殿下，它不是似乎，它是确实如此……点铜为金，并非虚传，黄白之术，其实算不得什么前所未有的奇事，在前汉，在王莽伪朝，当时就有神秘方士点化而成的黄金大量出现，其名为——药金，大汉天子动辄拿几十万斤的药金作为黄金颁赐给功臣显贵，流通到市面上，根本分别不开来。殿下您掌枢天下万机，这一人之下万人之上的，您还不清楚，即便掘地百丈，斩断五岳百川，天下哪有那么多的黄金？殿下，您说实话，您分得出这药金和平常金子的成色区别吗？”

“我细看过，辨不出来。”咸阳王摇头，他越听越觉稀奇，“这点石成金、黄白之术肯定是听说过，不过都会以为是志怪神魔一样的胡诌臆想，没人会当真啊。

天底下还真有这事儿？世间若有掌握如此高超幻化之术之人，那真就是存世的神仙啊。冯翊侯，你怎样的机缘，交得这样的活神仙？”

“殿下，正如下官方才所言，黄白之术，神而不玄，其变化原理究合天地之道。但要说它不神，此术确实只可能存在于蓬莱仙地的神人之手。”

“冯翊侯，别绕……”咸阳王求知若渴。

“殿下莫急，这蓬莱仙人任哪个凡人也没见过，前朝的秦皇汉武也寻求未果。但就在咱们现在的洛阳城里，就有一位掌握此变化秘籍的人物。”

“汉朝的神仙真还活着？”

“东宫詹事黄腾之。”

“黄腾之？”

“黄腾之的亡父，乃是寇谦之寇天师的高徒！”

这七十年前的故人往事，咸阳王虽然知道得不甚清晰，但口口相传，也有所耳闻。

寇谦之，道教一代天师，大魏平城时代国师，太武帝信宠至极，尊道教为国教，并颁废佛令，敕命“天师及其弟子，并列在王公之上，不听称臣”。且当年改年号为“天平真君”，真君年号前后持续长达十二年之久。在旧都平城，太武帝先为谦之传法营建五层“玄都坛”，后造接天连云“静轮天宫”，本朝大臣笔记有载：“其高不闻鸡鸣狗吠之声，欲上与天神交接。”太武崩后，太孙继位，宣布解除“废佛令”，谦之仙逝，时过境迁，他的弟子也都纷纷四散于野。

见咸阳王在思索着什么，穆泰说道：“殿下，下官于尚书台任职数年，黄腾之为下属侍郎，久之，二人甚为投契，一次酒酣之际，才听他说到自己有这样的家世秘密。说来黄腾之也算是寇天师的嫡传。但因在朝为官，也就不便去对人说这样的道门秘事，其父能独得寇天师真传，想必也是有其道理的。殿下也清楚，自太武崩后，我朝崇佛，俨然国教，道教虽不致废黜，但其地位已今不如昔，他就更不会轻易说此玄妙变幻之术，免得惹来事端。为殿下制炼药金之事，是腾之拜托下官的。想来，腾之定是欲亲近殿下……等有了万一，希望殿下能庇护他，说句话。”

“如何之万一？”

“殿下，太子这情形……黄腾之毕竟不是什么仙风道骨，身在尘世，为身家计，也可以理解吧？”

“黄腾之大胆！”咸阳王怒拍案几。

穆泰急忙离榻稽首："殿下说的是，但殿下您看，太子身边，这黄腾之也算忠烈了，和其他人比起来……"

"穆刺史，此话到此为止，你责令黄腾之，事主以忠，其为本分。太子之存废，为皇家事！外人岂可臆测！"

"殿下责骂得是。"咸阳王的意思穆泰听得甚是明白，储君存废，为天子宗亲的家事，不要说那黄腾之，就连穆泰这样的重臣也不过是外人。故作大惶恐状。

咸阳王将一碟皎白如雪的桂花莲藕银丝酥推给穆泰："吃点心，冯翊侯，这点心不错。"他稍稍一顿，"黄腾之有这点石成金的本事，看他家境却并不丰裕啊。"

"殿下，这事儿下官也问过他，一来黄白之术为高境秘术，不可滥用，须心存十分敬畏。再者……这点化之药，实属不可易得。须施术画符，口称咒语，七七四十九天，炼百石而成药，而后铸铜为筩，闭室鼓风，伏火点化发取捣治。心若不诚、性若不定，不但点金不成，反致筩溃焰腾，爆烬屋舍，顷刻之间，点金者身首化为肉糜！"

"噫！这么可怕。"咸阳王顿觉悸怖。

穆泰轻拍咸阳王的衣袖："殿下莫要担心，黄腾之得寇天师真传，对这药炼之术可谓得心应手。这唯一的不便，便是点药的不易获得，是其不易获得的关键……"

咸阳王打断了对方："冯翊侯，月前那个事情一出，今日仍旧未了……我还是放心不下，这个点药原材的筹取，就暂停一停吧。担负京师城防重责的领军将军于烈，是直接听命于主上的……"继而长叹一声，"衣不如新，人不若旧。话说本王还须感谢冯翊侯的倾力配合，自司州南下，打通南阳、荆襄的直道工程耗时耗力，但军国之事刻不容缓，来年南下数十万军旅的辎重粮秣全赖此道，你我说话的这会儿，有五万丁壮还在整修此道，又有引谷水、瀍水、伊水、洛水入京都以四通全国的运河工程，还有缮建城郭之外汉晋故堰千金堰的民需工程，哪一项都是迫在眉睫，主上每日与我的通信都要问及诸项进度，如果不是你这位前尚书台长官倾心沟通诸州军镇，督促竞相效力，我怕是到现在还在犯愁。"

"为殿下分忧乃属下分内之事，各州、各镇的真实情形与可供调取民力，他们是瞒不住下官的。"

"听闻六州都督军府长史，还有都水衙门长官他们上报的情况，北方诸镇州遣来的三万劳役，甚是得力，尤其是五千铁勒民壮，十分扛用，如此夜以继日，想必几项事务的如期完工应是没有问题的，也算给主上有个交代。"

"塞外柔然胡廷与我朝交好，北地宴然，没有战事，北方州镇也就没有了大的饷银来源，想来也是日子过得紧巴。我大魏有至尊如此的圣君，有殿下这般的贤相，敦化百僚，护佑生民，多有渤海流民、诸胡部落投奔北地。但放牧于风沙大漠，生地荒原，又是极难垦殖，殿下体恤民力，您也别觉着遣他们来京师效力，是不堪的劳役，其实对那些丁壮来说，也是有个稳当的就食之所，要十倍强于北坂苦寒、牛羊冻毙的惨境。"

咸阳王点头。

穆泰再倾身，更靠近咸阳王："殿下，至尊是不是也该回来了？"

"冯翊侯，咱们做臣下的，这个任谁也不能多问主上啊。天子经略八荒，五山为镇，四海为家，自有圣断，我方才不是说吗，主上都已适应了常年巡访都外诸州。"咸阳王边说边伸出手掌，掰着指头计算，"你看，不要说平时，这大前年，太和十七年腊月前后，主上都是在邺城，查相州典狱，还召见考课了就近的河南、河北、幽云、海岱诸州刺史；前年除夕则是身在南方悬瓠、淮水前线，当时对萧齐伪朝战事正酣；只去年腊月、今年正月算是在洛阳清清静静过了个年。"

"呃……殿下，如果方便，能否替下官在至尊面前说句话？"

"能说的，定然要说。"

"定州水苦，下官身体实在无法适应其风土，眼见连月遭病，我这家眷也都还在旧京平城，平城今隶属了恒州，殿下如愿意，还请您给至尊说个情，把我调回到恒州做刺史。一来下官念旧，故土养人；二来先皇、先太后陵寝也都在恒代旧地，穆家世受皇恩，我兄弟近支已多迁洛京，如下官一支能日夜代至尊、殿下守护皇家诸山陵，也是做臣子的一份心愿。"

咸阳王听罢，没有接话。

"至尊最倚重殿下，应该不难。"穆泰再进一言。

咸阳王静思须臾："穆泰……"

继而整个前厅是一片静寂，穆泰也不敢去贸然接话，他只觉得过了许久，才听得咸阳王又缓缓开口："本王今日送你一番话，推心置腹的，希望你听得进去。你我私交归私交，但主上的迁都鼎革大业，事涉颇多，其意深远，绝不只是朝廷文武、后宫皇妃们搬个家，把家伙事儿从恒代僻壤迁至中原腹地如此简单，实乃膺箓受图、定鼎嵩洛之圣举，为我大魏百年大计，其移风易俗之典，将与五帝并迹，礼乐宪章之盛，凌百王而独高，你千万不可看不明白这一点，或者误会本王，错以为我如此说，是在外臣面前谄媚天子，”他双手交叉，两肘依托案几，“我可以明确告诉你，主上不需要，我亦无必要。此番主上改良若成，便是前无古人的经天纬地之圣举，以我黄帝苗裔鲜卑血脉之尚武英姿之大胸襟，融合厚重中原、嵩洛神都之文教风华，我大魏，可远迈秦汉，手创一个亘古未有之锦绣中国。届时，虽秦皇玉玺遗落南境，南方岛夷伪朝仍狡称正朔，但天下衣冠，神州人心所向，已实归我大魏。齐文轨而大同，混天地而为一，自是水到渠成。今日里，旧京平城已然成为守旧勋贵的巢穴，有些人自恃高门世功，阳奉阴违，你切不可心存丝毫观望游弋之意，与他们走得太近。主上对个别滞留旧都的老臣的宽容，绝不是纵容，皇家的忍耐是有底线的。”说到此处，咸阳王以食指敲击了两下案头，挺胸收腹，做威严状，“本王可以说得再明白些，只要当今天子在，一切造次皆为徒劳，都是引火烧身！”

穆泰惊愕，赶忙解释：“那是自然的，殿下放心。下官贸然有此请托，其实也有另外一番用意。恒代之地，山远路悬，旧都意重。窃以为，朝廷必须在恒、朔、幽、燕等北方诸州布有得力镇将，以防万一之不测，眼见些许北人恋旧，不解至尊营迁伐谋之圣举，已有零星骚动，至尊不可不防，殿下不可不虑。我穆家世代子弟皆肝脑涂地，襄赞皇基，若穆泰能如愿牧得恒代之州，定将夙兴夜寐，敬慎所临，以不负君望。下官之所以意辞定州牧，实因定、冀、肆、并诸州，域近京畿，朝廷雷霆可达，诸事平顺，也实难再有建功立业之担当和作为。庸碌无为，此非穆氏家风。”说到此处，穆泰颇为动容，离榻屈身跪下，埋首于席，“只请至尊和殿下把穆泰视作皇家鹰犬，出为捍护旧京根基，恒代州境之内，如有奸邪异动，穆泰的环首铁刀，定将其碎尸万段！”

不知道什么原因，今冬的雪一直未下。

从北方原野闯过来的凛冽寒风，如刀如戟，一柄柄、一簇簇划过厚重的黄河冰面，越过横亘在南岸的连绵北邙山，掀掉大夏门三重城楼几片顶瓦，在帝京洛阳，大夏门城楼为内城十三门阙之最，去地二十丈，西侧是固若金汤的金镛小城，它毗邻皇家内城，甚至能听见烈风凿刻城砖的嗞嗞巨响，出了皇城南端阊阖门，一路向南，直扑铜驼大街，再掠内城宣阳门，沿御道东西冲撞开来，城中里坊，门扉窗牖任其撕扯，叮当作响，家家户户避之不及。

这一番狼狈相，被总管都城营造事务的将作大匠蒋少游尽收眼底。在这洛阳城内外，再没有第二个人能比他看得更真切，更辽远。

他此时所立之地，为一处即将竣工的伽蓝高阁，寺阁位于城西西阳门内，铜驼大街以西十五里，寺阁中的最高建筑——浮屠塔直冲云霄，大魏天子元宏离开京都，东去拜谒孔林之前，亲笔御书为寺院命名，是为“须弥天阁”。当时有鲜卑亲贵建议用鲜卑语为寺院取名，被天子断然否决，最终用了这样一个汉译梵音的寺名。

此浮屠建筑虽名为阁，实为前高塔后重殿，层叠不穷，起伏有秩，绵延如城中山岳，又若盘尾巨龙。其间浮屠高塔精巧奇绝，上下二十八重，意为佛家世界须弥山中二十八重天。

须弥天阁初为安顿天竺赴华高僧跋陀传法布道所筹建，跋陀大师却更倾心远离尘嚣的山中幽境，不愿过多涉足京城俗务，于是天子另于京城百里之外的嵩山少室山下，为之辟出山阴坡地，建起一座山中丛林，名曰少林。这须弥天阁也就成为洛阳城中最为雄伟的一座皇家寺院，钦命义学高僧慧光为天阁住持，慧光禅师籍为定州长卢，在少时随父入空门，受具足戒于洛京所隶属的天下第一州——司隶校尉州，此时正当盛年，却已是皮甲精进，名满南北，不但译有《十地经论》此等佛家巨典，删定《羯磨戒本》，且亲撰《四分律疏》《仁王七戒》，注解《华严》《涅槃》，可谓神出五才志入四行，为名副其实的沙门后起领袖。

立于塔巅，郭城之内的皇家宫阙、两卫驻地、太仓武库、府曹衙署、十万户百姓家，尽收眼底，观帝京之内一切人与物如视己掌纹，城外方圆数十里，村户老树，残桥古寺，亦是一览无余。

如果是在旧京平城，这个时节，四目极望处，城池山野，早已是白雪皑皑，百姓的麦田，也历经了数轮沃雪层盖。

各部曹长官，计有小半数随天子车驾东去，此时应在兖州鲁城祭祀孔庙。

午后申时，咸阳王带了尚书左仆射、高僧慧光、虞曹尚书、右民尚书及大鸿胪典寺鉴、昭玄曹史、四夷馆监等留京相关负责官长，在号呼喧嚣、堆满工程余料的寺阁工地内外巡查了足足一个时辰。

一干重臣、上峰、同僚对寺院营造的质量和进度非常满意。多年以来，群臣对将作大匠蒋少游的能力和专注有目共睹。如此宏伟且精妙的建筑群，朝廷只给将作曹衙门拨了九百名来自徐兖诸州的远来役工，加之从平城随迁过来的手工户人、京畿司州地面的工匠共计三千八百人，再有来自塞北柔然贡献来的突厥锻铁工奴六十，在短短八个月内即将完成。

本来将作曹衙门上报的建造计划需耗时十八个月的时间，工期缩短大半，这其中的辛苦和操劳只有作为将作曹长官的蒋少游本人清楚了。

但他对这一切又是毫无怨言的。

那些还在不停忙碌的徭役工，有些是从淮北百姓中挑选出来的壮年、少年，他们是在两年前的一次大魏南征战争中俘获到北方的南齐平民。这样的新附之人，在世祖拓跋焘、高宗拓跋濬、显祖拓跋弘的前几朝，都会强制带离原籍，安排在北部的云中、西部的统州，以及沃野、怀朔、柔玄、抚冥、武川、怀荒这样的御北边镇，入官家奴籍或入军籍以充边防，少不了妻离子散，举家破碎。天子元宏（当时他的名字还叫拓跋宏）自平城亲政以来，对塞北柔然和多战少，执行的是不同于前代的怀柔国策，加之柔然王廷屡发内乱，其治内的大漠高车部落又有崛起之势，对柔然势力加以掣肘，北方长城以及六镇的压力变小了许多。天子意欲统一华夏，他的战略重心在南方淮水、南阳、义阳、寿阳一带。

北朝大魏天子元宏的先祖，发迹于前秦天王苻坚崩败瓦解之机。十六岁的鲜卑贵族拓跋珪趁乱从苻坚的帝都长安逃回到北方故地，当年就建立起一个以“魏”为国号的政权，到了二十八岁，他率众迁都至平城，是为北魏太祖皇帝，而后两代帝王在鲜卑诸部、汉人重臣的支持下，继续东征西讨，五十年前，拓跋魏已奄有北部中国。到了元宏时代，北魏统一华夏的目标更加明确和清晰，并且在去年的洛阳皇宫里，天子亲自拟定条制，自皇族而下，一切鲜卑贵族、百姓全部改鲜卑姓为汉姓。鲜卑皇室自谓华夏始祖黄帝后裔，“夫上者，黄中之色，万物之元也”，故改皇家姓氏为“元”。

禁着胡服则是在平城就开始严苛执行的皇家法令，接着便是禁说胡语，以洛阳雅言为天下正音。天子元宏还强迫包括二弟咸阳王元禧在内的所有皇家子弟，聘娶中原大姓女子为正室王妃，并下诏令诸公主嫁于汉家高门。

天子还必须在符号以外的帝国事务上更加尽心尽力，他勤省有加，惩罚贪虐，遇有灾年，出皇库而抚万民，对主动归附的南朝百姓给予短则三年，长则十五年的免除赋税、徭役。这就出现了在两国前线，甚至有南朝百姓整个宗族扶老携幼，投奔北朝的景象。

蒋少游原籍南方刘宋王朝的青州，他在北朝大魏的最初身份，也是战争中的被掳掠者。三十年前，大魏镇南将军慕容白曜南征乐安之时，蒋少游在那里被魏朝军队所俘，如乱世飘萍，只能听从命运的颠簸安排。被俘之后，蒋少游最开始被朝廷配入云中镇兵营，幸而他家学和书法都极好，被留寄在了都城平城，初始以替人抄书为业。更为有幸的是，他被中书省招去为朝廷抄写图册文书。在中书省，蒋少游淡泊名利，不仅书法精进，而且在抄书的过程中，苦学了各类前代典籍，日积月累，才学过人。

在中书省担任不起眼的抄写小官之时，他有幸受到侍奉三朝、名高望重的朝廷重臣高允的知遇。蒋少游不想再像祖辈以及同乡们那样，在朝廷中钻营拼斗，侍奉亲贵，获得一官半职，或将来外放镇将、刺史。他选择了以“规矩刻缋”为务，专职于营造、绘画、雕刻的人生路途。

旧都平城时期，蒋少游即获今上垂青，命其主持修建太庙、太极殿、外郭城防等多处关键建筑，还专门派他参加到出访南朝萧齐的使团中，为的就是能够了解到南齐都城建康的营造法式，广为借鉴，摈弃不足，结合周礼经典及历代圣人之训，建造出一个雄伟中正的平城京。甚至文明冯太后在世期间，拜少游为师，学习工笔绘画。两宫眷识如此，想到这里，蒋少游不禁感慨。

从青州东阳的少年，曲折至今，纷纷扰扰，少游虽也算身在仕途，但更加不愿意染身任何军政事务，年前他又被任命为主持新都洛阳一切缮建事务主管机构将作曹的长官，也算得偿所愿了。虽然他蒙宠受诏，领有“前将军”虚衔，但他自己知道，身边的所有同僚也都清楚，蒋少游此生，是与雕塑、绘画、营造这样的工匠之事捆绑到了一起。

咸阳王和众大臣的频来造访与督建，是因为天子希望能在元日当天上午朝会之后登临须弥天阁，在此处接见数十百万京城子民、沙门僧徒、诸藩国居洛百姓。元日须弥阁的活动，就有了两重意义，一是寺阁的开光庆典，二是天子所受万民朝贺。所以主管四夷事务、苑囿建造、京城戒备的长官们会经常亲自来访，了解工程进度及寺院内外构建布置。

而对于将作大匠蒋少游来说，他本来心绪所牵挂的东西非常之少，感念已故皇太后和今上的宠幸是自然的，但他想得更多的是，付诸所有的心血，将眼前的须弥天阁打造成一座赤县神州从未有的奇丽伽蓝建筑。或许，诸佛菩萨会将他的一片赤诚付出视为自己在人道的功德吧，或许，洛阳了民、往来商旅在供奉佛陀时，会将这须弥阁视作一片净土；又或许，那春天里就已经精心栽下的绕寺杨柳，会为夏日的百姓提供一个宜人的歇脚处。

《无量寿经》说，“以心不清净则不见真实故”。

蒋少游双手合十礼佛自问，三十年来，上礼君王，下与恩人交，与友人交，与同僚长官交，从来未有名利好胜之念，每日提醒自己修持五戒，加行十善，营造事务之外，谨小慎微，能不参与的其他事务，统是不闻不问。然而，近段时间的将作大匠，却是心乱如麻，异常痛苦的。

咸阳王离塔之前，专门让余官、侍卫退去，把蒋少游叫到一旁，他紧握将作大匠长满厚茧的双手，无奈哀叹一声，说道：“前将军，还望节哀顺变，兹事重大，大到关乎天子的南征伟业，关乎北方诸边镇数十百万将官生民，朝廷如果不如此处理，天子的迁都鼎革都有可能毁于一旦。前将军公忠体国，定能够明白朝廷的苦衷。”

长年累月的户外营造事务，使得四十岁的蒋少游已是满脸沧桑，他不得不强打精神：“太尉，少游岂能不懂此理，可是……”蒋少游连连摇头，不胜悲切。

“前将军，不可积哀销骨啊，事已至此，也只能如此。休要说将作曹吏，或说高门望族，即便我这样的近支皇亲，哪个不是仰沐皇恩过活？不管有怎样的伤悲，这须弥天阁的营造，可来不得半点疏忽。万一有任何闪失，即便主上饶过你，那朝中诸公、御史可是不会放过你。”

“这一点请太尉放心便是，只要少游在，工程之事就不会有任何差池。一件事归一件事吧。”

咸阳王稍作沉吟，点点头：“是啊，我们一班天子身边的近臣，又有什么迁延顾虑呢？不过是图个问心无愧，家人平安。这点我是相信你的。想必这也是主上一直留你在任的缘由，你想这工程主持督造，耗费银钱金箔、铸铜白玉、美石巨木无数，有多少人盯着呢，在中尉身故之后，有多少近支重臣都以前将军新近丧子，过哀销骨、恐有闪失为由，提请主上让你回府休养，换上他们的一套人马来主持伽蓝天阁的营建。”

蒋少游又何尝不知道此间道理，他坐到今天这样的位置，并不是刻意经营同僚人脉得来的。在他手底下做工、采料，无论如何自己是不允许有小吏贪腐事件发生的，任何王公亲贵介绍的木料、石材、金玉耗材他都必须做到精心挑选，只要是不合规的，即便那些高官外戚亲自出面推介，他也不容许接受采购。转而一想，蒋少游说道：“太尉，可这须弥阁眼见就要完工交付，把我换下又有什么必要呢？”

“前将军，你真是如垂髫孩童，心思淡泊，想在那故京平城，太和十七年主上下令欲作迁都大业之时，仍有新的廷馆府邸在营造，云冈武周山南麓石窟寺至今仍在开凿建新，大王朝，就有大的营造，王朝气象愈新，就愈是要不停地营造。你难道都没想过吗？拿下了你，他们就可以切入进来，今天分得一杯醴酪，明日就能贪得钵溢盆满。你是整天只看见手里的那些锯子、刨子、鲁班尺了。”

蒋少游眼下的皱纹颤动了几下，笑了笑：“随他们去吧，卑职日夜砥砺，将这塔阁建好便是。”

“眼见即是大功告成，主体业已完工，我看工程主要余下寺内苑囿路桥搭设、地宫布置、塔阁内外金银饰、玉佛金佛的摆设，还有那塔顶宝瓶的吊装了。过阵子，大家都可以松一口气了。”

“时日还是比较紧张的，只脚架悬梯的拆除，就得整整两日。”

“注意防卫，尤其这最后阶段，万不可有歹人混入，我已奏请太子留台，抽调三百羽林禁卫巡守塔阁内外各处，今夜即戍守到位。”

送走咸阳王一行，眼见夕阳将沉，蒋少游在塔上远远望见，一队英武禁军已从皇城中出发，向须弥阁方向快速前行。

出了城东建阳门，再往东去七里，便是七里涧，七里涧北折十五里，是北邙山中的荒石岭。

无论夏冬，“邙山晚眺”，本为京畿盛景。

蒋少游对这洛阳城内外的一草一木都太熟悉。天子在太和十七年初到洛阳所驻跸的金镛城，坐落在眼前新洛阳城的西北角位置，金镛城即是少游在前朝曹魏旧城的基础上，修缮加固而成的，整整耗时一年，他在那段时间里，又丈量了汉晋洛阳旧城的大区域城基，走访勘测了京畿的山水沟壑，北邙山不仅是洛阳城的天然屏障，其地表以下土层，渗水率极低，黏结性又好，土壤紧硬密实，风水绝佳，是千百年来洛邑显贵的殡葬首选。而自己的长子，在宫禁中担任射声中尉的蒋闻过，此刻就埋葬在北邙山的荒石岭。

“子路，人告之以有过，则喜。”——想到自己以《孟子》篇为儿子取名，蒋少游不禁再次悲从中来。从平城到洛阳，自己颠沛巡访，常年在各式各样的营造现场，兢兢业业于皇家大小差事，对一块木料、一寸铜件都不敢浪费。即便在平城旧京城内劳作，归家也多是在日暮之后，一对儿女，疏于照看，全赖夫人在世时悉心养育，眼见儿子长大成人，十七岁即以善射才能在宫中担任宿卫禁军，二十岁被天子钦命为射声尉中尉一职——射声尉，为禁军五校尉之要，其尉卒上下，皆能闻声而射中无论动静目标——不想如此美玉良才，竟在月前命丧城南四夷馆界，被柔然四王子数十爪牙当场击杀！

蒋少游看那天空，已是朦胧一片，再往阁下俯望，除了火把照耀之处还在赶工的匠人，已经看不清任何人影。在离地二十八重天的佛塔之巅，一团团带着寒意的黑色云团飘浮到塔阁中来，与周遭墙壁绘画的卷曲云彩、菩萨罗汉混为一体，也笼罩缠绕在他的脚下。

这时，他身边的铃铛丁零零地响了几声。因为这高塔去地太远，以致声闻不可达，那精巧的铃铛，以一根细绳挽系直达地面，本为从塔底运送水浆、物料、大型用具，上下工匠所设。

蒋少游这才想起来，是女儿闻玉送晚食来了。他急忙赶到竹筒那里，清晰地听到闻玉在喊自己："阿爷，阿爷，吃饭了……"原来除了警铃，蒋少游还自下而上设置了二十八路传声竹筒，这传声竹筒全部是用南朝雍州过境来的上好竹子穿制而成，每支竹子的竹节内部完全贯通，而后一端削薄，首尾相接，再以鱼鳔胶加封，即便去地百余丈，地下、塔顶两端对话，也清晰可闻，犹如近在面前。蒋少游早已告诉过闻玉，是不用那么大声叫喊的，阿爷能听得一清二楚，但闻玉每次都觉得那么高、那样远，不大声喊叫怎么能听清楚呢？

"玉儿，你上来吧，就坐升降悬梯，阿爷这就把悬梯放下去。"

升降悬梯的驱动力，春夏则为流水，将作曹衙门与都水使衙门协调，于郭外金谷河以鱼梁壅水，抬高水位，逼水入渠，入城内阁寺营造工场，驱动数十百座大小水轮，导以机械，以力轴拨动碓杆，机巧传动，各处营造，颇省人力。秋冬则引长风，导以风轮，动静皆由人造机关所制，旋随轮转，上下相应，缓急相宜，其理与水轮类同。

不消半炷香的工夫，悬梯即把闻玉接了上来，等闻玉走出悬梯的笼门，进到塔顶厅堂之内，她笑嘻嘻地对蒋少游说："阿爷，告诉你啊，我是闭着眼睛上来的。"父亲知道她所言不虚，因为她攥着朱漆食盒手柄的双手到现在还紧绷着。

"玉儿，劳累你了。"

闻玉使劲摇摇头："快吃吧，阿爷，一定饿坏了，这连着好几天的中饭你可是都没吃。”

闻玉今年才十四岁，模样和性格都像极了年轻时候的阿娘，尤其是那一双善睐明眸、一对酒窝。她打开双层食盒，上层有一菜一羹，几张厚实的胡饼，菜是芜菁、萝卜杂拌而成，羹是豚肉菜蔬羹：“阿爷，这羹里的豚肉我切得碎碎的，葱姜、白菘我也切得细细的，还加了本芹、芫荽、秦椒，还有一点点胡椒、豆豉。”

“这大冬天，玉儿哪里弄来这么多新鲜菜蔬？”

“哎呀，阿爷你可真是好记性。忘记了吗？慕兰公主家从平城搬来时，你专门派人给她们府中辟出来一块地，做了一个很特别的菜园子，说是为了让河阳王冬天里也能吃上新味菜蔬，春则顺时撒种，冬则借温于薪，导以无烟火道，你说你是跟几百年前大汉朝的太官园学来的，你像老僧人念经那样，说‘覆以屋庑，昼夜燃蕴火，待温气乃生和’，这菜就是河阳王派人送来的，给了好大两竹筐。”她打开食盒的下面一层，是一只黑陶的酒壶，“还有啊，你看看这是什么？我温过了，有阿爷制作的宝贝食盒保着温，它一点也没变冷。你试下看。”

“屠苏酒？”

闻玉斟满一个小酒杯，说道：“午后我去慕兰公主那里，这酒是河阳王亲手配制的，特地让我带给你，叫你只管喝，待到元日来到，他会遣了府役再送几坛到咱家中。我偷喝了一杯，嘻嘻，是和慕兰公主一起偷喝的，她喝了得有这么多……”闻玉用手指比画着酒壶的中间处。

“酒真不错，”蒋少游喝完抹了抹嘴，“河阳王的身体好些了吗？”

“公主说昨天还一个劲儿地咳嗽，”闻玉眉头紧锁，“不过我见河阳王在府上除了诵那《仁王护国般若波罗蜜经》，也亲自动手摆置那菜园子，和府中仆从们一起活动下筋骨，会好些吧。阿爷，你先吃饭吧，一会儿再喝酒，我不想你也生病。你猜猜，这酒里都配了什么呢？”

“这个阿爷可是不懂啊。”蒋少游怜惜地看着女儿。

“有肉桂、大黄、白术、桂枝、防风、花椒、乌头、附子，等来年元日，我想自己做屠苏酒给阿爷喝。”

蒋少游看着女儿，将手中的胡饼搁下，闻玉见状：“再不吃可就凉了，阿爷，你可真是的……”说罢她赶紧将食盒盖上。

“玉儿，你来。”蒋少游站起身来，牵着女儿的手，“我是想，如果你今天再不上来这须弥天阁，怕是以后再也来不成了。”

闻玉这才想起来，自己担惊受怕上到这须弥天阁顶上，竟然没有来得及想去俯瞰洛阳城。洛阳城里哪个人不想到这须弥天阁上看看呢？就连城里的大夏门，多数百姓也是没被允许去登过呢，那已经是二十丈高，没有须弥天阁时大家都已经被它的高大威武震撼了，须弥天阁可是一百六十丈高。

啧啧，能比吗？闻玉心想，大夏门楼跟须弥阁比，那是不是相当于一个是坐在鸡窝，一个是立在参天大树的树梢呢？她这么想，可不敢这么说出来，说出这样的话，是要挨父亲骂的。当然，自己从小到大，父亲是从未骂过她一次的。

闻玉往四围去看，整个洛阳城万家灯火，一片璀璨，不禁生出惊讶："太美了，我觉得自己就像天上的神仙在看人间的夜景。"她转过头去，问道，"可是阿爷，为什么你说以后就再也来不成了呢？"

"你看那里。"

蒋少游手所指处，一片璀璨灵动，就像夜空繁星中最耀眼夺目的星云，城池的西北部，万千火龙般的夜灯逶迤而行，闪烁游弋在一重又一重的宫阙内外，还飘来琵琶笙箫的声声回响，可以看到一排排的军士严整矗立，一队队的宫娥行进在各处厅堂院落，甚至可以隐约看到他们泛光的铠甲长槊，她们手中升腾蒸汽的美食菜肴，有贵妇已经醉卧在殿阁长廊处。

闻玉瞪大了眼睛，瞬即，却是泪流满面，扑进父亲的怀里，哭了起来："阿爷，我告诉自己不要哭的，不能在你面前哭的，我知道，知道你也伤心……"

那个让洛阳人熟悉又陌生的皇宫，便是阿兄每日值守的地方。

"阿爷，慕兰公主也是一直在哭，眼睛都肿了。"

蒋少游看着远方的夜空："人死，不能复生……"

"公主说，事情没有那么简单的，人不能白白送了死。"闻玉趴在父亲的怀里大声啼哭起来。

年初，天子元宏亲自下诏，将河阳王元灿的女儿元慕兰许配给射声中尉蒋闻过。一皇家亲贵，一两朝老匠臣，虽然二者门第有所差别，天子也多次下诏重申，亲贵婚配，事关国运，高门配高门，不得乱了礼制。但天子也是知道两家交情的，三朝元老高允之后，河阳王元灿是蒋少游身后最有力的支持者。举朝上下，众人皆知，这最不争的大臣，非前将军、将作大匠蒋少游莫属，最淡泊的宗亲，便是这位久病居府、不予朝政的天子伯父河阳王元灿。天子元宏特命秘书省巡查落实前将军的家门身世，秘书监经多方巡查，回禀天子，蒋少游族谱应可远追青州蒋氏。

举朝皇家亲贵与中原大族联姻不计其数，以为相互提携，河阳王却能抛却门阀之见，多次表达主动结亲蒋家的心情，蒋少游自然是感激不尽。

而闻过与慕兰，也算是青梅竹马。慕兰身上本有些亲贵子女的娇蛮，七八岁时她在席间用饭，为一点小事就在河阳王面前把筷子折断，气得河阳王直摇头，但因为慕兰生母离世较早，得文明太后亲自安排，河阳王又迎娶了太后母家侄女为王府正妃，河阳王怕是亏待了女儿，也就听之任之，从来是万般依从。但随着年岁的增大，慕兰公主就像换了一个人似的，对河阳王愈加孝顺。

在闻过看来，慕兰身上不仅有着汉家女子所常具的柔美，也有着汉家女子所少有的直爽。

蒋家给河阳王家的聘礼都已经下过，天子为媒，其眷如天，原本是要在来年的春日三月上巳节便举行婚仪。

前年，漠北柔然使团来朝，那次柔然使团为朝廷所贡献的方物之丰盛，甚至超过了一向最为恭顺的高句丽使团，运送贡物的大车和牛马满车满载，在铜驼大街上浩浩荡荡，首尾相接，前后绵延足有一里，其中有草原良马五百匹、紫貂皮百张、沙金百七十斤、硫黄二百斤、铁弓五百具、雕鹰十只、突厥锻铁工奴六十、高车婢女五十。柔然国王在致大魏天子的国书中，言辞恳切，表达了希求持续通好的意愿，并请允择取河阳王府之女慕兰公主婚聘于身在洛京的柔然四王子。

未等天子垂询，河阳王主动上书，表示以国事为重。但慕兰公主本人却是一千一万个不同意，洋洋洒洒写了上千言的拒婚书表呈奏天子。等天子明了慕兰公主心有所属，也不做强求，乐得成人之美。

其实河阳王怎能从心底乐意？府上有待嫁女子的诸王也都不情愿。说不定哪天关塞失和，害了自家的亲生骨肉。

天子元宏在回致柔然国王的书信中以“王子婚聘，兹事盛隆，应慎择聘，中国朝廷，高门咸集，王可于诸公侯府邸择选之”回绝了过去，“应慎择聘”“可于诸公侯府邸择选”，等于是相当客气且严肃地重申了大魏朝廷与柔然王廷的关系：二者只可是君臣，非是对等政权。

天子元宏事后对河阳王说道：“伯父素来贤达体国，其德如风，朕岂能不知？古往今来，众卿只以为，皇帝是诸王公大臣的主心骨，实则，反之亦然，皇帝在朝廷内外的底气与信心，也是要诸王、众大臣给的。河阳王有女如此刚烈专情，实为皇族之福祉，大魏之吉象。想两汉以来，如汉武、光武这般圣君明主，与外邦交，委求一时之全，犹以公主贵躯与蛮邦夷狄，远涉千里，名为和亲。旦夕失和，刀兵之灾分毫不减。况蛮夷之国，无我中华伦理纲常，一旦酋首毙命，公主虽华龄，由子、弟收继，此况，尤为幸矣；丧身刀口，死于非命，则不足为奇！南朝岛夷，君昏臣佞，犹敢妄称正朔。我大魏皇室宗亲列祖，上承黄帝之正脉，千载百世避居塞外，百年以降，天予大任，一统中原，我朝以土为德，直承晋祚，朕之所求，绝非苟安于北国风华，也绝无可能陷于佞臣谄媚之美词。三代圣王，一统神州赤县，护佑生民，朕虽德寡才薄，却也孜孜以求，心向往之，兢兢业业，思靖百姓。如若朕的子孙羸弱无能，便是送了满朝亲贵的子女给他和亲，也终只为粉饰。如我大魏社稷，政和神悦，有嵩岳之固，谅他也不敢以婚事为由，生端造次。”

蒋少游携闻玉从高塔走下，将作副将王遇迎上前来：“前将军，这工期紧张，依属下看，夜间的工程还可再延长一个时辰，到午夜丑时。”

“冬日严寒，再延长时辰，我担心这些圬人杂工疲敝至极，忙中出错，欲速则不达，此前延至子时，我本就是不同意的。我已前后核过多次，依照调整后的方案实施，提前三日交工，应不会有差池。”

将作副将王遇摇头离去，下到正在施工的地宫中继续勘察督建。

“玉儿，你先归家中，元日即到，诸镇将军、各州刺史迭次赴京，仆役狡童鱼龙混杂，还有那诸藩国的使者商贾，各色人等集于京都，洛阳新京初成，巡城军警也难免百密一疏，你一定不要在途中逗留，再晚些怕是里坊的大门也要落锁了。”

“阿爷莫要担心，午时我便与小韩英约定好，他从太学下学，径直来此处接我，估计他就快到了，阿爷只管忙自己的事务便可。”

其实小韩英年岁并不小，本是二十年前蒋少游从敦煌返归平城路上，收留的一个流落胡人幼儿，幼儿父亲的商旅驼队被流寇劫杀，他在商队一名护卫的拼死保护下侥幸脱身于路边草丛，护卫以自己的血身覆盖幼童，躲过了流寇的刀兵，少游过时，正传出幼儿孱弱啼哭，已是奄奄一息。当时的幼童，惊恐之余还是双目游弋，因为当时相遇的地方名叫韩家堡，蒋少游又见这幼童虽落魄，却于小小眉宇之间，潜有英姿，干脆就给取了韩英这个汉家名。后来幼童随至平城，蒋少游专门找了四夷通事前来家中，才从幼童罕有的话语里，得知他本名叫火寻那曷，但幼童似又喜爱韩英这个新的名字，经常口中自言自语，复念二字。少游一家待之宽厚，请饱学先生来家中给一对儿女授书习文，也一定会要这胡人少年一起旁听诵读，时日增多，少年知道了名字的意思，就愈加喜欢这个新名字，也按汉家礼数，正式认了蒋少游作义父。“小韩英”是家中双亲对少年的叫法，闻玉自喃喃学语，也跟着这么叫，叫着叫着，十数载已过，虽然父兄多次让她称韩英为兄，她却怎么也不去改口，纯为顽皮逗乐，其实心里也早已将其当作骨肉兄长。

闻玉话音刚落，只听得寺院大门外一片嘈杂，火把晃动，伴有兵器落地的当啷之声，一个琥珀目、高鼻梁的胡人后生已将两名军士掀翻在地，一队担任流动巡查的六人执槊禁卫往这边匆匆赶来。原来羽林尉已值戍到位，与来人发生了拳脚之争。

“莫要冲撞！”蒋少游及时赶到，命后生给军士谢罪。

后生倒也听话，对躺倒在地的军士拱手道：“韩英多有得罪，但你们也休要欺人太甚。”

两名羽林戍卒似乎还在始料未及中，未承想，弹指之间，两人即被一赤手空拳的后生击翻卧地，实在是羞愧难当。

赶上前来的巡尉小校正欲发威拿人，火光映照，见出得寺阁进行劝解之人的衣冠，虽然满是泥污脏乱，官品却并不低，便拱手言道：“此伽蓝为皇家重地，末将兼领太子留台与太尉令，自今夜起至元日典庆，无关人等不得入内！”

韩英接了闻玉手中的食盒，带她还家。

看身后的父亲回到寺中，闻玉急忙关切问道：“小韩英，你是不是有伤着？”

“伤我？他们差太远。”

“那就好，但以后真不能再给阿爷惹事端，懂吗？更不要伤了自个儿。”

韩英低头：“我明白的……可是，小妹，你知道我为什么揍他们吗？”

“肯定觉得能打过他们呗。”闻玉明显对这个话题不感兴趣。

“寺门守卫问我是何人，我道是将作大匠的义子。几人听后却仰天大笑，说攀附了皇家的汉儿中尉已横死，他家的杂胡小儿还想猖狂。如若不是阿爷赶到，我定要把他们打个半死！”

旧京平城时期，羽林、虎贲宿卫禁军多从鲜卑亲贵子弟中选拔而出，迁都洛阳之后，皇宫、城郭守卫职责加重，宫禁五尉、诸城门尉兵士将官，半由京畿司州所辖十二郡六十五县汉家钦选，天子元宏将宫掖守卫、都城巡查之职，无论胡汉，交予天下良家子，此为前代诸先帝所未为之举，众多鲜卑贵胄从关键位置被竞争出局，不免引起了勋旧子弟的不满。

闻玉也气恼："这帮短命鬼，天子知道了定然饶不过他们。什么胡不胡、汉不汉的，天子都说了胡越之人皆兄弟，半年前还把他几个不愿着汉衣的叔伯、从兄弟们给褫夺了爵位，有的还投了监。阿兄如果在，也会收拾他们！"

韩英低头说道："闻玉，我午后没去太学听授，而是去了城南的永桥四通大市，又跑了几家胡商的铺子和酒肆，可还是没发现半点线索。"

话音刚落，只见远处房舍拐角处，一匹躲在暗处的雪狼山犬循声矫健而来，它通体雪白，两只犬眸在寒夜之中依旧晶莹透亮，如黑色玛瑙。山犬先是绕至来人身后，又飞奔折回，引领二人前行，从它轻健的步伐可以想到它等到主人的欢喜。

雪狼山犬的主人正是韩英。在从平城迁徙至洛阳的路途中，雪狼山犬就静卧在太行山口的轵关陉，那个时候的雪狼山犬羸弱肮脏，韩英从落难的山犬那里，隐约看到了二十年前的自己。他从自己的干粮中省出一半来，收留了这只不知从何而来的流落山犬。

蒋少游在两人身后也折身出了寺院，他并没有还家，也未去将作曹衙门，而是来到奉终里栅墙之外的空地上，他见里正已手持大锁，在里门候着，只待听到暮鼓声起，即会将里门落锁。

奉终里居住的多是专门经营棺材、丧品和丧车租赁生意的底层贱户，那里出产的棺木多用柏木造成，据说是用了上好柏木棺材盛殓尸身，人死之后到了地府成鬼，可以免去抓了服兵役的劳苦。蒋少游也理不清这种说法的来由，大概是商家们为了多赚些钱财，编出来的奇怪说法，因为柏木比桑榆之木要昂贵许多。但免去当兵打仗，也正投合了乱世平常百姓的心意，人活着不能成真，人死后落个好想念，也不失一种寄托。

奉终里外，是一座荒废未及整修的前朝破落寺庙，从寺中断裂伏地的碑文残字来看，是东汉朝哪位窦姓官爷出款供养的伽蓝道场，占地颇大，有十几亩的情形。寺内和周遭，却是一片片的荆棘乱树，冬天里不乏黄狐灰兔出没。

几乎在同一时刻，从河阳王府后院角门挤出来三个身着皮袍裘衣的男女，各自牵着一匹高头赤马，携刀兵长弓，趁城门关闭的前一刻钟，与众多到城里贩卖柴炭菜蔬、沽酒催账、参宴拜谒的人流一起，缓缓出了城东建阳门。又经一刻钟，听得扬鞭驱骑，前后一字儿，已奔驰来到七里涧外，再看周遭，枯树森森，夜玄风急，身上的风貌厚裘也难抵那一股股刺入骨髓的寒冷。

“公主，公主……”队尾飞马之上的背弓男子甩开马鞭，追到首骑之侧，“若河阳王发现，定会派府兵来追。”

“休要废话，他追他的，我走我的！”

另一马匹也跟上前来，是一黑衣女子，女子腰佩亮闪闪银鞘环首直刀，她迎风大声道：“公主意决之事，佛陀也改不了，你我只管尽心扈从。”

/ 第二章 /

兖州归来

腊月十九，巳时将午。

高天乱云低坠，远地透骨奇寒。

大魏境内，有一份自天子行在发出的露布，已由飞龙信使散至诸州郡城寨、乡村里巷，以宣知朝野官民：

既有邦国，得不自励。

朕早颁明诏典法：自太和八年班禄酬廉之制始设，为官贪赃满一匹者，罪死。然，多有朝廷高门贵官，不务世政，曲阿朕意，不想国有常宪，方增悲感。自朕遣使者巡察天下，纠守宰之不法，坐赃死者，四十余人。

今案律令条宪，以下之人不以为戒，罪之昭昭，各得其所，特布天下：

景穆皇帝之孙、济阴王元郁，贪黩受货，罢黜徐州刺史职，赐死。

齐州刺史高遵，性极贪鄙，敲诈勒索，横行乡里，罪不可赦，赐死。

幽州刺史张赦提，虽功勋卓著，然纵妻受贿，应判大辟极刑，念其剿寇有功，赐居宅自尽。

赵郡王元干，为朕三弟，常损社稷委托之旨，为政贪淫，不遵典法，查无忧悔，实伤皇度，判杖之一百，免一切官职，废为庶民。

朕之百僚，食国之禄，养以民膏。

朕心日日念兹：食禄者跼蹐，赇谒之路殆绝。

望内外王公僚吏，殚精治理，居官如临深履薄。光宗有魏，深思远图。

这份露布文书言辞干脆，却是像平地的一声惊雷，震惊了朝野百官——不仅有犯贪赃之罪的州镇大吏、皇家贵戚被依法判处极刑，甚至赵郡王元干这样的天子同胞亲弟也因贪渎，被严厉杖责，一朝废为平民！

它又像冬日的一股和煦暖风，让百姓黎庶感到了一丝安慰和惬意。

寒天催日短。

慕兰公主主仆三人昨夜在途，于关内驿舍稍作片刻停歇。

此时，已东出虎牢隘口近百里。

忽见前方山坳避风处，一大片人马蜷卧在荒草之间，得有千八百人的样子，人群间尽是堆火余烬，灰烟升腾，原来是一队夜间扎营于此的人马还未启程，寒夜里披星宿营，定是受罪不少。再看那人群中，皆为结实的青壮，一个个疲冷不堪。再远处有一座临时搭建的毡棚，不知道里面是什么身份的人物。二三十个官军打扮的人料理着几匹驴马、几辆粮草大车，也有人在毡棚外围着一堆篝火，搓手跺脚，也是狼狈至极。

“汐月，你上前问下。”慕兰公主对身边的黑衣女子道。

女子驱马上前，询问了一名佐官，不消多时，折马而返：“公主，这些壮丁是南青州的良人工匠，为天子钦选，诏命他们迁居新都洛阳，助造须弥天阁，那黑色毡棚中所居官长，乃是当朝治书侍御史郦道元。”

这一路寒风呼啸，也太遭大罪了。公主无心再去多想，掉转马头，扬鞭东行。

昼夜兼程。公主一行抵达兖州鲁城，已是隔日午时，天子元宏的天子行在设于城中。此时正赐膳于孔圣后裔，并赐城内贫穷高年、疾患不能自存者布帛、粟米等。

一个时辰之后，一行十余人辞别天子，各乘快马，西返洛京。

西行马队为首的是镇南将军王肃，他胯下是一匹青色高骑，名曰“逾轮”，是昨日里天子才赏赐给他的宝骏。半个时辰之前，天子加给了他另一重身份——都官尚书左仆射，并兼钦查四夷馆案副使，携带了天子的敕文，诏令河阳王元灿领大司徒衔，为钦查四夷馆案长使，不得辞让。天子感念于慕兰公主的一片痴情与胆气，特准许公主参查此案，并赐公主官衔——领女尚书职。

镇南将军也为这鲜卑公主的英气和刚毅所折服，无诏面君，马不停蹄日行千里，休说是一介女子，即便是世功重臣，也绝不敢这般胆肥。再看慕兰公主，虽经昼夜颠簸，仍是两目有神，直视前路。天子也赐给公主一匹神骏，名为“渠黄”。不多时，渠黄载着公主便奔行在了队伍的最前方，一对仆从也不落人后，一左一右，紧随公主而行。过泗水，驰至陈留官驿，已是傍晚掌烛之时。

驿监备了丰盛的醴酪吃食，招待众人，并特意为镇南将军奉上茗茶，可见驿监颇为用心。他定然是提前对朝中的诸重臣之好恶、习性做了不少的了解，知道镇南将军来自南朝。

一路上一言不发的公主坐定下来，她开门见山，向镇南将军问道：“将军准备从何处着手稽查此案？”

镇南将军亲为公主和她身边的黑衣女子各倒上一碗清茶，看了看慕兰公主身边的黑衣女子，公主会意：“汐月是我自小的贴身陪侍，在府料理闺阁，在外仗剑扈从，我当她作亲妹妹待。”

“公主，以我愚见，应从柔然王子仆从查起。”

“镇南将军，横槊大戈，疆场立功，你行，我不行。查案当缜密如丝，我以为，如从柔然王子仆从着手，定然寸步难行，怕是那帮歹人早已统一了口实。不瞒将军，我已经获取一条查案线索，宜从左右宫卫查起。”

“从宫卫禁军？”

“就从射声尉。”

“噢？”

“现射声中尉崔宪，是闻过生前的至交，或说，射声尉内，崔宪曾是闻过最信任的同僚。”

镇南将军道：“卑职有一事不明……”

“将军问我之前，我先问将军一事，天子是否对此案早已关切？”

镇南将军又为公主斟上一碗茶汤：“应如公主所断。”

“射声尉为禁军五尉之要，尉官命案，事关重大，天下何人不知？为何还听任太子留台与咸阳王草率断案，迟迟不简派专使查审，非要等得今日？”

镇南将军面露难色：“公主，皇家事……臣不敢猜度。不过，请公主莫要怨怪天子，你这一番千里面圣，是很有必要的，也许正是天子一直在等待发生的事情。”

慕兰公主低头饮茶，似有所悟，不再追问，转而说道：“将军方才是想要问，我为什么会注意到射声中尉崔宪？”

“正是。”

一直在公主侧旁默默用食的汐月忽而面布愁云，停下了手中的筷箸。

“说起来，崔宪也算作汐月的情郎。是闻过生前带他来王府时，汐月与他结识的。我倒也想去成全他们，可这崔宪却是逞强，想在朝廷做出一番功业，为将来做了一些积淀，方才敢叫媒妁提亲。对他这个想法，我是一直不满的。大丈夫顶天立地，一见钟情，互生欢喜，要做便做就是，何用他人定了功过？”

汐月看公主一眼，摇摇头，低头嗫嚅道：“公主，崔宪这个人，我是越来越看不懂他。”

慕兰公主亦是满脸的无奈：“汐月，还是你讲与将军。”

汐月微微点头，拱手道：“回禀将军，崔宪在三日前将我约至城南永桥四通大市，在胡商那里花了足有半年的薪资五铢，为我买来一件于阗玉镯，他那日还喝了不少桑落酒，说是月前接了中尉职，明年开春就在城南洛水北沿儿置办一处阔绰的大宅。”

镇南将军略思，已了其大意，不禁感慨：“唉，看来蒋中尉生前所交非人，尸骨未寒，他信任的人便想着伺机鸠占其位。”

听到这里，慕兰公主立即是满眼晶莹，汐月也将这一切看在眼里，不知该不该继续说下去，这边的公主却是立即抹了眼角：“汐月，不妨事，你接着说。”

“事情刚刚发生，我还不敢说给公主听。当晚我辗转难眠，第二日，我便专门候在阊阖门外，待崔宪完值出了皇城，我问他为何明年即可购得广地置办大宅，他却支支吾吾，说是酒后浑话，又说是家中得来一份平城的祖产。方才未与将军说到的是，崔宪一家世出清河崔氏旁支，崔氏本为中原望族，太武年间崔浩案发，崔宪一家逃至秦岭山中，新皇登基，再归平城，却也已是家道中落，今上命中书造册，再续望族姓氏，崔宪以郡望大姓，得配皇宫宿卫。但他说的这份祖产由来，我却是此前闻所未闻。”

“汐月姑娘是怀疑崔宪的这份财物来路不正？”镇南将军道。

汐月点点头。

慕兰公主说道：“亏得汐月能舍了这份情肠，将她的顾虑原原本本地托心与我。”

“人是要心术正的，莫说是前路知己，便是对待里坊邻人，也不能有歹意。”

汐月将手中的筷箸又执起，倒也是个敢爱敢弃的女子。

听到这里，镇南将军叫来主簿进堂，吩咐如下："赴京之后，速持我官节，径入内府五尉甲库，将现任射声中尉崔宪的身档取来，并责令甲库令史，此案为天子专诏审理，不可将拿取崔宪身档一事泄露于他人。如有泄密，军法处置。"

"遵将军令。"主簿退下。

在陈留官驿短暂休整之后，一队人马即于寅时平旦时分继续快马加鞭，连夜赶路。

四围寂静，寒鸦无声。

午后申时，洛京城下"东阳门"三个峻厚大字已远远映入眼帘，城头玄布旌旗迎烈风而招摇，巡城将官着明光铠甲，在晨曦之下熠熠生辉。入城之后，一队人马沿宽阔大道一路向西而驰，主簿带了两位随从，领持镇南将军的新封"都官尚书"官节北行入内府。余乘再行十余里，直达寿丘里。寿丘里计东西二里、南北十五里，为皇宗显贵所居，洛京坊间多称之为"王子坊"，从那家家的围墙去看，便是与其他里坊的院落有着云泥之别，几乎户户筑坚实高墙、覆油亮莲纹瓦，川林围绕，高台芳榭，一望便知，户主定居山海要职。

到了一户院墙恰过人高的门庭之前，只见一丛残叶修竹、几株娇艳寒梅，迎着料峭冷风从院落之内探出墙头，门前两座石狮却分外威武，门头上赫然有"河阳王府"四字匾额，字体骨法洞达气象浑穆，颇承汉隶之余韵，又有结构天成之丰美，镇南将军认得出，这匾额之字，正是天子的亲笔御书。

门庭之下的黑漆大门却已是洞开着。

一位门监模样的老者，穿着厚实的棉袍躲在门楼之内，双手捂着羊毛耳护避寒，原来他早已候在门后。

老者直奔公主马前："公主啊，你再晚归可要把老朽冻坏了。"

公主连忙下马："薛主事，您老也真是，我还不认得自家大门啊，您在这里受冷干等作甚？"原来这位老者并非门监，而是河阳王府主事薛适。薛主事已经服侍了两代河阳王，原为叱干氏，太和二十年元月大魏诏改姓氏，这才改为薛姓。

"公主啊，你走之后我可是看出来了，郎主表面不急不躁的，内里可是担心坏了。就差请河南尹派官兵去找你了。郎主还真是沉得住气，他说公主今日午前必归，交代我一定要赶紧开门迎你，哎哟，不然为何说知子莫若父呢。"

说话间一干人等已到府中前厅，河阳王正坐在高足围屏床榻之上，围屏之上所绘图文，是平常官宦家具常有的莲花图案，虎兽、朱雀行飞其间。床榻之前，是一尊燃炭泥炉，河阳王头也不抬，抱烤着泥炉。

公主见了父亲，实在也是心疼，前日里我行我素的骄傲做派，这个时候荡然无存。她手持马鞭低首顺目，只想父亲能快快原谅了自己，却不知道该怎么跟父亲说这来龙去脉。

薛主事见状上前，持了火钳把泥炉中的炭火拨旺，大声说道："郎主欸，您真是料事如神的孔明，咱家的宝贝公主回来啦。"

"我还没聋。"河阳王吹须瞪目，将双手揣回到怀中，仍是怒气未消的样子。

薛主事向公主递了一个眼神，示意公主再上前来。

慕兰公主怯生生地来到床榻前，低头说道："阿父，孩儿错了……"

河阳王闻声抬头，坐在那里，长叹一声，一只手拉着女儿冰冷的小手，另一只手拍着床榻的边缘说道："我说兰儿，可是再不敢如此啊……你这倔强脾气，一向是犯了就改，改了又犯，为父可以由着你，可这次是天子啊，天子他……"他看一眼一直杵在那里的镇南将军，到嘴边的话没说下去，"吃饭吧，吃饭吧，薛适，让厨上赶紧上饭来。"

河阳王说完，连着一阵急促的干咳，却是欲起身来，公主连忙去搀扶父亲。

镇南将军见河阳王向自己走来，急切近前迎上："大王安坐榻上便好。"

"镇南将军请落座。给将军上茶。"河阳王摆摆手，一副无奈状，"唉，老夫教子无方，公主方才生出如此造次的事端，还望镇南将军海涵。幸而我辈生逢千载未有之圣君，主上豁达英明，以舜文之姿，经纬天地之略，不与她计较罢了。"河阳王说罢又是一阵狂咳。

这边公主已经从侍女手中接了汤药，给父亲端来。

镇南将军拱手道："卑职斗胆，大王为高祖皇帝胄皇绪脉，德冠宗英，器高时令，却是十余年志栖事外，华衮素心，实为满朝忠介之士的一大憾事。"

河阳王摇头，汤药苦口，也得皱眉服下。

"大王，这一次，天子可是有诏于你啊。"镇南将军道。

"噢？"

将军起身将诏书从怀中掏出，河阳王见状，微怔之后，方才缓缓起身正襟。

"大王，不必拘泥，大魏臣民上下皆知大王世受隆恩，天子特赐入朝不趋殊荣，天子也专门嘱托了，大王有恙在身，可卧榻听诏。"

"不可啊。"河阳王执意跪受。

镇南将军奉读诏书如下：

镇南将军并领都官尚书左仆射王肃，承书从事，下当用者，如诏书。

朕从父河阳王元灿，含仁履敬，清规懋赏，端风丕映，庆荣舍绂，为宗室近支领袖。月前四夷馆案，谣诼炽积，京畿惶怖。帝皇寄世，实公四海。今授河阳王大司徒衔，兼领馆案巡查长使，并增王食邑五百户。朝廷三品以下诸官、将，听王各随才用任，款附者赏，违命加刑。新录六品以下诸官、将，听先拟用，然后表闻。允天人之望，息奸宄之谋，社稷所仗，重在汝身。王女公主元慕兰，比德玉闰，既明且慧，温恭慎断，今特迁女尚书，秩班三品，以为同案协理，并赐裘衣宝马。另着治书侍御史郦道元相机参理，以为辅协。卿等即日勘查，期京都帖然，内外款顺，是行使之必称朕意。

河阳王接诏在手，半晌无语。

镇南将军打破沉寂，再拱手道贺："往日河阳王以平叛武功，著称于世，往后大司徒必将以文治辅政，见美朝野！"

河阳王闻言，急急埋首于席，缓缓说道："老朽残体，多蒙圣恩，当竭股肱之力，非臣殒首所能上报。"

镇南将军主簿在薛主事的引领下进得前厅，却是步履慌乱，脸容失色："大王、将军，射声中尉崔宪的身档甲册不见了！"

"你亲自查找了吗？"镇南将军立即警觉起来。

"在下与掌库令史一并在甲库查寻，射声尉身档万册，独独少了崔宪一份。"

镇南将军追问道："前一次整理甲库档册是在何时？"

"我详问了甲库令史，是在上月月末，当时还是全档在库。"

镇南将军转而对河阳王道："大司徒，请下令速传射声校尉元洛平前去司徒府。"

河阳王略思片刻，点了点头。

"大司徒，下官暂需前去金镛城，向太子通报圣意。前期太子已将此案审理结果禀报天子。一者我需去往留台取要前期案档，二者此案交由大司徒主审，卑职需面见太子将圣训带到。大司徒放心便是。天子出京，太子居留台而监国，处理京城庶务和京畿防御为留台重任，但凡此类涉及皇家禁卫与藩国的要案，今上还是要亲自安排过问。毕竟太子历事未多，又经八月事件，想必太子也是谨慎行事，如有疏漏闪失，留台亦未能担此重责。”镇南将军说完即辞别河阳王府。

望着离去的镇南将军，王府主事薛适走近河阳王跟前：“郎主，您知道，犬子绍宗当前还在平城任威戎将军职，虽说其品位只是七品的普通将佐，但地面儿都熟，会有些熟络的消息渠道，射声中尉这样的近侍宿卫要职，多是从平城随圣驾迁来，如果郎主觉得有必要，可以让绍宗在那边私下打听下。”

河阳王点点头：“叮嘱绍宗一定缜密行事，不可走漏半点风声。否则……可能引来杀身之祸。”河阳王再次无奈地摇头，“薛主事，其实，你没必要让绍宗也卷进来……”

王府主事听到后，倒也没有半点犹豫：“郎主，我这就安排亲随前去平城送信。”

这边的慕兰公主一直低眉不语，待主事出了前厅，河阳王缓缓对她说道：“兰儿，我未曾想到，该来的，来得是如此快。”

慕兰公主来到榻前，给河阳王捶背：“阿父还在责怪孩儿吗？毕竟，死去的是闻过，您也喜欢的闻过，不是吗？”

河阳王看着门外：“兰儿，腊月隆冬，骤雪将至，阿父和你，都已经没有了回头路。”

镇南将军出了河阳王府，吩咐其余随从各自速行安顿，午后未时赴司徒府守值听命。只带了主簿一人，自坊间小径，直趋位于内城西北部的小城金镛城。金镛城为天子元宏迁都洛阳之初，宫阙未就之时的临时驻所，城小而固，初为三国曹魏所建。天子离京，此时为太子留台所驻。

镇南将军到得城下，抬头望去，只见重楼飞阁，遍城上下，戒备森严。含春门外，有六辆镂金饰玉高盖华车和威武侍卫各自静候待命。

在城门卫监处查验过官员来历，镇南将军步行到城中，见有六位大员迎面顺条石大道出城而来，镇南将军认得他们，六人不是王公贵胄，便是朝廷重臣、军镇大将，自前而后，分别是朔州刺史阳平王元颐、定州刺史穆泰、恒州刺史兼领征北大将军陆睿、镇北大将军元思誉、抚冥镇将元业、代郡太守元珍。擦肩而过之时，镇南将军忙避路拱手施礼，对方除了定州刺史穆泰欠身还礼，其他人硬是装作没有看到眼前这个一身戎装的高大活人，气势冲天出城而去。

进得一处殿堂，只见一个衣着简朴的胖硕少年低头俯案，一边口中念念有词，一边手中持笔批阅些什么文书，这位便是太子元恂。

镇南将军默然而立，见太子忙于公文，也不好贸然上前打扰。

引他进门的太子詹事黄腾之见状，忙上前小声禀报，太子回过神来，忙招呼镇南将军："将军，你且稍等片刻。"转而对黄腾之道，"黄詹事，方才与州镇官将们的议决之事，你速速联络留台各曹衙妥善办理，同时派人将州镇上报官书原件与我的批文一起送达兖州鲁城车驾，以最快时日让行在知晓此事，越快越好。"

"遵。"黄腾之领命而出。

太子元恂将案上的散乱文书稍作整理，连忙对镇南将军说道："将军，父皇龙体如何？我听闻日前父皇不慎染了风寒，好些没有？"

镇南将军连忙起身施礼："启禀太子殿下，天子的风寒症不严重，服了两服汤药便痊愈了。鲁城宴然，齐地上下，耄年庶老、孝悌廉义之士听闻皇驾御临，纷纷奔波百数十里赴鲁城朝谢，天子龙心大悦，带着百官祭祀了孔圣，还诏封孔氏四人、颜氏二人为官，在孔氏宗族中选取了一名德高望重者封为崇圣侯，并命兖州重修孔圣墓林，树碑勒铭。天子也叮嘱微臣，要让太子保重身体，还托付微臣带了齐地阿胶给殿下。"

太子高兴地搓着双手，连忙起身，走上前来："那便好，那便好，将军不要拘束，请坐便是。"镇南将军见太子如此谦卑，也不好坐下，说道："天子与太子殿下父子相悦，乃社稷之福。"

太子却摇摇头，颇有一番复杂心绪在心间，稍有犹豫，却还是走近攥握了镇南将军的手说道："镇南将军外攘南虏，功业累朝，可谓文武全才，是父皇最倚重的股肱之臣，一定请将军在父皇面前多多为我美言，元恂定感激不尽。"镇南将军见太子屈身至此般境地，又闻此言，急忙俯身下跪："太子殿下，臣事君，鞠躬尽瘁，是为分内之事，区区小成，备受主上与太子恩宠，惶恐至极，太子不辞劳苦殚精竭虑，留京监国有方，诞资至孝，朝野共目。天子若问起微臣太子事，微臣定将亲眼所见太子美行如实相报。"

"多谢将军，多谢将军，将军你也不是外人，知道我如今处境的尴尬……今年八月之事，元恂实在是愚蠢至极，父皇清徽堂圣怒，全赖司空、少保诸恩师向父皇求情，才没有废了我这太子之位。”说到此处，太子更是满脸愁云密布，“不瞒将军，元恂每日里是战战兢兢，如履薄冰，睡不着啊……”

太子元恂为已故皇后林氏所生，说来也怪，天子元宏自小手不释卷，强记博闻，精通五经，尤通佛理，亲政之后在路途舆车之中、战场戎马之上，尤不忘与臣子切磋论道，诗赋铭颂，可谓即兴可成；太子元恂又为已故文明冯太后所深喜，太后冯家亦是诗书传家，汉学深厚，到了元恂这里却偏偏不爱读书习文，也不喜穿着那广袖宽袍的汉服，在天子面前倒是束发冠着汉服勉强对付一番，回到东宫，便是把所赐汉式衣冠尽皆撕毁，仍旧解汉式发髻为鲜卑编发。又因体形肥胖，惧怕中原暑热，迁洛以来，常常思念北迁之前骑马豢鹰的平城生活。今年八月，天子驾幸京畿嵩山，留太子居金镛留台镇守帝京。太子却借机与心腹谋议，欲乘轻骑快马，领部从三千驰归平城，幸赖领军将军严守宫门，才未酿出更大乱局。天子元宏闻报之后仍然沉着不惊，按原计划离嵩山到汴口一带巡查完毕才返洛京。回京后在清徽堂怒责太子：以太子之尊贸然北返故京，携众三千，不啻为分裂家国，与天子分庭抗礼。命咸阳王等亲贵长辈一起亲责太子百余杖，太子逾月而不能下床行走。

事发之后，太子倒也知错，在病榻之上即命太子詹事黄腾之悉心教导，抱起五经之书艰难啃读，不仅开始认真学习洛阳雅音，老老实实衣着汉服，而且从不敢穿奢侈美服。

到了十月间，天子又在清徽堂召见群臣，再议废黜太子之事。司空、尚书仆射、太子少保等大臣纷纷叩头请罪，请求天子饶过太子一次。天子正颜怒斥：“你们皆为太子老师，为其请罪是出于私情，方今我与众卿讨论的是国之大事。古人有言，大义灭亲。太子欲违父北叛，犯的是天下头条重罪！此儿不废，必成国之大祸，待我百年之后，恐又要发生晋末诸王之乱。”

这几个月里，太子一直寝食不安。

此次天子东巡诸州，出乎太子意料的是，天子竟命他仍居留台监国。临行之际，天子告诫太子：“做太子，亦易亦难，朕也是自储君而后居帝位。太子身居一人之下，亿兆万民之上。其身正心正，孝悌仁德，渐具人君之风，不言自威，不令而行，所以易；如执着妄想于愚念，其身心不正，虽令不从，反受其害，不如居平常王公混个富贵平安，所以难。你好自为之。”

太子元恂不得不承认，自己在心中是极端惧怕父皇的，他自己也说不清楚，是不是由敬生出的惧。在他的记忆里，父皇的精力是那么充沛，他从未见到父皇真正休息过几天，不是在夜以继日朱批不辍，便是在不厌其烦地重读那些汉仪典籍；不是在四处巡查的路上，便是亲赴南征北伐的疆场，甚至亲冒箭矢而无惧。每次见面，父皇从来都是询问自己的读书学习何如，要求东府官员对自己严加管教，从来没有像太后那样溺爱过自己，与自己一起赏玩出游过。

太子元恂从回忆中转过神来，对镇南将军说道："将军，西北凉、夏二州今年遭遇旱灾，幸得父皇此前下诏各州设常平仓以为调剂，二州百姓蒙天眷安然度过半个寒冬，日前二州再报，所备粮草又要告罄，再遇暴雪，牧场牛马冻死百十万头。北部六州郡大员今赴帝京参加腊八朝祭，我便与六州长官商议，尽快就近协拨赈恤粮款至西北二州。但各州自有难处，如恒州为旧京平城故地，只能挤出三千斛粮草，我意自洛京太仓署调出粮秣四十万斛拨付凉、夏二州，尽快安抚受困百姓，免生意外祸乱，将军以为，元恂此举当否？"

"这个……"面对突然调出京城四十万斛储备粮草这样的大事，镇南将军也实在不知道该如何作答，"殿下恕罪，此事非臣下所职范围，不敢妄言，微臣以为，太子居留台要职，裁夺便是。"

"也罢，父皇长日在外，夏、凉二州为军事重镇，黎民苍头命在旦夕，箭在弦上，我就自作主张先行决断了事。如有罪责，罪止元恂一人！"太子叹息道，"将军此来有何要事？"

镇南将军叉手施礼道："太子殿下，月前四夷馆射声中尉蒋闻过被杀一案，天子下诏重查，以河阳王领大司徒主理此案，微臣为副使协查，另诏慕兰公主领女官衔相机参理，此来特向太子通报此事。"

"噢？不瞒将军，此案我亦觉十分蹊跷，将军且先用茶，"太子转而也落于坐榻，"射声尉为禁军五尉要津，专事皇家禁卫，兼有巡查京畿秘案之责，但此前亦有羽林虎贲、禁卫长官在京肆行不法之事，被有司判决入狱的前例。射声中尉死于非命，非同小可，本该穷极审理。然而，由于该案牵涉柔然在京为质的四王子郁久闾洛伦，洛阳留台诸官、太尉府也不敢随意擅下决断。只是将那直接行凶的仆从首犯三人枭首问责，今已埋于洛水之南刑徒坟场，以弥天下凶凶之谣诼，也稍慰将作大匠全家之怨怼。至于初理结果，我已如实呈报父皇。在给父皇的奏折中也说明了我的疑惑。"

"太子殿下觉得该案还有哪些疑点？请明示微臣。"

"四夷馆界之内的燕然馆舍，舍内所居柔然王子，其仆从计有二十三人，此前留台并太尉府着四夷馆监、大鸿胪、河南尹联合办案，对二十三人分处羁押，各自闻讯。其中四人，于事发当夜始终在柔然王子寝室近旁夜守，未参与格斗，有九人夜间轮休，是后来被临时叫起参加打斗，有十人负责燕然馆外围警戒，参与打斗的柔然爪牙共计十九人。半月之前，就在此处殿中，我将射声校尉元洛平与柔然四王子郁久闾洛伦分别召入，校尉元洛平当夜值守宫禁，而中尉蒋闻过当天有官假一日，元校尉对蒋中尉在宫禁之外的具体行踪并不知情。郁久闾洛伦则声称自己亥时即在馆内入睡，待他听到吵闹声匆忙和衣欲出，四侍从为安全计并未允许他出室，打斗声渐消，后来步出燕然馆，射声中尉已被燕然馆众仆从爪牙击杀。当时四夷馆值守馆监与夜巡军警也都在场。我认为，值守馆监作伪证的可能性没有，可以排除。柔然王子二十三位仆从在各自的供状中都声称蒋中尉持有利刃，被误认为是刺客，从馆内打斗到馆外。我的一处疑点，恐怕也是厘清该案的关键——那便是中尉出现的缘由。”

镇南将军点头。

太子继续说道：“但如今射声中尉已死，葬于北邙山上荒石岭，无有对证，其动机是好是歹，已然无从得知。”

镇南将军再点头称是：“柔然胡廷已往返通信与天子进行沟通，胡廷对于太子的处理结果倒是没有异议，毕竟天子近卫官佐死于争斗，枭首几位仆从也是适宜的交代。”

太子元恂的神经这才稍稍放松：“父皇的圣意呢？有没有对我的初审结果有所明示？”

镇南将军迟疑片刻：“微臣读本朝实录，悠悠百载，我大魏朝与柔然胡虏共计发生大规模战争十九次，动辄相互发兵数十万，多为胡贼南下叩关，劫掠我朝北境百姓，全赖列先帝英明神武，反戮其大漠胡廷，逼其西遁北窜，柔然胡廷无文教，由此而无德信，屡败屡战，又多次悍然绝和犯塞，胡廷凭其居无常处，避我朝锋芒，卒为百年边害。幸遇今上威加海内，文武并举，护佑苍生，柔然宴然，我朝为其建立边贸互市，逼迫柔然可汗派四王子来京为质，方才保障塞外牛羊泰然，不发我朝兵戈于大漠。正如太子所虑，我朝与胡廷关系微妙而脆弱。面对天威，柔然主和派杀掉前任可汗郁久闾豆仑，现任可汗郁久闾那盖这才被属下拥立，代其侄继承汗位，也学着中原大朝起了个‘太安’的年号。但柔然诸部族大酋各有不同贪欲诉求，想必胡廷内部也有纷扰异见。如若处理不周，定然成为胡贼再行背天逆事的借口。”

“我正是这么想的，也是这么做的。”听到这里，太子的紧张情绪慢慢舒缓开来。

“天子迁洛，志在统一南北，数年时间，我朝战略重点在于南伐伪齐，结束神州万民百年流离惨状，成就大魏伟业。所以，微臣斗胆进言，也请殿下一定要体会天子的一片苦心。”

“我体会，定会体会，以前年轻不能体会。”

“天子明确告诉左右侍臣，太子在四夷馆案上的处理是得当的。如此，天子也定然是赞赏殿下的审慎。”

“那便好……很好。”太子拨云见日，面露喜色，抑制不住地一边以手掌轻拍几案，一边不住地点头，“将军且用茶，将军且用茶。”

太子忽然又安静下来，他转而想了一会儿，醒悟到什么：“欸，将军，将军，那……那为何父皇又要下诏重新审理此案啊？”

镇南将军放下手中的茶碗，对太子回禀道：“殿下，慕兰公主亲自到了鲁城，与天子面谈了一些什么，具体情形，卑职也不便多问，然后就有了这份重审诏书，卑职亦是奉命行事。殿下知道，慕兰公主是蒋家下过聘礼未过门的妻室，这桩婚事也是天子御准的。”

“噫，我这个姑姑可真是不简单。她和父皇说了些什么呢？”

“微臣实在不知详情。”

“她一定有新的证据吧？才能说动天子。”

“想必是。”

“所以将军早晚会知道。”

“这个……应是。”

“姑姑为什么不来对我说呢？唉，她还是不相信我。”

“太子殿下，微臣取了案档，就去司徒府了。”

“好。有什么需要我这边协助的，尽管说，金镛城的大门特为将军十二个时辰不间断打开，随时沟通有无。”

“微臣不敢，微臣如有要事烦咨殿下，定会事先请准殿下。”

太子詹事黄腾之这时进到殿中：“启禀殿下，事情已经吩咐办妥。城东大仓粮草，今夜赶工装车完毕，明日辰时天亮即可押运启程，赶赴鲁城天子行在的快骑，也已乘良驹上路。”

“甚好。”

镇南将军辞别太子之后，黄腾之问太子元恂：“殿下，镇南将军所来何事？”

太子看着黄腾之，心中感叹，身边可以信任的人真是不多了。八月北返平城未竟之事败露，身边僚属大多离己而去，或被迫或自愿，多是丢官弃职，要么去攀附中书大员，谋得安身立命之职，远离自己这个岌岌可危的待废太子。而黄腾之这位僚属兼老师却依旧忠心辅佐。甚至在事后入狱刑讯时，对太子平日在东宫的骄横言行未吐露过半字，出狱后又亲自为太子敷药疗伤，日夜守卫，数十日而不辍。其为太子挽回天子信任，出了不少的计谋。

“黄詹事，你为何对我不离不弃？”

只听得“扑通”一声，黄腾之跪下身来：“殿下，莫要再说此话，殿下是在折杀卑职。”黄腾之两眼泛红，噙满老泪，“如若殿下不相信卑职的忠心，我愿立即引颈自裁，以抵九泉，酬报文明太后在世之时的山陵天恩。太和二年，故文明太后行幸代地，我与家中寡母在林中荒村相依为命，食不果腹，寡母患疾垂危，幸得太后诏询所过之地百姓疾苦，赐药食与万千贫苦苍生，才使得寡母多活年余，卑职又得太后垂怜，入平城太学而受习文学典章。太后在世之时将我派于东宫悉心辅佐太子，太子有过，罪在僚属，舍此性命，无以回报皇家世恩。主隆我隆，主衰我衰。太子如有不测，卑职定当不惜残命……”

“忠臣，忠臣啊。”太子元恂双手紧抓着黄腾之的臂膀，两眼放光，“恩师，如果我能克此大劫，过了这个坎儿，重获父皇宠幸，我荣登适之日，你必为司空公，并督天下诸军事！你就是我的诸葛孔明！”

黄腾之伏地痛哭不已，一摊鼻涕与泪水已经浸染到了地席之上。

“恩师，你觉得镇南将军这个人怎么样？”

黄腾之抹了抹下巴上的泪：“我觉得这个人是条狐狸。”

“对，他就是一条狐狸，比狐狸还狡猾！恩师，你抬头来看着我，你说，我能不能通过这次父皇对我的考课？你悄悄告诉我。”

黄腾之压低嗓门，凑到太子耳边：“殿下，谨言慎行，万事三思而后行。今上是个大孝子，厉行勤俭，他当太子的时候怎么干，您就怎么干。殿下一定能重获今上的恩宠。”

太子很兴奋：“好！我就听恩师的！恩师你说，我穿着这身儿破衣裳，每天就这么早晚给那冯皇后问安两次，”太子伸出两根手指晃动着，“每日都两次，坚持不懈，皇后会不会把这事儿原原本本地告诉父皇？”

“一定会。”

“好！”

“还有，还有，殿下……”

“还有什么？”

“将作大匠蒋少游主持的须弥天阁落成在即，今上非常重视，也在日日由咸阳王向鲁城行在报告工程进度。我听闻佛镀金身，还缺不少黄金，殿下可再向须弥阁捐出东府黄金二百斤，再在城外各佛寺古刹搜寻传世铜佛铜菩萨各五十尊，不要强夺，要与各寺院僧人友好协商，重金请回，安放在须弥天阁内。须弥天阁就是接下来太和二十一年上半年的最大国事，没有比这个更大，你想今上历来俭省，为何要筹建这样一个浩大工程，今上铸建此寺阁是有深意的。”

“什么深意？”

“盛世没有盛大建筑如何是好？那不仅是一处建筑。皇城虽高耸巍峨，但那个巍峨是为了让百姓苍生对皇家心生畏惧，须弥高阁离地百五十丈，上承佛陀大智慧菩萨大慈悲……”

“美哉。”

“所以说，皇家皇城光有凌峻威严还不行，让百姓害怕很重要，但只让人怕还不行，还要有这样宏伟的伽蓝佛阁，或者类似伽蓝佛阁这样的东西，比如太平真君年间先皇崇道家，平城京建造了一处宏伟的静轮天宫，相传高耸入天，居其上不闻地面鸡犬声，而能与天神接。意思呢，它都是一个意思。皇家手里还得有东西让黎民心甘情愿去膜拜它，崇信它，笃信弥繁，法教愈盛，皇家的帝业才能真正成就，手里有了他们又敬又畏的东西才能成就真正的稳固帝业。”

太子元恂恍然大悟：“恩师，所以说，我得配合好父皇的圣举。”

“不但要配合，您也得打心里信它，您都不信，怎么让黎民百姓信？”

“要信到什么程度？”

“信到您自己都笃信的地步。”

镇南将军王肃出了金镛小城含春门，一路策马向南，经景阳山、延年里、皇城西掖门，再往东折，过太仆寺、武库属、御史台，继而掉辔南行，行至铜驼大街，继而飞驰，来到一片官署林立的地界，大道两侧，西为太尉府，东为司徒府。天子元弟、咸阳王元禧即为当朝太尉。王肃远远望见，太尉府前街巷，围拢着诸多华车高马，想必都是前来拜谒太尉的各级各地将官所驾乘。他转身径入大司徒府，见府中官署仆从一片繁忙，有的正双手执几，有的在小心落案，有的在搬墩，有的在装榻，正在安顿之中。

主簿小跑前来禀报："将军，射声校尉元洛平已到了半个时辰，在偏堂等候。"

镇南将军即往前厅相迎，只见客榻之上坐一英武青年，他头戴红缨兜鍪，身着明光甲衣，袖缀金锁披膊，双手相叠，按握直刀于身前正中处，双目宁静。

"校尉拨冗前来，让校尉久等了。"

青年迅疾起身，施军人礼："将军百忙，卑职理应随时应命，配合朝廷查此要案。"

"元校尉少壮有为，又为天子近支，居此要职，日理千机，不是不得已，我定不敢如此匆忙，烦劳校尉。"

"将军请讲。"

镇南将军坐定下来："有两个事情需要从校尉处了解。一者，现射声中尉崔宪在蒋中尉殒命当晚的踪迹。二者，对崔宪入尉的时间和推介人，以及入尉之后的所作所为，元校尉知道多少，烦请与我详述多少。"

元洛平思索片刻，答道："回将军，按例，当晚崔宪通宵领队，巡值城北苑囿华林园，禁军五尉有严格的值守督查制度，有翔实的造册记录，在督卫官亲自夜巡的次日，领军将军府会派员与卑职会同查验，并随机询证同值尉卒，此一点不会有偏差，崔宪当晚不曾离开过华林园半步。据卑职所知，崔宪于元和十三年入值禁中，当时还是在平城京，经由殿试讲武、纵马试射，由故文明冯太后钦选圈定。提拔为尉中低级将佐，则是在太和十八年年底，也是如今的季节，当时天子驾幸邺城，经汲县祭比干之墓，卑职位列侍臣，随扈皇驾，因崔宪履职严谨，由卑职举荐，拔为校尉佐官。"讲述至此，元洛平拱手道，"卑职所述，全部载于尉士履历甲册，卑职可派员至内府取来请将军详阅。"

镇南将军点头道："如此说来，我便明晰了。但是，元校尉，崔宪甲册已于日前遗失，不觅踪影。"

元洛平大为惊愕："竟有这样的事情？！"

"还暂请校尉保密末将咨询崔宪之事，崔中尉为校尉所器重，若他与中尉一案无涉，今日所谈事泄，必会令崔中尉心生不安，宫禁要职，须忠贞无贰。之所以要了解崔宪履历，也只是循例从蒋闻过身边同僚开始稽查，元校尉也不必多虑。”

“卑职明白。将军，卑职当晚值守内宫三殿，督卫官处也有巡查记录。”

镇南将军点头，转而问道：“蒋闻过当晚怎么会出现在四夷馆界？元校尉可曾有所了解其中内情？”

元洛平眉头紧锁：“不瞒将军，我多日以来也一直困惑此事。太子殿下也曾就此事质询卑职。此前确不曾听闻蒋中尉说过与四夷馆有何交涉，更莫说是与柔然王子的瓜葛过节。蒋中尉平生介直，五尉皆知，其人能左右驰射，武艺过人，射声尉士过万，无出其右者，莫名殒命于胡虏匹夫，匪夷所思。案发次日，卑职得讯，曾带尉内壮士百人，直趋四夷馆界，兵围燕然馆，如若不是太子留台派詹事黄腾之快骑前来阻遏，卑职必手戮其数十群小，绑了那嚣张的柔然小子！”说到此处，射声校尉元洛平依旧愤恨不平。

“事涉北藩，兹事为大。元校尉身历兵戈，少不得爽直脾性，倒是多亏了太子殿下谨慎，考虑得周全啊。”

元洛平长叹一声：“将军所言道理，卑职何尝不知？只是如此处理，射声尉属不服，五尉将士也都不服。当今天子圣明，着河阳王与将军两位重臣重审此案。卑职与天下人共期拨云见日！”

从王府出来，慕兰公主乘快骑向将作大匠蒋少游宅邸前去，汐月也翻身上马，紧随其后。

落辔蒋宅大门之前，两人跨步进院，差点与急出宅院的一个着短衣毡帽的年轻胡商撞个满怀，慕兰再看，原来是韩英，随在韩英身后的雪狼山犬也跟着主人来了个急停，摇曳尾巴，定睛看着撞作一团的三人。

“韩英，你怎么这身打扮，慌慌张张是要作甚？”

韩英一看，喜出望外：“慕兰姊姊，你可回来了，大家都急死了。”

“阿翁和闻玉可在家中？”

“闻玉在堂屋读医书，调配药材。这个时候阿爷怎可能在家里？他一天到晚都在须弥阁工地督工，昨晚上通宵都没回家中，早上我和闻玉一起给他送了饭食，阿爷瘦了许多。知道你前去行在面君，阿爷也是十分担心。”

慕兰公主眉宇微皱，说道：“你先不忙外出。”说罢直奔蒋宅正堂。

只见堂屋里各种药材陈列于木架之上，琳琅满目，闻玉简直是把待客的堂屋变成了药房，一边翻阅着一本发黄的医书，一边细心辨认眼前的各种药草，还不时拿上一小截草药放在口中尝食。

见得慕兰公主一行进屋，闻玉怔在那里，瞪大了眼睛，瞬间双眸又要滑出泪珠："好姊姊，天子有没有责罚你啊？"

慕兰公主上前抱了闻玉，心疼地抚着她的后背："让妹妹担心了，天子没有罚我的，非但没有责罚于我，还下了诏书，让河阳王入值大司徒府，严查四夷馆案。天子还准了我参与案件的追查。"

"真的吗？那样阿兄就一定会得以昭雪了……"闻玉说罢，在慕兰公主的怀里嘤嘤啼出了声音，哭声里藏的是多日里攒下的伤痛和委屈。

见旁边的韩英和汐月也是跟着难过抹泪，连那雪狼山犬也是偎依在韩英脚下，抬眼看着几人，声声呜呜，眼睛里是满满的忧伤。

慕兰公主告诉自己，得坚强起来，她抹掉几欲滑出眼眶的泪珠："现在还不是伤心的时候，我们得齐心协力，不然阿翁看到此境，会更难过……这里是天子御赐的东海水产，我留了一半在王府，这一半我带过来，不过还得看阿翁的身体食此海物当否。"

"嗯，姊姊说得是，医书上说是药食同源，阿爷体寒，我依了医书，选了几味药草，拌在饭食中，如此渐进，对阿爷的身体应是有益的。"

门外一阵冷风袭来，案上那卷发黄的《神农本草经》随风而动，呼啦啦直响，书卷几要落地，闻玉匆忙将书按在手中："我说小韩英，这医书你看便看，却不要将书纸弄折了，你要极爱惜的。"闻玉怜惜地将一段折叠住的卷纸抻平。

韩英探头看罢，挠着耳朵："我有折过吗？算了，兴许是见你看得痴迷，就顺手翻了几下而已，别生气了，不看便是……"

"韩英，太学的课堂你学得如何？看你这身打扮，是要到永桥大市行商不成？"慕兰公主问道。

"博士陈式正为太学生们讲授《周礼》，太子府詹事黄腾之每三日入太学教《尚书》两个时辰，说心里话，我哪有心思学，我已……已经逃了好多次课了……"

"落下博士的课程都不去学？"

"这些日子，我常装扮成来洛胡商，去那城南洛水码头，还有四夷馆、永桥市界的客栈食肆，各色商埠作坊，跟那些来自四面八方的商贾伙计混迹在一起，阿兄事出四夷馆界，我在其周遭日夜查访，就不信查不出个蛛丝马迹来。”

“噢？那你发现什么了吗？”慕兰公主点头，心说这倒真是个好主意。

韩英叹气：“还没有呢。”

慕兰公主略思片刻道：“天子在诏书上特别说了，司徒府有随才任用之权，既如此，我给阿父禀报下……韩英，元日前的《周礼》，你就不要再去太学听授了，反正你也学不进去，即刻去司徒府听差，参查四夷馆案。你在洛阳街市上，可相机而动，仍用你编造的胡商身份。”

“太好了！”韩英欣喜，他手抚蜷坐在身侧的雪狼山犬，忽然想到什么，“慕兰姊，半月以来，我带着雪狼寻遍了洛阳城的里坊街巷，说来真是有件令我费解的事情发生。”

“噢？说来听听。”

“一日四夷馆界天黑落锁之前，我暗地里引领雪狼犬，绕着那柔然王子居住的燕然馆悉心巡查了一圈，当时它在馆后侧门踟蹰了一番，还无端吠叫了几声，我怕再出事端，就赶忙引它出了馆界。次日里，我再领它去洛水河边四通大市，路过一家悦般胡商开设的染坊前，它又是接连吠叫，还硬要往人家店中去闯。要知道，雪狼平日里非常乖巧，从来不曾冒失，也从未这般吠叫纠缠。我当时就生疑，借故买胡商的布匹，进得那家染坊，见是一对老迈夫妇和女儿三人在打理，店家见我也是番人商贾穿着，估计是怕我窥探他家的印染秘方，说什么也不肯引我前去后院。我离去之后，奓着胆子再带雪狼去燕然馆侧门之外，雪狼却只是在那地上嗅来嗅去，再无吠叫，足足耽搁了半炷香的工夫，也没再发现什么可疑物件。我不想留此遗憾，便又折回了胡商染坊，恰巧掌柜夫妻去了洛水破冰漂麻，我为拖延时间让雪狼寻个究竟，就寻了许多话头儿，与那胡商家的女儿攀谈。雪狼倒是趁机溜到了染坊后院，却把人家一架子的朱砂、云母、栗壳、靛青染料撞翻在地，听得叮当一片，我们都跑到后院，见雪狼冲着那满地狼藉的染料，只是呆看，不叫不嚷，搞得我实在难为情，赔礼道歉不说，谨哒果儿——也就是那殿中的小姑娘，还逼我购她家的一方波斯挂毯，我哪有那么多的银钱买那奢侈没用的物件？带了雪狼一逃了之。”

听到此处，汐月在旁不禁嘟囔了一声：“你把人家的名字倒记得十分真切。”

慕兰公主握着闻玉的纤纤玉手，思索片刻，抬首对韩英道：“恐怕你还得去会会那位果儿姑娘了。韩英，你得先去到须弥阁工地，将我之所请——让你入值司徒府的事情先对阿翁说了，若他老人家同意，你直接去司徒府拜谒河阳王便是。事不宜迟，我当下便代司徒府做这个主了。”

韩英得了慕兰公主先斩后奏的调令，甚是欢喜，因为他们都知道，河阳王是不会不听从公主的建议的。

“闻玉，这真是一个好消息，这样我就可以名正言顺地查案了。”韩英顺手拿起那卷《神农本草经》想再去展开一看究竟，“你刚才说谁折了你的书纸？我真不记得我有折它啊。”

闻玉催促：“好了好了，依着慕兰姊姊的话，你快去请准阿爷吧。”

韩英领上雪狼山犬，一溜烟儿出了宅院，不到半个时辰便跑到了须弥阁工地外，只见那寺阁周围的护卫巡兵，比昨日增加了一倍还多，尤其是未完成的几处寺墙豁口，水道通渠，大门、角门工地进出通道，巡视最为严格，进入寺阁内部的一车车杂木砖料、粉浆琉璃件都要被细心检查，普通百姓于工地外围，五十步之内不得近前。想来是完工的日期将至，届时天子嫔妃、朝廷重臣、高僧大德齐聚此处，这佛寺内部又设计精妙，构造复杂，院舍重叠，不能让歹人提前混进了，埋伏其中。

韩英身上带了将佐曹给开的出入凭件，凭件上不仅有韩英的体貌特征描述、籍贯住家、亲眷成员，以及专事长官、将作副将王遇的亲笔签押和将佐曹的官曹印章，在凭件背面还有其本人的朱红手掌拓印，掌纹、指纹甚是鲜亮明晰。韩英让雪狼山犬在几百步外的里巷墙角蹲好，自己持了凭件进入寺阁。

在寺阁工地遍寻父亲不得之际，却见寺外黑压压进来一大队青壮，足有数百上千之多，为首的几人为官长、佐将打扮，身后的那些丁壮一个个倒是结实壮硕，衣着却是各式各样，多是打了不少的补丁，被队前的长官喝令着列成的队伍也颇不成个样子。寺阁之内上上下下正在施工的匠人们好奇地往这边张望几眼，都又各忙各事。

这时将佐大匠蒋少游与副匠王遇一起，从远处一座正在绘制壁画的罗汉殿中出来，见一班来人，忙迎上来。几名为首将佐身着简单的两副铠甲，大概官品并不高，站在他们前头的却是天子近臣——治书侍御史郦道元。

近几天来，天子凡有出行，殿中御史重臣郦道元常伴车驾左右，其职为掌记内外静动，纠弹朝廷文武，向以为官苛严著称。

郦御史却对将作大匠恭敬有加，郑重叉手施礼：“前将军，这些人都是南青州来的工匠、画师，天子怕咸阳王、前将军你们肩上的担子太重，就在兖州行在钦命前去觐见的南青州刺史，选了好些匠人来协助，下官已先去了太尉府与咸阳王做交接，这才来到须弥天阁。”

蒋少游还礼谢过侍郦御史，御史身侧一位低阶官佐又向其施礼道：“下官为南青州刺史辖属户曹参军韦泓，本州刺史承天子诏命，精心遴选州内能工巧匠四千六百人，半数入前将军所辖将作曹，辅助洛京大寺须弥天阁工程，半数归太尉府辖，修葺铜驼大道，以待元日盛会。工程完备之后，诸匠家族亲眷迭次自南青州赴京料理定居，以长期备使于京畿司州诸工程。此为本州刺史用印文书，请前将军过目。”

“韦参军一路劳顿，谢过参军。”蒋少游本就为官审慎，见韦泓一身英朗正气，话语更是客气，“接下来，天阁工场事宜，还要更加劳烦参军。”

却闻得郦道元哈哈大笑：“前将军，你可真是慧眼识英才，这就想把韦参军纳入将作曹麾下啊？将军只能抱憾了，韦泓来京，一是为京师诸务遣送良匠，二来，也是奉诏履新，他现已职归御史台，转任台司掾佐了。”

“恭喜恭喜。这下可好了，天子圣明啊，如此圣决，各得其所，可真是让大家把心放到肚子里了。”将作副匠王遇忙近到治书侍御史郦道元跟前，“还请郦御史带话给官家，将作曹上下一定不负圣上所托，兢兢业业，一丝不苟，如期完工。”他继而小声说道，“前日里下官还提醒了前将军，怕是这人手真的是不太够，天子未卜先知，体贴百僚，这么快就雪中送炭了。郦御史自兖州行在远涉千里，风餐露宿，不辞辛劳归京，别累坏了身子骨，这外面是太冷了……”

侍御史郦道元只是微微颔首，不待王遇说罢，就回身对蒋少游再拱手：“前将军，天子特嘱下官传口谕，望前将军莫要累坏了体躯。”

蒋少游再次稽首谢恩。

治书侍御史郦道元携新任御史台掾佐韦泓一行离开之后，在台司衙门有亲朋关系的几位将作曹僚属纷纷交头接耳：天子同胞兄弟、赵郡王元干，终因贪渎之罪被废为庶人，便是郦道元多次锲而不舍、上表参奏的结果，此人会很快升任御史中丞职。有人半是玩笑打趣地提醒身边的同僚，一定不能让这位炙手可热的御史给盯上了，他可是个穷追猛打的主儿。

蒋少游送走来人，安排属吏接应安顿了新来之人，独自来到一处刚刚竣工的排水渠边查验，韩英见其四下空旷无人，这才走上前去，给父亲简要说了慕兰公主从兖州面圣归来所取得的系列成果。蒋少游听到之后也备受鼓舞，但对韩英入职司徒府却没有表示太大的反应，只是抚着他日渐结实的臂膀，缓缓说道："你长大了，应该有自己的决断了。但要记得，不要让自己有个好歹的闪失。"

韩英不忍看到父亲伤心："十数年来，阿爷视孩儿为己出，在平城即为孩儿聘了武师教习拳脚骑射，眼见孩儿已是长大成人，武艺渐进，即便那自视甚高的羽林虎贲，孩儿也是不惧他们的。举家来至洛阳，阿爷又将孩儿荐举到太学研读……孩儿无以回报，也定会小心爱护自己。"

蒋少游点点头，将他腰间所佩双鱼玉佩解下，蹲下身来，把它牢牢地系在韩英的蹀躞腰带上。

父亲真的是老了吗？他手上的动作是那样慢，比他那一夜之间变得异常苍老的声音还要悠慢。

"英儿，这件玉佩是我的阿母送给我的护身符。"

韩英低头看着父亲鬓上的斑驳白发，几欲凝噎，想去扶起父亲，又怕他看到自己盈目的泪珠，韩英仰头，用了好大的劲儿才将满目的晶莹抑回去，这才慌忙伏身将蒋少游搀起。

"阿爷，有件事情孩儿想与您商量一下。我看闻玉热衷研习医术药理，长年里自个儿闷头摆弄那些地黄、朱砂，孩儿觉得这倒是一件好事，但她这闭门造车，怕是所获不多、事倍功半，或许还多有错愕，于是我便留意了洛阳城内的学医之所，城南中有间四民药局，平日里男女病者盈门，在京人、胡商那里都极有口碑，我便前去打听是否收女学徒，药局掌柜却对我爱搭不理。日后我与某太学同侪偶然说起，才知道这间药局是当朝太尉咸阳王出资兴办，平日里在局执业的医师得有二三十人之多，在这家四民药局，颇能弄到别处药坊没有的珍奇短缺药材，遇有疑难杂症，如病人能出得起大价钱，还会有宫里的侍御师前来亲自问脉主治，也已收有几名女徒。而我这位同侪，恰巧就是咸阳王府司马的侄儿，直接负责此间药局的便是王府司马，那门面上的掌柜不过是打理日常。"

韩英稍顿，再道："阿爷放心便是，我没有跟他说是自家小妹的事儿，只说是咱家一个远房表亲，近日从老家乐安郡前来投奔，想为她找一个立身的营生，我还是想把此类托请，维持在我与同窗这样的晚辈之间便好，不想让阿爷涉身其中。想必事情也不会复杂，我那太学同侪出面亦不需通过他家叔父，直接交代了药局掌柜就能办到，事成我请他在酒肆吃顿好酒便是。我问过闻玉的想法，她是极想去药局随诊学医的，不知道阿爷您这里是否同意……"

蒋少游知道两个孩子都是极其懂事，他们都清楚父亲一向都在避免参与任何人事托请：自己长年具体主持朝廷多项大型苑囿殿堂营建，事涉巨资，免不得在用料耗材环节被朝廷上下百官托请采购自己的关系户，但今日韩英所述，自己竟然是从没有留意到，没有注意到女儿已经有了自己的梦想，并且在日积月累为之艰难习学。他原来只以为这是小孩子家的暂时趣事，并且汉家父母往往又极其忽视女儿家的学业养成，无论是卢、崔、范、王那样的高门大户，还是平常百姓家，都只是授些女红礼仪，为将来服侍公婆、小姑，整日里围着夫婿团团转这样的单调人生做准备。倒是那些鲜卑家庭的女子更多一些泼辣大胆，甚至有不少去习那骑马射箭，人前人后落落大方，将来到了公婆家也颇能料理上上下下大小事务。话说君子六艺，我这孩儿，除了那些服食技巧，让她多学得一门治病救人的医药技艺，也不为过吧。

蒋少游迟疑了片刻，心想韩英入职司徒府之事应无悬念，也应该将一些官场实情明明白白地告诉他："英儿，你做得很好。咸阳王与阿爷倒是颇为熟识，是为父多年的上峰官长，但殿下这个人，恐怕内里是性喜财物，奢靡无度，他平日在朝廷表现出的素朴，大概并非其真实面目，做给天子看的成分更多些。这一点你心中有数便好，切不可将来与人吹嘘时拿来作谈资，妄议黄胄宗亲，其罪可不轻。但有些情形，你也要心中有个道道儿：如能入司徒府参与协查阿兄之案，你要时刻提防，千万不可轻易与同僚交心，备不住，是敌是友……"蒋少游感叹一声，拿着轨尺，继续做查验河堤状，在远处的百僚工匠看来，这情景无异于将作大匠与儿子在说些无关紧要的日常话题，蒋少游索性把该说的话给孩子多说一些，"阿爷并非不懂这官场规则，人说我整日与斧凿绳尺打交道，春秋寒暑与泥垢工匠为伍，惜我之才，其实阿爷不过为求自保，也为保护你们，今天看来，我们都无法逃避这个旋涡，官场不仅是人心的尔虞我诈，也是要流血、要死人的。我本不愿你兄长入宫廷宿卫当值，"说到此处，面对压抑多日的丧子之痛，蒋少游反而豁然了一些，"可是所谓皇恩浩荡，天子点名要你阿兄入尉扈从，阿爷又能如何呢？退无可退，无法拒绝。孩子，你要记住，无论是怎样的好天子，他都是天子，万年不变的伴君如伴虎。而内外宗室重臣，坐到那个位置上的，哪个又能是省油的灯？即便如此，阿爷还是要承认，我是看不透他们的，也就索性远离旋涡，尽量不听、不闻、不参与。"他再望远处繁忙嘈杂的营造工地，转而凝视韩英，"闻玉学医之事，依你的方式去办。逝者已去，闻过的昭雪之事……你量力而行便是，不可强为……我已经失去了一个儿子。"

韩英明白这番话的深意，父亲从未对他提及过自己的内心世界。

雪狼山犬始终保持在主人身后十步左右的距离跟随着，忽然一股碗口大的小旋风平地而起，卷着地上的枯枝在它眼前萦绕攀升，山犬见状，不知是因为惊奇还是欢喜，它咧开雪白的牙口，怔了那么一刹那，又带着敬而远之的神情，快步绕开它直追主人而来。似乎很清楚小主人在这座巍峨城市的身份，它不愿因为自己的任何贸然出现，给主人带来不必要的麻烦，哪怕是面对一阵小小的风儿。前面的韩英一个响指，山犬就瞬间追上，来至主人腿下，它就这么亦步亦趋地跟着主人，行走在开阔的东西御道。但见得前方有一个更为阔大的丁字路口，路口往北八百步，即是警戒森严的皇城南门阊阖门，门楼之上，一字排开的黑龙赤旗随风飘展，城楼上下的羽林尉戍伫立在岗，在寒风中纹丝不动。往南折行，是一条笔直的南北大街，即为铜驼大道，只见两匹泛着金光的铜驼傲然而立，隔着数百步宽的大道分立两侧，铜驼足有三丈之高，皆为双峰，一为昂首，一为低目，皆是神态生动，栩栩如生，就像两匹跨越时间和空间，经历了数百上千年，从遥远的西方穿越万里沙漠绿洲悠然而来的神兽来客。它们最终驻足在这天下最为壮阔富庶的都邑，透露着一种说不出来的，让人备感舒服的锦悦祥和。

韩英带着雪狼山犬，经司徒府门监验明身份，绕过一道厚重锃亮的琉璃照壁，顺利来到司徒府正厅高阶之下，厅门两侧，是两排高大窗棂，围绕大厅外围贴厅壁，甲士执槊林立，其威武严密丝毫不逊于皇城卫戍。见此状，雪狼山犬竖起双耳，不见一丝平日里的玩耍嬉闹，待主人进了前厅，山犬立于门厅之外，身体挺直，蹲伏在门口甲士之侧。

推开厚重的黝亮黑漆大门，掀开厚实的木棉门帘，进得正厅，见汐月执剑立于门内，两人对视一笑，以示问候。河阳王、慕兰公主，还有另外一位身姿挺拔的紫袍将军分踞厅下坐榻，在一同讨论手里的几卷案档文书。

韩英稽首施礼。

慕兰公主连忙起身，上前将他扶起，说道："你今日即以洛阳太学生身份入值大司徒府，河阳王和镇南将军的用印文书即日下发，拟录你为大司徒府正九品参军督护郎，并领镇南将军府正九品旷野将军衔。两位上官于六品以下文武官吏，皆有先用后表之权。所以，两位上官的用印文书上虽表为拟录，实为即日实授。"

韩英再拜，刚刚起身，听得身后有王府主事薛适进厅来报：侍御师高婆罗领命来府。听从了慕兰公主的示意，韩英立身于公主之侧。

高婆罗身列皇城四大御医师，平城时期，曾为寺僧，也是四夷馆案射声中尉的验尸官。

“高御师，你请坐。”河阳王向来对天子后妃身边的侍从内官分外客气，“今日与镇南将军烦请御师来府，实因此案为官家特诏督办，事不宜迟，你我众卿应勠力同心，不负圣托。具体事宜由镇南将军和廷尉少卿元慕兰与御师征询取证。”

高婆罗起身，将一卷验尸文书递于镇南将军手中：“王将军，案无巨细，下官定如实相报。”

镇南将军问道：“高御师，今日午前，已从太子处拿到御师前期所呈验尸文书，怎么你这里又准备了一份，两者所述是否一样？”

“禀将军，大概一致。”

“大概一致？”慕兰公主几欲拍案，“高御师，医者，人命关天，差之毫厘，谬以千里，上承至尊圣眷，下医黔首百官，怎能以大体为断？人已经死了，就不要再像平日问诊把脉那样说得模棱两可，今日在司徒府，大可以把话说得明明白白！”

“是，公主殿下，下官知罪。”高婆罗没想到，元慕兰的脾气比宫廷贵妇们口传的还要决断泼辣。

“高御师，前后文书有何不同？详说与大司徒和众位听取便是。”镇南将军将新递文书置于案几之上。

“启禀诸位上官，射声中尉蒋闻过死状着实凄惨。卑职前后所呈验尸文书，于大处无有分别，蒋中尉为柔然马头弯刀乱刀所害。待我到达，中尉已然身亡。其创口查验，是在司州府后衙进行。身上衣裳、头发帻巾、尸身周遭尽是血污，乱刀伤其头颅、面部，已是面目全非，骨肉分离，并有脖颈、前胸、右臂共有纵横十九处深达一寸至三寸不等的砍劈创口。卑职以糟醋洗敷尸体，又见刀刃贯穿脾脏，可谓刀刀毙命。如若不是领军将军于烈第一时间亲自前来认尸，几欲不能判断死者身份。见其惨不忍睹之状，于领军特别叮嘱，尽快收殓埋葬，如其亲眷见此，定然不堪受此重击。”

慕兰公主顿觉天旋地转，高婆罗所述，也正是她心头的最痛处，当时听到闻过殒命，待她冲破司州府守卫阻隔，去探望闻过尸身之时，逝者已然被盛殓入棺，身首模糊，“几欲不能判断死者身份”之说，绝非虚言。想及此处，她的整个身体就似被刀刀削割——两人二十年相敬相知，到如今，却已是阴阳两隔。她紧咬嘴唇，渗出血痕，只能强忍悲痛，身后的韩英早将拳头攥得咯咯直响。

“今日下官所呈文书有一处补充：蒋中尉项背肩胛实有一处深约半寸的创口，其状与别处小有差别，似乎并非刀斧所伤，卑职推测，该伤口应为箭弩所致，但创口内外，却不见箭镞遗留，此事十分蹊跷。”

听完侍御师高婆罗的简述，几人不约而同都陷入片刻的深思之中。慕兰公主此时已颇能控制心绪，她语速平缓，抑制住了方才的伤痛，显出前所未有的威严：“高婆罗，你为何今日才来上报，你知不知道，你已犯隐匿案情、欺瞒府台之罪？”

高婆罗俯首：“公主所言极是，不过这隐瞒案情之罪卑职实不敢独当。”他转向镇南将军王肃，“还请王将军细看今日卑职所呈验尸文书落款日期。”

王肃将文书再次拿起，但见日期落款果真是月前案发次日。

“并非下官有意隐瞒，而是下官品低位卑，验尸当日我就将勘验结果述与东府詹事黄腾之，黄詹事认为下官所述箭伤证据不足，似是而非。为免节外生枝，以实证为限，所以就在当时呈报的文书中未提及此事，黄詹事效力于太子留台，下官只是一介医师……下官以为，我已尽全力而为，若诸公以为下官有罪，亦无怨言，今日即自去冠带亲赴台司领罪。”

“高御师，先不要激动。末将问你，往日里你可曾有过领验涉案尸身的履历？”镇南将军以指节轻敲案几，凝视高婆罗。

“这个……不曾有过。”

“无论司州刺史府台，还是洛阳县衙署，平日里司案众多，皆有常设验尸医官，为何当日劳御师大驾星夜赴案？”

“将军有所不知，下官家居城南白象坊，去四夷坊片刻可达。当夜四民药局有朝官女眷临盆就医，不幸婴孩脱胎夭折，产妇血流不止，药局医师无计可施，特差人请我过去临时救治，下官在药局一直忙到丑时鸡鸣才疲累归家，行至四夷馆外街巷，见到街面灯火晃动，白色灯笼之上为四夷馆监、城尉巡防字样，医者仁心，下官怕有人夜遭不测，便速速靠上前去，即见到上述一幕惨状。遗憾下官并无起死回生之术，一时悲天悯人，协同了城尉、馆监诸吏，将死者送往司州衙门。衙署夜守吏员有下官的相识，下官猜测，吏员大概是希望留下我这个内署御师来验尸，在上峰那里炫耀领功吧。对于下官来说，却是没有想那许多，在下官眼中，只是面对一个遭遇叵测的生命，自然是没有推托的理由。”

高婆罗战战兢兢，辞府而去，大司徒府正厅又是陷入一片静寂。

“大司徒，末将以为，应速捕现任射声中尉崔宪。”镇南将军首先打破沉寂。

河阳王拨弄着眼前铜炉里的火炭：“可以再等一等，”继而抬首对着堂下吩咐道，“唤薛主事入厅。”

须臾，薛适进厅：“殿下，您有何吩咐？”

“你所遣北上平城的快骑，何时可返洛京？“

“骑马之人马不停蹄，星夜兼程，大略明日午前可归来复命。”

“搞清楚崔宪甲册履历，可有把握？”

“回殿下，犬子薛绍宗处事干练，应无差错。”

河阳王转首对镇南将军说道：“崔宪乃该案关键突破点，若出手，必须做好充分勘察，以期十拿九稳，有所斩获，否则就是打草惊蛇。”

河阳王再问王府主事：“领军将军何时前来？”

“于烈将军已在偏厅等候多时。”

河阳王、镇南将军及慕兰公主诸人起身迎接。

领军将军，位居九品官制之从一品，居于其位者，非天子眷宠的宗室近支，即战功累著的疆场骁将，内领皇城五尉，外执内城、郭城、城内三百二十里坊之宿卫巡查大权，并有近郭城防卫戍之职，羽林、虎贲、诸门尉皆受其节制，直属各军种即逾二十万人，素养之优良，于帝国军中，皆为上上之质，并视军国所需，领军将军有临机受命、远赴疆场、杀伐敌虏之职责。

领军将军于烈进到正厅，见得其人脸颊方正，髭髯密短，根根如铁针，油亮如漆，却也是风度翩翩，身穿青袍汉服，头戴漆纱笼冠，腰挎镶玉环首直刀，脚穿黑色软皮长靴。

河阳王特别吩咐，为其备榻于身侧。

“河阳王出山，朝廷上下人心所向。大王但说，需末将做些什么？”于烈将军说话利落干脆，虽只三言两语，却也甚为得体。

“有劳于领军来府。前由镇南将军咨询射声校尉元洛平相关事宜，得知四夷馆案发生当夜，中尉崔宪有值于宫掖，不知领军对其是否知情？”河阳王亦开门见山。

领军将军面色沉重，回忆起当日的情形：“事发当晚，末将得城尉巡防报，即亲自乘马勘察各宫室内外卫戍、城门郭门值守形状，并无异常发生。随后我亦入各宫禁查验，应值卫戍将官也都在岗，如此巡查，直至次日寅时平旦。如果末将没记错，射声中尉崔宪当夜是带队巡值于皇家苑囿华林园。”

镇南将军拱手：“射声校尉元洛平所述与领军无二，末将有一疑问还请与领军核实，以禁军制度，职为射声中尉者，在卫戍值守期间，是否有机会单独行动？”

“即便职为中尉，在值守期间却是不可单独行动，应有至少一名下级军吏随从查验各处岗哨。”

“当晚与崔宪同行的禁卫士是否有在册记录？”

“有的，我这就着人回领军将军府查验。一个时辰之内，即可回报大司徒府。”

“有劳于领军。”

“不行，时间太久。”慕兰公主话音虽不重，却是斩钉截铁，“于领军，我这就随你回领军将军府亲自查验，如有异常，即刻拿办崔宪。”

“没问题。”领军将军倒也欣赏如此这般的烈女子。

“韩英、汐月，你们随我一起。”

大司徒府外的铜驼大街，已是弯月当空，两排花草灯笼高挑而起，由北向南，如两尾绚丽游龙。

/ 第三章 /

畿内秘境

领军将军于烈带领两名贴身甲士，自皇城西侧神虎门入至禁中，下马步行，直抵皇城西域凝阁堂，该殿堂为射声中尉崔宪今夜轮值卫戍之所。

神虎门外，公主元慕兰执辔于马背之上，肃然而立。马首时而低沉，时而高昂，在它呼吸之间，马嚼子为霜气和雾气交替萦绕。其身后一男一女也处于时刻待命状，一左一右，侍于公主两侧。一只绒毛洁白、体态高大的雪狼山犬四腿笔挺、双耳高耸，静静地矗立在三人后方。

长风当歌，也确从远处某家王侯宅院，飘出一声声琵琶笙歌。

残月高照，一抹黑云掠着月亮下弦，飘忽而过。

夜色虽深沉，在栅栏所隔的里坊之内，气氛却迥异于常，仍是烛火高起，家家户户，嬉闹无已。郦道元这才记起，今天竟是腊月百姓祭灶之日。

禁卫督卫官所造册书显示，当晚与射声中尉崔宪并值巡查的军官，正是当夜妻眷遭遇难产的宗室子弟，该军官得到家中通报，以为妻、子两人性命都将不保，匆忙告假离开华林园，此后通宵达旦，一直都在四民药局陪伴妻眷左右。也就是说，四夷馆案当晚，射声中尉崔宪有充足的时间避开耳目，单独离开华林园。

两刻钟后，领军将军再出神虎门，他身后的城门重重地合上。

此后四个时辰，直至次晨卯时，任何人皆不得擅自开启、出入这两扇厚重幽暗的宫禁大门。

慕兰公主急切催马迎上，却见得将军身后仍只是原来的两名扈从甲士。

领军将军摇头："崔宪应命出城了。"

"应何人之命？"

"皇后谕令。"

"何时？"

"今朝辰时，日出时分。至尊离京，腊祭将至，皇后特抽调黄门内侍与射声尉禁军将士共计一百八十人，分赴洛阳八关卫所，赠赐关尉官卒屠苏酒水、制粥食材、棉衣袴褶等。"

慕兰公主知道，洛京方圆五百里，山川环卫，八处险要，各设雄关，拱卫京都。一为函谷关，此为中原故地通向西部要塞，东指洛都，西望长安，南临涧河，北依邙山，可谓八关之首；一为伊阙关，位于洛京城南，夹峙龙门、香山之阙口，伊水穿流其中，是为南下荆襄之要冲；一为广成关，为南下汝颍必经之地；一为太谷关，依嵩山、龙门山峪谷而立，战时可伏重兵，控扼南北交通；一为轘辕关，立于东南方向太室、少室两峻岭之间；一为旋门关，向东过此关，洛京再无险塞可据；一为孟津关，今日关隘所处，是为周武王会盟诸侯东伐商纣之渡口，为飞越黄河南下嵩洛腹地之扼塞；再为小平津关，亦位于滚滚黄河之中央。

"我现时出城，追回崔宪，将军以为如何？"慕兰公主也清楚，皇后这样的安排并无不妥之处。

"公主，眼见天色已晚，或可待崔宪等人明日午时自城南返京，再行拘捕？"

"将军，我只恐消息走漏，生有意外。"

"天黑路狭，公主贵体……"

"将军！"慕兰公主打断他，"现时出城，时间还来得及吗？"

"怕是晚了，内城城门就将关合，再出郭门……"领军将军见慕兰公主着实赤诚，心有不忍，"这倒不是问题，末将可以安排，可缘绳顺墙而下，也可吊装马匹，倒也并不坏京都城门戍守制度，只是这山高路黑，我只怕路上有个闪失……"

"多谢于领军。"慕兰公主抱拳，她心里清楚，京都领军职重，除非军国急务，即便身兼京师诸门城防、宫禁两卫之职的领军将军，也不敢贸然开此特例，"我这里并不妨事，只是有劳将军。"慕兰公主再问道，"崔宪去往哪处关隘？"

“末将问过皇后宫中宦官黄兴寿，崔宪南下洛南广成关。”

“还请于领军与我选派干练甲士数名，我这便出发。”

身后的汐月此时已是急得要哭：“公主，你这才马不停蹄从上千里的兖州打了来回，这几日里合过眼吗，吃过一餐像样的饭吗？这关隘险峻，黑灯瞎火的，万一有个好歹……”

“汐月，事不宜迟。”慕兰公主不由得手支前额，确有几分劳累眩晕之感。

洛南四关，分别为伊阙、轘辕、太谷、广成。其中伊阙关相对最为近便，在城南五十里，轘辕、太谷二关则在绵山峻岭之间，但都不比广成关既远又险。

“公主，末将即刻遴选轻骑二十随你前去。”

寒气肃杀，酉时才到，天地之间，犹如一张遮天灰幕启动，开始徐徐降临。

慕兰公主与领军将军离开之后，镇南将军王肃换了一身灰色棉布旧袍，牵上一匹瘦马，自司徒府东南侧门悄然而出，曲曲折折走了好长一段里巷之间的卵石狭径才绕到宽阔的铜驼大街。

这时他隐隐约约听得，路东太学的高墙之内，太学生们还在朗朗有声地齐诵着文字章句，仔细辨别，是太学博士领着他们在诵读《礼记》“孔子问礼于老子”篇，王肃不禁勒马缓行，恍惚之间，似有时空穿越斗转星移之感，要知道，孔子问礼于老子的地方，恰恰也是在千年之前的东周王城洛邑。

墙内的两千太学生，有的出自京都大户，不乏王侯重臣子侄，有的出身司州诸县耕读之户，此外，由其他地方诸州察举选拔的良家子弟也占很大一部分，他们或乐学苦读穷经问道，或希求在太学获取晋身官品之径，更多的，是兼而有之吧。今年八月，太学大院才经缮修一新，内有厅堂三十所，屋舍两百五十间，现设法令、文学、算学三科。

想想在十五六年前，自己也如高墙内的后辈们一样孜孜不倦地遍读经典，只不过那间太学是在长江以南的建康城里。当年父亲在南齐朝廷外任雍州刺史，手握该州一切军政大权，雍州治所设于襄阳城，自古为南北要冲，且东扼长江中下游，首都建康之安危拱卫亦赖该州大半。三位兄弟跟随父亲，留了自己和母亲谢氏，还有自己永远搞不清楚数目的家童仆役生活在建康城里。很多年后，王肃才明白，自己和母亲虽在建康享拥江左风物、河鲜海产，但实为外官交给君王手中的人质。少年时的他怎能明白这般复杂的深意。每日里自己往返于太学和青溪桥东的王家宅邸，晚霞满天的时候，母亲一定会亲自下厨，花尽心思为儿子烹制美味的江鲜油笋，也总是摆上满满的一案。夏日里，母亲就拿着蒲扇踞坐在金色的稻草席上，一边驱赶着闻香而来的馋嘴蚊虫，一边悠悠哼唱着“白石郎，临江居，前导江伯后从鱼”的乐府曲辞，不紧不慢地等着自己从太学归来。第一年年尾太学考核，太学博士给自己的批语，王肃自己还记得清清楚楚：“少而聪辩，博涉经史，颇有大志。”父亲的最高官阶，曾兼朝廷尚书左仆射，而自己也由著作郎进阶司徒主簿，再晋秘书丞，所娶夫人同是来自母家大族陈郡谢氏，妻子也像母亲一样知书达理，通辞章，极温婉。直到父兄被南齐天子下诏斩杀的前一刻，王肃也没想到这样的大动荡，如此的灭门之罪，会与自家扯上关系——天子可以屡屡被废，朝代可以频繁更替，悠悠数百载，琅琊王氏仍居天下上流门阀之顶尖——同样是在一个干冷肃杀的冬夜，家中的老仆躲在稻草垛旁，含泪为惊恐未定的他剃掉黝黑须发，给他穿上一件破旧的僧衣，身后一团团炙天的火焰吞噬着偌大的王家宅院，自己像丧家之犬那样跳进刺骨的秦淮河水，只身北逃，从此与一个名叫元宏的北朝天子结下了不解之缘。

王肃非常清楚天子简派自己为四夷馆专案副使的用意，他已经远不是当年那个只是以“陈说治乱，辞义敏切”的玄谈士子。他效命疆场，恪尽职守，为大魏征得了一片又一片的南齐领土；他长年在边，悉心抚接，远近归怀，南齐衣冠，附者若市；他清身好施，家无余财，不结权贵，简绝声色，至今孤身一人。他知道，天子身处凌霄之尊，身边所能信任的、可以信任的人，却是少之又少，而自己这样清白的超然身份，这样毫无退路的境遇，恰是天子最为看重，也最为放心的。

思绪万千之间，羸马驼着王肃，已过将作曹、太庙大院，也过了司州衙、护军府，再往前走，便是凌阴、衣冠二里，洛阳内城南门宣阳门就在眼前，王肃扬鞭催马，他要赶在城门关闭之前赶到位于城南永桥四通大市的百纸坊。

有不少流连忘返的采买客人急匆匆地出入四通大市，有肩背手提的，也有骑驴乘车的。西来胡商与中原商家在大市之内杂处而居，牌匾布幌，罗致密匝，高阁小铺，鳞次栉比。各色贩货商铺大都在收帘合门，偌大的骡马集市也正要结市，三两百家不同档次的食肆酒屋、乐坊客栈却仍是人声鼎沸，喧闹异常。王肃避过一拨拨人流，引马进得一条石板小巷，熟门熟路，来到一处院落的后门，径推木门而入，先见院内一片雾气升腾，一座体量庞大的五屉竹编蒸笼正在炉火上蒸腾着，一位驼背老者正持铁锹往旁边一个大水池里抛撒石灰，再远处的草棚下，一头健硕毛驴围绕拉动着一副石磨，旁边的老妇拿着一柄大木勺不停地往磨眼里推送着什么。二人几乎同时发现来人，都立即停下手中的活计快步迎来。

“少主，快快进屋。”老者声音极低，他熟练地接过马缰，系在棚下。

三人快步进得屋舍，王肃方才关切地问道：“方伯，二老身体可好？”

一旁的老妇从一木箱深处拿出一只小陶罐，内装义阳所产茗茶，在取暖小炉上为王肃悉心煎煮。

驼背老者这才提升到正常的声调：“有劳少主挂念，我们身体都还行。到了年底，衙门曹属、商家寺庙的生意能多做不少，眼看是秋天里抄出的几百刀白纸都不够卖的，近日里这老妇又花了巧心思，将她储存的一些干花瓣、干草叶拿出来，抄出来几刀造灯笼、做小笺用的花草纸，竟立时被几家王府的采办给抢买一空。”

“那便好啊，方伯，真是技多不压身啊，谁能想到当年你负责咱家纸坊生意，今日里能用得上呢。”

“可不是，说起来还是要感谢已故谢老夫人，谢老夫人心眼儿好，不想让我在府里干那耗体力的重活，才派我去打理朱雀门外长干里的纸坊生意。我也是闲不住，为人又吝啬的，不愿咱府上花钱请太多制纸工匠，这长年累月的，竟跟着咱请的师傅们，把他们的制纸绝活儿都给学到手了。”说到这里，旁边的老妇也不禁眉开眼笑，老者继续说道，“这一南一北，虽然制纸的材料不同，需因地制宜，就地取材，但这功夫和技艺却是相通的。少主看到那院里的蒸笼里，用的就是洛阳近畿收购来的楮树皮，石灰池子里漂浸的也是司州本地的黄河水田稻草，两者合一打浆，再兑上秦岭深处野生的猕猴桃树皮汁，抄出来的纸又白又韧。”

看到两位老年家仆在洛阳慢慢立下脚，王肃也稍获心安。王肃口称方伯的这位年长者，便是当年为他临时剃度，得以假扮游僧北逃大魏的老仆人。也是这位老者，在南齐禁军查抄王家之时，冒死将他藏于制纸所用的稻草垛中。王肃逃身之后，老仆备受责问拷打，始终没有供出王肃的去向，王府全家老小百余口皆被南齐朝廷处死，家中仆从杂役，或受酷刑而死，或被收充官奴，或四散流离，其境其况，惨不忍睹。而这两位老仆的儿子早被征戍入军为小卒，在对垒大魏的新野之战中殒命疆场，连个尸身都没个着落。二人老态龙钟又无半寸田亩可耕，王肃听闻，费尽曲折将两位老人秘密接至洛阳。于情来说，自家儿子死于魏军之手，魏国便是不共戴天的敌国。但人为乱世刍狗，身如飘萍，他们又怎有更好的选择？

今年八月，两位老人专门雇了牛车，一路颠簸，途经八百里之遥来到新野旧战场，在就近一棵古柏之下封起一座小小的堆土空冢，为死去的儿子立上了一块寥寥几字的石碑。他们不想儿子成为没有着落的孤魂野鬼。

想到此处，王肃不禁悲切心痛。他之所以未将两位老人安排进自己的将军府，也是经过一番深思熟虑的，王家在南朝世出重臣，功累于朝，父亲官至二品，朝夕之间，全家被戮杀，殃及千百僚属仆隶。他实在不知道，在这表面看是蒸蒸日上的大魏朝，在这备受天子恩宠的荣耀之下，又潜藏着怎样的危机与未知。他不想让父亲的故事在自己身上重演，他也实在不能确定父亲的故事会不会在自己身上重演。索性就资助了两位老人在这洛阳大市中开办起这样一家制纸贩纸的作坊。这来龙去脉，三人也从未对任何人说起，他们也都不敢说起。

“方伯，这生意上的事情，二老不要过度操持，各项用度花销也不必担心。”

“少主，老妇与我都知道您的好意，我们二人都是忙活了大半辈子，闲不住。”

茶已煮好，王肃尝过，这清香的茗汁，才是萦绕心间的江左风味。

“方伯，我此来有一事相询。”王肃说罢，将一纸文书从怀中掏出，原来是白日里御师高婆罗递交的四夷馆验尸文书，“与我鉴别下，这字迹着墨大致有多长时间？”

老翁接过，凑近油灯：“老妇，你来将油灯挑亮。”妇人用一根大针拨了灯芯草，又添亮一座烛台。

老翁分辨嗅闻片刻：“少主，以笔墨晕染渗透的情形来判定着墨时日，须结合纸张类型、用墨来源、着笔力度，如果年月久远，并非易事。但这份文书的着墨时间，因极晚近，所以对老仆来说，极易判定。”

“何时？”

“就在今日，三个时辰之内。”

“还有，少主，这文书用纸原材为青檀树皮、莎草茎叶，质量可谓上上品，所用之墨却是颇为寻常的烟墨，书写者并非爱纸惜字之人。再看字体，虽也可粗称端正，却明显是短时急就、刻意练习的结果。我细看过城头匾额的天子御笔，这字体，是刻意在效仿天子的架构笔法……由此可见，书写之人并没有太多的诗书文章积累，至多算是粗通文墨，且为人急功近利，长于掩饰，颇具心机。”

王肃陷入沉思之中。

过了好大一会儿，他才回过神来，心绪沉重地问道：“方伯，少夫人的情形，近日有新的消息吗？”

旁边的老妇不禁用衣角去拭擦立即泛红的眼眶，驼背老者回道：“少主，这南来的商旅我也打听了不少，都说是建康王府满门无存，少夫人与三个孩子也都命丧刀斧，抛尸荒郊……我也使钱委托了几个寺僧、商人再到建康留意巡访……我想与这老妇亲赴荆州两国互市之地，再打听打听……”

不等听罢，七尺将军立时泪流满巾。

一刻钟后，王肃在百纸坊留下几贯五铢钱，悄然辞别旧府二仆。

镇南将军的私家宅邸距离四通大市并不远，北过洛水之上的永桥，东去里许，过了天子大享祭天、皇家配祀祖宗的明堂，再经劝学里，东有延贤里，王宅便踞于此。这片区域位于内城南墙宣阳门外，相比内城的逼仄拥挤，官署林立，洛水之北的居境多了几分开阔，相比郭城西面宗府林立、勋臣贵胄的竞比豪奢，更凸显了这里的恬淡，所居住的多是从各州县经征辟、察举选拔来京的新晋衣冠、儒门世家，弥漫着悠远雅致的礼仪之风，凸显了太和之朝对中原士人的礼遇，大魏天子选尽物望，河南士人，才学之徒，咸被优录，颇有一番求贤于天下、野无遗才的意味。

还有很重要的一点就是，因为此处位于皇城、内城之外，外郭之内，朝廷管束也相对宽松。眼见内城诸门早已关合，这时的永桥南北，却还是人头攒动，有的是在内城完值归家的属吏；有的是轻松返家的各店掌柜、小厮；更多是赶在郭门关闭之前进得城郭的东西商旅、出城归来的各色人群。那些没有进得郭门的旅人，就只能在郭城之外的村店客栈将就一晚，赤贫者则栖身于草堆之间听凭北风呼号，都只得待明朝郭城重启才可进入。

这时有一队前后连贯、足有二三百头骆驼的商队经永桥向北而行，驼铃叮当一片，煞是好听，引驼者皆是高鼻深目，头戴各式高矮毡帽，身穿皮制翻毛小袄大袍，多着波斯条纹窄裤，足蹬长短护腿紧靴，全是风尘仆仆却也精神抖擞。谁也不知道他们具体从哪里来，穿波斯式样衣服的可不一定就是波斯商旅，但如此大宗的货物交割，他们又不急于停下来在桥南四夷里住店歇脚，往北走又进不得内城，那驼队所载，就指定是往郭城西面寿丘里的哪家王府按时送交的订购货品。

各色途经永桥的人群、骡马就只能在驼队之间的空隙里穿插而过。王肃立于桥南一棵槐树一旁，静等驼队慢悠悠地先行通过。他侧身向洛水远处而望，结冰的河堤两侧，灯火点点。这时他身后传来一个轻轻的声音：“将军。”

王肃转身，见是今日里刚刚录用的小将韩英。

韩英见四下无人，王肃又是这般平常的旧袍打扮，知道将军一定是有秘事在身，便也不去目视对方，只当是一同被驼队阻塞滞留的陌生路人，他低声说道：

“公主携小将一干人等前去城南四关追获崔宪，小将方才前去王府禀知河阳王，殿下却不在府中，在此邂逅将军，特冒昧通报。”

王肃问道：“按大司徒之意，是要再做筹备，再去拘捕崔宪。公主为何突然有此举动？”

韩英小声答道：“在领军将军府查阅得知，崔宪当晚有足够的机会单独出行。”

“只公主你们三人前往？”

“还有于领军所简派城门尉二十人为扈从随行。”

王肃似有所思。

“将军……”韩英似有迟疑。

“但说无妨。”

“出城之事，事发突然。有一家中琐事，小将实在无暇顾及，今日午后我托付太学同侪，安排了家中小妹闻玉，明日午前去往四民药局报到学医……此前我已告知过家父此事大略，将军是否身便，明晨即告知家父，让闻玉按时前往……实在冒昧，小妹的事情前些日子我一直在打听，今日终于有了结果……”韩英一直说得不甚流利，他甚恐如此贸然引来长官怪罪。

王肃回首，特意放下了在下属之前的威严：“你放心，明日里我与令尊本也是要见的。”

见将军随和，韩英长舒一口气：“那便有劳将军了。”

韩英轻声告别，回过身去，隔着人群，在对面路西桥首处，雪狼山犬前肢直立，正严正威武地蹲伏在那里，山犬仰首，和路上的其他行人一样，好奇地检阅着缓缓行进的一匹匹高大骆驼。想必是韩英已经交代它原地待命。此时山犬却立即警觉一般，后肢挺起，雪尾摇摆，双目满含期待地往韩英这边望来。

韩英却在腿侧悄然伸出右手，隔着人群，做制止状，那雪狼山犬正欲向前的身躯立时定在那里。韩英变换手势，曲指成拳，拇指指往东北向，那是蒋宅所处的归义里方向，意为让山犬自行归家，可那平时在主人面前极为温顺的山犬，此时却并不动身，而是目送着主人慢慢远去。韩英也实在没工夫再去管它，山犬猛健而聪慧，自寻回家是没有任何问题的。韩英纵身上马，往南面郭城大门方向疾追公主一行。

主人并不知道，雪狼山犬一直在此处等他到午夜时分，才回身过了永桥，一路慢踱，频频回首，到了里门之外才纵身一跃，过了木栅围墙回到归义里中。

韩英来到郭城大门之处，见城门果然早已关闭，已有城门尉等候于他，韩英随城门尉来到高墙之上，慕兰公主、汐月已在城上而立，旁边是一二十名卫卒聚集在那里，众人正用三四寸宽的黄麻扁绳捆扎几匹军马，人群旁边，是一台巨大装有绞盘的滑车，滑车横梁之上固定有粗木两根，粗木再以墙垛为支撑，两位军士青筋绷紧，正吃力地控制着绞盘，往下缓慢放出绳索，韩英探身去看，一匹军马正悬在城墙中间位置，缓缓下放，而城下已是人头攒动，火把点起，甲胄相映，足有十五六人。

这时有一匹军马却无论如何不愿配合，还把前来绑缚的两名军士甩出丈远，身旁的众人赶忙上前控驭，七手八脚，乱成一团，韩英循声，看那焦躁难驭的马首，忽然发现了缘由，原来是天黑匆忙，马首侧面的颊革铁扣似有松脱，被楔进了眼角，韩英赶忙挤入人群，伸手将铁扣拨出，马儿稍有平息，却仍是惊魂未定，韩英左手执住马辔，叫人去固定住颊革，右手解开腰间蹀躞皮带上的一只皮夹，从里面拿出一块野猪鬃针制成的小刷，来回梳理马儿颈颊，须臾之间，马匹竟然安静了下来。旁边的众人几乎看傻。

马匹落城之后，几人又用了麻绳，一端系于滑车一脚，麻利地缘绳而下。

坠城之后，汐月实在没忍住，便去悄声问韩英："你怎么还随身带着一把鬃刷？"

"我这刷子是给雪狼犬理毛用的。"韩英笑答。

"你对它真是够好。"

马鞭声声脆响。

一队二十余人，迅速消失在逐渐暗淡的暮色里。

洛阳内城西阳门外六里，郭城西区，寿丘里。

立于咸阳王私邸府门之前，抬首斜望东北，只见月升邙山之巅，向府中迈步，便就置身在五进高阁大院的第一重，卫士森森，庭宅深深，处处花灯高烛，回旋连绵，游若大小锦龙，照得高堂大阁之外的香榭疏林处也都灿如白昼。

进得第二重，其堂阁最高，飞檐斗拱，龙沟凤滴，琉璃堂皇，大堂前侧十八根柱础皆为西方大秦样式，并排八扇门窗又是波斯风格，中间对开大门之上有一金字匾额，上书"自同堂"三个端峻大字，勋臣近支都很清楚，此为天子御笔，再粗通点文墨的便更知晓它的典故出处——陈王曹植在皇兄曹丕逼迫之下急就七步五律："煮豆持作羹，漉菽以为汁。萁在釜下燃，豆在釜中泣。本自同根生，相煎何太急。"今上与咸阳王诸弟少幼之时，父皇文献皇帝即猝崩辞世，而他们的同胞生母早因亲生骨肉立为东宫皇储，被迫服椒身死，此旧制是本朝为防子少母壮，恐女主颛恣乱国，消弭外戚干政所设，袭自前汉武帝欲立昭帝而先杀钩弋夫人。今上自幼在宫中为故文明太后抚养教育，其余诸弟则长成于宫外。手足少幼，无父无母，身为长兄，天子从内心极怜爱诸弟；作为天子，他眼见耳闻了太多骨肉同胞的血腥争斗。天子撷采“本自同根生”句，赐作二弟私宅堂阁之名，其情昭昭；却取材于皇家兄弟反目的前朝典故，其意又深深。是感怀庆幸本朝皇家手足之和睦，抑或是另有寓意的劝诫警醒？咸阳王事后细想，或许二者皆有。

此时此刻，自同堂内，擎烛林立，香炉轻燃，炭火高旺，数十位婢使来来往往，鱼贯而入，堂下乐工美姬或有二三十人，或穿绉纱白绸，或着胡裤窄袄，琵琶芦竹，歌舞不绝。堂上桌案，已备有各色肉串鲜蔬，蒸肉酱骨，金猪全羊，其余竟有各种夏果秋实，板栗榛子、林檎卢橘、胡桃枇杷、石榴荔枝，琳琅满目，甚是稀奇。并有葡萄美酒、马奶酪浆，盛以金瓶银瓮，溢漫颇黎水晶，五彩绚丽。其他各品，正在陆续奉上，原来是一场锦绣盛筵。

只见那围坐于桌案的十余人，也都是重臣勋贵，却是一个个不仅为筵席食材的珍奇难获所折服，要知道这是隆冬季节。他们眼睛上下打量着摆宴的桌案，身体前后调整着入位的深浅，双手变换把握着扶手的不同位置。原来这是咸阳王府刚刚购进的一套新式高脚桌椅，傍晚时分才从西来的商旅驼背卸下，组合完毕，这就赶上了使用。在此之前，无论黄河南北，还是长江左右，平常百姓还都是或盘腿安坐或跪伏踞坐，这席地而坐的姿势，尤其对于上了年岁的人，颇觉劳累，大户高门之家则待客于矮脚床榻，随着胡床、矮墩自西域商道传来，人们的双脚才得以离地面越来越高，今日咸阳府中这样的高脚桌椅，众人还是头次享用，虽也不算习惯，但仔细体会，明显舒服自在了许多。只是这唯一的不好，是座次的安排，颇费了咸阳王一番脑筋。

今日宴会，本就是为敬贺河阳王告别王府蛰居，履任新职而设，河阳王又为宗室老辈，所以在这四角方桌之上，河阳王就被安排坐在了离乐工舞池最近的上方座位之中。二者朔州刺史阳平王元颐后日离京北返，亦有为其饯行之意，其人为河阳王的侄辈，便将他安排在了河阳王左侧。咸阳王自己则坐于殿下右首，亲自为其添酒夹肉。

其他八人，如镇北将军乐陵王元思誉、定州刺史穆泰、恒州刺史陆睿、夏州刺史穆罴、抚冥镇将鲁郡侯元业、代郡太守元珍、前彭城镇将元拔、阳平侯贺头，分列桌案其余三面。本来穆泰提议携射声校尉元洛平一同前来，但咸阳王并不同意；咸阳王自己有意邀约领军将军于烈，却觉得私人筵席场所，还是不要在外臣、旁人面前，表现得与天子宿卫重臣关系过密为宜，瓜田李下，此间微妙，谨慎为好。不然一桌四面，分坐三人，甚是完美。

酒过三巡，咸阳王元禧屏退所有婢女、歌姬，厅门闭合，并令本府司马立于厅外亲自守卫。

“容侄儿与众晚辈再敬您一杯。”咸阳王再次劝酒与河阳王。

众人纷纷应和咸阳王倡议，少不得又是一番福如东海、朝廷股肱之类的敬辞。河阳王此时已稍显疲惫，他今日来此，也是实在不便推托，众位落座之后，咸阳王再道：“大王，今日这酒宴，其实也是家宴。”众人再点头，“原来的邱穆陵氏、步六孤氏、贺兰氏，到了如今都改成了穆、陆、贺姓，像在百年前，各家先祖还都互称阿干（鲜卑语，意为兄），出外协太祖天子东征西讨，围猎共射叱奴（鲜卑语，意为狼），皆为羊真（鲜卑语，意为三公贵人），各家的莫贺（鲜卑语，意为父）、磨敦（鲜卑语，意为母），相互联姻，世代交好，这一点到现在都还没变，也永远不会变。大王，劳您屈尊来此，我也是受众位托付，他们的晋升提拔，还得靠您老人家多多提携。”

“恰如咸阳王所言，各位先祖随太祖先皇车驾征讨，想当年，各家首领也都是封王受邑，礼制不如今日这般森严，你们也都很优秀，眼看都已是位高权重，今天你们又替天子拱卫天下重州，将来更会前途无量。”

列席众位，尤其非元氏外姓诸人，听到这里，顿觉自己头顶纱冠之上镶嵌的红宝石更加鲜艳。

“我已经老了，无所谓了，你们还年轻，有你们折腾的，朝廷京师的机要衙署长官位置还很多嘛。”

众人一时都没接起这话茬儿，夏州刺史穆罴见状说道：“大王，您蛰伏多年，不问朝政，现实却是与您想的不一样了。眼见是京都台司要职，甚至各州镇，那中原士人、南朝降臣占得越来越多，入朝为官者眼看是要超过了恒州旧臣，就连宫禁羽林虎贲都从中原各地新增了十万人值。”

定州刺史穆泰见状，却去反驳穆罴：“你这是曲解了大王，你说这情形也不是几年内的事情了，皇朝之初业，本来就是从大鲜卑山走出的皇宗大家，在旧京各部落大臣，还有汉地士人的共同襄助下肇创而成。多年来都是如此，此为我大魏根基所在。”

河阳、咸阳诸王点头称是。

稍顿，穆泰递了恳求的眼神给咸阳王，元禧会意，继而说道：“大王，有个事情呢，穆泰他们不好意思开口说，我来帮他们表达下，慕兰公主聪慧淑慎，待字闺中，您老要不要考虑下穆家的子弟？我觉得，两家如能联姻，还是很好的。”

在座的定州刺史穆泰，尚章武长公主；夏州刺史穆罴，尚新平长公主。于京都地方，穆家可谓高冠满朝。

河阳王一声叹息：“唉，她待个什么闺中？整日里生龙活虎，待在马背上的时间比在阁楼里多得多，比她两个兄长更爱骑马射箭，”他看了一眼穆泰，“我乐意促成。但这情形……射声中尉新丧才月余，我怕她不会这么快转过这个弯儿来。”

咸阳王见状：“公主内心里还是很听从大王的，毕竟婚姻大事。至于穆家呢，这个事情也不要着急。”

穆泰、穆罴恭敬颔首。

咸阳王稍稍停顿，继续说道：“大王，您觉得这蒋中尉的案子，会有新的进展吗？”

“不好说……一头雾水。”河阳王眼皮奄拉着，颇为犯愁的表情。

“如果不是顾及柔然胡廷，为北方诸州百姓计，把那柔然王子捕杀都不为过！中尉之职虽不及三公九卿，却是圣驾近侍，岂能容忍我大魏羽林横遭北虏胡人戕害？”忌惮柔然南下犯塞——类似这样的话，咸阳王故意如此口无遮掩，也显示了他自己没把列位宾客当作外人。只因为在座诸人，也只有咸阳王敢说出来，就眼下而言，咸阳王所受皇恩，无人能比，也只有他这位天子元弟与太子二人，在天子离京之时，真正有资格以天子的代言人自居。

“咸阳王，还有穆、陆诸刺史镇将，”河阳王主动发话，“以诸位在京、驻州所观，陛下强旨自平城迁洛阳，改鲜卑姓为汉姓，又使大家弃方言，说这洛阳雅言，有多少人拥护，又有几成反对？”

包括咸阳王在内的诸人都对河阳王这个问题颇感意外，并非这个话题本身不正常，而是从河阳王嘴里问出来很反常。河阳王是怎样的城府之人，怎会主动挑起这样的敏感议题，莫非是河阳王在试探大家？在座的每一位，没有一个是政治上的低能少智之人，统统出身贵胄公府之家，各自手握一州或都督数镇军政，但凡有一个未与天子意志保持高度一致，都意味着可能在帝国躯体之上出现了一条大大的伤痕和裂缝。

恒州刺史陆睿先答："大王，天子深略渊远，非愚管所测。若隐心而言，乐迁与恋旧者，应该是一半一半吧。若在北部各州镇，后者当更多。"

对于此种说法，河阳王未予表态。

夏州刺史穆罴左右看看，再次挺直胸膛："不瞒大王说，我就不乐意。四方未定，不宜迁都。如果迁都洛阳，南征无马，怎么打仗？北疆有事，远离京师，如何稳妥防备？还有就是不让咱们再说老祖宗说的话，不让再穿老祖宗的衣裳，说了、穿了就要罢官治罪，我在天子面前能做到，在本州治所却是无论如何做不到，思想上也想不通。"

他的本家近支兄长穆泰又来急忙驳斥："恒州平城、秀容川都有牧场，可以供给洛京，怎能说无马？平城在恒山以北，九州之外，不是帝王长久立都之地，要入主中原，统一南北，就必须迁到洛阳。我坚决拥护天子。"

穆罴摇头，两眼一瞪："阿兄，我没跟你说拥护不拥护的问题，作为臣下怎能不拥护官家？不理解也得坚决拥护！我只是就河阳王所问问题阐述下自己的观点而已。人情恋本，也很正常。你这食惯了牛羊酪浆，让你天天像镇南将军那样吃鱼虾灌茶汤，你受得了吗？"

诸人哈哈大笑。

咸阳王转而问道："大王，骁骑将军近日应该归京吧？"咸阳王所问之人，为河阳王之子，慕兰公主的异母兄长元越，已出外两月，钦奉天子诏，正巡守查课北方诸州镇军情民事。

河阳王坦展衣襟："越儿的公务之事，我从来没去过问过，主上的诏命，其大如天，继续忠于职守吧。"他敛袖执起一杯酪浆，"我已然是人老体衰，也是性情恋本，喝不惯洛京新酒，你们继续畅饮葡萄美酒。我在这里也与诸王、诸弟、侄回敬一杯。我认定，天子文韬武略，实乃千古一帝，想那数年之前，洛阳内外，久遭战火焚劫，尚是瓦砾乱坟，土著之民，掏黄土而穴居，前朝晋帝不施德政所致，几年之间，陛下修文修武，招降纳叛，南北会聚，野无遗贤，万国来朝，以达今日京都十万家之恢宏。以中原寒门布衣而入仕者，犹能为陛下吐哺尽命，况今日在座，皆为初定皇基的王侯裔族，诚应竭前所未有之全力，加以坚若磐石之忠贞。与诸位共勉！"众人扬首喝酒，河阳王点首示意各位坐下，"诸位可观那阊阖门前的高大铜驼，其神采奕奕，步伐健稳，攻艰克难，远涉千重荒漠，以达万里远境，陛下意志之坚，经略之远，亦是如此。”

筵席尾声，先行送走河阳王之后，众人又三五一拨，在自同堂内外停留了足有一个时辰。

问及夏、凉诸州灾状，才得知太子留台所调拨赈恤粮草已启运在途，咸阳王元禧叮嘱夏州刺史穆罴：“千万不要掉以轻心，大灾之年，贫户流离，最是刁民豪酋乘机作乱之际，要与毗邻诸州做好通报联防，州府颁发给编户齐民用以通关出州就食的关引凭证，切不可滥发，观察一段再说。太子果断处置，特批京都大仓挪出救济粮草，维持三个月应该没有问题，开春冰化草绿，新产羊马可以补给得上。”

穆罴作揖行礼，朝向郭城北侧金镛城：“说起来真得感谢皇储灵活决断，可谓为政凌厉。希望太子能够重获恩宠，平安过渡。”

众人都唏嘘点头，但也都不再多说太子之事。

穆罴继续说道：“咸阳王在上，这就食压力依旧不小，不要说没有这夏秋大旱，冬季暴雪，即便是平常年景，这夏、凉二州，以及毗邻的薄骨律、鄯善、高平诸军镇，军民生计也不容乐观啊。历来民风彪悍，田产颇低，所牧马匹牛羊又多贡京畿、王师，再者这毗邻的吐谷浑又多遭吐蕃侵袭，其国难民十数万流入我大魏，与边民矛盾丛生，时有血斗事变发生，问题非常复杂。京都南迁，不少原来西出潼关的衣冠大族心仪嵩洛，回返中原，本州的民风教化工作亦成难题。真不是一朝一夕能够厘清。”述及此处，穆罴长叹一声，自己摆摆手不再说下去，他换了一个话题，“殿下，夏、凉二州从诸部流民、难民中择取三万精壮，遣送来京，为殿下治下司州诸工程事务效力，眼看是出发半月，今日得解官先行快报，明日即可到京，您看是安排在哪个工程之上？”

咸阳王将一颗肉多甘甜的葡萄干放进嘴里，却很快又吐出来：“我这牙齿，一吃甜食就疼痛……三日之前，此队人马行至汾州我已得报，我再叮嘱一句，此为京师雅重之地，非是关西草场，这丁壮你们一定要择选身体精壮、品行敦厚的，千万不能出什么差错！虽然是各处工程紧张，人手短缺，但是你不能为了解决本州丁民的吃饭问题，就工作草率，择选不精！”

“下官怎敢啊，州吏检点极为严格，再说可都是二十岁左右的精干，在州也都是优选劳力，怎会为了解决他们的就食就派到殿下手下呢？我这可是响应堂兄穆泰的呼吁，配合殿下工作。如果殿下觉得不放心，就让他们回州好了。我立即派他们铲除暴雪，拯救还正被困在山坳的马场与牛羊。”穆罴叫苦不迭。

“哈哈哈，你可没你兄长实在，还敢以激将之法来对付本王。”咸阳王哪里肯放走这数万壮丁，工程日紧，他着急还来不及。

穆罴应声：“下官岂敢？殿下您说，来了搁哪里？”

“中书省参机决策，在黄河北岸开阔地征辟山林坡地，设河阳马场，以备京师出兵就近征用马匹，来了就整建河阳马场马舍及附属场建吧，工程可是不小。目前我这手里连一个劳力都调拨不来，马场工程还悬着呢，明年大军南下，可就要征发活蹦乱跳的战马，我这连马场都没建呢。河阳土地，强征了千顷之多，原地百姓都已全部迁到了巩县，秋收之后即遭荒废，如果天子知道实情，不罚我薪俸、降我官位才怪！”咸阳王忧心忡忡状。

南征军马、役马当然不可能指望这新建的河阳马场，大家也都知道咸阳王言过其实，但明年过了正月，天子欲整军百万南下征讨南阳、荆襄一线，马匹一项实乃重中之重。

“殿下，您的担忧、担子，在座的下官哪个都心中有数，尤其是我这堂兄，一次次给大家去信沟通，督促激励，要让诸州镇全力支持咸阳王。”

众人纷纷点头。

穆罴伸出四根手指，扬在桌案之上：“殿下，同壮丁而来，我给殿下准备了这个数的马匹，本州可是正在受灾啊，如果夏州有事应对，出了差池殿下可不要怪罪啊。”

“穆罴，”旁边的堂兄穆泰厉声呵斥，“不要开这种玩笑！”

穆罴也知道自己口中的玩笑开过了头，见咸阳王已是暗藏愠怒，他赶忙从椅背中屈身走出，来到咸阳王膝下立即叩首，额头砸击地砖的瞬间，那叫一个沉闷有声，一旁的听者都觉得自己的脑壳跟着一起在疼：“下官知罪，殿下您莫怪。”

过了多时，咸阳王才蹙着眉头，一声悠长的鼻息从鼻孔发出，继而是一串幽幽的声音：“起来吧，四千匹也不算多，不要叫苦叫得那么夸张嘛。”

穆罴依旧不敢起身，他想去跟咸阳王辩解，却不敢抬头，只敢微微扬起脖颈，下巴都快搁在了地砖之上：“殿下，不是四千，是四万……本州家底儿，下官都给掏光了。”

“多少？”咸阳王有点不敢相信自己的耳朵，他侧首来听。

“咸阳王，是四万，四万匹高头骏马，个个体大膘肥。”

旁边的恒州刺史陆睿赶紧帮腔，低声说道：“殿下，一片忠心在玉壶啊。”

咸阳王怔了一下，侧身要将夏州刺史穆罴扶起，却见穆罴赶紧自个儿站起："下官不敢，不劳殿下，"却仍旧是低眉顺目，他弯腰凑近咸阳王的耳畔，"殿下，我让他们从驻地出发带够草料，路上所过诸州，一根草我都不许它们乱吃。天子和殿下经常教导我们，身为王师，不取百姓一线一针，路上睡的可都是田埂草泽。下官重视，署吏也自然不敢怠慢，他们提前了整整十日赶到京都，唯殿下马首是瞻，随时听命派遣！"

"好，好，好。"咸阳王重重点头，连赞三声"好"。

此番摆设筵席，本来有为朔州刺史阳平王元颐饯别的又一重意思，今晚他却是并不多言，只是附和大家。究其根本，如在座的阳平王元颐、镇北将军乐陵王元思誉这二人，都非常知道自己的身份、地位，虽亦封王，也都是太祖后裔，却只能算是今日的天子近支，非为本支，所得优荣，自然无法与咸阳王这样的陛下同胞皇弟相比，甚至在很多时候，近支王公的权势气焰还要逊于穆、陆这样的勋贵大姓一截，后者家族往往世代尚娶历朝公主，身上也都流淌着皇室血脉，更不要说其他元姓公侯，血缘更远，既在爵位上低了一两级，又都格外谨小慎微，与皇权的关系极为微妙。大家也便心知肚明，客客气气。到了此时，众人自然对阳平王又是一番美好祝愿和热情道别，且纷纷口称，明日会有本府主事送往贵府锦帛珍品，请阳平王一定笑纳。

尔后众人依次拜别咸阳王，独留下穆泰与其并坐。

"殿下，黄腾之再请我转交黄金百斤与您。暮时我已遣心腹送交贵府库房。"

"噢，怎么，他还在搞他的黄白炼金术？"

穆泰点头。

"如果制作药金的点药确实不难获取，也可以再行点化一些。最近府上确实用度颇大。晚时胡商送来整整二百八十头骆驼的货品，耗去我库房黄金想必足有百斤。"

穆泰会意，咸阳王勾手让他再靠近，神色颇为神秘："穆泰，我花这钱财，不光买了这些骆驼背上的西域稀罕物，还有二十位悦般国美姬，悦般前被柔然灭国，宫丽流散，香消玉殒，却被这些个活跃在丝路之上的胡商给收留了一批，不少已流落到波斯达官贵人之手，清一色的，异域尤物啊，"咸阳王已是垂涎欲滴，"再稍晚些，会从四夷馆界的胡人乐坊送过来，你要不要也留下来？"

"殿下，下官不敢夺爱啊，您先行享用，我这里还有一件事情给殿下通报，"咸阳王心有他恋，意犹未尽地点了点头，穆泰更加压低声音，"黄腾之还告诉我，太子那边正秘密从民间各地古刹搜罗历朝佛菩萨百尊，以供于须弥天阁，还从一胡僧那里请来佛祖真身舍利，现在就在太子府中日夜焚香供养，待至尊回京，就会献给陛下。”

“你的意思是？”

“近二十万斤精铜下官已经运往北邙山极乐寺，依原计，造钱之事开春再说，但是目前来说，可以遣聚铸像技工，就在寺旁设坊造大佛大菩萨像两百尊，个个高于丈余，夜以继日，数天可成，这须弥天阁的事情，殿下可不能落于人后啊。”

咸阳王也不再想他的异域美人，他双手交叉，手背托颚，思绪万千，终而意决拍案：“你去做吧。”

“欸，除了造佛，您府上囤积的那些个珍奇颇黎、美石宝珠也要舍出来一些啊，装潢佛寺，效果奇佳，最为夺目，天子一眼就能瞧着。殿下如此这般割爱，大力支持天阁工程，至尊一定会在心中记下。”

“那都不是事儿，你与本府司马慕容阔接洽即可。”

穆泰再观厅门，见门户紧闭，转过头来，迟疑片刻：“殿下，您能不能给下官托个底儿……这太子之事还有没有反转的可能？”

咸阳王舌抵下颌，看着盘中的一颗林檎果，没有答话，却也没有如上次那般大发雷霆，斥责对方。

穆泰将一只晶莹通透的颇黎酒杯放在咸阳王面前：“殿下，穆泰对殿下赤心一片，日月可鉴，这么多年来，您也看到了。方才穆罴丑态百出，可见惶恐啊，我们穆家兄弟的身家可都交到殿下这里了。说是勋臣贵胄，不过是百年以来，幸获皇族优荣器重，小家沉浮荣辱，不过至尊和殿下一念之间的事情，我身家性命，便是如阳平王那样的皇亲近支也可弹指决断。穆氏本近各支，诸叔伯兄弟，前与太子走得颇近——能不近吗？那可是皇储，是未来的天子，这也是做臣子的拳拳赤诚。但就目前的情形来说，我们是前走，后走，左走，右走，还望殿下指点迷津。这王侯诸公，还有哪位比殿下您更了解至尊，比您更受至尊宠信？”

“你觉得呢？”咸阳王拿起那脆甜的林檎果欲咬上一口，想想牙疼，还是作罢。

“什么？”

咸阳王侧身而坐，直视穆泰：“你觉得太子之位还能保住吗？”

穆泰咽了一下口水，喉下持续蠕动，慢慢说道：“圣意难测，天子家事，臣，不敢妄言。”

忽然咸阳王笑声朗朗，响彻厅堂。穆泰瞪大眼睛看着咸阳王。

咸阳王叹息一声，半认真半玩笑地对穆泰说："我说冯翊侯，穆刺史啊，你真是个滑头，你不给本王说实话，却想让本王给你托底儿，我哪有什么底儿啊？我的底儿就是无论何时何地，事君以忠，肝脑涂地，衷心辅佐。无论哪个王子做皇储——"咸阳王稍顿，悠悠然道，"我都是皇叔。"

"那是。殿下？"

"说。"

"我觉得太子这事儿，悬，十有八九，他做不了了。"

"说说你的理由。"

"太子引马北返，至尊盛怒，诸位帝师位高权重，舍身家而乞请至尊念及太子年少、性情未定，再予历练，以观后效。众帝师所请，人伦所允，情理之中。对外，至尊以雷霆之姿折服长江南北；对内，至尊以仁德至孝治天下。至尊对帝师所请，却不可能罔顾不闻。但我怕是，这只是迁延时日，废黜之意已决。只因迁洛初定，正当事态最为敏感之时，尤其大族勋贵，人心多有摇摆，太子所为，实为昭昭然与至尊诀别，不啻为裂土叛国，已然触犯天下第一大罪状。至尊不可能容忍这样的事情发生。"

"依你所说，主上为何还令太子留台监国？"

"众目睽睽，以太子现有之力势，僚佐零落，在职者，亦是尸位素餐，百人百心，眼看是监国事务漏洞百出，前有射声中尉殒命一案草草了结，致使京畿谣诼汹汹；今又私发京师储备粮草往外州，须知明年即是南伐大征之年……太子是愈急愈错，愈错愈躁，以上这两条，足以使至尊罢黜太子！"

"你是说主上在静观太子犯错？"

"微臣不敢。"

咸阳王笑："你可是袖手旁观于太子的过失啊。"

穆泰亦奉上谄笑，语气虽依旧绵软，话意却并不留情："嘿嘿，太尉又何尝不是呢？"

咸阳王不言。

穆泰沉静片刻，再缓缓问道："殿下，您的看法呢？"

咸阳王静默，须臾之后，反口问道："冯翊侯，想那胡姬已至，你真不打算留下来？"

穆泰看再往下说，也道不出个子丑寅卯，也没必要再把简单明了的问题给复杂化。

穆泰别府之后，咸阳王穿过一重庭院，直入王妃寝阁，对已是睡眼惺忪的王妃说道："明晨朝食之后，烦请夫人入宫给皇后请安，带上几方上好的波斯地毯，还有，请皇后一定为须弥天阁捐出脂粉钱五万贯，这个钱，王府择日会垫补给皇后。"

眼见西边天际的夕阳逐渐暗淡之时，一队乘着锦衣高马的黄门宦官、宫禁宿卫，自城东大道进得郭城，一刻钟后，驰至郭城东侧的阳渠石桥，眼见远处的内城大门建春门就要合闭，众宿卫内侍匆匆抱拳别过，有的直入内城，运气好的话，那些宦官内侍还可以赶在东华门落门之前进入宫城，不然今夜就只能凑合着栖身在城北皇家苑囿华林园。那些宿卫禁卫兵有的住在内城的步广、治粟、永和诸里坊，其余则居于内城之外郭城之内的大片区域，他们领皇后之命，一路颠簸，与诸宦官一道前去京北孟津、小平津二关遣送物资劳军。他们中的下级兵士们将马匹集合，由几名住在内城的人负责将其一并交还武库署。

阳渠为环绕内城十三门的外围大渠，与京都西北的谷水、郭城东侧的洛阳沟、方湖、鸿池相连，水域阔至九百步，虽比不得城南洛水那样宽广深急，渠水却亦是颇为丰沛，可载大筏小舟，但在这个季节里已然是冰厚尺余。

一位继续牵马独行的禁卫军官沿阳渠而下，过租场、洛阳沟、东安里，他听得渠东各里鸡飞狗叫，见得各户炊烟越坊墙而四起，也嗅得谁家正在烤制的胡椒羊排、芝麻胡饼的味道颇为浓郁，他更感饥肠辘辘。他见前方大槐之下，卧有一残年老驼，驼侧是一年迈老人，正在弯向一座泥制烤炉内翻烤着什么，正在纳闷间，却嗅到其处飘来的肉香，走近一看，炭火通红的深腹泥炉壁上，是一个个硕大的馕饼、肉串，那馕饼足有半个脸盆大小，肉串则以大根的去皮柳枝穿插，饼与肉参差排列，相互渗流着浓香的油汁。

"怎么卖？"按照洛阳城防禁令，是决不允许在郭东小市、郭西大市、内城金市、城南永桥四通市之外的任何区域支摊设店进行商业贸易的，但这军官已是腹中饥饿难忍，也就顾不得这么多了。

"大馕饼、大肉串，都是一文。"老人抬头，虽见他是官衣打扮，却也并不紧张，用生涩的洛阳话答道。

军官心想，他的这个小摊，说不定方便了不少的行脚客旅甚或执宿的内外城尉，便掏出两枚太和五铢，买了那实惠的馕饼裹肉，他临走不忘劝告烤饼老人："你最好快快回你的里坊去，如叫巡城军警撞着，你得进洛阳县大牢。"

原来在这洛阳帝京，不仅于皇城、内城、郭城三重城围各处设有朝廷官署、明堂太庙，于内城南北分别设有洛阳城所隶属的司州衙，河南郡衙，于郭城西北区域、阳渠之外还设有洛阳县衙，州、郡、县三级依次为领属。

卖饼者却不去理会他，军官吃人嘴短，也只好作罢，将那裹肉大饼吃进去，越发体力焕发，索性继续落马前行。他走了足有半个时辰，才绕过城东之青阳、城南之宣阳、城西之西明诸门，还看到一队长长的有两三百头骆驼的商队路过城西大市，驼队虽缓，却也是扬起一路的滚滚飞尘，那尘土飞进他嘴鼻之中，很是难受，他吐了一路，才行到郭城西面的家门之外。此时已是天色幽暗。

军官叩门，听得家中佣仆自厨房应声而来，几乎同时，宿卫却听得身后有声响，侧目相看，是四位比自己还要壮硕的城门尉卒，对方口称："中尉，领军将军命你过府。"

军官正要思索这情形的怪异，却感到后脑勺一阵沉闷，立时昏厥。

佣仆启户，探身门外，却只见一匹白额高马低首，在啃食阶前石隙的几株寥落枯草。

日暮时分，将作大匠蒋少游从须弥天阁大墙出来，背后的嘈杂工地上已在准备点火掌灯，在即将来临的寒夜里，这些徭役工匠还要继续奋战几个时辰。他不禁摇头，却也无可奈何。

北折一段坊间小路，路过武库署，见到几个射声尉衣着的兵士牵了几匹烈马，往署中走去，看那情形，他们应是刚刚办完公差回到内城，往署里归交公家马匹，他们一定是禁军五尉中的下级兵士，因为朝廷没有给他们配备固定的公务马匹。如果儿子闻过尚在，便是他们直接的上级将官了。

东西御道以南一里，有一条大道直通西阳门内外，它连接着王公显宦宅邸聚集的郭城西区与内城之内的公府官署，是每天许多重臣上朝、值衙、归家的必经之路，念及有些世勋公侯年迈步缓，天子特许西阳门暮时缓一刻钟闭合，辰时早一刻钟开启。

蒋少游早已算好时间，在西阳门关闭之前，从容地步出了内城。他先是来到郭城西区大市，趁闭市之前，买了一坛上品酒水，此时的街坊之间，已是行人稀少，卖酒的商家们也速速出得大市栅门，纷纷夹着皮袍棉衣还归到邻近的延酤、治觞二里。延酤里与治觞里，二里相连，所居者几乎全是以酿酒为业的商户，合有五六百家，里中其余各户所从事的也多是依存酒业的衍生行业，如以运送稻米、高粱及酒糟为业，或以贩送流通各家名酒到诸州各县为业。洛阳十万家，宫里宫外，各家豪府，食坊小肆，平民之户，本就耗酒巨大，今年统计，只胡人胡商竟有万家定居于京都，此番繁华，实乃中原之地从未有过之景象。所以这二里所居之户，在四民之列，虽是身份颇低的商贩，但都是家境殷实，就连京畿荥阳县的大姓郑氏都参与其中，在里中建起高门大院，所雇佣工，动辄百人。这近旁的洛阳大市，就更加寸土寸金，各家只是将大市中的商肆作为展销酒品的场所，真正的酿酒作坊都设在这二里之中。

蒋少游提着那一小坛用草绳捆扎的美酒，慢悠悠地往北走着，路上渐无一人，他行至早前来过的那座废弃的前朝破寺前，远处视野可达的奉终里早已是里门落锁。幽暗之中，他疲惫难抵似的，斜依到了一棵老槐之下。四围静寂，在这座人口百万的大都之中，没有人注意这个落魄无力的残影。他合紧衣领，就那么蹙眉坐于道边的荒草枯树之中，慢慢地，他竟然真的困顿地睡去了。

足有一个时辰之后，蒋少游被冷风激醒，仰头看那头顶的一弯残月，几为黑云所遮。他估算了时辰，再看四周已是灯火皆灭，只有东南方的高天之上还摇曳着影绰亮光，蒋少游知道，那是烛光火把，是那些还在须弥天阁的塔巅之上赶工画像的画师所掌起的。方才他着了穿心的冷风，喉鼻皆痛，想要咳嗽，却是赶忙捂紧了口鼻，又将苦痛咽下。就在这无声无息中，他隐进了残寺的更深处。

过了数不清多少道的杂石坍墙，虽然月黑风高，蒋少游却是尽量不去踩踏那些易倒的连绵荒草，又穿过一片接一片的密林杂树，他似乎轻车熟路，双手却也被刺进了许多荆棘。终而来到一座残颓倒下只剩半截身躯的佛陀石像之前，他使尽全身的力气推移开旁边的一个石雕莲花宝座，缩身进到一个狐穴大小的长洞中，再仰头艰难地将那宝座搬回。这洞穴内如死寂一般无声无光，几经折返，他竟腾挪到一处古旧颓废的土阶之上，他从腰间掏出火绒火石，费了很大的力气、很长的时间，才引燃出一线火苗，又小心引燃了一段浸过油脂的松段，在微弱火苗的引领下，他继续下行，好歹土穴宽阔了很多，并隐约可见头顶周围，坍塌四落的残断石条散落各处。再行有十丈之深，继而寻路百步，忽见一石匮兰室，四围地泉涌动，室下兰草数株，竟然是勃发着盎然的绿意，草下水纹波动，油松火光所照处，映得四周光怪陆离。蒋少游正要启残门而入石室，忽闻一阵极其细微又觉异常有力的低吼，低吼中又有杂乱的喘息声，这声音的来源，似人非人，似兽非兽。蒋少游止住脚步，静立泉水边。兰室之后，光影处竟有人的身影鱼贯走出，前后有三位。再看那人的投影，比常人壮硕许多，身旁也都有一大兽相随，想必刚才那瘆人的低吼喘息，都是从这畜生的鼻息中发出。

那三头畜生黑身、朱目、赤尾，其状如猛犬，而其高大足有半人多高，头顶双角，原来是三头恶狼，那双角便是竖起的警觉耳朵，每一匹畜生的兽嘴上，都戴着一只牢固的笼头。

“足下小心，随我来。”狼侧一人对蒋少游说道。他披发而立，赤衣草履。

赤衣人引燃火把，提引着恶狼，带着蒋少游走向更为幽深的地下世界。过悬桥，蹚地河，攀绝壁，得有三四炷香的工夫，来到一个干燥通风的空旷之处，赤衣人将手中的火把一左一右，燃向石壁，瞬间火舌快速攀爬，在石壁之上，蔓延出两条火舌，眨眼时，那火舌已变粗阔，化为一双火龙相向飞驰，在对面的石壁上咬合在一起。原来在石壁上有一圈人工凿出的石槽，槽中是黑色的油脂。这是一处独立空间，顿时亮如白昼，在一圈火焰的笼罩之下，是一处古时大仓模样的地穴，大仓凿石而成，仓口巨大，呈椭圆形，东西得有八九百步、南北三千步、深达十余丈，为保既能通风又可防潮，大仓底部和四壁又经过白灰浆化处理。这样的大仓，如果储藏粮食，可存粮万石。

身后一个苍老的声音传来：“这十里通道，只有石室之处一处地泉，与大仓曲折相接，水汽并不能渗入此地，大仓四壁没有丝毫的渗透，夹层之中有八尺厚的白石灰可隔断毒物侵蚀。”

蒋少游将坛酒递予后来之人手中，赤衣人见状退去。

后来人亦是披发，执了一普通木杖，满头的长发，灰白间杂，他坐到身旁的一块石板之上，打开坛酒，咕咚喝下：“好酒。”

蒋少游也坐在其侧，看着那空空如也的大仓，许久才说：“长老，你和你的族民必须全部撤走了。”

“我们还有多少时间？”

“最多三日。”

长老神情凝重：“前日你来，我不肯撤出，是因为这处石穴还藏有一点过冬的储粮，是族人过冬保命的口粮。”

这处大仓不知是何年何月何人所建，也不知当时是建在地上还是地下，沧海桑田，朝代丧乱，城池几毁，今日它静静地处在了这地下穴窟之中。

“还有多少人未及撤出？”

“两百余。”

“其余都安全出去了吗？”

“每日流出十余人，数月以来，已撤出大部。”

“没出什么状况吧？”

“前期还好，这地上君王所造就的新都未定之时，从郭城之外金谷水的千金堰出口，族民可流往邙山之中，方圆数百里多有流民，杂入其中，近月来千金堰工程区域扩大，巡查日严，眼看这郭外出口就要被杂石封堵。”

“我这边情况亦是愈加紧迫，白日里我巡查须弥寺阁地下通渠，见工程深坳处有土石松弛滑落，想必是已快触及地窟顶部。如果被发现，你们这剩余的两百多人怕是性命难保！长老须赶紧设法。”蒋少游向对方发出了最后的警告。

一旁的听者这时却是欲语泪先流，长老用一双混浊不堪的眼睛盯着蒋少游：“蒋恩公，洛阳虽为历代旧都，但乱世纷扰，持有兵戈者，或啸聚山林，或挟持一县一州之地，即敢称制建国，眼见九州之内，国都无所计算，敢称天子者，层出不穷……兵火所致，百十年前，这天下之中的洛阳反而成了边裔，城阙萧条，野无烟火。我前代部民，自汉而魏晋，数百之年，皆为洛阳平常百姓，改朝换代，族人躲兵匪所不及，北邙山，南嵩岳，四处仓皇匿遁，这处地窟，自祖辈始居，我们这逾千族人，扶老携幼，居于此处，已近百年，你说……这地上的君王明明是后至的，怎么先到的我们，竟就成了乱民、难民？就要我们惶恐搬离这营建数代的穴居？”长老已是老泪纵横。

一时间，将作大匠也无言以对，他潦草应道：“长老如能在去年，京都畿内户籍括检之前即率族民搬离此地穴，混入难民队伍，想必也没有今日的焦灼啊。”

长老伸出庞大粗糙的右手，抵首拂面，继而摊手，凄然道：“恩公……我们哪里分得清头顶上这些你来我往的王家，哪个是气数久长的大朝？哪个又会是僭越短命的伪朝？他们都称口含天宪，却是衰荣无定，多是撑不多时，便极尽搜刮，一道道张贴在城墙上奉天承运济世安民的诏榜，挡不住阙阁后面皇家王公、文官武人穷奢极欲的里子，碰着个仁义薄赋的镇将州牧，他反而是狠不过那些兵强马壮的军头，在这洛阳城里待不过旬月……运气好一些的，被排挤出走，运气差一些的，不要说护佑苍生，就连妻妾子女和他们自己都得抛尸在伊、洛二水间……”

将作大匠拿了那坛酒水，喝进了一口。

他们的祖辈为避乱世兵戈，在百年前就开始穴居于这座地下世界，在其中造屋引水，扩充石壁，甚至造土桥、养白鱼、饲驯家畜，又过谷水而通邙山，夏秋之节，采食草籽野果，百年以来，族民已有千口之多。但让他们万万没有想到的是，当时地上的这座杂树覆盖与孤狐流窜的废城，今日竟然成了一个大帝国的新都。而他们所聚居之所的头顶地面，恰恰是京都最大工程——须弥天阁的施工现场。蒋少游是在半年之前查验地宫修建方案的时候偶然发现的这个秘密，地宫经过几番夯实之后，所做透水实验仍旧屡屡失败，不达标准。身为将作大匠，他从洛阳城的最初地望勘测、宫殿设计、三重城墙的建造就亲任主理之职，在关键之处又都亲力亲为，他稍费周折，便查到了这地下世界的入口。这个惊天的秘密，蒋少游已经独自守护了整整六个月。一旦这个深广而曲折，甚至四通八达的地下蜂穴世界被发现，不仅居于此间的避乱族民会被朝廷全部处决，而且洛阳城会立即成为一个危机四伏、弥漫恐惧和不安的世界。这个地下世界，隐藏着天然的曲折地沟，甚至通达皇城禁阙之下。这座地下迷宫与地上的连接，只有两个窟口。一个便是奉终里前的旧寺入口，据蒋少游判断，旧寺与地窟应为偶然连接，那石佛之下的石梁穴屋，很可能只是前朝佛寺所开的密室，当时并未与这更为幽深的地下城相连，天长日久，地泉水穿，在二者之间天然形成了一条极为狭窄的通道。另一处位于郭城之外，它便是前遭百年废弃而今正在复建的前代拦水大坝——千金堰。

“长老，三日时间，能撤完吗？”蒋少游还是不放心，此时此刻，对于王朝兴亡、百姓难苦这样的天下大义，将作大匠已经远远顾不得，他也从来不愿去思虑这些问题，只能徒增无奈与烦闷，眼下这事情的紧迫，已够让他揪心和焦愁。

“近日以来，郭城内外都守卫森严，出去极难，各州各县又明定里甲户籍，官府所获流民，如果说不出来去所踪，未持路引，便将流民就地捕狱，真的非常难……”长老一双长满黑斑的老手深深地插入乱发之中，“所余之人……非残即病。”

蒋少游陷入了深深的矛盾之中，于职责来说，他本该在发现之初就上禀朝廷，但他实在不忍这逾千老少妇幼因为自己的告发被朝廷灭族，便于此前与长老约定，要他腊月之前，务必设法将族民悉数撤出。而此刻，他只能眼见他面前的长老陷入困境。

“蒋恩公，”长老忽然说道，“有一事，老朽瞒着恩公，想我这上千部民全然撤出之后再告知于你。”

蒋少游转过头来。

“十月之时，族中顽童偶在一个石缝缺口处，发现了一座千年抑或数千年的古冢……”蒋少游不禁凝神倾听，“墓室坍塌，几为淤土所埋，族人在土中扒得几件铜鼎炉簋，老朽犹豫了月余，为日后族民生活计，终而昧了心肠，遣出一个机灵的少年，拿上两件先圣人的陪葬宝鼎去地上市场贩售，去的市场正是城南的四通大市。有一纨绔子看中他的古物，推说囊中无现钱，曲折将其引至城南家中，却不想，我那族人只是喝下了主人家热情送上的一口热水，便立时脑袋混沌，不省人事……醒来之时，已是月黑风高之际，初时他头脑尚已清醒，但躯体四肢仍是痉挛难移，俯首去看，身处的正是四夷馆外的排水明渠之中，幸而命大，没被污水灌鼻而死，但就在他卧于曲沟之时，却看到了也听到了他不解而惊恐的一事……”

“什么？”

“恩公……”长老移身伏地，给蒋少游叩头。

“长老这是作甚？”

长老长跪不起：“上一次蒋恩公造访，对老朽说起令公子遭遇，恩公希望老朽明白，你自己亦不过是身不由己的宦海飘萍，自家骨肉尚且不能保全申冤，让老朽亦不要为难恩公，再拖下去便是无法收拾。”

“确有此话。”蒋少游仍不知对方所言何指。

“我那被诓骗的族人，恰就看到了令公子遭遇的背后隐情！”

蒋少游立时如触上雷电一般，全身骨肉疼痛难忍，他双手颤抖：“啊？”惊愕之余已是浊泪满面，他战栗着，瘫软在长老面前，也跪在了那里，伏在泥地上抱起长老的双臂，“你要告诉我，告诉我，少游待你不薄啊……我那孩儿死得不明不白……待我老死之后，在地下见了他那先去的阿娘，我该怎么向老妇交代啊……”蒋少游还未得到答案，已是陷入无助的号哭，那半百躯体，就像被巨石压抑许久之后的爆发一样，无法控制地痛哭抽搐着。他已经隐忍太久太久了，那是一种无处诉说，无人能感同身受的隐忍与疼痛。

“恩公，你原谅老朽吧！”长老亦是痛苦异常。

将作大匠蒋少游止住了泣哭，仍旧紧抓着长老瘦弱的臂膀：“长老，你说，你要我做什么，你才能告诉我隐情？”

长老再深深叩首：“老朽实在是愧对蒋恩公，事情之后，老朽无脸再存活于世，必以死谢罪于恩公！”

蒋少游瘫坐于地，就像肉身被抽去了全部灵魂一般。

长老一副无颜面对状，耷拉着脑袋羞愧地蹲坐在一旁，过了许久，一阵窸窸窣窣的声响传来，长老从怀中掏出一个物件，他的双手颤抖着，是因为上了年纪不能控制自己的肢体：“您收下这个吧。”

蒋少游无心去理会他，更不想收他任何的物品。

长老的声音异常浑浊：“这件玉珩，是祖上传下来的。老父活着的时候说，光在我们族里传了就得有八九百年，老朽没有别的意思，蒋恩公仁德宽厚，与我们这支乱世逸民素昧平生，却是我们上千口族人的救命恩人，是再世的活菩萨……老朽亦心知恩公的为难，即便恩公无法将我们这余下的百口救出，老朽也一定会将我所知道的令公子的遭遇设法告知恩公。我们已经亏欠你太多……”

蒋少游用一只粗糙的大手抹了下眼角，摇了摇头。

长老伸过手来，拉过蒋少游的手掌：“请一定收下，老朽这残命一条，族人这四处零落的惨境，我们又有什么可以报答恩公呢？”

灯火之下，是一枚宽有寸余，形似小磬，上有朱雀天花的玉件。那镂刻玉件的成色，并不算名贵。长老将玉件重重地压握在蒋少游的手中。

“你放心吧，我收下便是，我也会尽力而为……”蒋少游自己也说不清楚，明明自己这边连遭不测，对方又故意出难题，为什么自己却想去安慰他人。

长老的面容露出无尽的感激。

“恩公，你的祖籍是哪里？是中原人士吗？”

“我是青州人。”

“那我们很近啊，我们祖上是徐州的，据说是跟着汉王刘邦西入了虎牢，汉王跟西楚霸王的仗打完，他们兄弟四五个只活下来我们祖上这一支，这得有一千多年了？”

“整整七百年吧。”蒋少游又拿起那坛酒，喝了一口。

“那也不少年头了。恩公，你说这老百姓的命到底是硬还是贱呢？有一口吃的，他就能世世代代活下来，今天这个朝代，明天那个皇帝……无论打仗还是不打仗，百姓都跟着遭罪。恩公，你说这啥时候才能算是个头儿呢？”长老一会儿自顾自地絮叨着，一会儿又来询问蒋少游。

对长老的这一连串梦中呓语，蒋少游一个都答不上来，他也无心去想这些。

蒋少游坐在空旷的大仓之上，直到平明之前，他才离开这迷宫一样的地下世界。

两人约定，三日之内，蒋少游若能设法将滞留的残病族人撤出地窟，长老便立即告知他闻过遇害的隐情。

地面之上，郭城西域。

此时此刻，就连钟鸣鼎食的王公宅邸都已沉入了静寂。天地之间，仿佛浓墨涂抹。

在一处大宅之内，主人独坐于豪阔的厅堂，那大堂里只在他的身侧跳跃着一支烛火，其人手间捻动着一块石料模样的物件，又不时停下手中动作，出神地凝视那块石料。

厅门开启，一个蒙面黑衣人推门进入，径直来到他的面前。

黑衣人单膝跪下："螳螂已除。"

"叱奴（鲜卑语，狼）出没，万物萧然。"主人弹掉手指上的石屑，满意地点点头。

"那头老牛呢，今夜是否亦可宰割？"主人问道。

黑衣人抱拳："叱奴这就去办！"

烛光摇曳之中，主人微笑点头。

夜风呼号。

两个时辰之后，郭城西区，宜年里。

十名蒙面黑衣人各执短刃，脚蹬麻布轻靴，翻身越过里坊栅墙，后队掩护，前队探路，相得益彰，疾步而行，直指射声校尉元洛平的宅邸。

为首者点头示意身侧武人，那武人一个手势，其余众人两两配合，口衔利刃，只见一人俯身，双臂支撑，斜倚院墙，后者垫步纵身，缘前者脊背而上，瞬息之间攀至墙头，一手扣紧墙缝，一手提拉墙下之人，连串动作，一气呵成，而后众人轻落宅中。射声校尉元洛平与宠妾所居卧房，灯烛尽灭，室内鼾声如雷。黑衣人中有人从腰间掏出一枚薄韧铁钩，轻拨门闩，一切无声无息，纤尘不染。

数人已分围校尉床榻之侧。

鼾声如故，射声校尉深眠不醒。

床头床尾，短刃齐下，只听得床榻里侧，传出一声妇人转瞬即逝且孱弱无力的惨叫，外侧却突然发出刀兵撞击之声，一时间当啷乱响，噼里啪啦，火花四溅。

校尉腾空而起，室内立时混战一团。

看这情形，才知校尉元洛平早已悄声执紧了身侧的环首直刀。

射声校尉长于刀枪槊弩各门兵器，砍击削刺，刃尖所指，已伤及对方两人，却不料来人也是击技精强训练有素，闪展腾挪刀刀稳狠。更架不住刺客人多势众，射声校尉觉察到自己身上刀刃掠过之处，已是血流如注。

悍斗之间，宅中两名夜值护院已擎举火把来助，但仍不敌来者人多势众，杀气腾天。屋外老仆也已斜披大袄，一边急急击响宅中鸣锣，一边疾呼城中夜巡军警。

众刺客见势不妙，前杀后掩，夺门而出。

忽有一名护院被刺客反身一刀，直插前胸，立时倒身毙命，却不料刺客用力过于凶猛，短刀入人颇深，刀刃又被死者紧紧攥握在手心，刺客正欲设法拔出，校尉的长刀已近其咽喉五寸，刺客腾身急退，校尉直刀立时被其两位同伙的短刀同时架住，一番纠缠厮杀，杀人刺客且战且退，虽有负伤，却成功脱逃。

一队夜巡军警来到校尉宅门，是在铜锣敲响五巡之后，手执长铍的里正随后而至。射声校尉赤裸上身，他的身膀、髀肉等几处都被刺伤，鲜血正四下殷殷而涌。整个人手握直刀，岿然不动，他低头盯着那具趴伏在地的护院尸身。四周火把攒动，校尉将他翻身过来，众人凑上前去，只见一把明晃晃的曲柄刀刃，深深地插进死者的胸口。

夜巡军警长官行军礼与射声校尉：“元校尉，属下不才，让您受惊。”

射声校尉之官阶远在夜巡军警队长之上，同处京城禁军之列，故来人自动称其上峰。

老仆赶紧去屋内取了锦袍衣衫，一面哭着，一面把厚衣给校尉披上：“二夫人已经咽气了……”

宜年里里正听到这个消息，双目立时流露出万分的惊恐，长铍掉落，几欲瘫软在地：“元校尉，小吏有罪啊……”在他的辖区之内，皇家禁军校尉遇刺，校尉爱妾死于自家卧房之中，对于一个小小的里正来说，这便是惹上了疏防失职的大祸。

军警长官也愤恨异常：“元校尉，属下所携人手有限，首要之务是来府护卫……属下这便去追获歹人。”

射声校尉对一众人轻轻摆手，低沉说道：“这不是你们的错，来人非等闲之辈。”他裹衣蹲下身来，掰开护院那只血肉模糊的、紧握着刀刃的拳头，从他胸口拔出短刃，“明日卯时，请两位随我一同到司州府呈报详情。今夜之事，在报官之前，务请保密。”

里正仍在惶恐之中，但他未曾料到的是，自己就要被这位宫禁校尉带着，越过洛阳县、河南郡两级长官，直接去面见司州一级长官。而司州刺史，正是炙手可热的天下第一王公——咸阳王。

/ 第四章 /

铜驼悬尸

腊月二十四，旭日缓升。

归正里，民间又号之为“吴人坊”，内居百姓三千余户，多为自江左南朝北投大魏之家。

镇南将军王肃晨起推窗，堂前枯桐，寒鸦栖枝。再望西北，却见天空之上云絮深处，仍有一片白色月牙若隐若现。

一个年轻男仆早已依照将军平日里的习惯，备上了洗漱用具。王肃先用东海细盐精心拭擦了齿牙，又以冷冽井水净面，顿觉清醒。

不待吃朝食，王肃便策马出府，直奔阳渠西边的敬义里。

到得一处平常院户之外，王肃正要叩响门扉，却忽见阶前一片殷殷的红色，已经凝结上冻，那冰冻的形状，是结冰之前有红色的液状物从上一级台阶流淌下来，他警觉地蹲下身来，从怀里拿出一方帛巾，去擦拭那暗红色的薄冰，红色快速浸染到白色帛巾上，再放在鼻尖去嗅闻，是血迹。

王肃四下张望，只有几个早起的路人行色匆匆，分别过往。他退下几步，再去周围悉心查看，大概有半炷香的工夫，在旁边的围墙之上发现有几滴暗色污物，墙面是黄色夯土制成，污物已经渗入到墙体之内。他从腰间蹀躞皮带上拔出一把随身的小刀，小心地刮了一片污土下来留在刀刃上，他凑近再去嗅闻，尽管腥气已经很微淡，但他确信，仍是血污。王肃将刀刃上的墙土小心包裹在帛巾里面，揣进怀中。

再叩门环，不多时，便有一长相清秀的豆蔻女子开了户门，一双大眼睛直盯着这位身着青衣、足蹬软靴的陌生来客：“这位郎君是？”

“是闻玉吗？”

“我是，”闻玉想来，定然是将作府曹吏为公家事来找寻父亲，心中便有些老不大高兴，但还是礼貌说道，“家父通宵值守工地，这才刚躺下小憩了片刻，如若事情不甚着急，可否让阿爷再歇上半个时辰？”

“也不甚着急……闻玉姑娘，令兄韩英托付给我一件事情，是带给你的。”

闻玉昨夜一人在家，半睡半醒之间，为着阿爷和阿兄担心了一整宿，隐约听得院门外有几声犬吠，还疑是阿爷深夜归家，便想去到庖屋为阿爷温些汤饼，掌了油灯去看，却见只是风吹窗棂，并不见雪狼犬的影子。

见来客说及韩英，又断其定是官府之人，便将客人让进门内：“使君，请先来堂屋坐。”

从一处升腾着炊烟的偏屋之中，一个老仆蹒跚而出，接了来客的马匹，闻玉吩咐他道：“你去忙手头的事吧，这里有我。”便继续引了客人来到院中大屋之中。客人见这屋内各处摆满了各类药草，此时想来，才知道韩英对这妹妹的关爱毫不多余。

闻玉拿了精巧的竹夹，自一青瓷小瓶中取出干花数枚，置入杯中，冲入新开的泉水：“使君，此为雪菊，明目养肝。”

客人谢过：“闻玉娘子，令兄韩英与我同署共事。”

“噢，”原来访客并非将作曹的官员，可是他又有找寻父亲的来意，“使君，敢问尊姓？”

“在下王肃。”

闻玉的眼睛继续闪烁着，轻轻地点着头，平时父兄在她面前皆不多说朝中之事，家中也少有官吏来往，所以除了河阳王几个熟知的朝臣，她对其余人名、爵号多是陌生的。她如此发问，也是起因于一个小姑娘对陌生人应有的警觉。

“王使君，您方才说家兄有话带给我？”

王肃便将韩英已安排妥当，闻玉今日可去四民药局学徒的事情述说了一遍。

闻玉很是欣喜，也就毫不怀疑来客的身份了，她见来客对这菊茶并不讨厌，便又为其续上了一杯，转而又见她蹙了眉头：“王使君，我去与不去，得听阿爷的意思，阿爷如果觉得不便，我便不应去的。”闻玉说完，低首抠着坐垫之下草席的经纬。

“我亦是此意。”昨日里，“四民药局”四字多次出现在镇南将军王肃的耳畔，他隐隐觉得，此处似非一个惯常的医坊。

王肃正思忖时，见有人掀开了堂屋的草帘，来人正是将作大匠。

闻玉赶忙起身离席：“阿爷，您再多睡会儿嘛。”这边的来客也站起身来。

“玉儿，我已歇息好了……”蒋少游答话之余，看到堂下所立之人，立即拱手施礼道，“不知镇南将军造访，我却卧榻正酣，实在有失礼数。”王肃也连忙回礼。

一旁的闻玉这才知道来客的官品定然是不低的，却仍是不卑不亢，不露声色。她为父亲赶忙倒上了菊茶一杯。

“家中小女不才，寡出户牖，还望将军海涵。”蒋少游继续表达歉意。

“前将军所言差矣，女郎落落大方，大家闺秀，切不可苛责。”王肃先等主人落榻，方才坐将下来。

一旁的闻玉立在那里，想要出去，却想到自己的事情：“阿爷，王将军带来了韩英交代的消息，说是今日午前我可去四民药局报到学徒，您觉得我可以去吗？”

蒋少游忆起日前韩英与自己的交谈：“玉儿，依你与兄长所议，你就过去吧。万事须勤快、审慎。”

“阿爷放心。”闻玉面露悦色，似想雀跃，又抑制住步履，慢慢退出堂屋。

王肃本想将自己的顾虑，将侍御师高婆罗正是自四民药局夜半而出，方才偶遇四夷馆争斗一事告知蒋少游，但想到此事有可能涉及东宫，说出一个字便是惊天动地，甚而天崩地裂，便也只好作罢。他又想问及门口的血迹，直觉告诉他，他们应该还不知情。

蒋少游知道，正是眼前的这位镇南大将、天子宠臣，在儿子闻过遇刺一案上拥有着举足轻重的参理之权，他那一双充满血丝的眼睛，满是期待，他无法再去掩饰自己的焦灼：“阿奴之案……”

“前将军，四夷馆案之后，都有谁前来咨询过您？”

“太子、太尉皆有召见宽慰过下官。”蒋少游目光混浊。

“末将所问，是指……除了礼遇慰问之外的。”王肃说及此处，心有不忍，却也只能将话说得越明白越好。

蒋少游摇首。他没有告诉镇南将军的是，竟从河南府还传出另一种说法，近月天子恩宠，新征逾十万中原子弟入值禁中，羽林、虎贲两卫大为扩充，宫禁宿卫品行良莠不齐，多有强买胡商奇货之事，四通市监，多得投诉，已有数人被审拘投入河南府监牢，在他们之中，有触犯律令之事发生，也不意外。这言外之意明明白白，射声中尉蒋闻过是否因财起意，引来杀身之祸亦未可知。

“前将军，你细细想来，再与我回答。馆案之前，蒋中尉之言行，是否有什么不同寻常的异状，或接触过异常的他人，或与前将军说过什么特别的话语？”

蒋少游几乎想告诉王肃，他这里就有一条重要的线索，自己正在奋力设法去抓住他，可是想到话头一起，便又会引来一个隐秘的地下城大案，整个洛阳城，就会陷入任谁也无法收拾的地步。他便顺了王肃的提醒，去做着毫无希望的回忆。

两人杯中的雪菊已全然绽放，在水中晕染出一片灿烂金黄。

“将军所问阿奴的异常言行，他所可能接触的非常之人，下官聚焦于须弥天阁工程一端，百务缠身，即便有，也是全然没有发觉……却是在馆案之前有半月，他不慎从马上跌落，幸而他自幼骑术精达，倒也无大碍，只是微肿了一只脚踝，在家中歇息调理了几日，便又去宫禁正常入值宿卫，似也未受什么大的影响。目前而言，也只有这个了……”蒋少游面容憔悴，隐有自责颜色。

“前将军，”王肃执住蒋少游的一只手臂，“切不可妄自苛责……前将军为官，清正忠直，末将早有所闻，天子恩宠，其如泰山，不容臣下有片刻倏忽疏漏，肃怎能不知前将军每日所负重压？人各有命，宦海无常，非你我能全然掌控。前将军丧子，肃往日在江左建康，亦育有三子，自我入北归化，其母子四人尚在南朝飘落，而今生死莫知，凶多吉少，同为人父……”王肃不知道自己为何这般，他本没有必要与旁人说出这样一番感伤异常的话。

蒋少游知道，眼前的这个人，与自己一样的是，都算是南人入北，不同的是自己当年在青州只是一介平民，而今入魏已有二十多年，而将军则是入魏并不久长；更为不同的是，自己数十年只潜心于匠事琐务，而将军却如鱼得水，是备受天子恩宠的显宦阁臣。

但此时此刻，两人却也都是洛水苍苍，人心覆霜。

“前将军方才所述，蒋中尉落马之事，发生于何种情景之下？”

“阿奴生前倒也没有向我多说，大概就是侍从诸王子公侯，射猎秋围于北邙之时。”

迁洛之后，天子曾下旨明令诸宗室皇亲，应以学业明经为重，又以皇家狩猎、易毁农田为由，不仅以身作则完全舍弃游猎活动，且劝导诸王子不可痴迷于秋围。

像如此规模的皇家射猎，倒也不多，王肃推算了一下时间，如果去往皇廷内府查询，定然可确知详情。

王肃看着身旁的那些草药，又想起方才那个与自家长女一般大小的小女儿：“想必中尉这样的轻伤，令女郎的医术，足可为其调治吧？”

说到闻玉，确实让蒋少游备感安慰和宽心，说出的话语却是非常谦恭：“这些也就小娘子家的爱好吧，但她倒是非常用心。闻过在家休养的几天，闻玉悉心照料，宫内的御师还专程来了寒宅为他疗治，想必是皇后殿下听闻之后，遣御师而来。”

以皇后之母仪天下，如此亲善侍卫，倒是能收获禁军的不少好感与忠诚。

“御师？哪位御师？”

“阿爷，我这便去药局了。”闻玉轻启堂门而入，说话之余，又为将军和父亲续上热水。

蒋少游对王肃摇头道：“具体哪位御师，我并不确切知道姓名，当时我并不在家中。”

闻玉斟过茶水，正要离去，听到此言，立即收脚转身：“阿爷，将军，二位是在说哪位御医师来到家中为阿兄医伤吗？”

“对！”王肃急切答道。

“他叫——高婆罗，我给他开的户门，我亲口问的，还诧异他怎会取这样一个奇怪的名字。”

得到这个答案，王肃竟忽有释然之感，他不得不承认，这个名字竟就是他想要的答案，但此时此刻，还不是给面前的将作大匠透露更多信息的时候，他便寒暄道：“前将军，须弥天阁那边经常需要通宵夜值吗？不如，你再休息片刻。”

蒋少游听罢，似有一怔，匆忙答道：“也不甚多。”他并不确定，王肃是否对自己的这一迟疑有所留意。

王肃在主人的陪同下出到庭院，在室外晨光之下，更见蒋少游体躯的瘦削，满首的灰发酷似腊月枯草，王肃转身安慰道：“还望前将军保重贵体，令郎一案，有天子关切专督，河阳王携公主、末将一干人等昼夜穷理，并有京中百司悉心配合，不日定会大白天下，终还中尉公义。”

蒋少游满脸甚有疲态，深深地点着头：“有劳将军殚精竭虑。”

蒋宅家仆双手各牵匹马上前：右手所执缰绳之端，正是王肃的高首大马；左手所引那匹，更是体格健拔，威风凛凛——四肢之末，由蹄冠到管部，雪白纯净，无有纤微杂色，此种形态，人称“踏雪”，面部狭长，耳小而尖，前额鼻梁延有流星白章，此为“白额”。再看那俊美的通体，覆有油亮长绒，自颅顶沿颈背至肩胛，又有宛若瀑布的赤色长鬃披展开来，待它四蹄翻腾马尾飞扬时，必是姿态壮美，那绺惹眼的赤鬃，会由长瀑幻化为升腾的火焰——王肃知道，此种马匹，正是闻名遐迩的“赤炎白章马”，乃去年大魏屏藩吐谷浑所贡的河曲白额踏雪宝马之一种，吐谷浑为表恭谨，贡献京师的五百匹良马，皆是精选而得的白纹烈马，其体色或青或赤，那特别的长绒，便是此马应接隆冬季节顺时所生。

王肃仰望马首，不禁赞叹：“天子对前将军之优宠，可见一斑。”

蒋少游会意，却是哀叹了一声：“王将军，其实此马并不是我的坐骑，是阿奴闻过生前所专乘的公家配给马匹。”

“噢？”

“晨曦泛起之际，我归于家中，见它低首于宅门之前，马儿认得这家门，想必是它误出官家厩房，宝马识途，寻路而来。我这就将它送归乘黄署。”

闻此言，王肃内心也不胜悲伤，主人已远逝，马儿恋旧人，这京都虽非边地的疆场，却也发生着壮士遭殒命，坐骑不意归的一幕。

而王肃也注意到，蒋宅的所有人，确实对院门外的微末血迹并未留意，并不知情。他想再去发现些什么，却仍是一无所获。这一家人，不太像会参与什么血案的怀疑对象。而那血迹，又会是谁的呢？怎么会遗留在此处呢？将作大匠又为何对昨夜的行踪，似有遮掩之意呢？

辰时才到，天刚微亮，京城里的百姓家，非有常事、要务，多数还未开启自家户门。

郭城之南，一名一直伫立在城头远望的城门尉将官，终于盼到自己要等的人：一队手持玄武纹黑旌旗的飞骑绝尘而来。

城门尉将官疾奔下城门楼，来至门下守候，待骑队奔至，他向为首的一名女子行过军礼，再走近马侧说道：“末将领上峰命，请公主速去领军府。”

马背上的慕兰公主忽然心生一种预感，一种她害怕发生却终将发生的不祥预感。众骑徐徐进入郭城，人马疲敝，随行二十位城门尉士各还衙署，公主策马前行，汐月、韩英二人紧随其后。

行至洛水永桥前百余步，突见韩英扬鞭而出，驱马奔驰，瞬间越过公主轻骑：

有一匹皎白如雪的狼犬守候在永桥桥头。

韩英的马匹疾驰到雪狼山犬的跟前，韩英觉察到一股从未有的异常气氛，雪狼山犬横卧在泥地之上，它的眼神中不再有往日的光芒和温顺，而是满目的恍惚，它在艰难地支撑着。韩英跃身下马，见到躺卧在地的山犬满口血污，洁白的身躯之下，有一摊已经结冰的鲜红血渣，那血液正是从山犬腹下一道撕开的伤口慢慢流出的。

韩英将雪狼山犬紧紧抱在怀里，泪水夺眶而出，一层层地掉落在山犬白色的绒毛之上。雪狼山犬在他怀里嘤鸣数声，合上了双眼。

慕兰公主和汐月也走到跟前，见到这般情景，都大吃一惊。

“韩英，你看！”

顺着汐月所指，在山犬的身后，有一块被撕裂的三寸见方的黑色棉布，那黑布在晨风中抖动着，它的一角，粘连在一块同样大小的血肉之上。

“这血肉和黑布，一定是山犬撕咬下来的！”汐月进而判断。

韩英将那身躯已经变冷的山犬抱得更紧，身后的两人都非常清楚韩英与这山犬的情谊，公主不忍再看，领军府又有情形未卜的事情在等着她，她吩咐汐月：“你留下陪韩英。”

她走上前去拍拍韩英的肩膀，毅然上马。

慕兰公主继续越过洛水永桥，从一大片早起觅虫的白鸭群中穿插而过，马匹引得白鸭纷纷展翅飞腾，跃入桥下的洛水冰面，熙熙攘攘，滑行而去。

经宣阳门入内城，沿铜驼大街北驰，两刻钟后，慕兰公主到了皇城南墙阊阖门外、御道南侧的领军将军府外，未及入府，就察觉到今日的领军将军府内外戒备，比往日更加森严。

府门之处，已有领命的将军府属吏在等候慕兰公主。公主被引至府中一偏院，迎面之处，一副木板之上，竟是一具直挺挺横躺着的男子尸体，四周有数名身着明光铠甲的军吏执刀而护，而那具已经僵冷的尸身，面部虽扭曲可怖，但左眉之上一片浅赤的胎记清晰可见。慕兰公主认得，这名死者，正是新任射声中尉崔宪。

领军将军于烈闻报也已进到停尸小院。

“公主昨日所虑，确非多余……崔宪，还是死了。”于烈慨然道。

“为什么会发生这样的事？！”慕兰公主声音低沉。

“公主……”

慕兰公主转身，她盯着于烈的眼睛，声音虽仍是轻飘飘的，听者却能感知到一股正在强烈压制着的愤怒之气："为什么你告诉我他去的是洛南关隘？以致适得其反，南辕北辙！"

面对慕兰公主的责问，领军将军解释道："请公主息怒，公主来前，末将已责后宫宦官黄兴寿，以及业已归京的射声尉诸将士来府再作详询。内宫简派宦官、禁军，远赴诸关劳军之安排，崔宪所领之原命，实为去往城南偏远处的广成关，但负责护送去往城北小平津关一行的射声将佐，在出到皇城之后，才向崔宪提出调换请求，只因其家弟在洛南服役守关，亲生手足已逾整载未得蒙面，军中有铁律，军士亦有情，对此请愿，崔宪为射声中尉将官，便予以应允。"

慕兰公主听后，口中皓齿咬了咬下唇，徐徐说道："你信吗，领军将军？"她的双眼布满了血丝。

于烈低眉拱手："公主，此事也许实为歹人设计，但至少于目前，不曾发现任何漏洞。去往小平津的诸禁军将士，末将亲自逐个诘责查对，各自所供证言，相互并无丝毫龃龉冲突之处。"

"将军，尸体于何处由何人发现？"

此时此刻，在尸身的脖颈之上，一段细密结实的草绳还盘绕着，领军将军眉头紧锁："由京师街巷洒扫工役最先发现，尸体就悬吊在铜驼大街的驼峰之上。"

"什么？！"凶手赫然将堂堂禁军将领杀死在皇宫阊阖门外——慕兰公主简直不敢相信自己的耳朵。

鸡鸣露白。

如往常一样，近百名洒扫工役各搬木梯、竹筐，各执竹耙、扫把、木桶、抹布，自皇城南端阊阖门外，向东、西、南三方分散开去、打扫街巷，东西御道为白条石所铺，石缝严密，南北向的铜驼大街为红砂石所垫，亦被石碌碾实，铜驼街的洒扫劳动要比东西向的御道繁重很多。因为那街上不仅有冬季的各种枯枝败叶，更有许多驴马的粪便，而冒着刺骨的寒风去擦拭那两尊高耸壮观的铜驼，也是一项苦差事，这两尊铜驼，每日里晨曦即泛，就先有南来北往的朝官、曹吏、宿卫、宫人，尤其是接踵而至，来自几百甚或数千里之外的商旅藩人去远远地仰望它们，惊叹它们，膜拜它们。

在很大程度上，这两尊闪烁着深邃且耀眼光芒的金色铜驼，还有那植满街巷的繁茂青槐，就代表着全部的京都。那些越过长河落日、风尘仆仆的藩国商贾，他们甚至已经在三千里外的边境小城苦苦等待了数月更年，终于等到一副关碟过所，得成赴京。尔后，在他们回返的途中、西去葱岭之后，口中所传说的中土洛阳城，就是一座青槐之城，腊月隆冬，苍翠如云的青槐，幻化为一片片肃穆的深灰，更彰显了那铜驼的光芒万丈。

恰恰就在这日出之后的最为耀眼之处，晨雾混沌之刻，当两名杂役来到西侧铜驼之下，手脚麻利地支起用棉絮包裹了的木梯，准备攀爬而上进行清洗时，其中一人却感到有水滴往头顶的帻巾之上啪啪直砸，他伸手去摸，见自己的手掌上是一片血红的液体，同时也嗅到了一股清冽刺鼻的腥味，另外一个人这时大声惊叫一声——他看到了一具悠荡的尸体正吊悬在自己头顶的铜驼腹前。

而在斜对着的街边，一箭之地之处，便是巍巍领军将军府，更为赫然的是，往北数百步，便是皇家宫禁要阙——阊阖门双阙广场。此门为宫城正门，坐北朝南，规制宏大，主体开于宫城南墙之阙口，城门两侧前方，一东一西，又夹建两座宏大金阙，三位一体，气势雄伟，正对京都南北轴线铜驼大街，且阊阖门极少用于通行，门前有汇通东西御道与铜驼大街的阔大广场，这是一个凡有四方藩国朝贡、大战捷报、王师凯旋庆祝或帝王登基等重大活动才予以启用的尊贵隆重之盛地。

而新任射声中尉就被人吊死在这样一个地方，在那每日里被万众仰目的铜驼之峰。

慕兰公主仔细端详那具尸身："据将军所断，铜驼所在，是否就是崔宪被杀的第一现场？"

听到这个问话，领军将军微闭双眼，面部表情有着一种让人难以觉察的痛苦，他睁开双眼，摇摇头："目前还无法确定……"他直盯着这具已经无声的尸首，"如果铜驼所矗立的地点是杀人现场，在其附近却没有发现任何打斗遗留或血迹，况且方圆之处，铜驼大街两侧，是几处朝廷重要衙门所在，都有门戍值守。往北数百步，则是重兵驻守的阊阖门，城阙上下，有大队羽林军彻夜巡查，击杀射声中尉这样的搏杀打斗，不可能不引起动静，稍微大一点的响动都会引起周围警觉，但是很遗憾，没有任何曹吏衙门或羽林护卫对此事有所报告。如果并非第一现场，尸体是趁着夜色弥漫，从别处秘密拖到此处，路程之上，也没有发现任何的遗留血迹。"领军将军向旁边的护卫使了一个手势，两名护卫将尸体反转过来。

"公主，有一点是可以确定的，尸体的致死原因，并不是被勒致死，而是为刀刃毙命！”

慕兰公主看到，在尸体的后背以下，到腰、髀、双股，直至脚踝处，是一片片血污凝成的冰碴。

领军将军忽然对慕兰公主说道：“公主，意外之事，还没完……”

“还有何事？”

于烈的面容，瞬时似乎变成了铁青：“射声校尉元洛平也在宅邸被行刺。”

“什么时候？”慕兰公主吃了一惊。

“两个时辰之前，夜色如漆之时。”

“元校尉……他人也死了吗？”慕兰公主追问道。

“校尉幸免，身历多处创伤，宅中妾室与一名护院都当场毙命。”于烈指着那地上的尸体，“崔宪之死，与校尉家中护院的死因一样，短刀直插心腹要害之处，凶手的杀人手法极为雷同！”

慕兰公主看着那惨白的尸体、布满死者半身的血污，嗅着那依旧浓郁的血腥味道，她空荡荡的胃腹开始不住地翻腾着，几乎不能把那股急欲呕吐的感觉强压下去：“两案所用兵器是否一致？”

“当下还不得而知。”

“又是不知道？”

“元洛平已将遇刺物证、人证一并送交了司州府。”

“怎么，刺杀现场恰留刺客所用兵器？”

“是的，末将也会禀明咸阳王，宜将两案一并彻查。凶器是否一致，可经查比对确知。”

慕兰公主用手稍掩口鼻：“将军是要将该案移交咸阳王负责查理吗？”

于烈听出了公主的弦外之音，他略作思索，拱手道：“公主，末将知道崔宪与四夷馆案有重大牵涉嫌疑。但目前为止，也仅是毫无证据的猜测而已。”

“毫无证据的猜测？”慕兰公主冷笑一声，“于领军，领军将军府所辖射声校尉，频出人命，长官非死即伤。宫禁扼要之责，操领军之手，你就不怕迁延下去，酿出更多非常之事，以致局势彻底失控，天子降罪于你吗？！”

“末将当然怕。”领军将军叹息道，“正是因为末将心怀恐惧，方才……”

慕兰公主两眼犀利：“方才什么？”

领军将军默然不答。

“你方才不相信我这一介女子，不愿将案件移交司徒府，是吗？”

领军将军迟疑片刻：“公主，末将并非不相信公主。公主凛然清正，末将钦佩……”

“够了，”慕兰公主伫立在清冷的晨雾里，她制止了于烈继续说下去，“并且，你也不相信司徒府的其他人。”她忽然意识到，这朝廷的世界，有着超越她原本认知的复杂。

“也并非不相信，只是不确定……同公主猜测崔宪与馆案有关的心情是一样的——是担忧。”

慕兰公主转身，踱出两步，低首说道：“所以，你准备将该案交给咸阳王。将军是不想把解案的赌注押在一座山头之上。”

“按朝例而言，昨夜两案，应上禀太子监国留台，直接安排廷尉专门受理，太子府有督办之责，但朝廷各署，又都是太尉咸阳王的势力，或直接就是太尉所担责之衙署，此两案虽涉及宫禁，但事发之地并非大内，而是民居或朝属衙门之地，司州府皆有理办之权，恐怕也只有咸阳王才有足够的军政资源去厘清该案。末将自然会走上一道程序，将案情呈报太子留台，但最终的结果，还是会转交太尉或司州衙门审理，终究还是在咸阳王那边。末将所为，皆秉公办事，还请公主谅解。”

星夜奔波，大事迭发，千头万绪，慕兰公主感到了些许的疲劳。

“将军，希望事情是沿着你的所愿，往好的方向发展。但是，我怕你最终也是枉费了这万般的心机。”公主欲甩袖出门。

于烈急忙再作解释：“昨日之事，枉费了公主信任，出现差池，使得白白劳顿。末将惶恐羞愧，请公主放心，属下心中也自会去衡量，如果馆案与昨夜两案互有印证，末将必会出手协调，正如公主所言，两案所及，皆是末将之下属。”

“你明白就行。”慕兰公主手中的马鞭被攥得紧紧的，“将军，皇城之重，民心浮动，元慕兰实在不解，将军作为京畿防卫、宫禁卫戍的禁军长官，你该作何感想？”

“末将得悉，亦是万分愕然，这愕然有着与公主一样的缘由，却也有着万分的庆幸，这庆幸是因为这铜驼悬尸，是在人迹罕至的时候被及时发现，不然后果不堪设想……于烈已修书发往天子行在，请准责罚，想必那兰台御史、有司诸公也已经准备弹劾罢黜末将之职了。但在天子降罪末将之前，我必须将其查清！”

“希望将军说到做到，如果做不到，不只为将之耻，亦实负天子。我昨日即有不测之预，不想还是被凶手提前一步。”慕兰公主毫不客气，她默默注视着领军将军的反应，本来前脚已跨出院门，忽然回过头来，“于领军，请你下令，将与崔宪提出对调的射声尉将佐传至司徒府候询，午前必须到！”

巳时末尾，午时降临，却依然是寒气逼人，并不比辰时暖和多少。

将作大匠蒋少游去往太尉府拜谒之时，府吏将其引入偏厅，请他等候些许，因为咸阳王正与怀州刺史、河内郡太守及河阳县令商议要事。蒋少游脸上似有焦急之色，府吏见状，告诉他，三位地方官员入内已有半个多时辰，应该不需太长时间便可结束会谈。

一炷香后，有太尉府曹吏与诸地方官员依官阶高低次第而出。

待府吏通报完毕，蒋少游入内拜见。

因为将作曹衙门归咸阳王直接节制管辖，二人已是多年的上下级关系，咸阳王待蒋少游也颇为随意，不等他施礼，咸阳王即挥手道：“前将军，没有外人，不必拘泥。”继而舒展了一口气，又将双手交叉，托于后颈，一副放松的神态，“河阳马场工程总算可以启动，今日我召见马场所在郡、县、令三级长官前来，千叮咛万嘱咐，此后数月，一定要以马场筹建一事为重中之重。还多亏了那统州刺史穆罴助本王一臂之力，数万工役是说到就到。”

蒋少游略微点头附和，并不多言。

“前将军落座便是。”咸阳王这才意识到，蒋少游确实也并非那种能与自己交流为政心得的对象，便指着堂下胡床让他落座。

蒋少游照例，逐条扼要向咸阳王禀报了须弥天阁的工程进度及诸重大具体事项，尤其是须弥高塔之上最后所需吊装的莲花座葫芦宝瓶，已由突厥锻工锻造完成，瓶高丈余，只耗铜料三千六百斤，莲花与葫芦浑然一体，集合石蜡、锻打、熔焊多种工艺，严丝合缝，待今日午时日暖，即行外部纹饰，贴饰金箔的工序。

咸阳王听闻很是满意：“前将军国之巨匠，胸怀丘壑山河，并有天工妙手，大者如宫阙宗庙，微者如榫卯飞檐，皆能克专克精。那数不尽的砖石构件，在前将军心中，好似那孔明的帐前六军，兵马未出，却早已是分兵布阵罗列于前将军的帷幄案几之上。在给天子的奏事上表中，我定会为前将军多多褒奖。”

蒋少游拜谢：“殿下过誉。少游一介顿痴老匠，蒙获皇家天恩，理应恪尽职守。全然是没有运筹帷幄的胆气，有的只是战战兢兢啊。”

咸阳王爽朗大笑："想不到少游也有这样的诙谐时候。"咸阳王见蒋少游略有迟疑，似有欲言又止之态，"少游，你这若有所思的情形，心中在思何事？可以直言于我。"

"殿下，方才您论及宫室建构、殿阁造作之律，王虽不专务于此，其中之关键，却也说得切中肯綮，此间道理，也是少游经手了几多楼台工程，积累了诸多的教训挫折，多年之后方才悟出来的。"

"前将军啊，你什么时候也学会这般转弯抹角了？"

"前几日，少游登须弥塔阁之巅，西北远眺谷水之上的千金堰，隐约可见堤坝地址所选，已经撒白灰而圈定，此非有少游所经手事务，但少游恐怕其所勘定场址，并非恰当，弄不好……"蒋少游没有往下再说。

咸阳王身体前倾，盯着蒋少游："你但说无妨，千金堰工程，虽曰民用，以调剂京都水系缓急，并辅漕运，此工程也实为军国要务，如果前将军发现了问题，说出来，方案及时调整，这不仅是必要的，前将军亦责无旁贷，不可推却。一定不要有门户之见，也一定不要为使明哲保身，以致过于谨慎。水患无情，差之毫厘，谬以千里，如酿不测之灾，你我也都罔顾主上宠信。"

蒋少游拱手，面露忧色："殿下所言极是，殿下所虑，也正是少游连日不能夜寐之缘由。"

"且快快说来。"

"千金堰堤坝选错了地方，此地土壤松弛，地势高悬，如以此址为堤坝所在，待春暖夏来，大雨倾盆之时，河水湍急，定会破堤而下，殃及城内阳渠与洛水等水系，城内之人，或为鱼鳖！"

"噢？会有这么严重吗？"咸阳王瞪大双眼，几乎屏住了呼吸。

"殿下一定记得，朝廷颁发迁都诏书之前两年，天子已密令少游访寻、勘察洛阳地望山川，洛阳内外，近百十里，沟壑峰丘，少游可谓了然于胸，今日千金堰所选坝址，正是在方圆数里土态最为绵软的沙质高台之上。此外，据少游往观夏日水态可知，其下应有大的地下漏穴，坝水将半数流失，于京都旱涝调剂所补无大益，以肉眼分辨，前后落差，似宜建坝，其实正是建在了最不应建的基址之上，应于现有基址西移一里许，择地而建……还有一层原因，也是少游最为担忧的。"

"全部说出来。"

"我看所选基址，并非为曹魏、晋朝千金堰旧址，即便如此，以旧址之固，于晋末仍发生有叛将决堤、水淹洛阳之旧事，后有匈奴伪赵政权之刘曜，决堰以灌城之惨剧……况且此处，更易为歹人破决，殿下不可不防患，朝廷不可不前瞻！”

“少游！”咸阳王立即从榻上落席，踱到将作大匠身前，他手指蒋少游，颇有诘责之色，“你啊，就是万事谨慎。少游，你谨慎没错，却没想过，这正是天子交给我直接负责的工程，你怎能到现在才提醒我！”

蒋少游伏于地上，颇为愧色：“殿下，少游并非有意忽略，几日前只是远观，还颇不能确定，天阁事务巨多，实在无力抽身，少游昨日才抽身出城实地勘察，才见到已经有兵士进驻，工程即发……”

“唉！你起来吧，我哪里有怪罪你的意思？实为慨然，为何没有第二个前将军这样的巨匠为本王分忧解难！”咸阳王屈身将蒋少游扶起，“我今日即通知都水使衙门，依少游之计，下令工程西移一里。”

“殿下。”

“前将军，还有哪里不妥吗？”

“请殿下在都水使衙门那里莫提少游，少游本出于公义，不欲引同僚忌恨。殿下只要将少游所述缘由，讲上一两条与都水使诸官员……岂不更好？”

咸阳王略思，转而诡秘一笑：“前将军，你这可是帮着本王立威啊，哈哈哈哈。”

诸事议定，蒋少游躬身施礼，正要辞别堂上咸阳王，却听得背后有人急步入内：“殿下，出大事了！”

“何事慌张？”咸阳王责问喘着粗气闯进来的王府司马慕容阔。

蒋少游也回过身去，慕容阔见到来访官员，刚刚张开的嘴却是定在了那里，稍稍回神，说出了四个字来：“军国大事。”

蒋少游见状，急辞而出。

慕兰公主回到铜驼大街司徒府前，却见府外护卫比平常多出了一倍之多，所增各卫，皆着羽林常甲。她心中纳闷，看这架势，莫非是天子秘密回京不成。

河阳王府主事薛适迎面而来：“公主，您这又是奔波了一宿？太子殿下专程来府，正与河阳王、镇南将军议事，特请公主回府即入厅参议。”

“哦。”慕兰公主顿时有些心生感慨，她这个简直不知道意欲何为，也搞不清楚何以昏招迭出的侄子来此作甚？明明幼时颇为招人喜欢，长大了之后，他却是生生把一个毫无争议的太子之位，给搞得岌岌可危。

“公主，不若……先去简单用些饭食？我想迟去一会儿也应无妨。”

慕兰公主望望羽林围戒的司徒府前厅，低声对薛主事说：“算了，到底算是当姑姑的，还是先去见太子吧，不知道他又要搞出什么新名堂。”她转首对身后的两人说道，“汐月、韩英，你们暂去吃些什么，稍作休息，都劳累不堪了。”

前厅之内，只有太子元恂、河阳王元灿、镇南将军王肃三人在座，见慕兰公主进来，太子急忙起身：“姑姑回城了，已听闻镇南将军述及昨晚姑姑远去广成关之事，姑姑劳苦，快快踞席休息。”

“太子近来如何？”慕兰公主也关切道。

“还好，还好，”太子见公主落榻，方才回座，“元恂多谢姑姑关心。”

慕兰公主抿了一口碗中甘甜的醴酪：“都知道射声中尉崔宪的事情了吧？”

三人点头，太子说道：“姑姑，元恂来府，正是为此事，留台今晨得报，即刻遣各官速查，集合了领军将军府，内宫宦官、女官，射声尉将士，以及崔中尉宅中仆从的各路消息。元恂初闻，明白此案不过是四夷馆案的继续生发，”他转望镇南将军王肃，“三日之前，与镇南将军有过一次深入交谈，这也正应了我当时的推测和担忧。”

旁边的镇南将军点头，拱手施礼于太子：“公主，经由太子留台消息搜集，有两件事情须得我们注意。”

“哪两件？”

镇南将军道：“一者，经提审崔宪宅中仆从得知，昨晚日暮之后，有崔中尉的声音叩门将入，仆从开门，却并未见到中尉。但是他在院中趋近宅门之时，隐约听到另一个陌生的声音提及三个字——领军府。目前崔宅仆从已经由太子留台移交司徒府，其证词是否真实，需进一步证实查验。”

“我才自领军将军府而来，见到了于烈，昨晚即是他送我出城。”慕兰公主似乎早有所料。

“另外一点……”镇南将军停在了那里，他颇为迟疑地看着对席而坐的河阳王。

河阳王接过对方的目光，转向女儿，面容之上布满怜悯之色，他缓缓说道：“兰儿，射声中尉崔宪的坐骑，一匹白额河曲马，今早就在将作大匠的家中……”

“什么意思？”慕兰公主立时蹙眉，两眸充满了震惊。

“姑姑，就目前消息来断，确实不能排除这种可能性。”太子无奈摇头。

空气里弥漫着谁都不愿经历的寂静。

“河阳王，镇南将军，你们二人呢？你们也怀疑是将作大匠杀了崔宪？！”慕兰公主直截了当。

河阳王眼皮耷拉，闭口不语，两目茫然。

镇南将军王肃缓缓答道：“我今晨为四夷馆案去前将军府上拜访，确也在其宅中见到了那马匹，据前将军所说是马匹自己跑来，是蒋闻过蒋中尉的旧骑。”

“太子殿下，镇南将军，还有大司徒，”慕兰公主几乎要流出泪来，“这难道还解释不通吗？前任中尉的坐骑，由后任所继乘，马思旧主，这跟将作大匠又有何干？”

“公主……”镇南将军实在不忍再说，但他必须把已经掌握的所有消息都摆出来，“据前将军亲口对我所说，他昨夜于须弥天阁工地值守未归，但是……经太子留台与司徒府各自询查，前将军昨晚并未在天阁值夜，并且，也不在将作曹衙门。”

“须弥天阁工地如此广阔，屋舍多重，被询问的人没有看到，难道他就一定不在工地他处吗？一个官阶为从二品的官员的行踪，他需要向每一个下属回禀吗？”

“值守寺门的羽林宿卫也称，前将军在日落之前，即离开了工地。”太子元恂叹了一口气，亦陷入到了深深的困惑之中。

“不可能。”慕兰公主顿感眩晕，她用右手吃力地支着前额，不住地摇着头。

王府薛主事入内，于堂下跪伏禀报：“太子、诸公，领军将军来府有要事相报。”

太子元恂转向河阳王：“河阳王，您看？元恂是否先行回避，且回金镛留台，请诸公独立审理？”

河阳王颔首答道：“天子离京，太子居留台而监国，监视京都大小案件是为殿下职权所属。”转而吩咐薛主事，“请领军将军即入。”

领军将军于烈急急入得厅堂之下，行礼于诸位：“末将有一物上交于大司徒府。”他从怀中掏出一只木匣，打开拿出一件精巧的白玉，呈给河阳王，河阳王将那白玉执在手中，未知何意。

于烈仍是气息未定：“启禀大司徒，这枚双鱼玉佩，是在清理射声中尉崔宪的尸身时，在其怀中所得，这是……”他目光转向慕兰公主，“是将作大匠蒋少游的日常腰间佩戴之物。”

这个时候，司徒府大厅的空气忽然凝固了，每个人都在默默地环视着身边的其他人。

慕兰公主最先打破这一平静，她看着堂下的于烈：“为何今晨在领军府中，未听将军说及此事？莫不是刚刚才发现此物？须知，当下时间，距尸身发现，已有三个时辰。”

“公主，并非刚刚发现。天色未明，尸体转入领军府中之时即发现该物，只是中尉身上所带私人物品，并非此一件，对于此玉，领军府下属参理该案的吏员也并未在意。后来，经前将军的同曹下属——将作副匠王遇佐证得知，他曾见前将军佩有此物。”

镇南将军王肃问道：“于领军，何以会想到去找王遇对证？”

“并非末将主动去找。”

“噢？”

领军将军于烈在慕兰公主和王肃那里，都读到了同一种神情——怀疑，对自己的怀疑，他稍顿片刻，面色泰然答道：“公主走后，我赴司州府衙移交尸体，及诸物证、人证，恰有将作副匠王遇入衙拜谒咸阳王，我持诸物呈与咸阳王，王遇无意望见此物，恍惚问道：为何前将军的玉佩会在此处？如此而已。”

“于领军，你的领军衙门，下至宫禁五尉，上至将军府，除有宿卫城防之职，亦有鞫审京都要案之责，况遇害者崔宪，为将军下属将佐，为何将军轻易将该案移交河南尹？”河阳王质问道。

“其实这个疑问，公主早些时候也曾问过末将。正如大司徒所言，崔宪所属射声校尉，为领军府下属卫尉，且尸体所发现之地临近领军府，依我大魏律法，遇有特别案件或我领军府视为有必要介入之案，领军有典狱之权，但末将以为，此案发于京都地面，且前后已有两任射声中尉遇害，此事非同一般，如果放在领军府审查，必然有违持重中直，引得质疑。事情才起，便有某公质疑于烈。这一切，并未出乎烈之预想。”

“于领军，你好生作答便是。”太子在座上道，“将军所亲躬之事，乃京师大防，关乎社稷心腹，将军为陛下最为倚重宠信之重臣，朝廷百僚，怎会无端猜疑？对汝猜疑，无异于质疑圣聪。汝且将事情原本道来即可。”

忽然之间，座下的慕兰公主察觉到，这位太子，并非自己意识中那个胸无城府的太子。河阳王、镇南将军二人也都在太子的话语中听出了一番另外的味道。

领军将军于烈当然也读懂了太子是在为他说话，并且是以一种不偏不倚的姿态，于是他便说道：“回禀太子及诸上官，所以将该案移交司州府衙，也有咸阳王的命令所在，公主前脚离去，王命接踵而至，所以，末将也是奉了咸阳王之命，前去司州府衙移交，咸阳王居官太尉，并兼司州刺史，京都洛阳所在河南郡，又归司州节制，咸阳王当然对此案有直管之权……当然，依律，末将所辖之领军府，可据具体案例予以申驳，留府继续审查，究竟来说，末将是希望此案可得到公正审查，所以领军府亦愿主动回避，配合诸司审理。”

河阳王捋着胡子，不住点头。

“姑姑，镇南将军，二位意下如何？”

慕兰公主看了一眼太子，再问于烈：“于领军，为何将军又将这双鱼玉佩奉交司徒府？”

“因所涉之人，为前中尉蒋闻过之父。再有昨日公主追捕崔宪而不获，此二案，定然是脱不了干系。”

“咸阳王那边是何态度？”慕兰公主问道。

“太尉也明确表示，经确查，如二案确有关联，崔中尉一案可转交于司徒府衙门并案审理。”

镇南将军看着河阳王点了点头，河阳王会意。

领军将军于烈提声说道：“太子，诸公……”

每个人都凝视着他。

于烈却压低了声音：“末将有种预感，京都近日可能要有大事发生，关于大人物的。”

“于领军，谨言，须慎言。”河阳王巡视诸位，肃然说道，“上有太子留台监国，下有太尉与诸王，并有于领军如此干将镇守，麾下禁军乃天下第一精锐，逾二十万众，守护于洛京内外，有怎样的大事，能捅破得了这座铜墙铁壁不成！”

“诸公在上，禁军之中，似有隐秘之不法行径，末将须回府严查。那枚双鱼玉佩，是留滞司徒府，还是交还司州府衙，诸位自请定夺吧。”

经决，双鱼玉佩暂留司徒府，案情后续，待决而定。王府主事又来禀报，内宫宦官黄兴寿已在侧堂等候多时。

领军将军告退，太子见司徒府中此状，也辞别诸人，上了已在堂前守候的锦幕环绕的华盖车辇，太子回首：“于领军，你我同路，不如你就乘我的车一道吧。”

领军将军正欲辞谢，见太子有意诚邀，也只好入得毡帐之中。

众人送至府门，回身厅下，河阳王说道：“镇南将军，你与慕兰二人审理即可，我有些熬不住，遇有非常之事，知会我便是。”说罢，便在薛主事的搀扶之下，向后院暖阁踱去。

目送河阳王缓缓远去，镇南将军与公主二人默然相视，似乎都在阅读着对方的内心所思。

内宫宦官黄兴寿应命入内，只见这小黄门面容清净，看起来约二十岁的样貌，让人感觉震惊的是，他的眼神却是一种惊人的混浊。

慕兰公主直接问道："安排射声尉官兵护卫宫人出城，中尉崔宪是被调配何处？"

黄兴寿一直俯身："回公主，小的记得清楚，宫内亦有造册，崔中尉是被简派去往城北的小平津。"

"小平津与广成二关的护卫长官相互调换，你知道与否？"

黄兴寿低头却不语，神情游离。

"黄中使？"镇南将军知道，内宫里这些个内侍宦官的能量，还真的不能轻易小觑，其来路深浅，实难判断，况且黄兴寿又是皇后身边的贴身内侍。

黄兴寿似乎从另外一个世界回转过来，猛然醒悟一般："回镇南将军，公主，射声尉二将调换去所，小的知道也算知道……是在小的宣布了皇后懿旨，做了统一的部署，众人皆已散去准备启程，那本该去往城南广成关的将校才寻臣来说情……本朝以礼仪、以孝悌立国，小臣以为此等事情，禁军将佐欲顺路探视骨肉手足，亦是在那人伦情理之中，射声尉内部可做机动调和，便未去做干涉阻挠，要他与别将商议即可，至于最终调或未调，小的真的不知道……直到……直到今天上午崔中尉尸身被发现，小的也是着实震惊。"黄兴寿瘦弱的身板被他自己压得愈来愈低。

"黄中使，你且坐下说吧。"镇南将军道。

黄兴寿眨巴着眼睛，抬起了头，身板直了些，却不敢坐下。

"你可有将将佐调换一事，说与过别人？"

"公主所说，是指……领军将军？"黄兴寿抬袖拭擦着额头已经浸出的汗液。

慕兰公主并未回答他。

"说过……还是未曾说过……小的，小的实在是……实在记不清了。"黄兴寿瘫跪在了堂下，额头的汗竟然啪啪啪地往席上掉落，须知这是寒冬腊月天，厅内虽有火炭，但也只是极为微弱的暖意，不至于让一个人满头大汗。

"黄中使，你何至于此？"镇南将军惊诧地问道。

黄兴寿再抬眼之时，两只手臂和上身似乎都在颤抖，眼睛里更加雾气蒙蒙：

“将军，公主……小的也不知道为何，像是得了风寒，脑子混混沌沌，浑身的冷意，却是不停地流汗，昨日里开始的……”

“黄中使可曾服药？”

“服过了，也不敢荒废了伺候皇后，御师署托请御师署的小官给我配了几服药，却未见减轻，想是那药力还未上来……”

慕兰公主看着眼前的情形，低缓下声音：“我只再问你一次，你可再好好想一下，调换领队将佐之事，你是否告诉过领军将军？”

黄兴寿呆呆地看着公主，眼神更加飘离，继而是凌乱无神，瞬即是全身的战栗，几弹指的工夫，他竟然倒在了地席之上，全身抽搐，可怕地号叫起来，就像旷野里被抛弃的狼崽的嚎声……

黄兴寿被随从宦官接走之时，慕兰公主仍旧心有不甘。她认定这里面有莫大的隐情，她无法说服自己，黄兴寿的怪病来得还真是时候，她害怕黄兴寿再成为第二个被灭口的崔宪。

镇南将军从慕兰公主的表情中看出了她的忧虑：“公主，就目前来说，何时提审黄兴寿已经不是最紧要的事情了。”

“我明白将军的意思。我想听下将军的判断，如果我们回城第一件事即是抓捕提审崔宪，而不是做一些外围工作，是否能够避免崔宪之死？”

“有可能。但我担忧的是，从崔宪那里，可能很难获取实质性突破，从他横死的情形来看，他未必掌握更多有价值的消息。他只是一颗小卒，一颗可以轻易被舍弃除掉的小卒，这一点公主也定是心知肚明。”

“自小卒入手，可以牵连出大将军。”慕兰公主似有悔意。

“不要忘记，最先着手去抓捕崔宪的正是公主您，只是，我们面对的对手之强大，超出了我们过去的判断。我觉得，即便提早抓捕崔宪，但到他那里也会中断线索。要么是后来抓捕，或是昨日，或是明日，也许他仍是必死的。”

“将军是说，对手总会在我们之前行动？”

“我们在明处，对手在暗处。一明一暗，这还是一场看不见敌人的战争。”

“崔宪的死，说明敌人已经开始新的动作。”

“这动作的目的，是为了攻击我们。”

“会不会也暴露了他们自身？”

镇南将军不由得佩服起眼前的女子："理应如此……"镇南将军忧心忡忡，"也只是理应如此，如果我们捕捉不到蛛丝马迹，便会陷入更大的被动。"

"正在捕捉，不是吗？"慕兰公主目光坚毅。

"公主怀疑领军将军？"镇南将军忽而问道。

慕兰公主摇头："我不知道，不确定。但就目前的情形而言，他有被怀疑的诸多依据。"

"末将同意公主所断。"

"所以我们便顺着这应有的怀疑去怀疑。"

"是的，要将这怀疑展示给所有人，包括于烈自己。如果于烈确是崔宪之死身后的主使，他一定不是孤立的，或为权力，或为钱财，或为私怨，不出其三。如果于烈是敌人布设下的障眼法，我们大可留意收集他们的进一步反应。"

慕兰公主迟疑了一下，说道："于烈可是手握二十万京都禁军啊！私怨尚且好说，可是他与闻过，官阶相差如此之大，又能有怎样的私怨？或者说，于家与蒋家，又能有怎样的恩怨呢？如果不是私怨，这往后的发展，可就要惊天动地了。如果是为资财，去年，多位地方刺史、将军，还有近支王公因贪渎被枭首、杖毙，或废为庶人，如果于烈参与贪赃大案，他如做最后的反抗，这个代价也太大了。镇南将军，你说，天子会如此眼拙吗？把一个贪腐成性的人提升为他的禁军首领？"

镇南将军摇了摇头，不作回答。

"算了，我不逼你作答。将军心中一定是在说，这个话，我元慕兰可以说，你不能说。其实，这话，我又有多大的必要去问？"慕兰公主的笑容中也夹杂着难以形容的无奈，"都说当今天子有着究合天地智慧的圣聪，有着天下门阀士族的共襄，胡汉武人的共助。可是……这自古以来的天子，眼拙的、死于非命的，甚至亡于自己昏聩颟顸的，又何其多。"

镇南将军迟疑片刻，缓缓说道："公主，并不是我不愿与您沟通这些……即便圣明的君王，他们也必然会有本人并非全知全能的自知，终归是人，不是神佛，是人，就都有眼拙的时候。"

慕兰公主的眉毛舒展了许多："想必这是将军最为坦率的一次吧，自南朝而入北国以来。"

镇南将军未置可否，只是继续微笑着。

"如果于烈是为权力呢？他的权力已经够大了……"慕兰公主双目圆睁，眼神中闪烁着从未有过的惊惧。

镇南将军仰首，淡然道："那将会是一场大灾难。"

"如果是第二种情况，于烈并不是我们的敌人，而是敌人故意引入布下的障眼之幕，敌人的目标又是什么呢？应该仍旧不外乎权势、资财、私怨此三类。"慕兰公主凭几而思，陷入片刻的回忆之中，"希望闻过的在天之灵，保佑我们，保佑蒋家人……王将军，如果我坚信闻过或蒋家不会有招致身死的莫大私怨，那么，是不是就意味着，我们所面对的，将会是一场正在蓄势的大灾难，一场要继续死人的战争？"

镇南将军凝视慕兰公主，默然无语。

而后两人又将近日来各自所获的信息彼此做了通报，当镇南将军谈及在蒋少游宅门之前所发现的血迹，慕兰公主立时想到今晨在永桥桥首躺在血泊中的雪狼山犬，她向镇南将军立即说明此事。

是否昨夜的某一时刻，在蒋宅之外发生过一番血斗？参与打斗的人又是谁呢？

两个人陷入了深深的困惑之中。

"公主，如果将作大匠昨夜真的并不在须弥阁值守，他又去了什么地方呢？如果在其门前又真的发生过一场流血的争斗，前将军会否真的是参与者？"

这其实也是慕兰公主担忧的事情，她几乎不敢相信这种可能性，可是结合这已经出现的证据链，真的很难将将作大匠同崔宪之死撇开来。慕兰公主咬着嘴唇，她的眼神中出现了越来越多的忧虑。

镇南将军不忍再问，却不可不问："据公主了解，前将军本人是否有亲身参与的可能性？是否有能力组织亲信……绑架了崔宪？"

慕兰公主目光迟滞，她知道，闻过和韩英从少小开始，都是练过多年武艺的，而他们的诸位师父，又都是阿翁亲自遴选出来的，并没有听说过阿翁本人有习武的经历，但是能不能保证他真的没有过习武的过往呢？慕兰公主第一次对自己的判断发生了如此重大的怀疑和不确定，她脑中忧虑的云团越积越厚："如果是真的，阿翁杀害崔宪的动机是什么？"

镇南将军知道，公主并不是不知道这可能的动机，她只是不愿自己去相信这动机的存在。"为蒋中尉复仇……"镇南将军的表情也是犹豫不定，他不想让公主看出自己的决绝和冰冷，他艰难地说出了这几个字。

慕兰公主心有不甘："如果阿翁要杀崔宪，他为何又要在自己宅前打斗？崔宪为何最终又会被悬吊在铜驼之上？你要知道，蒋宅所在，是在内城之外，在郭城西面，要想把一具尸身运送到内城之中，必须通过内城十三座城门中的一个，而午夜时分，城门紧闭，守卫森严，杀人者又是怎么做到的？”

镇南将军看着异常痛苦的慕兰公主，心中也是叹息不已，他转而一想，说道：“公主，我们换一个思路。很显然，这个案件的审查权已经归到咸阳王，并不是我们做不到将案件要过来。进一步讲，如果末将能将案件审理之权拿回司徒府，我们又将如何面对这样的案情？我们现在所谈，大可以作为为前将军开脱的演练，要想证明他的无辜，就只有掌握了更为扎实的证据，否决这已有的片段性证据！找到真凶便是水到渠成之事。”

慕兰公主点头，她意识到，自己的于心不忍，自己的不愿相信，并不是没有价值的，而恰恰是四夷馆案，乃至后来的这两起案件所必须厘清的。

镇南将军见慕兰公主面色有所缓和，他也平静地说道：“你我都知道，洛阳城中的王公百僚都知道，修建洛阳新都的实际主持者正是将作大匠，没有第二个人比他更清楚三重洛阳城围的优劣之处，或者说，薄弱所在。”他嘘了一口气，“也就是说，前将军是有可能找到防卫的漏洞，在内城里外实施行动的。”

镇南将军见慕兰公主确是点头承认了，但是继而她的目光却充满了灵动：“不对！”

“有何不对？”镇南将军紧问。

慕兰公主目光凝视着面前的错金香炉，那炉烟涓细，从那生动的鸟喙和山缝中袅袅而升：“假设将军方才所说的一切疑窦和迹象都指向将作大匠复仇，假使他就是杀人者。但有三点，足以推翻这所有的所谓证据。一者，为子复仇，杀人者没必要鱼死网破，搞得满城风雨，阿翁还有一双儿女，他即便为了他们也定会将杀人行径秘密行事，可是最终将尸体吊悬在万众瞩目的铜驼之上，悬挂在阊阖门前，是故意为之。为什么行凶者会选择这样做？”

“在首善之区，制造恐怖混乱，在羽林虎贲眼皮之下，进行示威！”镇南将军思索道。

“是向当今天子示威！”慕兰公主进一步补充道，“一个老人为骨肉报私仇，有必要如此吗？”

“第二点呢？”

“假使复仇之说仍旧成立，为何他不选择此前的时间，偏偏要选择天子亲自下诏，宣布重理此案的时机？阿翁一个多月都等了，甚至都已经接受了闻过离世的事实，难道他会亲手斩断朝廷重审此案的机会，放弃光明正大为闻过洗脱冤屈和猜疑的可能性，而去亲手破坏此间局面？”

镇南将军颔首称是。

“第三点，将军今晨去蒋家，所发现的血迹如此明显，如果果真是阿翁主使或参与，他为何不事先除去证据，而等着别人去发现？”

镇南将军沉思良久，说道：“公主所述三点甚为重要，对于案情本身来看，你的分析之作用，在于找准方向，不使我们也走向偏颇或错误，其意义是战略层面的。但就具体战术而言，这里面的两点也有待我们厘清和解决，一者，前将军的双鱼玉佩为何在崔宪身上？二者，前将军昨夜去往了何处？”

慕兰公主也表示同意：“玉佩之事，我想可以很快弄清楚，玉佩如果确为阿翁所日常持有，我们应该听听他的说法，是丢失，是赠予了他人？给了谁？或者是否有可能被他人窃去？循着这条小的线索也可以使得案情有所进展。窃玉之人，一定是从属于误导我们案情询查方向的势力。至于将作大匠昨夜的去向，我想这个也只有他自己才能说清楚吧。”

镇南将军两手有力地交叉在一起，忽然说道：“公主，以我之见，那雪狼山犬的致命伤，应是夜救前将军的时候留下的。”

慕兰公主也恍然大悟：“有可能。”她看着那太阳的光影，已经映到了厅柱上所绘朱雀的长翎之处，时间已近正午，“想必韩英和汐月二人快要回来……”

“公主，现在决定还为时不晚。崔宪一案，依你之见，是拿到司徒府来，还是留在咸阳王那边？”

慕兰公主知道，无论自己的分析多有道理，目前的已有证据却都对阿翁不利，如果咸阳王那边动作稍快，将作大匠在日中之时，即会被当作嫌犯捕押于大狱。镇南将军如此委婉表达，自然是因为他理解慕兰公主对蒋家的情谊。

慕兰公主思虑良久，但见她双眼紧闭，鼻翼微动，“将军，不要让我的情绪去影响理智的判断，我自然是坚信阿翁的无辜，但我也相信，如果操之过急，乱了方寸，会错过发现对手漏洞的机会。我以为，此案可以暂时交由咸阳王审理。”慕兰公主睁开双眼，继续冷静地说道，“给他们一些时间，一段让我们来观察的时间！”

镇南将军颔首：“公主明鉴。”

也许是从这一刻开始，他才从内心真正开始认可这位同僚。

二人正要离席去将案情禀报河阳王，厅前府吏入报，在射声校尉之中任职的张议应命来府——来者正是昨日提出与崔宪调换任务地点的官佐。

果不其然，来人所述，与领军将军于烈、宦官黄兴寿所述也无大的枝节出入。

张议在宫内领命之后，犹豫之余便去请求黄兴寿调整安排，黄兴寿让他与崔中尉调换即可，来到宫外，他追上已经上马启程的中尉，两人临时进行了更换。而张议的来历也非常清晰，乃河阳县人士，为半年之前由河内郡武试选拔出来的良家子弟，他的兄弟则是在两年前被当时的怀州刺史征戍入伍的，都城迁洛，几经折返，又到了卫戍广成关的近畿部队中去。张议祖父本为山下穷苦猎户，却经常出资供养山中老僧，就为了其父亲能随僧人认字学经，为河阳县所举文士，在郡府充当署吏，在乡里有口皆碑，常助孤苦，为人清正老实，到了张议这里，虽是读书一般，但自小耳濡目染，继承了祖父传下来的善射之能。当月五百羽林，皆经严格锤炼和淘汰，钦选身当宫禁戍卫，并由天子在城北宣武场亲授武略半日，兼阅卓越之士的技击操演，而张议正是以百步穿杨的善射之技入得射声尉。而当日阅操之时，镇南将军所乘的马匹就在天子的后面一侧。所以那一批羽林虎贲宿卫，因为幸得天子教授韬略，在历届选拔中都被人所艳羡，无论是在五尉中的任何一处供职，也都得到提拔较快。相反，这批卫尉也自然对天子恩宠尤为珍视。

张议也立即认出了镇南将军，先有射声中尉身死，后有镇南将军和公主召见，他向两位上官表达称：自己已经意识到事情的重大，甚至自责是不是因为自己的调换才导致了崔中尉的身遭不测。

听闻这些背景之后，镇南将军说道："张君，你无须多虑。骨肉兄弟，若足若手。天子所倡，战功武略与礼仪文章并举。你所行之事，所提之请，究合礼仁大义。武人刚猛，是要在疆场之上，如果唯有此，也只是匹夫之勇，对待父母兄弟，君上长官，更需情真义挚，此方为家国之真勇士。张君身列羽林虎贲，前途无量，身负重责，重如泰山。你我同列军籍，皆为天子戍守之士。至于中尉之死，事出他因，其咎，与你毫无干系。"

镇南将军的这一番话语，在冰冷的冬天里，对一名下级军官而言，不啻为一团温暖炽热，足可将其身心点燃的烈烈火焰。

张议立而作揖，其态清正，其情挚诚："小将万谢镇南将军。张议愿舍命疆场，入将军麾下，卷扬南虏，为天子统一神州大业舍去身家血肉。"

镇南将军说道："如张君这般义士，终有功勋卓著之日。我可明确告诉你，当前我所追踪之案件，亦是天子专诏审理，其意义并不弱于疆场杀敌立功。你身出诗书之家，晓通文韬武略，居京城之地，所扼之事，实为国之根本。"

"小将是知晓的……"张议两腮蠕动，似乎有话要说，却欲言又止。

镇南将军已经注意到这一细节，"张君，据你半年观察，在射声尉中，对射声校尉元洛平、前任中尉蒋闻过及崔中尉各位长官，观感评价何如？或说，是否发现过什么异样的情形？我希望你把知道的，都毫无保留地说出来，说不定有哪些线索就会成为查案的有力帮助。"镇南将军在军中日久，他很清楚，即便是最高将官，想隔级从兵士那里得到对中级将官的公正评价，如果没有足够的信任和可靠的渠道，也是很难得到的。因为每个人都有自己的偏好偏见和现实顾虑，而后者恰恰是最关键的制约。

张议抬手抓挠了两下脖颈，一副努力回忆的表情，不多时，拱手说道："将军，小将身列禁卫，只是一心戍卫宫阙苑囿，令行禁止，领命而行，对上级将官的日常，真是不甚留心……但将军既然问起，小将愿意如实回答。射声校尉乃本尉长官，据小将来看，元校尉是典型的军人做派，寡言谈，有不可犯之色，约束下属也甚是苛严，惩罚是常有之事，射声尉禁卫上下对元校尉都非常敬畏，不敢有任何造次。已故蒋中尉更具敦睦厚谊之雅量，对下属是另外一种约束风范，仁爱居多，非是大错，责骂极少……但蒋中尉与元校尉的工作配合向来却是十分融洽，蒋中尉的武技、箭术，在射声尉两千健儿中堪称冠绝，无出其右，对我个人也照顾颇多。现任中尉崔宪……小将不是非常了解，崔中尉是在蒋中尉亡故之后承序接任……听尉中先来的弟兄们说起，崔、蒋二位中尉的私人关系也是不错的，甚至有异性兄弟之厚谊……"

听到这里，镇南将军与慕兰公主四目对视，张议所述，倒是可与蒋闻过生前曾带崔宪前来河阳王府相互印证，二人应有着比较亲近的私交。

此刻，张议眼睛低垂，喉下蠕动，似有隐情。

"张君，你接着说。"这一次，镇南将军语气坚决。

张议闻声，嗫嚅道："……有一天，就是在蒋中尉生前某日，小将去班房领差，离那房门还有三四步远，却见到崔中尉摔门而出，一脸怒气，差点与小将撞个满怀，他却也并不顾我，只管远去……我进得房中，见到蒋中尉面窗而立，久久才回过首来，面色多有无奈之情，想是两人刚刚发生了什么争论……"

“噢？你可曾听到他们争论的声音？”

张议迟疑，见前方四目相逼：“小将不敢有丝毫欺瞒，崔中尉夺门而出之前，我只是听到一个声音，应该就是崔中尉的声音……”

“什么声音？”

“他好像是说：‘不许你去……’崔中尉对蒋中尉喊出这四个字来，除此之外，小将就一无所知了……”

“此事发生是在什么时间？”慕兰公主紧问。

张议低首：“禀公主，是在蒋中尉亡故之日的头一天清晨……”

很显然，这段故事的眉目，超出了两位听者起初的推断和认知——崔宪是在阻止蒋闻过去做某件事，或许就是阻止他前去涉足四夷馆事！

镇南将军说道：“此事非常关键。我再问你，这个事情你可曾对其他人提到过？”

张议摇头：“没有人来问过小将，我也从未对任何人提起过此事，这只言片语，我也并不知道其意所指……直到今晨，听闻崔中尉又遭凶案的噩耗，我才猜想，两位中尉前后罹难，与这争吵会不会有所关联。至于何种干系，小将实在不能得知。”

“很好。你暂且归尉，如有需要，还请予以配合。”

张议告辞。他走出司徒府，也开始思索起什么来。

王府主事薛适慌张进至前厅：“将军、公主，河阳王请二位即刻过去。”

“什么事情？”公主问道。

“派去恒州的快马回来了，绍宗已经搞清楚了崔宪的甲册履历。”

/ 第五章 /

大匠系狱

河阳王凝视着手中的一张窄条麻纸。在他手边的几案上，放着一支刚刚拆开蜡封的竹筒。见镇南将军与公主近前，河阳王将那字条递给王肃，上面是密密麻麻的方笔小楷：

崔宪，年廿七岁。族属清河崔氏，为太武朝大司徒崔浩远支。国史之狱，崔司徒罹祸，同族皆遭株连，是时，崔宪祖父适公务出旧都平城，归途闻变，脱遁于白登山。太和十三年，崔宪携母奔归平城京，初投咸阳王府，经王府司马慕容阔荐，入值为殿中武士，次年，由时任殿中尚书于烈再举，转值羽林。逮太和二十年，于烈转任领军将军，崔宪调入射声校尉。

自太和十三年，为于烈简选入值禁军者，计有七百四十人。今位列洛阳都畿各军政要职者十之七八。内则典掌宫禁宿卫，外则镇守京畿八关。其名单另有所列。骁骑将军元越，奉诏钦巡北部边镇，今至恒州，儿为审慎起见，特托付元将军近日归京代呈司徒府诸上官。

在旧都平城，王府薛主事儿子薛绍宗任州中威戎将军——案太和十七年新官制，威戎将军只为低阶杂号将军衔——据他提供的信息来看：崔宪身出咸阳王府，先为殿中武士，后为羽林郎，再入射声校尉，离禁军核心越来越近，这一路的腾挪，正是在咸阳王元禧、领军将军于烈的亲自简派和推举之下完成的。另有经由领军将军长年举荐入值禁军的七百四十人名单，则由薛绍宗交由河阳王之子、骁骑将军元越，待至巡边结束归京之时，予以面交。

前日洛阳内府所存崔宪身档甲册之丢失，似乎也只有领军府有最大的便利予以藏匿甚或销毁。

镇南将军王肃、慕兰公主二人四目交接，神情肃然。

这一切意味着什么？难道是有某股力量，已经在二十万京畿禁军中埋下了某种预伏？如果是于烈主使，于家世受皇恩，他本人已经坐拥统摄禁军大权，内卫宫掖，外执关津，所受皇恩宠信无以复加，他的目的又是什么呢？难道咸阳王才是背后的真正主使，是殿下恐惧某种不宜外露之事终而败露，以致杀人灭口？难道手握二十万羽林虎贲军的于烈将军与都督六州军事的咸阳王结有深交，或说背着天子私相结纳已成朋党？

河阳王虽面无表情，内心却有极大的惶恐，他咳了一声，茫茫然说道："我所以为的于烈将军应该不至……不至于像绍宗调查的那样啊。"

王府薛主事附和点头："是啊，河阳王，是不是小子所收集的消息有误？"

河阳王又颇为无奈般地摇摇头："绍宗是很谨慎的，行事缜密，这一点你我都心中有数。薛主事，你还记得太和十九年有档子事，于领军因子引例求进，上表请罪的事情吗？我不是太关注此类事情，你给大家讲述下。"

所谓引例求进，是在朝廷大选百僚、征引贤才之时，或在论军功事功应赏、应擢之机，由臣子上书为自己、为属下上表天子，请求得到提拔赏赐。

薛适说道："回禀殿下，太和十九年……嗨，其实也就去年的事儿，朝廷征辟文武百僚，有毛遂自荐的，有论功晋身者，于烈将军的儿子、武骑侍郎于登引例上书求进。但于烈将军听闻此事，第一时间给天子上表谢罪，表书中甚是恳切惊惶……于领军说是，作为一位近臣，自己从未轻易引荐一个人给天子，就是为避亲近之人托请，所举非人，辜负了天子的圣恩。遇到朝廷超拔，作为大臣更应谦让，但我的儿子却托请他人要求晋升，这是为臣平素对儿子缺乏训教所致……于烈将军在表书中请求天子对他进行处罚。这事儿，京城的官宦们都知道，也都感念于领军的处事谨慎和谨严家风。"

尽管镇南将军当时身在南境，其实对此事也有所耳闻。

"这事儿的结果倒也不坏，是吧？"河阳王问道。

“是啊，天子圣明，赞赏于领军的谦恭，乃上古贤臣才具备的有识之见，还特意召见了于领军的儿子于登，对其下诏曰：朕今创礼新邑，名扬天下，卿父乃行谦让之表，而有直士之风，故进卿为太子翊军校尉。又加封了于烈将军为散骑常侍，赠了食邑二百户。”对于去年旧事，主事薛适娓娓道来。

在太和十七年朝廷最新颁布的《职员令》中，东宫下设太子翊军校尉、太子屯骑校尉、太子步兵校尉三营，各领三千共九千兵力，校尉长官官品皆为从五品下，也就是说，当下于领军的次子于登正位列太子东宫官班。而于领军因表请谢罪，反获恩宠，因之新获的散骑常侍官品为第二品中，正是在这个职位之上，于烈将军于今年又获荣升，坐到了领军将军这个正二品的位置。

镇南将军王肃心中惊叹，王府薛主事的这等记力，绝非常人能比，他不禁又暗自思忖：在外人看来一向不问朝事、百病缠身的河阳王，真的像他表现出来的那样吗？

如果是，这河阳王府的府吏，为何会将天子的一封经年诏书之重要片段记得如此一字不差？

那就只有一种可能性：这薛主事是河阳王在府外的耳目，河阳王本人，则很有可能在高墙之后，洞悉观察着朝野的一切。而天子之所以专诏令河阳王出山，主理四夷馆案，只能说明天子对这位伯父的真实态度也是心知肚明。

“所以说，于烈将军连自己儿子的晋升都如此谦恭礼让……在禁军之中提拔亲信、私结朋党，真的有这种可能性吗？为朝廷荐举英才，也是做臣下的职责，于领军是否只是例行公事而已？我亦深恐此事引发过度猜想，诬损了一位忠贞大员的名节。”河阳王的这番话语，将镇南将军飞扬的思绪打断。

河阳王转身过来，看着镇南将军，继续语重心长地说道：“王将军，这紧要的环节，还须你来定夺，于领军官列朝廷正二品，同镇南将军一样，都是天子的左膀右臂，可是闹不得半点误解或疏忽。臣下怀才而谦逊，天子明辨且仁德，是古今君臣的楷模。万不可闹得黑白颠倒，我等的仕途受到牵连是小事，引起不必要的朝廷风波才是最要命的！”

镇南将军凝重地点头。

河阳王的话语还有另一重意思，也已经非常明了：颠覆了领军将军于烈的形象，在某种程度上也就是在质疑天子的辨别力。英明的天子当然会接受这种质疑和纠错，但是质疑者是要冒很大的政治风险的。

薛主事近前，低声说道：“殿下、将军，于烈身出官宦大族，祖父位列三公，父辈官处九卿，于领军少年有志，入仕即拜羽林中郎，累迁侍中、殿中尚书，备受故太后、先皇宠信……”他稍有犹豫，“殿下，您还记得吗？故文明太后称制之时，于烈将军与殿下您、陆睿等重臣各获皇家金策铁卷，本朝许以上王侯有罪不死之天恩……”

就连一向率性无羁的慕兰公主，都已经意识到了事态的严峻，如果堂堂领军将军确实与案有涉，如果处置不好，将会酿出一场大祸！

“薛主事，你还掌握有哪些消息，还请一并讲出。”镇南将军道。

薛适逐个看了看面前的三人，忧然说道：“回禀诸公，各位是否都知晓于领军的长子于祚今任恒州别驾？”

河阳王、镇南将军点头，慕兰公主似有不解。

别驾，全称为别驾从事史，从官职的表面意思来看，其职只是一州刺史的佐官，但实际上，在一州之内，位高权隆，仅次于刺史，因其出入不与刺史同车，别乘一车，规格几同刺史驿车，故而得名州中要事，须由别驾副署方可成行。在州之内，有刺史在，权领刺史之半；无刺史在，总理州内一切军政事务。

“别驾之职，我朝前期由刺史自辟，后由朝廷敕任。于祚权重一方，恒州又为旧都重地，其人在州，却是贪婪凶残，多受贿赂。有司已屡次弹劾，但慑于其父在京之领军大权，弹劾表书一直被压。”薛主事继续说道。

恒州刺史陆叡日前尚在京都，正欲返回平城。也就是说，薛绍宗是在于烈长子任职别驾要职，总管州内大小事务的环境下调查收集有关于烈的消息，其面临的压力之大可想而知。更为严重的是，一旦被对方察觉，昼日之间，于烈可在京都获悉。四夷馆案正在纠察自己，这个消息一经于烈确认，领军将军本人不管是否涉案，大司徒府与领军将军府都将陷入对立之中。

河阳王起身走到镇南将军之侧：“王将军，目前是否有于领军涉案的确凿证据？”

镇南将军离席起身，迟疑之后答道：“并无直接证据。但昨夜射声校尉元洛平遇刺险遭身死，中尉崔宪尸悬铜驼，两案所涉被害之人，皆为领军府下属将佐。尤其是铜驼悬尸一案，据同班射声士所述供状，自小平津归京，崔宪进入郭城之后，并未进入内城，而是沿阳渠而下直接归家，各人自建春门外分别，内城十三门紧接着便关闭。崔宪并无可能进入内城。无论死者崔宪是否于内城被杀，但尸身却悬挂于内城之中，能够越过重重高墙而涉案，在京都之内，不是一般蟊贼歹人能做得到的，甚至……”镇南将军稍顿，“甚至位高权重者，如咸阳王也做不到，城门开合，事关京师大防，天子离京，在理论上而言，也只有……领军将军才有如此的操作可能！”

河阳王微微点首，却说道：“也就是说，目前的一切，仍只是推测。”

“阿父，误导我南下广成关，夜追崔宪的，也正是领军将军。”一直在旁观察和倾听的慕兰公主说道。

河阳王起身，低首踱步，一番艰难思索过后：“依我来看，追查领军将军是否涉案一事，可以继续秘密查证，一定要记住，不可贸然行事，事涉手握二十万禁军的领军府，非同儿戏！”他走到慕兰公主跟前，“兰儿，目前最要紧的，恐怕还是将作大匠有涉崔宪被杀一案。你看，是否有必要，由为父出面，将此案从司州府衙调来，由咱大司徒府主持审理？”

慕兰公主顿时神色黯然，她想抑住眸中几欲夺眶而出的晶莹，却是十分艰难。她不愿相信，将作大匠明明是受害的一方，事态发展到这个阶段，却成为崔宪被杀一案的最大嫌疑人。她用牙死死地咬着下唇，甚至咬出了殷红的血丝，艰难地控制着。四夷馆案因为自己的极力争取得以重查，到如今，没有一个确凿的歹人归案，却将阿翁牵涉了进来，这要让自己如何向死去的闻过交代？如何向闻玉、韩英交代？

她背过脸去，眼泪忽然控制不住涌了出来。河阳王心疼地看着女儿，却也是无可奈何。

镇南将军见状，急忙说道：“殿下，我与公主已商榷过，将作大匠一事，司徒府目前不去插手为好。由他们先去发挥，给对方一些空间，顺藤摸瓜，对手必有错讹处。这也是公主的意思。如遇非常之事，殿下有方便行事之权，可随时将前将军要来司徒府。”

“如此甚好，我也是此意，只不过，怕兰儿于心不忍。”河阳王的一只手轻抚在慕兰公主的肩上，“不过，为父也看到，兰儿终究是真的长大了……”

王府主事说道：“诸位，先去用些饭食吧。射声校尉元洛平家仆来报，元校尉欲在午间未时来府禀事，大司徒您看，由哪位上官出面予以接见？”

“有劳镇南将军吧。”

王肃拱手应命。

慕兰公主的面容终于恢复了平常的颜色。她心想，这韩英和汐月为啥到现在还不见踪影？

雪狼山犬怀着对主人的万分不舍，也带着一桩疑雾重重的隐秘，永远地合上了眼睛。它双目下的白色绒毛上还淌着两行湿漉漉的泪液。

韩英的脑海里，却仍是山犬生前的景象：它呼吸急促，嘴角缓缓开合，艰难吞吐着气息。在他们彼此的眼中，对方不仅是朋友，更是亲人。

韩英在太行山口收留雪狼山犬的时候，它是那样瘦弱，毫不起眼，就像一只落难的小狼崽，那时候山犬的呼吸也像方才那样羸弱，但它看到韩英的瞬间，滚圆的眼珠里盈满了喜色，不像今日，那两束光芒渐渐淡去、远去，以至完全熄灭。

在和韩英相处两个月后，雪狼山犬渐渐变得魁梧壮硕，在主人面前，它却永远那么乖顺体贴，只有在四下无人的时候，才会在主人面前摇尾撒娇。只要有旁人在场，或者韩英去太学上学，或者韩英进寺阁探望父亲，它都会停留在远处，目送主人进入。它会止步在距离寺阁一个里坊的墙角下，静静地等待主人的返回。山犬哪里是害怕寺阁门外那些身着闪闪铠甲的羽林，哪里是怯于太学门口的人来人往，长着一身油亮如玉长绒的山犬，只是担心别人害怕外表彪悍威武的它。

韩英瞒着父亲在城外与那些黑眼珠、蓝眼珠的少年比武切磋的时候，山犬也只是在不远的沙地里蹲伏着，它会吐出又红又厚的舌头，两眼一眨也不眨地观看着远处的一切。有时它又满是兴奋地在满地摇尾转圈，因为它知道，那不过是主人与别人的正常交往，无论输赢它都不该上去拉偏架。韩英也只是在它耳边叮嘱过它一次，在自己与人过招时，无论自己是否吃亏、是否受伤，它都不能上前。叮嘱过后，山犬不仅从来没有违反过主人的重托，它甚至连近前围观都没有过，永远都是那么远远地伫立着，遥望着。尤其在韩英处于下风的时候，山犬急得团团转，前腿几乎就要把山岗上的砂石刨出一个坑儿，它最急躁的表现，也就是在开满蒲公英的青草地上无奈地低吼，低吼罢，又连忙整个身子卧下来，隔着青草的叶子，两只眼睛滴溜溜地窥探人声鼎沸的比武场，去观察是否有人注意到它的存在。它太害怕自己犯了错误，主人又来唠叨它。比武结束，众人离开，韩英会来到那片蒲公英盛开的草甸里，也舒舒服服地躺在草地上，噙一支蒲公英长茎，快乐地向山犬述说自己在场上的表现是多么勇猛和灵巧，告诉山犬自己十招之内就把一名西域的拳手撂倒在地，而那拳手传说是数万胡人中最为厉害的武士。那武士曾经来往天山，到过波斯，在大漠之上，他曾手持宽刀，率领手下的商队护卫，砍杀过突然而至的数十名角弓响马……不知是因为夏天的阳光太过强烈，还是韩英过于沉浸在胜利之中，他在草丛里闭着眼睛说得忘乎所以。他想去把身边的雪狼山犬揽到自己怀里，却什么也没有摸到，因为山犬早已经跑到那片野生的桑树林中去够食酸甜可口的黑红桑葚了。韩英坐起，生气地吼它："你给我过来！"可山犬却只是望他一眼，满嘴流着紫色的桑葚汁液，继续寻找美味野果。主人所说的比武结果固然不假，但哪里是什么十招之内，山犬明明看到主人在前二三十个回合一直处在下风，最后被西域武士揍得满地找牙，害得山犬也着急上火，却不能上前帮忙，把身边的一片草皮都快给啃光挠光了。要不是主人趁对手得意忘形地哈哈大笑，笑得这边的山犬都觉得双颊火辣辣的，然后主人寻得了间隙，瞬间一跃，就去发起反攻，还不知道要被打成什么样呢。但人家武士倒也机灵，反应极为敏捷，伸出右臂去便抵挡住了偷袭的勾拳，却不料左颊重重地挨上了一拳，顿时下颌脱落，栽倒在地。韩英虽然惯用右手，但当年兄长闻过在时，两个人互比臂力，左右相攻，他在腾起的一瞬间，早已决定了右手来个假动作，其实腰间的所有力量已经满贯到左臂之上。山犬刚才腾空投来的那一瞥，仿佛是在鄙视自己的主人，你就快别吹了，你虚心些吧，好好想想你是怎么赢的吧，我真是不想听你再吹下去了。

今年秋天里，就在永桥往西的不远处，山犬在无聊地等待主人从太学放学的时候，跳进洛水，救起了一个不慎落水的铁勒孩童，而那孩童的父母，却硬说是山犬将孩子吓到失足跌到了河水里。虽然有戴着皮帽长着绿眼睛的陌生人给孩童的父母说明了真相，山犬还是被挤在了一团磨刀霍霍的人群里。它浑身湿淋淋，它不知道到底发生了什么事情，不确定这些人要如何对待自己，它却感到了自己浑身的战栗。就在自己蜷作一团的时候，主人冲进了人群，山犬听到了主人把拳头捏得咯咯响，看到他满额青筋与人争吵。而最后，主人回到家中，抱出了两匹绢，交给了孩童的家人，山犬才被放回。然后是一路的安静，山犬和主人都耷拉着脑袋，不吠不语。它自始至终也不清楚，眼前的人类世界发生了什么。而主人却清楚，山犬是决不会去吓唬孩童的，它在常人面前是那样温顺，它从来都是远远地躲着人群，自己找一方洛水边的清静处，一边听蝉鸣、斗蝴蝶、看游鱼，一边等待主人的身影。韩英听到身侧山犬低低的一声呜咽，他低下身去，看到了山犬的两行泪水，它就像受了委屈的小孩子那样在抽泣。韩英蹲下来，抚摸着它湿答答的脑袋和耳朵，安慰它道："看你哭的，像受了天大的委屈似的。我当然知道你没做错事，你救了一个小孩，就像当初阿爷救下我一样，也像你饿得嗷嗷叫时，我救下你一样。我们都是好样的。我们自己是知道的，佛菩萨是知道的，它会保佑你，保佑我，保佑阿爷的。”韩英不知道山犬是不是能听懂自己的这番安慰和说服，不过一炷香之后，山犬就像什么都没发生过一样，回到家中，像往常那样咧着嘴和大家玩耍。却是苦了自己，两匹绢无影无踪了，自己跟闻玉说了，因为妹妹算是家中的内务长官，吃喝用度都交给妹妹来筹划打理，她倒是说到做到，一直嘴严，对谁都没再提起。

…………

韩英回忆着和山犬在一起的诸多细节，但从这个冬天以后，山犬再也不会在他面前摇尾，去给他摘桑葚，去闯祸。

此时此刻，山犬瘫软在冰冷的石板地上，无声无息。它的身边，是它昨夜里舍弃性命奋战得来的战利品：一片沾满污秽的黑色破棉布和一块淋漓着血水的肉块。

见桥边的四通大市市门已经开启，清晨的商贾行旅三三两两，人迹仍旧稀少，韩英把山犬抱在怀里，挪到桥下，他不想让人看到这一幕。他又捡了一片破麻布，把证物包好。

“汐月，你帮我看下雪狼，我去大市里买块草席，给它裹下，得埋了……”

汐月看到韩英两眼潮红：“你去吧，有我在。”

韩英上到桥上，感觉自己的双腿轻飘飘地无力，他来到大市里卖苇席草榻的商户前，却不见开门，想来是时间还早，商贾尚未营业，他正想去叩门，却听见身后有个女孩的声音在唤他：“喂，你别敲了，秦掌柜一家回义阳老家过年了，走了都快半个月了。”

韩英回头，见街市对面有个身着浅绿小袄的灵巧姑娘在揭自家门板，他想起来了，这家商户便是几日前拜访过的胡人染庄，绿袄姑娘的名字唤作谨哒果儿。

韩英让过一架载货的牛车，来到染庄门前，不等他问话，姑娘便说道：“他们家的货紧俏，早卖断了。说是过年，估计又回去收稻草备货了。”

“我想买张草席，你晓得哪里有卖吗？”韩英的声音十分低沉沙哑。

胡人娘子叉腰噘嘴，寻思了一番：“这大清早的你买草席作甚？”

韩英迟疑了下：“雪狼死了，得埋了。”

“狼？！”胡人娘子瞪大眼睛。

“我那只白色的山犬。”

胡人娘子理了理渗着细密汗珠的头发，恍然大悟，她同情地看着韩英：“你着急吗？”

韩英点点头。

“近的商家，我听说陈记青瓷坊也做草编，他们是卖豫州的汝水青瓷，每日里走的量也大，店伙计就将捆扎陶瓷的稻草拿来编席顺带着卖。我见也有人买。离这里就只有四五户商家。”

“嗯。”

韩英拱了手正要转身离去，身后的姑娘却说：“欸，你回来……”

胡人娘子寻思了一下：“你也不一定非要买席子，我们家有些黑毡，做穹棚毡车的那种，有些念旧的王府也到我们这里买的，很好的。你等着。”姑娘说完就转回到了店里。

韩英知道，过去的部落酋首们游猎夜宿或作战宿营，都会用到这种质量上乘的黑毡，甚至连大魏天子的行宫都会用黑毡搭建，挡风隔雨，厚实耐用。他伸手去摸怀里的钱袋，真是糟糕，并没有带钱，他又到腰间的蹀躞皮带上搜寻，看是不是带有可以抵押的物品，几个皮袋中，分装有点火的火石火绒，有解绳结的哕厥，有磨刀的蛎石，有几枚五星铁镖，蹀躞带上还悬有铜柄的小佩刀，倒可以作为抵押物。他带着刀鞘解了下来，正考虑着怎么给谨哒果儿解释。

他忽然脑袋一蒙，连忙再去搜寻蹀躞带上一只铜扣皮袋：“玉呢？！”

父亲交给他的双鱼玉佩不见了。

该死！韩英真想抬手抽自己一个耳光。那只玉佩是父亲从故土一路带到云州，带到平城，又带到洛阳，跟了他几十年的护身符，给了自己还没几天，自己竟然把它搞丢了！平常里自己就把它用几股结实丝绳拴在贴身的衣服里，昨晚他上城门之前，专门解下来放到了皮袋中，明明扣得紧紧的……怎么向父亲交代呢？

韩英焦急地在身上摸索搜寻着，一个劲儿地回忆是不是记错了地方。

“是没有带钱吗？”谨哒果儿抱着一块裁好的黑毡出来，手里还拿着一盘扎好的草绳。

韩英看着谨哒果儿，摇摇头，又点点头。

“拿去用就是。”

韩英谢过谨哒果儿，抱了黑毡急急离去。

汐月见迎面走来的韩英面色更加凝重，关切地问道：“怎么了？”

韩英沮丧地说道：“刚发现玉佩丢掉了，肯定是昨夜的事儿，阿爷前日才送给我的。他拿了几十年了都没丢……”韩英蹲下来把山犬放在黑毡里，把它暖暖地包裹进去。

“噢？”

汐月帮他捆扎着草绳，问道：“放在哪里了呢，还记得吗？”

“怎么不记得？专门放进了蹀躞带上的皮袋里。我真是没用……”韩英一个劲儿地自责。

汐月看韩英腰间的蹀躞带，几只皮袋都是完好的，袋扣都是结实的铜钩做成，她伸手轻抚韩英的肩膀，安慰道：“先别想玉佩了。准备把雪狼埋到哪里呢？”

他想把山犬埋到阿兄身边去，给阿兄守墓护陵，可北邙山太远了，当前又事态紧急，还有好几件事情等着去处理：“埋到城里肯定不行，它活着从来都不去扰着人群，死了更不情愿去占活人的地儿，就埋到郭城外的谷水河边，桑树林旁边的那块儿沙地吧，我和它经常去那里。”

“嗯。”

山犬的身体很沉，它有四五岁的样子，已经是成年犬了，正是体格最为强健的时候。汐月帮着韩英把黑毡包裹的山犬抬到马背上，捆扎好。韩英又下桥将那破麻布包捡回来，塞进马鞍下的皮囊里。

“你回吧，我自个儿去就行。”韩英斜身上马，“公主那边也是够忙的。我很快就能回司徒府。”

“我陪你。”汐月低首说道，不等韩英同意，她已扳鞍上了马背。

两人沿着洛水，一路向西，出了郭城，再往北去，天地间枯草凄凉，寒风呼啸，越过西北方的谷水石桥，来到一处荒芜的桑林边上。桑树的枝杈形态各异，横七竖八，有的已经长成了一棵粗壮的树干，都是无人修葺的样子，间杂着各式各样的枸树荆棘。韩英选了一块背风朝南的坡地，往北望去，直达北邙山下，一片又一片的青绿麦田映入眼帘，它们被冬日的杂草灰树分割着，麦田之间，又有无数的沟壑，深浅不一，浅的有一两丈，深的有几十丈，隐约间还有洞穴，有人说是动物的巢穴，有人说几年前还住有不少难民，他们凿洞穴居。再往南走几百步，便是谷水河滩，往西再看，有几个人砸开冰面，正要开挖泥塘中的莲藕。

韩英拔出随身的短刀，费了好些力气才挖出一个深坑来，汐月往返在河滩和深坑间，捡了不少的鹅卵石回来，两个人正在低头忙活，一队七八个骑着乌青高马、腰间悬佩直刀的士兵走了过来，大声呵斥道：“你们是干什么的？！”

汐月站起身来，伸出手臂用肘腕擦掉细汗，看着士兵走来。

“小娘子，那黑毡之中是不是藏有什么不义之财？近日京城纷乱，出了不少盗匪，杀人越货，如果是你们，就快快服罪，或者……”他看着自己的另一伙伴，嘿嘿一笑，“花些钱财，犒劳下军爷们也是可以的。我们就当作没看到。喂！挖坑那个，你也站起来！”

韩英并不去理他，继续扩深坑穴，他知道这一带会有野猪豺狗出没。

“嘿，装聋作哑是不是？！”其他骑兵听到为首者的怒吼，也纷纷驱马前来。

两个士兵翻身下马，其中一个不当心，把马背上一大皮袋带泥的新鲜莲藕给带落了一地，下马的瞬间，双脚刚好踩到几段藕节上。原来他们刚刚敲诈过那些在泥塘中挖藕的百姓。

骑兵见状，恼羞成怒，把怒气立即撒到了眼前的男女身上：“老子这白天黑夜风里土里地忙活，就弄了点破藕，还被你这杂种给弄成这鬼样……”话音未落，伸脚就要去踹那个低头挖坑的胡人少年。

“欸欸欸欸……”只听见一串狼狈的号叫，就看到一个笨拙的趔趄，骑兵一个大劈腿，半个身子已经栽倒在深坑之中，“我腿断了……断了……”

原来少年早已觉察到身后有袭，他只稍一斜身，未用半寸力气，便将跋扈的踹人之人让进了坑中。

这一幕惹得马上的骑兵们一阵哄笑，哄笑归哄笑，众人却是各自提了刀兵，凶神恶煞般纷纷下马。

“你们这帮鱼肉百姓的兵痞！”汐月愠目怒骂，她抽出身侧的环首刀，“现在给奶奶我下跪，留你们个全尸！”

“哟，这小娘子口气不小，军爷我喜欢！”一个骑兵大大咧咧，挺刀向前，但见他还未近前，左侧前胸已被突然捅进了刀尖。

挨刀的骑兵尚未反应过来，他捂着胸前的伤口一路倒退，蹲坐在地上。身边一人赶紧上前，解开他的甲衣，露出黑色的衬里，鲜血往外涌汩，不多时，伤者竟然失血毙命。

这边六七人恼羞成怒，已经是战作一团。

这几个兵痞其实并非那么容易对付，方才那名骑兵被汐月击杀，完全是因为他的大意轻敌。韩英、汐月二人奋力相争，却并不占上风。这个时候，骑兵中间的为首者似乎也有所悟，判断这两个对手也许并非京畿平常百姓，觉察到有哪里不对劲，挥手止住同伴："我们是朝廷钦命的京畿巡尉，你们再敢胡来就是犯上作乱！格杀勿论！"

"蟊匪！"汐月皓齿紧咬，"今天你奶奶我正要替朝廷清理门户！你们便是跪地求饶，我也不会饶了你们的狗命。"

说话间又是兵刃相击，韩英手下有所控制，刀兵所及，只是点到为止，汐月却是刀刀凶狠，不计后果，眼见一个骑兵腹中一刀，在同伴的掩护下迅速退出乱战。余下几人见来者不善，也开始防守退却，其中的领队一声呼哨，七八马匹闻声而来，围在骑兵外围。

相持时刻，远处忽有六匹高骑奔来，队首两骑各执一大一小两面旌旗，旗上都有大字，一书"太尉府"，一书"都水台"，队后又有骑兵执三角赤旗，上书"河堤谒者"四个小字。

都水台为执掌津桥营造的专属衙门，都水使者为其最高长官，台下设有都水参军、都水录事、河堤谒者三名属官。

"快快住手！"擎执太尉府旗帜的军吏厉声喝道。

被马匹围着的骑兵见状，连忙答道："禀上官……"却被身边的领队制止。

韩英和汐月也都看到来骑和旗帜，汐月大声说道："这几个兵痞敲诈百姓，又来持械抢劫我们。"

来人并不下马，看见了躺倒在地的一死一伤之人，再是地上一片被马匹和人群踩得稀烂的莲藕，执太尉府旗帜者喝道："你们二位又是何人？"

汐月将河阳王府腰牌拿出，正颜道："我是慕兰公主贴身护卫汐月，而这位韩郎者，乃司徒府参军督护郎，兼领镇南将军属下旷野将军。光天化日，兵痞残害百姓，匹夫之人尚且主持正义，何况朝廷命官！"

韩英听来，汐月说话有理有节，义正词严，无半点纰漏，心中激赏不已。

问者颔首，这一男一女，女者虽未入官职，却是天子最为宠信的慕兰公主之私人扈从，男子虽只为九品官阶，却从属于宗室领袖河阳王和如日中天的镇南将军。

军马围着的骑兵们也都后悔不已，干吗要去捅这个马蜂窝，这死伤的兄弟们算是白死白伤了，那领队对身边人嘀咕道："我方才就觉得气氛不对，平常的百姓，就是他练了天大的拳脚功夫，对官兵哪敢有这般硬气的？"

"犯者下跪！"手执太尉府旌旗的骑兵喝令道。

马匹散开，骑兵纷纷弃刀下跪。

"你们是哪个衙门的？"

"回禀上官，我们是城防巡尉，领有领军将军府令，配合都水台衙门谷水造坝，重点巡视该区域，小卒们也是有眼无珠，冒犯了两位，以为他们是……"领队把到嘴边的"乱民、刁民"咽了回去，"我是伍长尉迟虎头，不，是尉虎头。"

迁洛之后，天子诏改姓氏，复姓尉迟，已改为单字尉，想来这巡防领队一定是私下里经常不遵此诏命，才发生如此口误。

京畿地区的巡防部队，明面上的分属三支：一为河南郡和洛阳县的两级联防衙兵，洛阳县境分为左右东西南北六部，设六部尉，每部尉又领辖若干经途尉；再有就是从属于领军将军府的护军将军所率官兵，该支军队专职负责京师外围保卫，属禁卫军序列；一为司州刺史衙门的巡查军警。

还有一支是暗面的，不公之于众，百姓基本一无所知，但朝廷百僚都心知肚明的——候官曹。候官成员又称白鹭，久而久之，人们便号"候官曹"为更为通俗的"白鹭曹"。白鹭之人，并不着白衣，而是取其深意：白鹭之鸟，延颈远望，守护皇家，不遗微末。这支秘密部队直接听命于天子，巡查城内、京畿及诸州镇，百姓百官皆在其稽查之列。白鹭曹是在平城时期为先朝所创，编制最巨时，达到五千人之多，职权最大时，执掌监察百官的御史兰台都受其辖制，而今乱民叛将，无所不查，上千石俸禄的朝廷大官在他们那里也只能是两股战战，百官噤若寒蝉，时有"宁为廷尉大狱诛，不见十品白鹭"的说法。在太和十七年的《新官职令》中，朝廷最低的官阶是从九品下，并无十品之说，此谚意为：百姓、大臣们宁愿坐穿卫尉府的朝廷大狱，甚至被杀头，也不愿被候官曹的白鹭们给盯上，由此可见白鹭之恐怖。迁洛之后，天子更重仁义礼法，大幅削减候官曹编制，目前白鹭数量满额为五百人，即便如此，人们也都是闻之色变。

以上四支在京畿地区有巡防权的各类军种，因为太尉咸阳王兼任司州刺史一职，在实际上，刺史衙门巡警、郡县两级联防巡吏，这两支便为太尉府直属。领军将军所辖巡防尉，属禁军序列，太尉府虽无直管大权，却因咸阳王的特殊身份，对其有督监之责。而候官曹这支秘密皇家军警，领有太尉职的咸阳王也有非常微妙的干预权。这便是太尉府骑兵敢于喝令任何一支巡防部队的深层次原因。

"尉虎头听令！令者有三：一者，速去足额赔付百姓莲藕钱财；二者，率本部兵马归城，赴领军将军府服罪归案，司州刺史衙门将督办此事，休要心存侥幸；三者，太尉府联衔都水台衙门，因造坝方案优选改定，命自今日午时起，千金堰大坝巡防范围西去一里。”

巡防尉纷纷从命，他们各翻钱袋，兑了些太和五铢钱，派了一人返回去赔付藕农，余下的纷纷将死伤者捆绑上马。太尉府和都水台的署官继续前行。

汐月和韩英不去理会这些残兵败将，继续干自己的事情。不多时，一个小小的坟包已经垒起，上面又盖了一层汐月捡来的卵石。

被派出去赔钱的兵痞骑马归来，慌慌张张地对巡防尉领队说道：“那些藕农不见了……”

巡防尉领队面露难色，凑近了正要乘马离开的汐月和韩英：“两位上官，你看……不是我们不赔……”

汐月正欲上马离去，见兵痞又来，抬脚便将他踹倒在地，怒目骂道：“百姓遇到你们这种官匪算是倒了八辈子霉运！滚蛋，奶奶我没空搭理你们。”

二人绝尘而去。

在他们的身后，是一双双恶狠狠的眼睛，二人并不知道，这凶狠的神色，不单是因为今天的这场两厢遭遇战。

几名亲随赶紧上前将领队伍长扶起，尉虎头拍拍身上的尘土，说道：“今天这亏吃得太窝囊，都给我记好这两个人的名字。老子定要让他们碎尸万段！”

“大兄，咱们还去领军府服罪吗？”

尉虎头鼻中哼了一声，冷笑道：“去什么去！不要再给于领军添麻烦了，他已经够烦了。”

“太尉府督查，追究下来怎么办？”

“听他放屁！给司徒府的人演戏罢了，彼此心照不宣，老子不过当面儿配合下而已。他们要是真能督查，把我脑袋剁下来给你们当蹴鞠玩儿。”

“还是尉迟大兄把这朝中的脉络看得清楚，不愧是大族出身。”身边的一名亲随骑兵逢迎道。

尉虎头叹了口气：“大族！落个虚名而已，如果不是迁都，照着老祖宗的规矩来，老子至少已经混个中尉、参军当当，在平城造的大宅两处，眼看是一文不值，现在又跟那些什么高车、铁勒、汉人的崽子争食这碗难吃的官饭，老祖宗的话都不让说了，真不知道这天子是图个什么玩意儿！”

“兄弟们的脑袋可是都绑在皮带上了……”

“你怕什么？成不成的，碗口大一个疤！他们都不怕，你怕什么？”

"大兄，都有谁啊？你给兄弟们透个话……"

尉虎头将佩刀挂好，脸上的肌肉抽动着："都有谁？哼！超乎你的想象。看昨晚的阵势，你还猜不到吗？射声校尉的宅子，说端就去端，前后两任射声中尉，人说死就得死，你说背后得有多大的势力？"

"大兄，事成了您这少说得混个校尉干吧？"

"校尉？你来当。我得弄个骁骑将军、郡守干干，去秀容马场混个酋首也行，当个一方诸侯。不然也太不值当了！"

"大兄，我还是想跟着你，我们家祖上跟着尉迟家都几辈子了，这可是过命的家仆情分。"亲随回身看着马上的同伴尸身，"可怜这位兄弟死得早了点。"

"纯属意外。"他用蔑视的眼神看了随从一眼，"你领着这可怜的年俸，当个巡防的兵丁，倒很安全，不时能敲诈个仨瓜俩枣。"尉虎头的鼻孔哧了一声，"你没想想祖上那金玉满堂，那成群妻妾，那一圈又一圈的千万牛羊，那些让你想都不敢想的赏赐都是哪来的？不都是跟着先皇征战南北，舍身忘命换来的？现在也没这规矩了，都是他大爷的俸禄，能把人给饿死了。弄点儿烂藕还被稽查，丢人！搁在祖宗那里，这些人就都是我们的奴隶，随随便便就可以给他们一个大不敬的罪名，说你眼神儿不对，说你对朝廷不满，想怎么治你就怎么治，不要说要他们的藕，就是要他们的命，他们屁都不敢放一个，该给也得给。"

"唉，还是老祖宗那时候好，这会儿算是他大爷的世道儿，还有天理吗？"亲随摇头，学着领队的口头禅感叹道。

"干吧，开弓没有回头箭，佛菩萨会保佑我们的。"领队尉虎头再看驮着尸体的马匹，"得给兄弟去奉终里弄块儿好棺材板，这可是实实在在的为国捐躯，先烈啊……"

"大兄，"随从的马匹贴近领队，他马鞭一指远处绿油油的麦田，"按我的意思，种他大爷的田，全都应该开辟成牧场、猎场。"

"谁说他大爷的不是呢？"领队摇摇头，此时此刻，他触景生情，黯然神伤，毅然抬首，引吭高歌，"放马大泽中，草好马长膘……"其他的随从心神激昂，也都纷纷附和唱咏。

在一百名执刀扈从、二十名弓弩护卫的簇拥下，一辆雕有朱雀团云、灵芝仙鹿的锦绣驷马香车平稳驶向咸阳王府。府外沿街的数十位当值军警严密防范。避身到街角小巷的行人、躬身垂目的各色人等也都默然不语，他们中的不少人对这一幕都习以为常——咸阳王从太尉府衙门回到私邸用午膳了。

在太尉府办事衙署，本也设有长官的专用小厨和署吏的食堂庖屋，专伺各阶官吏的日常午食和夜间轮值人员的用餐事宜，但餐食比较简单，寒冬腊月，署吏庖屋所供，多是汤饼酱菜，胡饼豆豉，配有肉糜酪浆，倒也算可口，因为能省下一顿饭资，中午时分，绝大多数吏员都会在衙门用餐。六品以上官、将膳食稍显精致，添有各色烤肉菜蔬和蜜饯果子等。但是那些出身勋贵高门的吏员，多是回府用膳。其中当然数太尉咸阳王的归家阵仗最为惹眼。却是苦了那些正赶上这个时间当值的京师巡警。从铜驼大街往北，过阊阖门广场，一路往西，出内城西阳门，过环城阳渠，再穿十数里坊，行郭西大市，浩浩荡荡，千步之外，但见前岗位赤色三角哨旗挥动三下，本岗巡警须即刻警戒里坊路面，提请沿路人家闭门关户。这边还没有警戒完毕，已有四名骑兵扈从亲自驰到跟前，各执马鞭长槊，训斥当街军警督责不力，那些躲避不及的行人商旅，甚至其他衙门办事人员也就只能原地垂首等候。如此这般，行人心中怨恨却也只能忍气吞声，军警疲敝也只能日复一日，俯首听命。

咸阳王却视为再正常不过，他还需要在午膳之后睡上半个时辰，冬夏不改。天子曾因此事专门训诫过咸阳王，咸阳王低首听斥，在衙门中吃过几日，却无论如何再也坚持不了，只是减去了原来的一半护卫，撤去全部鼓吹仪仗。这样来回折腾，京师巡街军警更加连连叫苦，心说天子陛下您还不如不责骂咸阳王，本来王府胥吏扈从非常充足，自从减撤护卫，军警压力反而又增加了数倍之多。咸阳王回府吃一餐午食，半条铜驼大街和东西御道的军警都要分路段赶到现场警戒，为平息民愤掩人耳目，不少军警甚至要换上便衣警戒各处，还临时向领军将军府提出申请，在这个时间段沿途加派了二百名禁军协防。大家都非常清楚，对于咸阳王的这个习惯，无论你是正二品的领军将军，还是一名普通的军警胥吏，甚至兰台御史，你还真不能在天子那里再多说什么。咸阳王可是天子最亲近的皇弟，况且咸阳王已经如此低调出入。且不论京师防守甚严，难有刺客混入，一旦稍有不慎，即便一匹惊马壮牛突入，对于担当警戒大任的胥吏来说也是一场政治灾难，宰辅咸阳王若有个闪失，天子少不了表达个优宠关爱，还得中低阶的巡警们担过。

咸阳王终于到家，换过便服，银盆净手，香露涂面，每个环节，各有美色侍女服侍。进得豪屋大堂，旁有仙鹤铜炉，香飘满厅，坐定下来，不早不晚，炙鹿肉、蒸羊排、酥皮鸭、水炼犊、仙人脔、五味鸡、红罗驴肠、奶酥雕花等已上毕，并有玉钵金盘盛装的各色羹汤野味轻声送至。

在咸阳王看来，这清清静静、简简单单的午膳时分，是他全天里最为舒心闲适美好的光阴。在餐桌的不远处，有一位红酥手的胡姬，轻声弹奏着曼妙轻缓的异域曲调。

王府司马慕容阔推门而进，给远处的胡姬使了一个眼色，胡姬轻声退出。

“殿下，您这边的意思，属下已经跟太子留台沟通过了，也去了廷尉府，立刻就可以抓人了。”

咸阳王放下左手的镶玉银汤匙，右手的错金象牙筷，点点头：“太子什么态度？”

“太子初闻，还是很惊讶的。毕竟案情所涉及的是个老臣，又主持过皇家宫阙、宗庙明堂、洛阳新都的设计造建，但了解过案情之后，倒也只是摇头叹息的份儿了。”

一夜之间，有射声校尉元洛平在宅邸之中遇刺之惨案，并有铜驼大街悬尸之命案，二人皆任禁军之要职。京都百僚，百姓商旅，已是窃窃乱议，众说纷纭。却有中尉的专用坐骑赤炎白额宝马滞留将作大匠宅邸，并有大匠本人昨夜形迹可疑，其本人无论如何也不能提供其具体行踪，并有明显的暧昧遮掩之态，更为严重的是，据领军将军府上交证物，就在死者崔宪的身上，藏有将作大匠平日所佩之玉。夜间宵禁时分，将作大匠以自己对洛阳城防构建的熟悉程度，有充分的条件越过内城，来往于郭城与内城之间。于作案动机而言，前有大匠之子、射声中尉蒋闻过蹊跷身亡，蒋少游可能察觉到，或确认了儿子的死与元洛平、崔宪二人有绝大的干系。

见咸阳王依旧踌躇不定，慕容阔从袖中抽出一份文书：“证据确凿，事情已经定了，殿下不宜再过多迁延顾虑。金镛城的太子留台那边已经用印同意，就差殿下您盖印副署了。一切办妥，未时一到，廷尉少卿即着兵拿人，将其捕入石室大狱。”

“司徒府那边可有什么反馈？”咸阳王问道。

“并没有，殿下。这几乎就是铁案一件了。卑职想来，司徒府那边领诏专查四夷馆案，多日以来，毫无进展，几位新官一定都还是一筹莫展……”王府司马隐隐一笑，“说不定这就能帮河阳王那边给结了案，大王他感谢您还来不及呢。”

咸阳王摇摇头：“你不要把司徒府的那些人想得太简单了。”他浅浅地品了一口葡萄酒，“你想过没有，为什么他们到现在都没有提审过柔然四王子那边？”

慕容阔也感到奇怪，他跪坐到咸阳王身旁：“这个其实也是卑职连日来想不通的地方，要说这四夷馆案，第一个涉及的就是柔然王子的爪牙，自得知河阳王上任司徒，各人进驻司徒府办案以来，却不见他们与柔然王子有任何联络，就连对他的爪牙都没有提审过。”

“燕然馆那边什么情况？”

“自太子留台和咱太尉府并署结案，叛诛柔然王子两名护卫以来，燕然馆大门紧闭，柔然四王子郁久间洛伦从未出过馆门，其仆从爪牙也都鲜有出入，就连接收朝廷每日赐给的菜肉用度，也都是在馆门与馆内照壁之间交接完成，也从不准许外人入内。照百姓商旅们看来，定是柔然王子被这件事情吓坏了，就连交往都审慎起来。”

咸阳王拎起一块鲜嫩多汁、铺有芝麻、涂有蜂蜜的炙烤羊排：“你先随便吃点垫下肚子。”并亲自为慕容阔倒上了一碗美酒。

慕容阔双手接下，细嚼慢咽。

咸阳王长叹一声，意味深长地缓缓道来：“慕容阔，二十年来，本王对你是言必听，计必从。你屈身为王府司马，实有范蠡、张良之才。你叫我务必锦衣玉食，我便食不厌精，玩乐用度无不登峰造极，甚至比天子还过分许多。初为保全之策，但这样年复一年，日复一日的声色犬马，本王可真是发现，我是真真喜欢上了这样的奢靡。但是不出你所料，天子对我却更是愈加信任。我能在天子诸弟中坐到这样的位置，是有你几分功劳的。人们都以为我真的只是靠天子元弟的身份不成？可是天子却是有五个弟弟啊。”他再给慕容阔添满醇酒。

慕容阔受宠若惊，左手执羊排，右手擎酒碗，谦虚地嘿嘿一笑：“殿下，这诸皇族子弟、宗亲之中，唯有您，智勇双全，乃天之骄子。”

咸阳王斜了他一眼：“依你所看，蒋少游是否要交给司徒府？”

慕容阔放下手中的杯盏、羊排：“殿下所虑实属必要。司徒府一直在进行外围调查。依我看来，他们应是一边进行充分调查，一边试图以静制动。在他们看来，谁往上靠得快，在四夷馆案中，谁就有最大嫌疑。所以殿下切不可……引火烧身。今日抓捕蒋少游，对外，只宣布其物证，不分析其动机。我们一旦承认其有复仇动机，就表示我们已经掌握了崔宪与四夷馆案有染，那么蒋少游之案就得移交给司徒府；只要我们不主动表明蒋少游有为子复仇的动机，两案就可以独立审查。属下以为，蒋少游不是不可以交付给司徒府并案审查，因为他们即便再查来查去，但这些物证是铁证，也改变不了。但是，交付的前提是司徒府主动索要该案审理权。我们不宜急于往上靠拢。”

咸阳王同意慕容阔的分析，他突然表情一滞，想起了什么一样：“你那侄儿是不是还在太学读经，叫什么名字来着？”

慕容阔立即俯首：“回禀殿下，家中小侄叫慕容敬。”

“白鹭曹那边，御史郦道元已经领命就位，改组之事已在进行，”咸阳王似有烦忧，转而倾身道，“那边有一中兵参军事的缺，就让他补入候官序列，任白鹭曹参军事一职吧，即日可上任。”

太学生三千，多为胄子高门的青年新秀，皆由五经博士教授，天子尤为重视，一年中会有两三次亲赴太学讲礼考问。从平城到洛阳，有不少朝廷命官、州府各级官吏是直接从太学选拔。天子有诏，朝廷对太学生“随才叙用，以赞庶政”，但所去之所，千差万别，高下不定，低者做府衙笔吏，终日与笔墨案牍厮守，高者入值殿中，直承圣眷，经年可超擢为内侍近臣。实则多由各自背后的门第谱脉而定。慕容阔知道，白鹭曹虽然在表面上看来为小衙，再经天子刻意削减，当今编额仅存五百，却仍是京师最具权势的衙署之一，可迅速厘定叛臣奸佞，亦可轻易罗织构陷，一经白鹭盯上，祸福生死，旦夕难卜，哪怕一二品的大员们也都忌惮于它。

“谢王隆恩！”慕容阔重重地叩了一个响头。

“区区参军，又不是让他去当校尉，何足挂齿。岁月长远，多多历练。”咸阳王轻描淡写，“我再问你一个事情。”

“属下听命。”

“蒋少游一案，涉及佩玉之事，果无差错？”

“千真万确。已调问过将作府众胥吏，余人倒是不甚确定，有称近日似不曾见，但有将作副匠王遇，已画押做书为证，此玉实为将作大匠平日常佩之物，前几日蒋少游尚且佩戴于身……”慕容阔抬起头来，“殿下，王遇这会儿就在王府廊下……候着呢，带了一尊三代宝鼎，已经收到库房了……殿下您看？”

咸阳王听罢，用银签剔了牙缝：“这个王遇倒是行动敏捷，这才多点时间，我就不见他了，意思我明白，让他暂且署理将作大匠一职。但正确的话，你要对他说到，将作大匠为朝廷重臣，职涉宗庙社稷、城防苑囿缮修营建，长官之职的最终确定，尚需天子下诏。让他好好表现吧。”

“卑职明白！”

“你要交代廷尉衙门，不要带太多人去须弥天阁，一来避免引起京都士民腾议，可借议事为由，悄然带走蒋少游；二来，也无必要，少游这个人，我还是了解的，不会做什么犯上作乱的事情，当然也不会脱罪潜逃。”

“属下谨记。”

咸阳王食指轻敲了两下案儿：“你也要跟着廷尉的人到现场去下，可以带上你的侄子慕容敬，让他先熟悉一下事务，只需观察即可，以白鹭督案为名，专于此案的联络，具体负责廷尉府与太尉府的沟通。但撇开众人，你自己要先见下少游，告诉他三个事情。一者，本王已经交代过廷尉，不会为难于他，目前之情形，因物证俱在，将作大匠只是有涉案之嫌，为平息京师谣诼，不得已而为之。在天子那里，本王今日即会修书，快马送到车驾行在，为其代奏陈情；二者，本王是尊重他的意见的，谷水千金堰的坝址，已经命了都水台衙门，西去一里；三者，即便大匠最终获罪，本王也会为其尽力排除，失子之痛，舐犊之情，关乎人伦。本王知道，天子亦明辨，少游之所为，不关乎社稷危害。朝廷惜其才干，本王看情形再定，事情平息之后，或可纳入军府专司造械。”

“殿下仁德，想得周到。属下一定悉数转达。”

一个时辰之后，将作大匠蒋少游被捕，押解于廷尉大狱。

汐月、韩英两人归来司徒府，恰好赶上午时用膳。慕兰公主与镇南将军便把二人叫到偏堂之内，一起简单吃了些饭食。

席间，两人先是讲述了雪狼山犬的遭遇和发现，韩英补充说道：“我将那麻布包裹的黑色布片和粘连的皮肉放在了马厩内。”

镇南将军更加确定：蒋宅门外的斑斑血迹，是源自一场雪狼山犬和黑衣人的夜搏。他也忽然想起来，昨天傍晚时分，韩英与自己在永桥邂逅，韩英先行离开，直到自己跨永桥北去，那只山犬都还在桥南的原地呆坐着。而蒋家的宅墙虽不算高大，但一只狼犬是不可能越过的。也就是说，雪狼山犬是直到蒋家闭门之后，才回到郭城西面的敬义里，甚至很可能是等到深夜时分，狼犬等主人而不得，才从永桥离开回到蒋宅门外。而正在那时，山犬与黑衣人邂逅了，而那黑衣人是携带着刀兵的。

黑衣人在蒋宅出现的目的是什么？这黑衣人与刺杀射声校尉的黑衣人是不是一拨呢？王肃思虑着。

二人也从公主那里得知了射声校尉元洛平深夜遇刺、中尉崔宪死于铜驼之峰诸事。汐月大惊失色，她虽最早怀疑崔宪于四夷馆一案有可疑的不轨之迹，却不料想他最终落得如此惨状。汐月背过身去，紧闭双眼，不禁伤感不已，她忽发念头：是不是自己对他的怀疑，才导致了崔宪引火烧身？想到此处，汐月有些失魂落魄。

慕兰公主见状，也无心再去吃饭，她起身走到汐月身旁，将她揽在怀中。她回过头再看韩英，也是一副心不在焉的模样，心想我这还有事情要跟你说，便道："韩英，阿翁那边，也出意外了。"

"什么？"韩英睁大眼睛。

这边的汐月倒是立即止住了悲伤，也支棱着耳朵来听。

慕兰公主又一五一十将蒋少游涉身两案的嫌疑和证据说给了两位，初听两人也惊愕疑惑，但说及其中一件证物，便是将作大匠的双鱼佩玉，韩英立时脸色发白："我害了阿爷！两天之前他就将玉佩送给我了，是有人构陷他，陷害他！"

慕兰公主这才知道韩英夜失玉佩之事。

正当韩英几欲失控，欲出偏堂急寻父亲的瞬间，一直静默的镇南将军忽然说道："韩英，你的玉没有害前将军，是救了他的命。"

三人顿时目瞪口呆，都是一副难以置信的神情。

"将军，你不要安慰我了，我得先找到阿爷，跟他说明这一切，向廷尉衙门讲明，是我把阿爷给的玉弄丢了。"

镇南将军起身，走上前来，冷静地说道："你已经改变不了前将军涉案的这个事实。"

"王将军，为何你又说韩英丢玉，却是救了阿翁？"慕兰公主追问。

"韩英，你先坐下来。"王肃言道。

韩英带着一副无奈和懊恼的神色，不情愿地跪回到席榻之上。

镇南将军回坐，看看慕兰公主，再看看韩英："不瞒两位，我是怀疑过前将军的。是因为他确实没有说出、也并不愿说出他昨夜的真正去向。他如果在太尉那边始终坚持这一点，对他是非常不利的，此间道理，大家都心知肚明，他也有充分的动机和条件去组织人手刺杀中尉崔宪。我回忆清晨在蒋宅门前发现的血迹情形，断定在门外发生过一场雪狼山犬与不明身份的黑衣人的搏斗。韩英，你的山犬所负的致命伤，原因就在这里，它是一只忠勇的狼犬，它舍出性命保护你的家人，它确实也这样做了。"

镇南将军的推断，瞬间解开了韩英心中雪狼之死的疑窦，也让他更觉伤心："将军，可是正如您所说，阿爷昨夜并不在家中啊。"

镇南将军点头："前将军昨夜未归宅邸，这一点我是今天清晨无意中从闻玉口中得知的。你也是刚刚才得知，对吧？”韩英愧疚地低下头，自责对阿爷的照顾不周。镇南将军继续说道：“我没有指责你的意思，事实上你也不该自责。事情的关键，不在于你我是否知情，而是知晓前将军昨夜未归家中的，初始其实只有两个人，闻玉和家中的老仆。包括山犬和黑衣人，他们都不知道前将军不在宅中！”

待镇南将军说到此处，事实已经非常明了，黑衣人的刺杀对象就是将作大匠蒋少游。

“黑衣人并不知情，所以才会趁着夜色上门行刺。山犬不知情，它却仍旧会上前搏斗，因为在它的眼里，院墙之内的所有人都值得它去舍命保护。而事实情况，也确实需要它的出现，因为黑衣人敢去行刺一名朝廷老臣，他就不在乎再去……杀掉一两名妨碍他的其他人。”

众人都惊出一身冷汗，也就是说，哪怕将作大匠并不在府中，黑衣人一旦被家中的其他人发现，他仍旧很可能会去将其杀了灭口。雪狼山犬虽然没有救到将作大匠，却救了闻玉和老仆！而它舍命立下的功劳还远不止于此，一向乖顺的它口中撕咬之物、并且一直留存的布片和皮肉，指明了行凶者的身份——黑衣人。

而在同一天夜里，也有一群黑衣人行刺了另一名官员。

镇南将军继续说道：“我目前不能确定的一点是，来到蒋宅的黑衣人的人数。因为有众多证人在场，已经证明行刺射声校尉的黑衣人有七八人之多，如果因此推断来到蒋宅的人数也是如此，似乎不太说得通。大家都知道，如果刺客人数众多，并且皆持刀刃，而其中一个刺客遭一匹狼犬胶着撕咬，狼犬可能当场会遭到刺客同伙的攻击，狼犬即便不会当场毙命——我们知道这种可能性是很大的——即便排除这种可能性，它也会身中多刀，而方才据韩英和汐月所言，雪狼山犬是腹上中了一刀。”

“如将军所言，去到蒋宅的刺客只是一个人？”慕兰公主问道。

镇南将军目光迟疑，沉重地摇摇头：“我并不确定，如果是猎犬或军中用犬，受过严苛训导，理论上说，它们可以以一敌十，快速给予眼前不同的猎物目标和危险对手攻击，弱化目标的反抗力，最终稳狠锁定其中一个。我并不清楚雪狼山犬是否有这样的攻击力。”他将目光投向韩英。

“雪狼平时是很乖顺的，它能做出这样的撕咬已经超出我的预料……但去年冬天，我带闻玉在郭外雪地山林射猎，一群野狼忽然出现。我这边护着闻玉，山犬丝毫不怯，迎头上去，先是与狼群低吼对峙，再与首狼撕咬，只是经过了三两个回合，狼群便慢慢退去了。我检查了它的身体，它倒也没有伤着。”

几人圆睁双目，都倾耳细听。镇南将军闻言道：“你所述及的往事，其实也并不能为确定昨夜的刺客人数提供例证。人中恶人的歹毒，岂是狼群能比？狼群快速判断出敌我的力量和自己要付出的代价，会快速撤出战场；战场上的人，其实更嗜血，往往是杀红了眼睛，哪怕明知再战亦败，也不会退却。”

“将军，我其实一直不明白，你为何纠结于刺客人数的多寡，这一点，很关键吗？”慕兰公主问道。

镇南将军捻着下颌，静默须臾：“公主，容我想清楚再给你们说，现在我只是有种预感，我不希望误导到公主。”他啜了一口清茶，继续说道，“至于我说到的韩英所丢失的玉佩，其实是救了前将军的性命，是因为，无论前将军有怎样的动机、怎样的条件，无论他昨夜的栖身之地是在哪里，对于坐实崔宪被杀之案，其实都是间接的证据，而只有玉佩，才是最为有力的物证。”

几个人更加迷惑。

“前将军如不入狱，刺客就还会出现。”

众人似有所悟。

“你是说，如果崔宪之案不坐实，阿翁就会一直处在被害的危险之中？”慕兰公主道。

“正是。”

“王将军，您如何知道前将军不会被残害在朝廷的大狱之中？”汐月问出了大家都在担心的问题。

“原因很简单：构陷之人与行刺之人，或说他们各自背后的主使，很可能并不是一个人，或同一股势力。”方才还是言之凿凿的镇南将军，似乎又把话往回收一些，“总之，前将军已无性命之虞……即便两者是同一批人，他们的目的也都已经达到。”

对于镇南将军这前走两步，再退后一步的话语，汐月和韩英越听越糊涂，慕兰公主却已经是恍然大悟。

“公主，你说与他们二人吧。”

“到底是怎么回事？公主，快快告诉我们。”汐月央求道，旁边的韩英仍是一头雾水，他还没彻底明白自己丢玉的蠢事，怎么就被将军说成是对的事情，这边立刻又有了新的谜题。

“这其实也是事态的严重所在，”慕兰公主忧心忡忡地说道，“想必将军也是有意让我来亲自厘清事情的经纬。你们细想一下，如果一个人的目的是构陷阿翁、杀害崔宪，他是否同时还有必要再去派人行刺于他？”

两人略略点头。

“崔宪遇害与蒋宅发生险情，就此两事来看，目的和结果其实都截然不同。一旦阿翁被投入廷尉监狱，表面看来，是要经受牢狱之灾，其实性命是无忧的。阿翁所担任的将作大匠一职，列官职序列之从二品，他的生死只有在证据确凿、定案之后，由皇帝御诏来最终裁夺，遇有大赦，往往可降罪甚或无罪处理。如果此前发生不测，廷尉长史、少卿这样的负责长官负有重责，足使他们丢官夺爵，所以他们是不会乱来的，不仅不会胡来，还会想尽办法严加防范，保护涉案大员的人身安全。京都防守极为严密，入宅行刺尚且出现意外，如果有人意图在廷尉大狱中行刺一名高官，其难度并不比潜入禁中更为容易。所以，构陷之人的最终目的，绝不在于取阿翁性命，只可能是以下两个：一者，将他从将作大匠的职位上调离……”

汐月再提质疑：“都说官场险恶，我也不甚懂得，但只是想排挤掉前将军的话，明里暗里使绊子，可以有很多办法啊。”

“有两个原因导致他们放弃正常的官场排挤途径，一个是这数十年来，阿翁的殚精竭虑和营造才能是有目共睹的，是故文明太后和当今的天子都极其信任的，将作大匠之位，非其他台省衙门的位置可比，并非靠逢迎拍马，或单靠天子恩宠就可以坐稳，它需要的是几十年如一日的专注与沉稳，所以，找替手容易，但想找他致命的错误，几乎不可能。再一个就是，正常的同僚排挤或上峰构陷，需要时间和铺垫。结论便是，急于排挤掉阿翁的人，已经感到了时间的紧迫，对于他们来说，时间是来不及了。”

汐月听得几乎屏住了呼吸，韩英更是坐立不安，他迫不及待地问道：“构陷之人的另一个可能目的呢？”

“恐怕这另一个目的，也是断定两拨人并非一拨人的有力依据：构陷之人可以把前将军同崔宪之死直接勾连起来，一旦坐实阿翁是为子复仇杀人……”

汐月和韩英也都彻底明白了：一旦将作大匠仇杀崔宪一案确定，四夷馆案中崔宪这条线索的价值，就是彻底完结，甚至预示着四夷馆案可以就此基本结案。

“唉，我还以为构陷的那拨人比直接行刺的人好一些，原来他们更坏，藏得更深啊！”汐月惊叹道。

“目前还很难判定。对于直接行刺者，他的目的很明确，就是立即杀人灭口。也就是说，他们的目的并不是急于将四夷馆案结案，动机也就相对容易判定了……”慕兰公主继续思索着。

“将阿爷从将作大匠的位置上拉下来！这一指向与构陷者的目的又有可能是一致的。”韩英皱着眉头。

“正是如此！两拨人很可能既有相同的目标，又有不同目的。但当前来看，疑点还有太多，我们只是从连日的一再被动中，获得了这么可怜的一点蛛丝马迹。”慕兰公主突然转换话题，“韩英，据你判断，你的玉，会是什么时候在什么地点丢失的呢？”

这样说来，丢玉之事，反而真的成了并不是全坏的事情。厘清这一件事情，就很可能成功牵引出新的线索出来——偷玉之人的背后主使，必是为了构陷父亲杀人，构陷的目的，是为了结束四夷馆案或者替换掉将作大匠——确定了佩玉遗失的场景，也就找到了构陷者的行动痕迹。

“我也一直在思索丢玉之事，蹀躞皮袋紧扣在身，并无异常，此事只可能发生在一个时间、地点：就是在昨日傍晚的郭城南门城楼之上，我挤上前去安抚受惊马匹之时。”韩英肯定地答道。

这边的镇南将军点点头，眼见慕兰公主已为二人解开谜题，并且也从他们的分析中了解到了新的事情动向，这也正是镇南将军的用意所在。

镇南将军略加思量：“公主午前说到，您计划午后前去宫中再询黄兴寿，这就恰好解决了我的另一件难事。辰时拜谒前将军，他曾提起，四夷馆案发生前半个月，中尉蒋闻过曾在一次皇家秋围中伤及脚踝，是因马镫偶然断裂……”

韩英立即想起此事：“确有此事，我从太学回家，还听到闻玉讲过有宫中侍御师来诊治送药。”

“怎么从未听你们提及？”慕兰公主嘴上虽是埋怨韩英，心里却在责怪自己的粗心，那段时间正是入冬之后霜冷变天，河阳王病痛加重的时候，她只顾着照顾父亲了，那边的闻过也是身负宿卫重责，两个人几乎月余未见。

韩英低头，轻声嗫嚅：“阿兄的脚伤很快便好了。平常阿爷自天微亮即出宅门，直至深夜，都在须弥天阁的营造工场，我记得那半个月里，阿爷都是睡在工场里的寮舍……其实即便平日，他们二人也难见到彼此的身影，阿兄自是不会去主动给阿爷说起。闻玉与我，见着阿爷日夜操劳，便是去给阿爷送饭食、送被褥，也故意不提起。阿爷问起阿兄，我们也只是说一切都好……其实，其实也就几日的时间，阿兄便痊愈了，大概是那御师的药贴真的是神奇吧，”韩英惭愧地挠着后颈，“当时也就没怎么放在心上……总之还是我的大意……”

慕兰公主本就没有真的责怪韩英，听他说了事情的来龙去脉，倒怪自己太苛责这位弟弟。

众人也都清楚，世间万般事，公主都不会去在意，但是一听到她这位已经逝去的心爱之人，她便不能淡然处之。这种阴阳相隔的牵念和不舍，叫所有人都不禁潸然感伤，更何况是双方的至亲。

韩英的一番回忆，却是引起了镇南将军的思考，如果不是韩英说及，他还以为是事情发生的当时前将军就知晓此事。他回过神来，说道：“正如韩英所说，当时前来诊治的医师是一位宫中侍御师，而这御师的名字，闻玉记得非常清楚，是高婆罗，与四夷馆案当晚途遇馆案发生，为蒋中尉做尸体验查的人，是同一个。”

高婆罗的背景必须进一步调查——大家有了这一共识。

镇南将军摆手：“我们必须先按下这一点，头绪太过繁杂，会让我们失去方向感。公主，当前我委托你去办的第一件事，见过黄兴寿之后，你速速前去内府调阅当时同去参加秋围狩猎的所有人名单，所有人！包括王公贵戚和护卫侍从。”

“我明白。”说罢，慕兰公主咬紧下唇，她也在思考着什么。

镇南将军见余下的饭菜已凉，众人也无心再进食，他命韩英、汐月二人道：“你们二人去到侧室，把这几日你们的所有可疑发现，加以整理，形成简报文书，不要有任何遗漏，韩英执笔，汐月辅助，半个时辰后交予我过目。”

二人立时领命合紧房门退出。

镇南将军将座席挪动，稍近公主，肃然说道：“这件事情唯有公主去做才好，并且一定要放在调询黄兴寿一事之后去做。要让宫内的人认为公主对秋围之事的了解，是顺便为之、不经意间的事情。你必须掩藏好自己的急切和焦急。切记！宫中之事，牵涉到诸皇妃、皇子，其繁杂纠葛，要远超外间的台省百僚，可谓动一石而撼泰山，尤其是……”镇南将军看了一下偏堂紧闭的朱漆门窗，“尤其是在太子之位如此脆弱敏感的时刻。天子专诏审理此案，陛下的圣意……末将对公主说实话，愈是对该案的线索了解得多，我愈是不能确知，天子之意，重查馆案，是在于昭雪或者平息，还是为了发现什么……”镇南将军目光忽而深邃，忽而游离，他微微摇头，“总之，公主要谨慎行事，千万不可在充分掌握确凿证据之前，搅动不必要的风波。如若我们只是有力开启帷幕，却无力收官，天子那里也会为难，公主与我，甚至河阳王——都会成为牺牲品！”

慕兰公主这才明白镇南将军为何将二人支开离去。论族支远近，她与天子也不过是堂兄妹，河阳王也不过是近支皇叔，这围绕天子的皇族，论族属血缘，比河阳王家更近的得有二十家之多。只不过因缘际会，再加上河阳王多年的苦诣经营，才有了河阳王一系的枝繁叶茂，元慕兰三位异母阿兄，长兄元绩，为镇北将军，兼都三镇军事，驻所北境关键军镇——怀荒；二兄元盛，封安乐侯，目前扈从于天子的车驾行在；三兄元越，任骁骑将军，正奉诏钦巡北方诸州镇。皇家诸事，向来亲疏难测，沉浮不定。镇南将军所说的道理，慕兰公主并非不明白。

慕兰公主理了下额前的一缕乱发，泰然说道：“多谢将军。其实，有些话将军也不必说与元慕兰，我无心置身于诸般朝廷政事，也无意荣获宫闱垂青。有一句话我也要告诉将军，无论是我的阿兄还是阿爷，或其他朝廷大员，甚至包括闻过，他们置身于庙堂宦海之中，便不可能只是享受圣眷尊荣，而不付出任何代价……只是我不相信闻过会置身于一场阴谋政争，他还是一个至纯仁厚的人，内心与他的阿爷是一样的，也是极睿智的……”慕兰公主拱手，“只请将军告诉我如何更好地破获四夷馆案即可，元慕兰定会听从。”

镇南将军点头，慕兰公主能如此通透，确实出乎他的意料，她所述及的“不可能只是享受圣眷尊荣，而不付出任何代价”的这一类人，自己又何尝不在其中呢？

“公主，还有一事，”镇南将军迅速回过神来，他从袖中抽出一卷文书，交予慕兰公主，“半个时辰之后，你入宫之前，需先去廷尉大狱，执盖有司徒印信的文书，交与廷尉府长官，将作大匠一案所涉崔宪，与四夷馆案涉案人员有所重合，要求廷尉将审案进程抄件随时提交司徒府。如果可能，你需设法见下大匠，看他那边是否有什么要交代。”

“多谢将军提醒。”

“你带汐月去即可，不要带韩英，蒋家连遭劫难，诸事迭至，我怕他压力过大。”

“韩英其实也是极清醒理智的，他告诉我，午后要去四夷坊询查一家胡商染坊。”

“难为他了。”镇南将军慨叹一声，千头万绪，诸人如此得力，他也颇感安慰，起身离席道，“治书侍御史郦道元将到府中，我得去见下他。”

/ 第六章 /

拨云见雾

午时属马，阳气已极，阴气始生。

王肃宅邸男仆应命，专程将府中的一瓶金枪药膏带至司徒府，交与王肃。

得允正要离去，男仆又转回头来："郎君，您夜里是留宿司徒府还是归家？"

"怎么？"

"是这样，今日晚食，庖厨上的阿么想给郎君做清蒸鱼。前几日我在四通大市见有人卖新鲜鲈鱼，这在寒冬腊月里可是难得啊。回来问阿么会不会烹鱼，她倒是用心，专程跑去了西市的食肆，讨教专门的庖厨师傅……"

王肃家中没有女眷照应，家仆们也都是挖空心思，想去更好地侍候这位常年独来独往的将军。但两位仆从各是来自司州、相州的北方人，宅邸的掌勺女厨对烹制鱼蟹不甚得法。天子曾经几次提出要从江南北来的南人中给他专门挑选两位厨师，王肃都谢绝了，他不愿在同僚之中显得太过挑剔。但人的口味偏好，却是一生都很难改变的，尽管他尽力去融入北方的饮食习惯，并在朝廷筵席之上，掩饰了自己对虾蟹的偏好，但喝茶的习性却是无论如何改不了的。经仆人这么一说，河鲜江豚的记忆，立时就在脑中、胃中同时泛起。

王肃一边急急往外迈步，一边连声应道："归家去，归家去！"

"好嘞，我这就去大市买鱼！"男仆亦是分外喜悦。

说话间，御史郦道元已轻装简行，携新任掾佐、前青州户曹参军韦泓前来司徒府。

王肃与郦道元二人，虽然前者长任南线边将，后者多居朝廷为京官，但都多次应诏扈从天子外巡，算是结识已久。且两人皆对《汉书》《六韬》《水经》等典籍颇有见解，常于公务之余，伴天子在车驾之中议论历朝得失、文章旧事，在彼此的内心也就更加亲近了。在天子所发的重审馆案诏书中，王肃为馆案专案副史，郦道元身为御史台官员，也负有相机参理之职。

郦道元此来，特为掌握案情最新进展，对于近日发生之事他虽已知其大略，但听闻细节，仍旧大为吃惊。

一个时辰之后，又有一驾青幔牛车缓缓驶入司徒府，牛车径直达前厅阶下，在车夫兼仆从的搀护下，一个内着紫衣、外罩貂裘披风、头着灰色漆纱笼冠的青年自车幔下来，来人腿脚极为缓慢，动静之间，不时露出隐忍作痛的神色。

貂裘青年虽行动不便，下到车旁，却是先理衣冠，再正佩刀，他那腰间一副沉甸甸的双耳银虎环首刀给他增添了不少麻烦，调佩了两次，才正悬于身侧。他立于车下，小心接了车夫从车厢拿出来的长计三尺许的木匣，车夫要去帮他拿着，他缓慢抬一抬手，以示拒绝，自己将长木匣夹在腋下，向着司徒府正厅拾级而上。

已有河阳王府主事薛适疾步下阶，恭迎来人。

“元校尉，留意足下，校尉受苦了。”薛主事忙接了木匣，交予身边小吏。

来人正是射声校尉元洛平。

王肃、郦道元二人也已得讯，出厅相迎，这才看到，在校尉狐裘之下的衣袍上面，乃至脖颈面颊之处，还印有一片又一片的斑斑血迹，想是那皮肉上刀伤之处的包扎，掩不住流血外浸所致。

到底是经过夜间血斗，负伤在身，射声校尉面色苍白。

他抬眼看到郦道元也在司徒府中，连忙给王、郦二人拱手，正色行以军礼，极力提醒自己的禁军身份：“怎劳二位使君屈尊下阶，下官伤势无大碍。”

元洛平早已知道，面前的郦御史不日将荣升御史中丞一职。郦御史是朝廷中为数不多的几位文武兼备之干将能吏。论武，他勇拳过人，能执鞍桥，倒立驰骋；论文，他早年发奋读书，涉猎经史，兼有才笔。天子曾在太极殿当着满朝文武大臣的面，盛赞郦道元：“上马能击贼，下马作露布，唯卿耳。为官者悉皆如此，朕何所忧哉！”

一道诏令，在河阳王、镇南将军、慕兰公主之外，又将这样一位允文允武的兰台干将调配其中，可知天子对此案的重视程度。当然，这中间也有另外一层意思——御史郦道元的使命，或者说他对司徒府的角色功能，是集协赞者、监督者、考察者于一身——其中意味为朝野所共知，王肃本人也自然是心知肚明。镇南将军王肃、御史郦道元，这二位在大魏朝廷的声望和仕途，将不可限量，前者轻易可致宰辅，后者必将坐拥州镇大权。位列禁军高品将领之列的射声校尉元洛平，对此局面自然是了然于胸。皇朝自古忌朋党，天子向来厌结纳，但是有人在，有内廷外府的局面在，有自九五之尊至宰辅台省，至州郡府县这样一级级自上而下的权力格局在，官员之间适度的、成功的相互结交，便成了他们的一种安全保障，一种无法规避的现实需要。射声校尉元洛平虽位列禁军行伍，但依旧生存在这样的政治生态之中，或者正因为他身为皇家宿卫，甚至更需要重臣庇护。如果只有天子近支这样一个身份，它只能保证你拥有锦衣玉食，不劳而坐享其成。若要晋升于真正的朝廷中枢，这中间还有诸多不确定性。

“元校尉言重了，校尉日夜殚精，守护皇阙畿甸，恭迎校尉，乃我分内之事。”镇南将军王肃上前挽协校尉的臂膀，小心谨慎，一阶阶上到厅前廊下，三人同步进入门槛。

小吏应命，添旺了堂下炉中的炭火。

王肃亲自用一座三足风炉煎煮茗茶。

射声校尉元洛平看那风炉酷似小鼎，炉壁饰以垂曼、曲水，厚约三分，缘阔八九分，造型极为精妙小巧，旁边分置火筴、水方、涤方、熟盂、茶碗等煎茶器具，并有末茶、干枣、橘皮、茱萸、薄荷等。他对这煮茶的程序不甚懂得，见镇南将军如此殷殷款待，甚是惶恐，只好欠身拱手，挪身间，腰间刀伤又是阵阵作痛，口称：“有劳将军。”

郦道元在旁道：“午时本为养伤养心时分，校尉驱车亲自来府。茶者，南方之嘉木也。将军为归北南人，喜饮茗汁，我也受其浸染，不过这茶汤确为一味良药，即便无伤无病，也颇愈脑疼目涩，四肢乏力，百节不舒，堪与醍醐、甘露抗衡也。”

元洛平再相拜谢。

说话间，王肃将半升泉水添到炉上。

又一司徒府衙役进厅，从怀中掏出一个用红布紧紧包裹的瓷瓶：“王将军，这是您要的金创药。”原来是镇南将军听闻校尉前来，早早差遣了司徒府杂役去到宅邸捎信给家中仆从，带来了一种特制的金创药。这金创药的制作者并非别人，而是在四通市开设白纸坊的故宅老仆。当年在建康，每当王肃的父兄在京都稍作停留重返雍州驻地，母亲谢老夫人就会把亲手做的金创药让他们带上，让他们分发给襄阳的下属将士，此药由猪油、松香、三七、麝香、黄蜡、樟脑、冰片等调和而成，药效奇佳。王肃到了北方，与故宅老仆联络上之后，二位老人知道公子王肃又在北朝做了领兵的将军，于是就把从谢夫人那里学来的手艺用在了镇南将军这里。

当镇南将军王肃将金创药递入射声校尉元洛平的手中之时，校尉感动异常，执意要伏身拜谢，但将军执意制止："校尉典掌射声尉，有护鼎功勋，而今身受歹人刀斧之创，着实令人惊愕。幸赖校尉睿智神武，避此非常之劫，必有后来洪福。还京都百姓清平肃然，还要仰仗校尉。校尉与肃，同列行伍，效命圣上，皆是滚身于刀口之上。校尉受创，肃心有戚戚焉！驱除宵小，不负皇恩，你我须勠力同心。"

"将军谬赞。将军所言，正是末将日思夜想之事，此亦为末将今日专程来府之意。"校尉将金创药揣入怀中。

炉上新泉涓涓，小有声响，茶汤已微沸如鱼目，汤上形成水膜状，如黑云母，此为煎茶程序之"一沸"。在其余二人寒暄之余，郦道元伸手执瓢，将这层水膜掠出弃之。继而茶汤边缘如涌泉连珠，此为"二沸"，傅长史又出水一瓢，继而以竹筴激荡汤心，以使汤中沫饽均匀。须臾间，茶汤精华随水汽而升腾，汤中茶末如绿钱浮水，若菊英缤纷坠入樽俎，又如枣花漂漂于环池之上。长史熟练地将煎好的茗汁分酌于三碗之中。

"元校尉，腾波鼓浪三沸之后，水老不可食。煮水半升，酌分三碗。正是趁热连饮之时，如冷则精英随气而竭。请！"郦道元道。

王肃禁不住赞许："哈哈哈哈，郦御史对于饮茗，也是极富心得，想来我嗜茶如命三十年，也是没想过这些的。说来儒家有经典，佛家有经藏，我看再假以时日，想必御史这样的茶家，都可以写出一部茶经来了。"

郦道元也哈哈一笑："两位速饮，速饮。王将军这煎茶的水，可是专门派人去城南中甘里的甜水井汲来的。"

"校尉，你先请，茶茗久服，令人有力、悦志。"镇南将军亲自伸手将热茶端给元校尉。

元洛平连连点头称谢，继而说道："两位使君，据末将所知，这茶中极品，自义阳、襄阳、南漳而下，又有川中巫山，不知今日所饮之茗，又出自哪里？"

元洛平对于这茶汤学问，也颇解其渊源，大出二人意料。

元洛平言罢，用舌尖舔了下颚，又用舌苔稍作回味："此当为义阳绿茶，三岁可采，叶如栀子，实如栟榈，蒂如丁香。饮义阳茶一碗，初尝微苦，入喉之后，口有馨香，甘甜余味满腔腹，三日不绝。"

郦道元不禁赞叹："校尉原来也是茶中行家。这汤中沫饽紧致均匀，我这煮茶的技艺也不差吧？"

镇南将军大笑："不仅不差，而是颇见功力，几称茶道。"见郦道元颇为得意，王肃又故意正颜，"郦御史，我得纠正你一点，汤中之华，薄者曰沫，厚者曰饽，如此细轻者，曰花。"

三人如此融洽，实属难得。

元洛平将茶碗轻轻放下，把随身的木匣拿到几案上来，对镇南将军道："王将军，这是末将今日来带给您的证物，昨夜刺客所使刀刃。"

镇南将军看着那木匣，呷了一口热茶汤，静默不语。

郦道元则在笑谈微末间，一直在悉心观察校尉元洛平的面色。

射声校尉见对方并无反应，赶紧将木匣打开，映入众人眼帘的，是一把带鞘短刀，长许两尺，其形怪异，柄、鞘皆为黄金颜色，镂以狮兽星月纹络，各有红绿宝石镶嵌其间，与平常所见短刃最为迥异之处，在于刀鞘呈弯月状。校尉缓缓将刀刃拔出，寒光逼人，刻有血槽。果然，这刀刃近于手柄之处，只有两寸宽许，刀腹至刀尾端，却有四五寸宽，整体为反曲弯月状。

"波斯弯刀。"郦道元道。

射声校尉元洛平点头。

"元校尉，为何不将此物一并提交于司州府衙？"镇南将军问。

元洛平面露顾虑，他游移的目光从镇南将军脸上转到郦道元那里，又从郦道元脸上转向镇南将军那里，他低首看着刀刃说道："这副弯刀是昨夜来府的一名刺客不慎遗落的，本来是想交给司州府衙的，实不相瞒，我已经思虑了几个时辰……"

其余二人在等着他继续诉说。

"我那大夫人昨夜从睡梦中醒来，见了此刀……她告诉我，她曾在某府内室陈设之中见过此物。"

"在哪位大家的府邸？"郦道元问。

“于领军府上。”

“哦？”郦道元面露疑色。

“我初也不信，让那妇人不要信口雌黄，如有错讹，这可是关乎京都安危的大事！”元洛平摇首，端起青瓷小碗喝了一口茶汤，“敝夫人与于领军的夫人为同宗姊妹，两人闲暇之时经常一同投壶小聚，或约众官家夫人握槊小赌。据她所述，有一日在于领军府中宴乐完毕，余众夫人皆辞府归家，于夫人特意将其邀至内室，让她一同赏玩将军送给她的几件宝玩，其中一件便是这波斯弯刀。于夫人说是将军长年累月在外值守巡视，夜间常难居家，特意送了她一件兵刃以防不测……”

“元校尉，这嫌疑如果是在于领军那里，为何君又要避开司州衙门？”镇南将军继续追问。

这一次，射声校尉元洛平做了更长时间的迟疑，他面色凝重，缓缓说道：“两位上官皆为天子最为倚重赏识的心腹重臣，末将就索性将我之顾虑一并说出，但我今日一旦开口，为保全洛平全宅的身家性命，还望二位使君或为证，或稍许出力，庇护下官……司州刺史为太尉咸阳王所兼领，而咸阳王颇多涉足禁军事务，以我等禁军属将看来，咸阳与领军过往织密，私谊甚笃！”

咸阳王虽为权执京畿司州、都督六州军事的宗室亲贵，地位几为一人之下，万人之上，但在天子的官制序列和权力架构设置中，禁军之重与咸阳王的王权，绝对是要彼此隔离存在的。王公近支可以被天子任命为二十万禁军的首席长官，甚至此中常例在各先皇那里屡见不鲜，但绝不容许本来就执掌宰辅重权的王公，又来大肆染指或控制干涉禁军事务，这种军政一体的格局一旦形成，它对皇权的潜在威胁就可想而知了。

郦道元凝视着元洛平，亦正色道：“元校尉，你尽管放心便是。其实你也很清楚，莫要说你说出这一番话，即便将军与我听得了这一判断，我们三人都已经坐在了同一条船上。这可是咸阳王，是我大魏第一王公。其实校尉也知道，天子又何尝不是倚重于校尉你？射声校尉位列禁军五尉之首，其责之重，大大重于普通州郡的刺史。”

“末将诚惶诚恐。连月以来，针对射声尉之将官，屡发血案，非死即伤，有些人为什么要执意指向射声尉呢？”元洛平手抚腰间继续慢慢浸染的血迹，不禁叹息道。他忽然想起什么似的，顿时瞳孔张大：“将军，您有独奏上表之权，末将建议将军速速修书送达车驾行在，近日天子不可回京！”

听到此处，王肃与郦道元会意对视。

半个时辰之后，射声校尉元洛平留下了那只盛刀木匣，蹒跚而入牛车，他的目光中仍旧充满着焦灼的忧虑与不安。

只留下王、郦二人在堂下对坐。

郦道元连连慨叹：“这禁军眼看是乱成一锅杂菜粥了。”

“据你所知，除了射声校尉，领军将军府下属左、右卫府，还有其他四校尉，可有什么异象？”将军问道。

“那倒没有。”

镇南将军也陷入疑惑之中，他手撑前额，皱眉道：“我那新任的九品旷野将军韩英，也就是前将军的公子，昨夜里把家中大人给他的双鱼玉佩遗失，丢失的地点就在郭城南门楼之上。当时他的身边挤有一群城门尉士兵，于烈就在旁边，今晨在射声中尉崔宪的身上，就发现了这枚玉佩。”

“噢？”

“我亦是午前才得知。”将军将茶碗托在手中，稍作停顿，伸着脖颈，小声问郦道元，“郦御史，你说天子会失测至此吗？”

郦道元斜看将军一眼，诡秘地笑了，他继而环视了一圈偌大的厅堂，回过头来：“我看这满朝的文武，也就将军您敢跟郦某沟通如此大逆不道的话了。”

将军厌烦地摆摆手：“你就直说。”

郦道元挪动坐榻，紧挨着将军，悄声说道：“将军也是饱读经史，不要忘了，我朝先皇太武天子，就崩殂于他最宠信的宦官手上，开国太祖道武帝，是命丧在亲生儿子刀下。您琅琊王家世出高门，自丞相王导始，列祖列宗，从司马家的晋朝开始伺候，侍奉的那些个江左伪朝，有多少个天子都是死在亲信权臣之手？！将军您更不要忘记，令尊侯在伪齐贵为尚书令、雍州刺史，您真能保证，如果伪齐的国主不把令尊的势力摘除掉，有朝一日，令尊不会顺江东去，攻下建康，入了台城，把齐主用土袋给闷杀了？”

镇南将军忽然心头一疼，对他南方的齐主，他恨不得啖其肉，食其骨，而这种仇恨，恰恰是大魏天子对其信任的重要原因之一。忽而又觉得面前的郦道元把此间道理说得又过于直白，但是事实又何尝不是如此？也亏得两人都自命坦荡君子，不是那种背地里的小人。否则一句话的告密，就可以招致杀身之祸。也正因为如此，两人才会越走越近。无比正确的话，往往是在奏折里面对天子、朝堂上面对同僚、衙门军府里面对下属说的，如果真的在生活中没有一个可以说无比错误的话的朋党，那么这样的人的政治生命，也不会走得太远，因为他是孤立的、没有奥援的。愿意彼此辅助的，不但要有共同的政治信仰和利益，更要有彼此的软肋抓在对方手里，这样的结盟才是牢固的、安全的。

郦道元直视着王肃，又添了一句："将军也不要忘记，天子为什么派我协理馆案。"

王肃整个身心忽然一惊。

将军重重地点头，叹息一声："孤家寡人……正因为天子是孤家寡人，才需要我们尽忠啊。可能只有我们这样在朝廷无深厚根基的，才终而不会为天子所疑。"

郦道元摇头："你我之辈，对至尊之忠心，日月可鉴。如不出所料，王将军晋身军机宰辅，指日可待。彼一时，此一时，小心谨慎为妙。你不找有些人的事儿，有些人可能会找你的麻烦。朝廷的重要位置，就那么几个。你坐了，别人便没有机会去坐了。"

"也罢。"又一炉茶汤已经沸腾，将军为御史再酌一碗，"说回这疑案。我们不做任何假设和结局的前置，以证据为准绳。这时间也是很紧迫了。"

"王将军，是不是该传唤领军将军于烈了？"

将军将茶碗定在空中："等等看。"

"难道将军要等一并传唤咸阳王？"

将军默不作声。

"王将军，如果真的事涉咸阳王，怕是你我这身份、地位就不行了……"郦道元明显意有所指。

将军再蹙眉。

郦道元伸出一个手掌，比刚才更加悄声："那得有五个王公出马——天子三弟赵郡王已因贪渎被黜为庶民，天子的其他四位皇弟，再外加一个执掌司徒府的河阳王殿下，如此才行。"

"天子下诏命河阳王出山，明显是有深意的，这一点很清楚。"

郦道元仍是摇头："与其说天子有所预估，不如说天子是故意引蛇出洞。如此凌乱迷局，天子怎么可能真的做到洞若观火。眼看是执掌宫掖宿卫的禁军射声尉都出了大乱子，这绝不是一朝一夕的结果，如早有预防，怎至如此境地？天子鼎革旧俗，迁都洛阳，南伐伪齐，三管齐下，千头万绪，经纬杂陈，很难洞悉一切。”

“郦御史，所惊之蛇，你是指——于烈？”王肃小声道。

“也许是，也许不是，不得而知。”郦道元颇为淡然。

“他可是禁军长官，手里有超过二十万精锐之师，皆为重装甲骑。满朝文武、后宫妃嫔、王公勋旧的安危全部系于于烈一身。他不是普普通通的一方刺史。正如元洛平所说，一旦你我判断错讹，导致天子错判，后果将不堪设想。且不说他能直接调动数万羽林虎贲，哪怕京都只是出现一万、五千、三千追随者，局面都会不可收拾。于烈他不是一个人，他背后是一个庞大的于氏家族，是贵胄高门八大姓之一，从州镇到朝廷，于家显宦盈朝！”王肃觉察到自己的冷汗都已经渗出脊背，“如果真的涉及他，你我性命不保会是定局，此为完全不可忽略不计的小事，京都淆乱，国基动摇，才是根本。”

郦道元也屏住了呼吸。

“再者来说，于烈与咸阳王到底私交如何，咸阳王又在掩盖什么，这些都是尚不清楚的。如果是有所勾结，或者一方有图谋……咸阳王那里可是督有包括京畿司州在内的六州军政大权。总之，在没有确凿证据前，不可以传唤于烈。甚至目前的这种猜忌和怀疑，都不应让天子知晓……这个风险，于公于私，我们都不能冒！如果确属有事，天子自然会大义灭亲；如果无事，郦御史以为，你我在天子那里所获的知遇之恩，堪与咸阳王、于领军与天子的亲近相抗衡吗？退一步讲，如果出现错判，即便天子圣明有意放过你我，皇亲贵胄们肯答应吗？！”

未时才到，两匹轻装甲骑就一前一后，一青一赤，奔出重兵守护的司徒府大门。首骑之上，有一身段匀称秀美的骑士，骑士朱衣褶裤，身披开领长袖外衣，头着青色两耳漆纱笼冠，腰佩三叶蕨草纹样错金环首直刀，足蹬一双鹿皮质地的五纹短靴，稳稳当当，浅浅踩入错金墨铁马镫，蹄铁翻卷起街上的赤色铺路砾石，驰骋南去。两丈以外左后方的马匹之上，则是一位束发之上只插一枚短玉簪、一袭紧窄戎衣打扮的年轻女子，亦佩有银光闪闪的直刀一把。

寒风肃杀，一路飞尘，一刻钟后，两骑已到廷尉府衙前街五百步外，忽见廷尉府灰色高墙之内的凸出角楼上，飞动一抹鲜艳的赤色，有重铠军吏将手中獬豸纹三角赤旗上下挥舞两下，来骑近至三百步，獬豸旗又被飞速挥动三下，只见府廷尉府大门外围，有十六位执槊府兵分列左右把守，他们已经两两配合，或立马步交叉长槊，或屈腰向前矛头向外，一瞬间寒光辉映，严阵以待。十六名府兵身后，有石刻神兽两尊，双目威严而犀利，体大如牛，状似麒麟，青毛独角，此物亦为獬豸。自上古尧舜，即养猛兽獬豸断百姓诸狱，獬豸能辨曲直，角抵奸邪。在不远处的两座高耸角楼之上，已有四名弓弩手满弓搭箭。

想那马匹也是训练有素，惯见阵仗，头骑之上的骑士手起鞭落，马匹直往府内，只把那拒马的刀兵阵形视作无物。后骑女子执出腰牌，口称："司徒府办案！"众府兵瞬间让却，角楼四副弓弩也随之撤去。

两骑驰往府内，一路上各处警觉的执勤府兵都被后骑喝住，连过庭院之内的几处曲池石桥、假山幽径，又穿数重进院，正前方数十步外，但见七八位朱紫官吏拥着将作大匠，正徐徐进到廷尉大狱的院落。

"且慢！"头骑之人喝道。

众人闻声回头，见来骑是河阳王府公主元慕兰。

甲骑缓驰，两位骑士顺势斜身下马。慕兰公主气息稍定，面色红润，她是掐着时间来到廷尉府衙的，她执缰拱手上前："大司徒有文书，着元慕兰交付廷尉少卿。"她一边低眉将盖有河阳王印信的文书从袖中抽出交给一名老年官吏，一边用余光去搜寻人群中的将作大匠。

因廷尉长史随天子车驾东去，审断课察诸州狱讼，今京都廷尉诸事，假以廷尉少卿主理，并有廷尉下属五局司直、廷尉监、狱丞诸官协理，慕兰公主面前的七八人，除了这几名廷尉府衙官员，还有司州别驾从事史，因司州刺史为太尉咸阳王所兼，咸阳王军政事务繁多，在诸多情形中，司州别驾实际上行使了刺史职责；以及治书侍御史郦道元也已前来，并有两名执刀府兵和一位白衣戎装男子分列左右，这名白衣男子，则为新晋候官曹中级军吏，即白鹭曹中兵参军事慕容敬。

在他们的中间，是已经步入廷尉大狱院门的将作大匠蒋少游。

慕兰公主穿过数人，径直走向将作大匠，只见大匠的纱冠、蹀躞、玉带等仍旧佩戴于身，廷尉府尚且没有来得及去掉他的这些朝官之物。但在那布袍之上，半边的布幅都是各种涂料的污渍，脚上的一双短帮皮靴，被溅上了不少沙尘泥浆，竟有右脚靴子的前半部全是浸入白色砂浆的遗迹，还有已经冻结的斑驳冰碴儿附在小腿处。再看他的一张脸庞，由于长年累月的风吹日晒，又经寒冬的朔风摧残，有多处的皲裂冻伤。如果不是亲眼所见，外人真的难以想象他是一名从三品的朝廷大员。

慕兰公主心中疼痛难忍，恰似刀割，当着众人，却只能抑住这份痛惜。

将作大匠的眼睛里布满了灰褐色的血丝，他的嘴角抽动了一下，似乎想去对这位本是未来儿媳的女子说点什么，却止住了。

慕兰公主将这一切看在眼里，她回身拱手，对身边大小官吏低眉说道："可否容诸位稍许移步，容我与前将军说几句家事？"

诸官面面相觑，互看彼此，众人皆知，慕兰公主与蒋家公子本为天子下诏为媒的亲事，蒋家公子虽已不在，但是以公主之尊，尚且口称家事，任谁也不敢说出个反对的理由。司州别驾面露难色，却非常清楚，以自己的官阶而言，这里还真不是能容他首先开口的场合。他递了眼色给廷尉少卿，少卿未置可否，一时僵持不下。元慕兰倒也不动声色，一直做拱手请求状，但是听那话语，其实是不容商量的。

治书侍御史郦道元见状，开口说道："公主恭谨仁德，声流竹素，既然是家务事，下官们自然是不便打扰。御史台衙门着我前来督理此案，既然不涉案情，我也就没有必要旁听了。"说完他也不看其他同僚，自顾转身离去，悠然迈履向远处的阁亭走去。

余众听他话音刚落，廷尉少卿第一个点头称是，也都纷纷随他离去。

"阿翁，您有什么要交代给慕兰或是河阳王的吗？"慕兰公主几欲哽咽。

将作大匠摇头，却是反过来安慰她道："慕兰，腊月天寒，你要照顾好自己，不要为我担心。我不会有事的。只是这个坎儿，我是必定无法绕过去的。"

慕兰公主不明就里，但看将作大匠无意多说，也就作罢："阿翁，还没有告诉你，韩英把你传给他的双鱼玉佩遗失了，说是遗失，其实是被人蓄意窃取。"

"我已知晓此事。"

"他一直在埋怨自己。"

将作大匠却突然变得轻松起来，笑道："都是傻孩子，你告诉他，阿爷不会怪他的……慕兰，请你帮我照看好闻玉。"

慕兰公主用手背轻抹了下湿润的眼角："阿翁放心。"

两只黑鸦从远处的古槐上发出一阵聒叫，将作大匠仰天叹息了一声，对公主说道："眼看你们也都长大了。有一件事情我尚且没有想得透彻，慕兰你也不妨帮我思索一下，我一直在极力避免着被裹挟进这朝中的林林总总，可到头来却还是栖身不得。闻玉去四民药局学徒之事，你如果觉得会有闪失，也就别让她再去了。可是不让她去，我也确实不确定她将来的立身和生活，是否还得有赖于学上这一门医术。"

慕兰公主答应，会将此事做一下完善的考虑。身后的女子将两卷厚实的锦被递到她的手中，公主又递于将作大匠："阿翁，狱中石屋潮冷，您委屈一段时日，慕兰必将尽全力助阿翁脱身，必定不会太久。"

将作大匠点了点头。

按照与镇南将军事先商定的计划，慕兰公主是要先入宫，到内侍省掖庭监二次传唤宦官黄兴寿，而后询查参加秋围名册。出了廷尉府门之后，她打算更改行程，告诉汐月，策马北行，向领军将军府方向驰去。

汐月小声问道："公主，你确定吗？"

慕兰公主看了看远处街上的各色行人，稍作犹豫："试试吧，如果于烈确实与案有涉，即便我赴宫内探听，他也是会知晓的。禁军负责秋围扈从，他那里一定也有一份秋围名册。四夷馆案重查，京都百官尽知，从他那里探听也并不突兀，不致有打草惊蛇之虞。也可以借此观察他的配合态度。"

汐月回身，觉得公主所言颇为有理，便跟着扳鞍上马。

不多时，二人便来到位于铜驼大街北端丁字广场东侧的领军将军府，却是事不凑巧，府中佐吏告知公主，不多时前，咸阳王府司马慕容阔前来请走了于领军，只说是咸阳王请他前去，有要事商榷。

又是咸阳王——慕兰公主心中颇为不悦，正欲转身离去，佐吏却躬身道："公主，于领军虽不在府，却交代下官将一物件交予公主，说是今日或早或晚，公主必会过来领军府，也必是为取此物而来。"

佐吏将公主引至一处无人的偏厅之中，回身从一朱漆箱柜抽出一卷叠好的白纸："这是将军吩咐下官誊抄的。"

慕兰公主将那厚厚的一沓折纸接在手中，心中尚存疑惑。旁边的佐吏倒是应对自若，继续说道："公主，您且过目，如无他事，下官先行告退，去料理府上杂务。"

佐吏出门的同时，轻声将房门关闭。

公主急忙拆开来看，在最上层的首页纸张右侧位置，用方笔小楷赫然排出两列文字："河阳秋围护卫诸王公大臣及领军府扈从军士名录"，再往后翻，一尺见方的纸张足有十几页之多，每页纸上，都是密密麻麻的官职称谓及对应名录。最末一张的左下方，除标记了游猎的时间之外，还标有"综上计，诸王公大臣计二十一位、扈从将士计两千六百一十三名"字样。

在旁边探着脖子凑看的汐月不禁狐疑道："这于领军怎么知道公主会来索要该

名册？”

慕兰公主的睫毛眨动了一下，继续看那纸上的文字，在“诸王公大臣”之下，用笔墨稍重的楷书写有太子元恂，其左侧则以小字写有两名随行的太子府属官，分别为太子詹事黄腾之、太子翊军校尉于登。往左紧跟着的又是大一号的字体，为皇次子元恪，其侧小字足有三行之多，包括有王府的皇子友、皇子文学、皇子长史、皇子咨议参军、皇子开府祭酒、皇子参军督护等官员。再往后排，则是皇三子京兆王元愉、皇四子清河王元怿及各自王府属官。中间隔开一列，依次为天子的诸弟王公，同样格式，分别列有咸阳王元禧、赵郡王元干、高阳王元雍、广陵王元羽、北海王元详及各自的贴身随从。

近支王公及诸王府从官列数完毕，再起一页，所列之人是随行的医护诸官，这其中不仅有从属于宫内司的几位侍御师，还有门下省尚药局的司药丞。想来是诸皇子及近支王公游猎，有关责任衙署为防不测，也都异乎谨慎。

往后，则写有这样一段蝇头小字：“河阳秋围同时，有皇后、诸妃嫔、长公主、公主及宫内女官泛舟华林园天渊池，以待诸皇子猎毕归城。晚间酉时，天子圣驾自龙门关津巡查归都，于华林园设宴，昼时参加秋围、泛舟之诸王公、公主、郡主及诸内臣皆参宴，席间有投壶赋诗等，以至夜深亥子，始宴毕。华林园担值宿卫者，中有百三十人，是为昼时河阳秋围扈从禁军。”

慕兰公主暗暗赞叹。该份名册，是事后领军府专门整理的文书。往后翻阅，当日秋围、游宴的禁军扈从名单也是非常详细，计有钾仗都将、朱衣直阁、羽林监、冗从仆射、积弩将军、射声校尉、越骑校尉等禁军将官及普通侍卫。当她在中间找到“射声中尉蒋闻过”几个小楷字体的时候，不禁心头忽然一颤。她确实顾不上再去空伤悲，快速将誊抄的纸张重新叠好。

“公主，看这名册，有新的发现吗？”汐月问道。

慕兰公主抬头，细看面前的侍女汐月，连日来跟着自己风餐露宿，马不卸鞍，本来姣好圆润的面孔，竟显得倦疲沧桑，只有那一双明眸，仍是如秋水一样明亮，她伸手去抚了汐月的脸庞。

“公主，时间不早了，我们赶快去宫内掖庭监吧。”汐月说道。她明白公主的心意，心想您倒该照照镜子看看自己已是多么憔悴。

“嗯，看那小黄门黄兴寿到底耍什么花招。”

依着慕兰公主本身的心思，除非是天子特诏自己必须参加的筵席，天子、皇后、贵嫔的生诞，还有元旦、上元、仲秋等节日的团拜，她是无论如何不愿主动前去宫禁之中的。可事与愿违，于朝廷规制来说，此次天子所授予她的秩视三品的女尚书之职，恰恰就是隶属宫内司的女官序列，放在别的公主、贵妇身上，定是欣喜万分，早已趁此机会去结交皇后宠妃、内司长官，再去通过她们为自己的父兄、夫君谋得更多的晋升渠道。慕兰公主不是不知道此间的道理，她也知道皇阙之内的那些贵嫔女官，虽然平日里罕出皇城，但在这里，这个小圈子却是一个最不容小觑的权威信息集散地。论起来，这朝堂明面之上，有林林总总的各种入仕、超擢渠道，只公主自己过耳朵能记得住的，就有什么常科察举、朝廷征拜、官府辟除、入粟得官、考核升迁等，简直是五花八门。可是往往那些通过吏部铨选、各州荐举出来的秀才孝廉，还有那些论政声军功拜除的官员，他们的入仕门路之有效，超拔之迅捷，还真不一定有贵妇们围在一起拉拉家常、说说簪花的效果好。宴乐握槊间，女眷们几句不留痕迹的奉承话语，旬日之间，她们背后的夫君就可以连升三两级。这江山，确实是这些长公主、高门女的父兄打下的江山，但每个人的夫婿兄长又能分得多少醴酪，这又是需要她们去参与争取的。不但如此，那些伶牙俐齿、左右逢源的妇人看似不经意的三言两语，一桩珠联璧合的高门联姻很快就能出现在天子的诏书中。

慕兰到达皇城云龙门内，交付了腰间刀兵，不消多时，便有一名十五六岁的白面小黄门引着一副肩舆小轿，前来门内迎接，慕兰公主看那逼仄的轿厢，坐进甚是憋闷，心说自己也没必要太过卓尔不群，但终是没管住自己的耿直："不劳麻烦了，我徒步即可。"几位宫人也都乐得从命，继续窝进门旁的小屋舍，等待下一位贵胄的前来。轿虽狭小，却是二品以下，无论朝官命妇，除非特诏恩宠，是没有权力在内宫之域乘坐这方小娇的。

"公主，您这是要去哪里？"小黄门弓着身子小步跑着，紧跟慕兰公主的脚步。

"我找黄兴寿。"

小黄门听到这个答案，顿时钉在了原地，不容他有半刻迟缓，慕兰公主已快步迈出十几步远。

"公主，公主……"白面小黄门压低着嗓子喊着跑上来，"您慢点，您现在还真去不得呢！"小黄门神色颇为焦急。

"为何去不得？"慕兰公主缓下步履。

"嗨，"白面小黄门气喘吁吁，"这深宫高墙的，您是不知晓呢，宫里下人们可都传开了。黄中使所在的掖庭监，正在请和尚做法事驱鬼呢。”

“光天化日，什么鬼不鬼的？”慕兰公主不再理他，继续向前。

白面小黄门见公主不信，急得拍了一下大腿，再次跑上来：“我说公主啊，这可是真事儿啊，不仅这掖庭监夜里闹鬼，就连跟它毗邻的高贵嫔那边也闹鬼，半夜里见不着人见不着影儿的，嘘嘘地响个不停。跟我同乡的宦官就在夫人那边伺候，他也是吓得不行，高贵嫔都已经好几天不吃不喝了，消瘦得都没了人形，皇后也是着急，官家这回来了该怎么交代呢？”

慕兰公主在胸中叹了口气，心说这宫内乌七八糟的事情可真是多，她自顾赶路，向后摆摆手：“和尚们驱他们的鬼，我去提询黄兴寿，不碍我的事儿。”

公主身侧的汐月小声对公主说：“我看这小黄门倒是没什么坏心眼儿。”

又落在了身后的白面小黄门低头思索了下，挠了挠头，忽然跳脚起来，又是一番紧赶慢赶：“唉唉唉，公主，我差点都忘了要告诉你，我难道是没告诉你吗……”

汐月接话：“你要告诉公主什么啊？”

“黄中使鬼附身了，疯了，一个劲儿地说胡话！”白面小黄门面露恐怖状。

“什么？！”慕兰公主和汐月几乎同时发出惊愕之声。

“你怎么不早说？”汐月埋怨道。

小黄门两道短眉紧锁：“我以为我已经说了呢。”

“什么时候的事情？”慕兰公主驻足下来。

“都三四日了。前几日是一会儿清醒一会儿糊涂的，扯了被子里的木棉往嘴里塞。内司衙门都不敢给他派活儿了。昨日里好像又严重了，直说是见到了前朝吊死在宫里的妃嫔冤魂，大白天里在飘着走……今日里午前出了一趟宫门，回来后更是胡言乱语，没个正常的时候，还几次地昏厥，醒了就要搬着石杵打人，掖庭监一个宦官硬是被他砸得头破血流。这会儿他正在床榻上绑着呢，没人敢近前去。他疯了，彻底疯了，即使醒着，口里念念有词的，说是要打死厉鬼……”白面宦官边说还边害怕地看那重重宫殿的巷道深处，好似那白衣血面的鬼魅就在附近飘荡。

“快别胡诌了，会不会是得了什么病症？”汐月责怪道，她虽然嘴上这么说，却是跟着小黄门的眼神往那宫阙深处来回张望。

一阵冷风从远处呼呼吹来，把慕兰公主的披风扬起。她仰首去看那远处嘉福殿的飞檐，一团黑色密云卷荡在沉闷的天空之上。听小黄门如此说，在司徒府应询之前，黄兴寿便中了这可怕的疯魔，而从司徒府发病归来之后，疯状就开始加重了。

旁边的小黄门不免同病相怜，唉声叹气：“公主，您说黄兴寿这疯疯闹闹的，还怎么在宫里再待下去呢？听说他是恒州乡下人，是跟着宗庙里的列位先皇的牌位和妃嫔们一道儿从平城迁来洛阳的。他在这里也没个沾亲带故的，出了宫可是怎么活命呢？这情形也回不去啊，就是有亲戚还活着愿意过来洛阳接他，这一路上盘缠花销就又是问题……”小黄门竟然抹起了眼泪。

“你不要伤心了，总有办法的，天子不会不管的。”汐月安慰道。

小黄门点头：“嗯嗯，皇后仁慈，立即就请了少林寺的和尚们来宫里作法驱鬼。寺里的住持天竺高僧跋陀大师亲自带了维那一众僧人前来，想是有三藏加持，一定能降妖除魔，还宫里一片清净……”

小黄门正自顾絮叨间，远处来了五六顶朱幔小辇。

辇侧各有侍女扈从，小轿到了慕兰公主身边，纷纷驻停，步出了几位衣着鲜丽、裹着厚厚貂裘的公主、贵妇，汐月和小黄门见状，急忙伏身跪拜。原来是天子的几位同父姊妹，分别为常山公主、陈留公主、乐安公主，并有崔氏、卢氏、郑氏几位命妇，及章武长公主。论及辈分，天子与众公主都称长公主为姑姑。她们都是两人同乘一辇，看那形状，彼此交往甚厚，却是各个面露忧色。在这其中，相较来说，慕兰公主与陈留公主最为亲近些。

“妹妹，你在此作甚？”陈留公主近前执了慕兰公主冰冷的双手问道。

“本要去掖庭监提询一个宦官，目前来看确是没有必要了。”

陈留公主用眼睛的余光扫了一下身边的一众贵妇，小声说道：“妹妹也是可怜，定是为蒋中尉之事忧心，你都瘦削了许多。”

“谢谢姊姊关心。你也照顾好自己。”慕兰公主知道，眼前的陈留公主也是一个命运并不算好的女子，依着天子的诏命，已经是嫁过一任重臣子弟为妇，驸马却是命里多舛，眼见了这一任的丈夫，是南方前朝刘宋皇家的投北子弟，在大魏有“宋王”之高衔，却是体弱多病。

章武长公主凑上前来，也执了慕兰公主的小手，关切地说道：“慕兰啊，事情过去，便让它过去吧。人生来都有几个坎儿要过。咱家与普通百姓家，过起日子来也是一样的，不能钻那个牛角尖。”

慕兰公主自然知道长公主的意指，她低眉答道：“多谢姑姑。”

章武长公主迟疑一下，拍了拍慕兰公主的手背：“多好的佳人。你看这穆家，还是有几个适婚的英武子弟，你……”

“姑姑！”不等长公主说完，旁边的陈留公主带着愠气打断了她。

慕兰公主自然明白长公主的意指，她在内心更感激陈留公主的解围。

“姑姑们，咱们走吧，这天儿可是冷了……”后面的步辇之上传来一声稚气声音，原来是兰陵小公主和淮阳小公主还缩在后面的小轿里，两位小公主是当今天子的骨肉。

“那我们先走了。宫里这一段儿不清不静的，我带小公主在宫外住几天，等消停了再送回来。”章武长公主不住地叹气，她边说边回身上辇。

“妹妹，你还是过去看看。”陈留公主帮慕兰公主理了理耳边的几缕乱发。

“什么？”

“你不是要去掖廷监吗？你还是过去看看为好。”陈留公主的声音虽轻，却有着意味深长的味道。

几位公主相互点头别过。

等她们远去，汐月小声嘟囔：“那个年长的夫人是谁家的妻眷，怎么那么讨厌？”

“长公主吗？本来不讨厌的，我幼时记得她还是很可亲的，时间、世事让不讨厌的人变讨厌了吧。”慕兰公主望着远处的人群，“哦，她的驸马，是穆泰穆刺史。”

旁边的白面小黄门仍旧跪伏在地上。

“人早走了，瞧你那样儿，快起来吧。”汐月快言快语说完，却是立即后悔，心说不该对人这么刻薄。

小黄门拍拍膝上的尘土，却是露出一副谦恭的笑容：“本来就是听人使唤的下人，还能是什么样儿？这几个贵主儿，我可是一个都不敢怠慢得罪。”

“走吧，你带路。”汐月吩咐道。

小黄门的积极性似乎提高了许多，他领命继续弓了身子加快脚步，跑了一会儿，忽然冷不丁转头对两个人说：“我看那位先来搭话的公主是个好人。”

慕兰公主心中思虑着什么，不去理他。汐月回道：“你知道得可真多。”

白面小黄门摇摇头，往自己脸上轻轻打了一巴掌：“我不是看您也是好人吗？别看我年纪轻，我在宫里已经待了八个月了，大小错儿都没犯过，在宫里得嘴严，师父教的，其实我什么都明白。但我就是看您二位也都是好人，才敢说的。”

三人行至西游园外，但见几处院落皆是净炉熏香，氤氲弥漫，俨然十方法界普蒙，广结祥瑞云海之相。几名黄门杂役正在院外的路径上细心洒扫。

白面小黄门上前问询，才知道法事已毕，高僧跋陀率了众弟子已自神虎门西出宫禁，重返山中丛林而去。圣僧自居少室山，凿石为龛，深居简出，在寺传法，弟子如云，皆得披甲精进，在法师座下，求修禅者既需诵经、律、论，亦需潜心坐禅。跋陀禅师已甚少参与寺外僧伽法事，只是在佛诞及盂兰盆节，或遇天下吉凶，天子诏请才回京都升座说法。这次为着内宫所谓的鬼厉之事回京主持法事，只因皇后着人数次盛邀。

西游园以东，方初焚爇，香烟霭霭之下，有几处院落，北端最小的院子便为掖庭监，隔着铺有琉璃的高墙，便是贵嫔高照容的住处。方才法事，跋陀禅师便升座于紧邻几处院落的凌云台小寺之内。这座小寺，是专供宫妇们平日焚香祈福之所。

三人进入掖庭监，监衙为两重小院，前院为公务房舍，后院为属员居所。

白面小黄门面露难色："公主，我虽不居此处，但据小人所知，后院肯定是十分邋遢，您真要去看吗？"

慕兰公主看这院落，虽然只与隔壁高贵嫔宫阁有一堵丈高砖墙，但墙垒高厚，各自独立，贵嫔寝宫那边，唯有几缕爬藤伸到这边。来往宦官们行色匆匆，也有笔吏与杂役之分，看那情形，亦算井井有条。

白面小黄门唤了一名杂役，杂役上前来施礼，小黄门再问道："黄中使现在身体如何？"

杂役答："执着法器的几位高僧大德来院念了佛号，焚了檀香，还贴了几道咒符在监舍各处，一直昏迷的黄中使倒真是有了些起色，但还是呓语不止，现在……正锁在他自己的僚舍内。"杂役抬眼看了下一身男装的慕兰公主，"这位上官还是不要过去了，屋里被他砸得凌乱不堪，污秽满地的。"

"公主，容我先去看下吧。"汐月道。

公主点头，汐月在两个宦官的带领下往后院走去。

汐月走后，慕兰公主右手抱着左臂，踱着步子，低头踢了地上的一枝枯枝，又仰首看墙头上那几枝灰色的藤蔓，思索着陈留公主与她分别时说的话。陈留公主建议自己还是过来看看，她为什么会这么说呢？她也并不知晓自己过来是要提询黄兴寿，无论往日，还是今天，自己始终都并未与陈留公主交谈过任何四夷馆案之事，她是提醒自己看什么呢？

不多时，汐月掩着口鼻回到前院，眉眼之处，是一副嫌厌又无奈状，她放下手来，喘了几口大气，摆手说道："公主，你幸而是没过去。肮脏死了，又吓死人了，黄兴寿翻着白眼，口水直流的，一直胡言乱语，不住地说什么不要过来、不要过来。"汐月搓了搓手臂，"真是鸡皮疙瘩都出来了，这大白天的。"

慕兰公主没说什么，又在院中来回踱着步子。她见远处窗格之上，飘出缕缕黑烟，黑烟正是从一个前后相套的陶筒之中飘出，她皱了皱眉头。

白面小黄门循着公主的目光望去："公主，这天儿冷，宫监们在屋内用的是柴火取暖，还能煮水造饭，有些柴还是半干的。半月前还是用炭，但自官家下诏，叫宫里各处各项用度减去大半，便弃炭用柴了，但燃柴烟大，个个灰头土脸的，大家伙儿也都突发奇想，陶筒是造建宫阙时用来地下排水的余料，那头儿连着土炉，这头儿伸出屋外，就被拿来排烟了。"

飘上屋顶的柴烟，徐徐攀升，随着一阵黄风刮过，又都消失在密密匝匝的灰瓦之间。慕兰公主继续思索：陈留公主肯定是没有进到掖庭监的，如果自己不是有特别之事，这辈子恐怕半只脚都不可能踏进这个院落。所以……陈留公主所说的，让自己来看看，肯定不是让看这处院落的人和物。

慕兰公主摆了手，招呼汐月一起回到掖庭监之外的小道上，身后的白面小黄门也小跑着紧随而出。

公主转身，看着远处已经沉寂下来的凌云台小寺，说是寺院，其实只是内有一座半丈高的伽蓝宝塔，寺内小殿，塑了几尊佛祖菩萨罗汉像，仅此而已，这倒与天子务求俭省是一致的，所以高阶的嫔妃夫人们也都不怎么前来，而是在自己的寝宫里供上一座金玉佛龛，每日顶礼膜拜。近处的几处宫妇寝宫，皆闭门谢客，天子不在京都，除了日常到皇后处的拜谒请安，诸妇都尽量不相往来。朱门描金的院落，自是贵嫔高照容的寝宫，再往下方，整个门楼和院落格局都是小一些的。

慕兰公主一时突发奇想：如果哪朝哪代的天子，诏选自己入了这城阙深深的后宫，自己干脆就逃跑算了，或者跟随了跋陀禅师那样的高僧，一心向佛，落发为尼去。自己不是受不了这层层高阁的寂寥，而是经不住那种细如针尖、防不胜防的你争我斗，尤其像自己这般闭月羞花，即便不与人争，也经不住别人的嫉妒啊。

"小黄门，你且再回院内，为公主沏了热水，暖下口舌，杯盏一定要洗干净了。"汐月吩咐道。

"好，好。"白面小黄门回身一溜烟儿回到掖庭监。

“公主，您这是怎么了？也撞邪了，傻了不成？此处果然不平常啊。”汐月边说，边像煞有介事地左右转头顾看。

“汐月，我们去下高贵嫔寝宫。”自己与高照容虽然称不上非常熟识，但并不讨厌这位端庄素雅的妇人。高贵嫔的年纪长自己五六岁，从她的眼神中，相信她不是一个极富心机的女子。如果用一个词来描述高贵嫔在自己心中的印象，以“德色婉艳”来形容，应该是恰当的。

白面小黄门小心翼翼地捧着一杯热水从掖庭监出来，却见公主和汐月正欲离去，想要追上前去，又怕热水溢出，只见他擎固着双臂，两条小腿忙不迭地往前赶，一副踉踉跄跄的狼狈相：“公主，热水来了……”

汐月回头：“这许久才送来，公主还有事情要办，你自个儿喝吧。”

小黄门心中不免惭愧，心说我这不是用心清洗了瓷杯吗？他怔在原地，看着两人的背影向远处疾步而去，瞬间明白了两人的去向。他像是想起什么紧急的事情一般，立即又撒腿追上前去，也不顾那杯中的热水溅泼在地，眼看着只是眨眼的工夫，小黄门就已经跑到了慕兰公主的身侧。

“公主不需你伺候了，你且自顾去忙便是。”汐月看着袖衫尽湿的小黄门说道。

小黄门左手捏着已经不剩一滴水的青瓷杯盏，右手垂在身侧，瞪大了双眼来回看着两人，又貌似颇有几分顾虑，微斜了脑袋，看了看贵嫔寝宫深闭的朱漆院门，他鼓足了勇气似的，压低嗓门说道:“公主，你们不要去啊。”

汐月蹙眉：“怎么，难不成贵嫔的院子也闹鬼不成？”

小黄门向前一步挤到汐月的身旁：“不是啊，高贵嫔这里不闹鬼。但是……”

“但是什么？”汐月退后半步。

小黄门右手半遮着嘴巴，比方才的声音更低了：“高贵嫔病了，重疾……”

“重疾？”慕兰公主立即警觉起来。

汐月对小黄门说道：“不要这么鬼鬼祟祟，这路上不时有人来往，叫旁人见了，以为是说什么风言风语之事。”

慕兰公主不动声色，踱到一处巨大的大象石刻的背后。那石象一大一小，是为母子二象，栩栩如生，母象眼神慈爱温婉，小象抬足歪首，彼此交鼻嬉戏，它们被安排在内宫里，是取其吉祥瑞意。

汐月见状，一边跟上公主，一边向小黄门使了个眼色。小黄门倒是颇有眼力见儿，跟着二人来到石象后面。

汐月清了清嗓子："说吧，到底怎么回事儿？"

"高贵嫔患了恶寒，可能马上就……不行了。"

"啊？！"汐月惊叫了一声。

"宫内司已经派了飞龙骑去给官家传信儿。"

"贵嫔何时患的病？"慕兰公主问道。

小黄门咬着薄薄的嘴唇，一番思虑后答道："话说是六七日前，贵嫔回恒州代县母家省亲，回程走到司州汲郡，眼看着就已经到了京畿地界儿，"小黄门急急地晃着手里的杯盏，万般无奈的样子，"在汲郡就恶寒发热瘫了身子走不动了，一时间是咳喘倚息不得卧，胸闷不舒，心痛彻背……这个……我是听说的，在汲郡的驿馆足足待了两天，当地的郡医亦是束手无策，郡守见势不妙，才急忙派人来到京都，先禀报了司州府，司州府又着人进宫报信儿。皇后听说了也是急作一团，连忙派了三名御医和皇后自个儿的温车前去汲郡医病接人。"

对于皇后的反应，慕兰公主知道小黄门所言不虚，高贵嫔不仅美容仪、善诗文，而且为天子育有两男一女：两男为皇次子元恪、广平王元怀，一女为长乐小公主元瑛。

三子都颇为温恭知礼，尤其皇次子元恪，虽然只是十三四岁的年纪，却沉稳大度，勤于读史习文，颇有仪态，深得天子的疼爱、再加上有八月太子意欲北归之事发生，这位皇次子便更得天子倾心，甚至天子在诸弟面前如此盛赞过皇次子："此儿幼有大度，雅性俭素，喜怒不形于色，必有非常志相。"

而恰恰皇后冯氏膝下并无一男半女。

"御医去了也无计可施？"汐月回过身来，愕然问道。

"眼看高贵嫔这回宫都有三日了，据那御医辅助宦官所传，贵嫔脉象沉滑，风寒痰饮内外搏结，已经是……扛不住了。"

"那你为何又要拦着公主入内？公主探视皇嫂，有何不可？"汐月疑惑道。

小黄门扯了下汐月的袖衫："我给两位说了，千万可别说是我说的。其实宫里的宫娥侍从们都听说了，贵嫔这病症，病机不明……从恒州到司州，这一路天寒地冻，本来就骡马人口纷杂，高贵嫔又向来待人亲和，她一心向佛的，路上少不得问寒于苦寡贫病者，她这疠气，是自口鼻而入，还是皮毛而进，还真是一桩疑案。但是……据说高贵嫔的寝宫里已经有两个侍女也跟着患疾了，也都是一样的气若游丝，瘫卧不起。这宫里的昭仪、夫人，本来平时就相互走动得不算多，贵嫔这一患重疾，更是门可罗雀啊。官家可是赶紧回来吧，我真是担心官家这回来晚了……”说到这里，小黄门咽了下口水，没敢再说下去。

“汐月，我们过去下。”慕兰公主听毕说道。

正要离去的汐月转头说道：“你就不要再跟着了。”

两人留下了待在原地的白面小黄门，小黄门暗自嘟囔：“我这是不是不该给她们说啊？这说了也没用啊。”

走到高贵嫔寝宫门下，汐月叩响门环，不多时，有一侍女探头而出，看那侍女的神情是一副哀容，但又颇有意外之色。她听从汐月吩咐，前去寝殿禀报高贵嫔。稍时侍女又转身而出，对慕兰公主揖手说道：“贵嫔几欲口不能言，还是叮嘱了婢女，让公主进去不要近前，贵嫔是担心公主染上了恶疾。”侍女声音凄婉。

随后汐月被安排至偏厅等候。

侍女引了慕兰公主推门进殿，殿内四柱，围有厚幔，侍女正要伸手掀幔，公主示意她且慢。

只因帷幔之后有稚气的女童声音，听来甚是馨婉乖巧：“中庭杂树多，偏为梅咨嗟。问君何独然？念其霜中能作花，露中能作实，摇荡春风媚春日。念尔零落逐寒风，徒有霜华无霜质。”慕兰公主辨得，女童所诵诗句，正是前朝高士鲍照的《梅花落》。

复而又有略具磁性，但明显处于变声期的男孩声音传来：“阿娘，小妹所背诗文，一字不差，想是她勤学得来的，也甚是切中阿娘吩咐的命题。这你来我往，儿臣和小妹竟然分不出个高下，据儿臣所知，所剩的咏梅存世名篇还真是不算多了。据臣所观，以梅入诗文，《诗》中倒有一《摽有梅》篇，正所谓‘摽有梅，其实七兮。求我庶士，迨其吉兮’。但想来此梅并非我们面前的梅花，而应是梅果，真是难煞我了……”

“阿兄，那这咏梅诗的背诵，是不是算我赢了呢？”听这声音，女童应是七八岁的情形。

帷幕之内传出两声沙哑的咳声，继而是更加孱弱无力的笑声，但是明显感觉到，这笑声之中有着对男孩的鼓励。

四下寂然，慕兰公主想要抬足进去的瞬间，又传出男孩饱满的声音：“折花逢驿使，寄与陇头人。江南无所有，聊赠一枝春。”

“咦？阿兄，此五言是何人的诗篇呢？我怎么听都没有听说过啊？”女童的声音里先有意外，再有无尽的失落。

“小妹，此诗篇为当朝名士、雍州正平太守陆凯所作，陆府君早在他十五岁之时，即凭才学，官拜给事黄门侍郎，今为父皇近侍官。”

“噢，这么厉害，在和阿兄差不多的年纪，其人便名满天下……可是，可是他这诗中却并无‘梅花’字眼啊。”

男孩耐心讲解道：“小妹，这诗所咏之花确为梅。我是亲自与陆府君问过的。再者，料峭之时所作，江南所无之花，正如小妹方才所咏《梅花落》中所言，问君何独然？独然而立于北地寒冬，寓有盎然生机者，必为梅也。此正为诗文之至高境界吧。”

“阿兄言之有理，这一局比诗，还是妹妹输了。”听这声音，是另外一稚气男童。

慕兰公主迈步而入，只见有贵嫔高照容的三位儿女并排跪坐在一层纱帘之前：长者十四五岁，是为皇次子元恪，元恪着白色巾帻小冠，赤衣广绣，腰系玉带，悬佩镂纹木刀，风仪端严，颇有渊默之色；紧邻而踞者，便是长乐小公主元瑛，小公主垂髫仰首，七八岁的年纪，眼神纯净，颇具姿同娇月、天性柔恭之宛然神态，面颊点有红彩，文了可爱的八字宫眉，面有额黄梅花妆，腰间小束带挽成蝴蝶状；外侧所坐者，即是广平王元怀无疑。元怀稚质敦厚，亦是小冠白衣配有桃木小刀，看那神情，应和小公主年龄不差太多。

在他们身后，是一道白色的纱幕，隐约可见里面半卧的贵嫔，贵嫔卧榻之侧，置有一只圆腹白瓷细颈瓶，中有红梅数枝。

三子举手齐眉，倾身行礼：“姑姑万福。”然后又各自报了自己的乳名给慕兰公主。

慕兰公主报以恬然微笑，走近纱帘，想要进去，却被帘后妇人止住：“公主，莫要近前……”贵嫔声息，轻若游丝。

慕兰公主顿了一下，还是掀帘进到薄纱之后，映入她眼前的，是一个口唇皲裂、面无半点血色的枯槁之人。她上前蹲下，握住了贵嫔高照容一只耷拉在床榻之侧的手，不禁心疼道：“皇嫂，怎会如此呢？”

高照容抬动手指，对帘外的三个子女说道：“恪儿，你带弟弟妹妹，去到皇后宫中请安，时辰要到了……”

在高照容头边的案几之上，尚且搁有尚未服下的汤药，看那汤药还升腾着仅剩的最后一丝热气，尽管如此，药味还是飘浮至慕兰公主面前，一时间，连鼻腔都觉得恶苦。

子女辞别之后，高照容又示意身边的两名侍女退出。

"皇嫂，还是把汤药喝下吧，我看都快要凉掉了。"慕兰公主伸手想要去端那只朱漆木碗。

已经瘦弱不堪的高照容却突然用力握住了慕兰公主的手，两行冰冷的泪水从她深陷的眼窝里瞬间流出，她无力地闭合了双眼，嘴角颤抖着："不喝了，不喝……还能……多活一日……"

慕兰公主几乎不敢相信自己的耳朵，刹那间她就像被雷电击中了一般，猛地一震："皇嫂何出此言？"

高照容的舌尖微微触碰了下自己已经干裂蜕皮的嘴唇，欲言又止。

慕兰公主似乎明白了些什么，怒火中烧："皇嫂，事到如今，命都要没了，你还犹豫什么？你允我拿了这汤药，我去单独查验，不经宫内的侍御师、尚药局。我就不信这朗朗乾坤，所有人能都被毒妇给收买了！"

"毒妇"二字脱口而出，慕兰公主自己都说不清哪里来的勇气。

"慕兰，休要乱说。"贵嫔高照容暗淡的眼神里透出无限的恐惧，她的泪水继续流淌着，几至呜咽，她无奈又无力地摇了下头，"没用的……你且细想……如若真是能轻易查验出来的毒物，奈何我能苟延残活到今日？"

慕兰公主再看那红褐色的药汁，她虽不懂医，却知道，同为伤寒，却有迥异之病理，不同的医者，也会开出阴阳凉热大不相同的药方，用药之缓急又都各执一说，莫要论那些行走江湖的郎中，便是世家名医、朝廷御师，对于诸病之方，又都相互保密，甚则彼此中伤。若非剧毒之药，怎可能真的查出一个确切的究竟来？娴熟的医者，如若心存歹念，预谋害命，几乎每一例都会是完美无破绽的，尤其对于疑难杂症，只要在药量、药性上稍做文章，就可以杀人于无形。

"慕兰……我的时日不多了，你要替嫂嫂保护这三个可怜的孩儿，尤其……尤其是恪儿。"

慕兰公主忽然发现，高照容的手是冰凉冰凉的，那股阴阳两隔的冷意，直刺她的内心和骨髓。她禁不住也跟着流出泪来，哽咽道："嫂嫂，那你怎么……还敢让孩子们去她那里？你就不怕？"

"慕兰，你……你还是没明白，"高照容的声音微弱得几乎已经听不到，"恪儿，恪儿当前，是无事的……她是要我死，她是要掌控恪儿。”

慕兰公主心中是说不尽的悲哀，她伸手为高照容拭擦泪痕：“那……”她话到嘴边，实在不忍心说下去。

高照容毫无血色的嘴角竟然扬起了一丝笑容：“慕兰，你是想说，她既要想掌控恪儿，便是……恪儿便是性命无碍的。但……但是她是想要，想要一个听话的孩子，她不是想要一个睿智威仪的皇子。我是怕，怕恪儿……掩不住他的血气，也怕他太早明白这些事情，幼年的皇子，还有很多啊……她一旦发现恪儿并非事事乖巧，样样如意，定会……会加害于他的。”

“嫂嫂，难道天子会眼睁睁地看着他的宠妃、他的亲生骨肉被害死吗？他可是天子啊！”慕兰公主感到自己的声音在发抖。

高照容再次泪如泉涌：“傻妹妹，这样的事情，还少吗？我之死，天子已无能为力，已经来不及了。他……他便知晓，又能如何？官家仁德……仁德之主，必是极爱脸面之人。他能承认大魏的后宫有这样的奇丑之事吗？再者……”高照容想咳嗽，吐出舌头，却是一点力气都没有了，继续沙哑微弱地说道，“再者，冯家势力如此庞大，冯太师又新丧……官家每日里都在讲仁义孝道，他不会的……不会这个时候去动她的。官家……他什么都知道。”

高照容的最后一句话，让慕兰公主突然有了一丝恐惧。

面前的高照容已是气息孱弱，渐渐失去了吐纳之力，她再次尽力去握慕兰公主的手：“我之死，已成定局，公主不必……不必再在此事上枉费半点心思，说不清的……”高照容的眉宇竟然渐渐从容，“唯将恪儿一事，托付于……慕兰公主、陈留公主二位妹妹。命运即此，不可……违，如二位妹妹有心，我自可瞑目。”

慕兰公主心有不甘，临别高照容，还是将一粒药丸悄然带出。

当天晚上，镇南将军因忙于公务，便安寝于司徒府中，但在位于归正里的府邸中，却发生了一桩命案。

府上男仆在吃过晚食半个时辰后，先是出现呕吐、腹痛症状，继而双目无光、四肢软瘫，很快陷入昏迷，府上慌乱的女厨立即跑去禀报里正，里正见事紧急，连忙将事备案，开了归正里的坊门大锁，请到四民药局医师救治。医师到来之时，男仆已全身僵硬。

里正职微，想到出现命案之家为赫赫镇南将军府，赶紧又去上禀洛阳县法曹，法曹吏掾又急禀洛阳县令，洛阳县衙十几人来到府中。

县中历事丰富的年长曹吏问及晚食所进何物，女厨答是清蒸鱼膳，只因自己不喜食鱼，除在烹制之时尝食了一点汤汁，鱼肉全被男仆所食。而这鱼膳，本是男仆从四通大市买来，专为镇南将军准备的，而将军在将晚之时特意差人回府，告知下人今日不能归第，晚间食宿皆在司徒府解决，让家中二仆将鱼鲜吃掉便是。

镇南将军王肃身在司徒府中，得到洛阳县令禀报之时，已是晚间亥时。洛阳令言之凿凿：已排除女厨在鱼中施毒嫌疑，致死男仆的毒物，为其在大市之中所购鱼鲜，鱼身内外已浸剧毒——河豚血。

王肃闻听之后大惊失色，他无论如何也没想到，自己的一片好意，竟然致死一条无辜的人命。

但显而易见的是，那尾浸毒鲈鱼的谋杀对象，正是王肃自己！

洛阳县令向镇南将军表态，洛阳县已分遣便衣衙役数十人，前往四通大市缉拿疑犯。

王肃心想：河豚乃南方江鲜，非中原之物，河豚毒素之获取，定是费了案犯一番心血。

此局明显蓄谋已久。

/ 第七章 /

悦般世子

韩英将近日来的线索发现与下一步的查案思路整理成文，准备交予镇南将军。

他从后院来到前厅侧廊之下，正见镇南将军几人同一步伐蹒跚的陌生人一起步出厅外，看那情形，是将军亲自送别来客。直到访客的牛车驶出司徒府大门，韩英才从侧阶而上，进至堂下。

镇南将军接过韩英呈上的麻纸文书，见纸上所书，每字大小，有二三分见方，字体沉着端重，所列事项详略得当，其文末尾有三项请准之事务：一者，请允加派人手，秘查四通大市胡人染坊，疑该坊存有与四夷馆相同之不明物；二者，请选派“夜鹰”日夜监视四夷馆，事关与柔然王子往来交接之可疑之人；三者，请允调查昨日夜戍郭城南大门门楼诸卫戍将士，事关双鱼玉佩之遗失。

镇南将军读后，点头称是：“韩英，你所请允三事，第一件，即刻允准，司徒府并镇南将军府在京文武府吏，视案件需要随时选调。至于第二件，公主与我自兖州归京当天，十名夜鹰已分两批到岗，密切注视四夷馆柔然四王子居所周遭。关于第三件，因前将军之案已全权交由廷尉府查办，御史台督办，”镇南将军看到韩英极力压制的伤心，“所以玉佩遗失一事，我们这边，可交予郦道郦御史查办。”

“遵将军令。”韩英目光坚毅，他不想让自己在上峰面前乱了方寸。

这时候，镇南将军拿出一柄弯刀，韩英接在手中，只见刀柄周身布有雕纹，如云似水，并嵌蓝赤宝石，美妙异常。

“我这里有一件重要事务，需要立即交付给你。没有第二个人比你更适合完成该事。”镇南将军道，“韩英，正如你所看到的，这件弯刀非中土之物。如不出意外，昨夜在前将军宅邸，及在元校尉家中，刺客所用的刀具，就是这同一把弯刀。它出自哪里？来到京都之后，又流落至何处、何人之手？后者对案情进展尤为关键。你且换掉官服，以胡商身份，前去三百二十坊，以及所有酒肆、商社、客栈，你认为有必要的一切场所，多多结交，悉心调查。司徒府五百曹属、镇南将军府三十夜鹰，甚至我本人全部配合你的调查。一有消息，即刻回报。”

三人口中的“夜鹰”，便是不着官服，以身手机变、善于伪装而著称的镇南将军府秘查属员。

韩英看着那把别样的弯刀，如果镇南将军判断无误，这弯刀也必是致死雪狼山犬的兵刃。

换过番商常穿的干练装束，韩英将弯刀缠了麻布裹上皮革，藏于腰间。牵上一匹瘦马，径向城南四通大市而去。此弯刀之事亦属关键，再探染坊，也是在他的既定计划之中。

一想起已经深陷囹圄的阿爷，韩英不禁心生悲切——前有阿兄，后有义父，这一件件、一桩桩，迭遭非常之事，他感到自己肩膀上的担子更重了。还有小妹闻玉，小妹今日是头一次去往四民药局学徒，想来她尚且没有听闻阿爷的飞来横祸。晚间回到家中，该如何向她诉说这一切变故呢？一路上，韩英的脑袋里就像塞了一团乱麻一般。

前方便是洛水永桥，下桥东行，四五百步即为四通大市。他长长地深呼吸了一口冰冷的空气，提醒自己需要冷静，需要条理，需要强大起来。

韩英下马，穿过熙来攘往的人群间隙，进到市坊之界，再往内走一里许，一股杂陈的异香气味扑进鼻孔，在一户商家店面之前的摊位上，分类摆放着胡椒、丁香、乳香、檀香、肉豆蔻和姜黄等各色域外香料，摊前人头攒动，马上就是元日佳节了，人们争相购买那些价格昂贵的异国货物。

往前再行，便是那家胡人染庄。

韩英近到染庄门前，见店内正是那位胡人娘子在给主顾们介绍货品。在她背后和两侧的货架上，七层木制长格自下而上，直达屋椽，格栅之间，色彩缤纷，分列着一匹匹的石青、湖蓝、绿沈、樱草、朱红、鸭黄、绛紫、黛蓝、藕荷、琥珀诸色布帛绸锦，映着午后透进的阳光，或亮或暗，煞是好看，就像把绚丽彩虹安放在了店铺之中。倚着半人多高的柜台外侧，有五六位高髻胡汉女子，彼此有说有笑，在摩挲挑选着心仪的布料。

见门前有人影晃动，在柜台内斜倚的小姑娘探身张望，她眉角微挑，提亮了嗓门唤他：“你是前来提货的伙计吧？”不等韩英答应，小姑娘又道，“你先去后院候着，待我招呼了几位贵客。”

韩英闻声，心说这姑娘倒是伶俐，便转身牵上瘦马，从侧旁的一条卵石小巷绕到后院泥墙之下，他伸手推开那扇斑驳的木门，进到院中。

这家染庄同四通大市内其他商铺基本相像，亦是前店后坊的格局。但院内的器具陈设，却是自有一番景象：十几只一人多高的大瓮环立在院子东侧，每只大瓮的身后，又都有一支更为高大的灰色陶筒，活像一座壁垒森严神秘莫测的黑色城堡。再看每只大瓮下面，还都有一座规制不小的砖砌火塘，大瓮与火塘之间的缝隙，用红胶泥封紧。原来那陶筒是为排烟所设。更为玄妙的是，大瓮之上，立有吊杆，吊杆两端，设有轮轴。这吊杆应是为煮染布料时进出原布、染料所架设。只记得上次由雪狼山犬带着误闯这处院落时，并没见到有这样的设施。韩英好奇，想到瓮里看个究竟，但大瓮口缘高出自己三尺有余。旁边有两座带有高台的梯架，做工也甚是精密，想来主人平时便是借助它在瓮内调制染料出入绸布。再往远处看，临着前店的屋檐搭盖有两座大棚，棚下的巨大木架上囤积着枳实、橡实、五倍子、莲子壳、鼠尾叶、乌桕叶，以及蓝草、靛青、各色彩矿、染料。如此林林总总，分门别类，这行生意还真不是一般财力的商家所能经营的。

韩英将瘦马拴在院门口，走进其中的一顶草棚之下，好奇地看着那些叫不出名字的各色矿石料、几个大木桶内的草浆、摞成捆儿的干草，甚至打成垛的树皮，还有整桶的草木灰、明矾和卤碱，也只有这三样，他才叫得出名字。他伸手去触碰那些红黄紫的染料，又放在鼻前嗅闻，他试图找出当日雪狼犬为之吠叫不停的物件来，却是白费了一番工夫。

“怎么？对我家印染技艺如此钟爱，是想来拜师学艺吗？”一个悠然轻盈的女子声音传来。

韩英抬头，见说话者正是店内的胡人娘子，她抱着双臂微笑走来。

韩英用小指钩起马鞭，拱手道：“果儿姑娘，你家的布匹真是好看，”他抬起眼皮，看到自己右手的手指上还沾染着金黄色的颜料粉末，“这染布的工艺真是神奇，待会儿你替我选上好的布匹，我买给小妹。”

“噢？你还有妹妹？”果儿姑娘走到韩英近旁，一双明丽的眼睛睁得大大的，不待韩英答话，她面带悦色又问道，“你家小妹叫什么名字，又是多大年纪？”

“小妹名叫闻玉，年已及笄。”

果儿姑娘背了双手，点头：“嗯……闻玉，好名字。”旋继皱了眉头，“及笄？”

“十五岁。”韩英赶忙解释，他发现眼前的这位胡人娘子，对于一些常用的汉家说法并不熟知。

“唉，看来我要完全融入这大大的洛阳城，还有不少新鲜的事情需要去学。”果儿姑娘一时间生了些许的失落。

“不知果儿姑娘一家，从何处迁来中原？”韩英问道。

胡人娘子听罢，稍稍犹豫了片刻，倒也爽快地答道：“敦煌，你可曾去过？”

韩英心中一惊，这不正是当年义父收留自己的地方吗？这处有着长河落日、黄沙绿洲，穿行着数不清的使臣、商贾、僧侣的咽喉锁钥之地，在自己的脑海中已然成为一抹极为朦胧的图画，他忙如实答道：“说起来，幼年算是曾到过，但对敦煌的一切已是大抵记不得了。”

“原来你也是一个有故事的人啊。”果儿姑娘故作神秘道，她嘻嘻一笑，“故事回头要讲给我。现在呢……还是说给小妹挑布料的事情吧，这里面的学问可大了去了，你还真得让我来帮你选不可。给你说，绢、纱、棉等皆可先织后染。而锦、绣则需先将丝线染色再织。再说这印染的过程，就比如用那番红花印染出的红色，直接染色的，倒是省些力气，但不够纯正。需用草灰水浸取出固有的红、黄两种色，再往染液里加了乌梅水，才能把纯净的红色给沉淀出来，如果制成红花饼，阴干贮藏，染出来的水红色极为鲜艳，还能用来染花纸、造上好的胭脂呢。紫色当然就更是讲究了，先染青蓝，再以紫草套染，得到深藕荷色，好看着呢。一会儿我就给她选藕荷的布料，淡雅的，暖暖的，我喜欢，你家闻玉小妹也定会十分喜爱！”

韩英颔首称谢。

“哦，我说你能不能不要如此严肃？”果儿姑娘故作生气状，又像想起什么似的，面露和颜，凑近韩英，关切问道，“你那只雪白的狼犬……是怎么回事儿，埋了吗？”

“韩英此来……也可以说，正是为此事……”

“噢，你叫韩英……我还是第一次知道你的名字。”果儿姑娘顺手拿了一枚莲子皮噙在洁白的牙齿之间——这莲子皮的浸液与皂矾配合，上染布料之后再经日晒，可在织物上生成油亮的黑色——果儿姑娘边瞧着韩英，边踱步思索，忽然眼眸瞪得更大，“韩英，你是说……你那白犬的死，同我家这染庄有干系？！”

韩英忙不迭地摇头否认，还没等果儿姑娘回过神来，又点头。

“啊？”果儿姑娘露出难以置信的神情。

韩英忙解释：“你不要误会，其实没有直接的干系……”

“什么意思吗？”果儿姑娘背靠在棚下的立柱上，一只脚往后跷着，脚尖点地，低首道，“你还不如不解释呢，你今日来，莫不是要我来赔你的白犬吗？”

“果儿姑娘，我当然并无此意。”韩英窘迫道。

“逗你玩呢，哈哈，”姑娘瞬间一乐，背着手弯了腰，抬起眼眸看着又是拱手躬身的韩英，“你说吧，我能为你做什么呢？”

韩英回头看着眼前那琳琅满目的各种染色颜料，说道：“不知果儿姑娘是否还记得，第一次我与姑娘见面，就是因为雪狼犬闯入此处染庄，”果儿点头，她也在回忆当时的情景，“当时，”韩英稍顿，“当雪狼犬走到染庄跟前，似对某种气味所警觉，吠叫不停，这物品非常重要，……很可能与家兄的遇害有关。”

“什么？你家阿兄被害？！”果儿姑娘惊愕不已，也瞬间更为同情韩英。

“至于何种关联，目前我还不得而知，想必它是被这些染料中的一种所诱。姑娘不要误会，并不是说此处与家兄被害有关联，而是雪狼犬在他处嗅闻曾有类似的气味吠叫，再回过头去却是遗迹全无，直到遇到你家的这些染料，它才有一样的反应。”

“哦，所以，搞清楚你那白犬在我家染庄为何物而吠叫，就变得异常关键了，是吗？”果儿姑娘怜爱地看着韩英，说完忙焦急地走到那些木架和木桶边上，她上看下看，左顾右盼，却也是无所适从的样子，她在木架中间走了一个来回，低眉顺目地再对韩英说道，“其实，我对这印染的工艺，还有这原料，石块花草、树皮果壳什么的，也是不懂。”她低头绞着手指，那情形就像学堂中犯了错的学童一般。

韩英不禁轻声叹了口气。

果儿姑娘的头低得更低了：“方才给你说的那些染色的什么工艺，我也是平日从朱耶大叔那里听来的……”她抬眼看了下韩英，“就是我们染庄那位大叔了。”

“哦，我还以为他是你阿爷呢。”

“不是的，我是他们养大的，我都没有见过自己的生身父母……”果儿姑娘黯然沮丧地说道。

韩英这才认真地看了看面前的小姑娘，长长的睫毛下是一双清澈的眼睛：“你我一样的……我也是阿爷收养来的。不过我们也都是幸运的，不是吗？虽然他们不是我们的生身父母，却对我们都视若己出。”

“嗯！”果儿姑娘的脸庞上绽放出两个绚丽的小酒窝，“韩英阿干，我们去找朱耶大叔吧，他一定知道白犬是冲着哪种颜料来的。”她惯性似的伸手想去牵韩英的手，却瞬间犹豫羞涩了。

“多谢果儿。”韩英怔住，连忙拱手施礼。

果儿姑娘绞着两手，慢慢走在前面，满脸绯红道：“他们去洛水边了，用河里的冻水给刚煮染好的布匹固色。”

“需要乘马吗？我这里有马匹，你可以骑马，我走着。”

“那倒不用，一起……走走挺好，我知道他们经常的去处。”果儿姑娘转身锁门。

这时身后的河堤上来了一位骑着驴子的驼背老者，他见染庄的人要闭门离去，赶紧驱赶了毛驴快步上前，远远地叫着：“果儿，且慢，且慢……”

果儿姑娘闻声转身，连忙迎上去：“方家掌柜，您且得慢了，这堤上的路不好，可别摔着您老。”

近到跟前的驴子大口吐出白色的雾气。

“果儿，是要出门儿啊？”驼背老者慢腾腾地下着驴背，韩英见状忙去搀扶。

“老掌柜，我这去不远，就到河边儿去寻朱耶大叔，两人都在河里给布料固色呢。您老这如此匆忙作甚啊。”

“你不甚着急的话，给我先拿两饼红花饼如何？”驼背老者说着话，已从怀里掏出了一串用皮绳穿好的太和五铢钱。

果儿姑娘看了一眼韩英：“急，怎能不急呢？不急的话我这店铺的生意能丢下了？”她看老者一副着急的神情，“您老就去拿吧，就在大棚下面的木桶里，木架上呢，您老自己找。这大钱您先拿着，回头一起算账。”她边说边拉了韩英的袖子，径直往远处走去。

“这……”老者拎着一串铜钱伫立在驴子呼出的白雾中。

果儿姑娘回头道：“拿过了红花饼，您把院门儿掩上便好。”又对身边的韩英开心地说，“我说我不懂，看来我还是懂一些，嘻嘻，刚说那红花饼可以染纸用，这隔了几条街巷的百纸坊老掌柜就来买货了。”

“你倒真是心大，这认识不认识的都让人去到家中。”

“放心吧，老主顾了。方家掌柜老两口在打理一个纸坊，这要过年了想必是红纸销得好……”

韩英竟被快步小跑的果儿姑娘拉得踉踉跄跄。

沿着河堤，阴霾袭来，午后的一丝阳光稍纵即逝，冬雾开始笼罩在冰封的洛水河面，近处有几只麻雀，灵巧地蹦跳在河岸的枯草间寻食草粒，远处的几处官私船坞间，停泊着数百只大小船只，帆樯林立，在这肃杀结冰的冬月里，船家们只能干等在洛阳城里。

“韩英阿干，待这天儿下了雪，带我去城外狩猎可好？”果儿姑娘突然问道，言语间竟有几分羞涩。

韩英只顾低头行路，听得此言，怔了一下，随之点了点头，他见果儿姑娘两颊绯红，心想应是那凛冽的北风给冻的。

“带上闻玉一起。”果儿姑娘的脸庞上绽放出两朵美艳的花。

“嗯……待我，忙过了一些事情。”韩英的迟疑被对方看在眼里。

果儿姑娘以为是自己的唐突所致，动了动嘴角，却也不再说什么，但她的情致明显没有了方才的高涨。

韩英将这一切看在眼里：“果儿，这段时日，家中出了太多事情，阿兄刚刚故去，义父又身陷囹圄，家里只有小妹与我了……”

“身陷囹圄？”果儿姑娘拉住韩英的衣袖，站在那里，焦急地问道，“是什么意思呢，一定不是好事情了？”

“阿爷在廷尉府的大狱里。”韩英低声答道。

“啊，是什么时候的事情呢？韩英阿干，你莫要怪罪我，是我误会你了。”果儿姑娘的声音里已经有了哭腔。

“今日，”韩英从怀中掏出那把用麻布包裹的弯刀，“阿爷是被陷害的，搞清楚这把弯刀的来历，或可有助阿爷脱罪。”

果儿姑娘将那弯刀接在手中，定睛看着它，忽然说道：“韩英阿干，如你信得过果儿，你可将此物交付给朱耶大叔，让他帮你把此物的来历搞清楚。因为……”

“因为什么？”韩英惊疑地看着面前的小姑娘。

果儿姑娘刚想去解释什么，又欲言又止，只顾陷入了焦急和恳求之中：“哎呀，韩英阿干，你就信我一次吧。”

韩英往远处的船坞望去，内心仍有迟疑，此事非同小可。

“韩英阿干！”果儿姑娘伸手握住韩英冰冷的双手，央求道，意识到自己情急之下的失礼之后，又急忙放开韩英的手，在原地急得来回踱了几步，又转过身来，百口难辩般解释道，“有些事情是不能告诉阿干的！我只能告诉阿干，朱耶大叔在这商贾中认得许许多多的人呢……多到，多到阿干料想不到的，他们也会听朱耶大叔的，你可是要给我保密啊，千万谁也不能说起。”

果儿姑娘如此一说，韩英倒是想到对方从敦煌到洛阳，从陇右到关东，一定有不少的人脉：“我相信你，果儿。只是因这刀兵涉及阿爷的疑案，我才如此慎重，还望果儿姑娘见谅。”说完此话，果儿姑娘“嗯，嗯”地不住点头，眉开眼笑。

可是，这有什么秘密可保守呢？为什么对方又会说她在胡商中的熟人会多到超出自己的想象呢？韩英想不明白。

思绪间，突然听得从百十步外传来紧急的呼救声。

声音是从河堤下传来的。

两人疾步向前方奔去，惊起了那些寻食的麻雀。

雀飞翅展的一瞬，韩英已经超过了果儿姑娘，来到前方的河堤之上。

原来是冰面开裂，朱耶大叔落水了。韩英见状，将手中的弯刀搁在枯草之上，一跃跳进刺骨的冰河中。

韩英将惊魂未定的朱耶大叔救至岸上时，他自己亦是瑟瑟发抖，嘴唇发青，他抹去脸上带着冰碴儿的河水，颤抖着找寻刚刚留下的弯刀，那弯刀也并不在远处，他正着急找寻，一个身影来到他的身边，是果儿姑娘，她用两手将那柄弯刀紧紧地攥在怀里。

几人赶紧回到染庄。果儿快速找了几件衣裳，又将堂下的炉中火升起。韩英却只是抱着那火炉，不去换衣。果儿姑娘埋怨他太过拘谨也是无用。

果儿姑娘将刚刚煮好的姜汤端来给韩英和朱耶大叔。

韩英喝下，身上瞬间有了一丝暖意。

正在她伸手帮韩英拧去衣上的冷水时，有四五个人神色慌张地进到了堂中。韩英抬头去看，见那几人都是胡人形象，其中的一个大块头，竟是曾在城西沙地与自己比过拳脚的西域武士，两人相见，一时分外惊喜。

剩余各人，有男有女，两名年长男子，分别是大市中的当铺和金店掌柜。两名女子，一人衣着鲜丽，脂粉凝香，是大市中一家妓馆的女掌柜，该处妓馆蓄着清一色的胡姬，总逾百人，在洛阳城中声名鹊起；另一位则经营着一家客栈，客栈有屋舍十数栋，兼营酒食，并租骆驼马匹。

几位来客见有外人在场，并不多言语，包括武士在内，寒暄道谢之余竟有几分十分不自然的遮掩之色。

韩英低头拧水的瞬间，他们都轻微对眼前的果儿姑娘做了一个颔首恭敬、双臂交叉的动作。韩英用余光瞥见，想必应是一种施礼，隐约间，他似乎对这套礼仪有些许印象。正在他满脑狐疑间，几人转入了内室，去看望落水的朱耶大叔。

韩英已经意识到，这几位来访的行业巨贾和武士，与这家染庄的关系非同一般，而眼前的这位小姑娘，在他们自己的特有圈子中，其地位很可能也相当重要。想必这也便是果儿姑娘嘱咐他为其保密的缘由吧。

为了南来北往的商贾们行商的方便，虽然在洛阳城里特为他们开辟了区域、里坊用以居留聚集，并且在各个方面保护其安全、利益，但对于朝廷而言，它又不可能允许有超然于王霸之外、为官府所不知的独立群体存在。依朝廷令格，所有行会商盟，无论西来北归，都必须于所在市坊监造册登记，以备河南郡随时勘验审查。

韩英见果儿姑娘不愿多说，他也就不再多问。

不多时，西域武士从内室出来，爽朗说道："真是幸得你相救，已是大半年未曾相见，拳脚功夫可曾见长啊？哈哈哈，曾与义士比拼，却连姓名都不知晓。"

"在下韩英。"

"果儿，找出一身干净的衣裳，给义士换上吧，这寒冬腊月，河水冰冷，甚是难熬啊。"

"我倒是想让他换，无论如何劝他，却终是不换。"果儿姑娘一边埋怨，一边将那找好的衣裳递到武士手中。

"哎呀呀，果儿果儿，你是只叫人换衣，却不给人家找好换衣的地方。那间里房，可否让韩义士一用？"武士指着另一间房门。

"那是我的卧房。"果儿噘嘴说道，却是抬脚赶紧去开了房门。

"算了，算了，身上的衣服已经快烤干了。"韩英也觉得尴尬。

"不打紧不打紧，哈哈哈哈。"壮硕武士拽了韩英就朝里房拉去。

一直被冻得战栗发抖的韩英执拗不过，只好进到果儿房中，见那房舍虽小且简朴，却也十分精致干净，并有阵阵熏香扑鼻。

果儿见状，一阵羞赧，慌忙去到朱耶大叔的房中。

武士在屋内将房门虚掩，把干衣放在手边的矮榻上。

“你……”韩英的意思是，我换衣服，你不出去吗?

武士却并不顾及此事，说道：“我与朱耶掌柜同出敦煌，入得中原，有不少的交情。”

韩英听得出来，武士其实是在掩饰他与染庄的某种特殊关系，他略微点头，赶紧换衣裳。

身后的武士忽然伸手抓住了韩英的臂膀。

“怎么……”韩英回首。

“你……”武士双目圆睁，脸上是更加惊愕的表情，“你怎么会有这副刺青？”

韩英回过头看了看自己的左肢上臂，这才呼出了一口长长的气息：“你吓我一跳，这刺青我是自小便有，我也不知道其中缘由。”

武士的双目像两道利剑一般，似惶恐又似激动地凝视着那条双爪赤睛玄龙，他的那只大手已经在颤抖。正要低首穿衣的韩英忽然觉察到什么，他再次回过头来。

武士见状，将手迅速抽出，恢复了平常的豪迈镇定：“哈哈哈哈，这副刺青真是别致，想必是刺上太早，这都有点变形了。”

韩英莫名其妙地扳着自己的手臂看那只刺青龙纹。

在接下来继续穿衣的时间里，两人之间没有任何言语，韩英却能明显地感觉到武士的目光一直刺向自己的脊背。中间武士又声称去看望朱耶大叔，快步抽身而去。

换上干爽暖和的衣物，韩英又将余下的姜汤喝下，感觉自己的心跳慢慢回转到了正常。

“果儿姑娘，方才换衣，衣上都是泥水，将你的卧房弄得很是肮脏。”

“不妨事的，应该谢你才是。”

韩英发现，果儿姑娘已经将两匹布帛拿到了堂中，一匹为藕荷色，一匹为湖蓝，甚是明丽好看：“你不是还有事情问朱耶大叔吗？他也已经回过神来了。”

说话间，武士已从朱耶大叔的房中出来，他看待韩英的眼神与往日有着明显的不同，又想极力掩饰。在他身后，几位商贾掌柜也都随之而出，纷纷定睛看了韩英，又都略略点头致意，匆匆离去。

“果儿，我们就先行告辞了。”妓馆女掌柜再次颔首道。

包括武士在内，都是一副行色匆忙、急于离开的神情，武士向韩英重重拱手告别：“来日再会！”

果儿姑娘也觉察到了气氛的异常，她看着几人离去的背影，又看了看韩英，嘟嘴问道：“什么情况？方才你们二人在我卧房发生了什么？”

“我也不晓得。”韩英一脸无辜，同样惶惑，“暂不去管他们了，先带我去见朱耶大叔吧。”

正当果儿姑娘要带韩英进到另一间屋舍中，却见朱耶大叔在老妇的搀扶下推门出来。见那老者的脸色，已经稍有恢复，并且韩英在他的面容中读到了别样的神色，那神情中似有激动，似有惊讶，似有不安，至于到底是哪一种，韩英也不太确定。但是这一次的定睛来看，也是韩英第一次仔细看那老者的面容，那面容中有着数不尽的沧桑，又有种隐含的焦愁。

朱耶大叔的双手都在颤抖着，他也是双目凝聚，上来打量着韩英，眼睛深处，似又流露出无尽的期盼。

这一幕，韩英与果儿都看呆了。再看朱耶大叔旁边的老妇，却是眉眼低顺，但是她的两眼，却已是满含晶莹。

“到底是怎么一回事呢？”果儿先着急起来。

韩英心说自己只是碰巧才救起了对方性命，忙上前道：“老人家，你不必放在心上。”

朱耶大叔走上前来，想紧握韩英的双手，却犹豫了下来，用颤抖且混浊的声音问道：“我看恩公并非中原之人，可否告诉老朽，恩公尊姓大名？”

“小生名曰韩英，是义父为我起的名字。”

“不，不，老朽是想问，恩公的胡语名字是什么？”

韩英迟疑了片刻，朱耶大叔的问话将他的记忆一下子拉回到了二十年前。这份记忆对韩英来说，已经非常淡薄模糊，当时刚刚三岁的他，在劫后余生的惊恐和战栗之中，在义父蒋少游温暖和宽厚的怀抱之中，他用稚嫩的胡语说出了自己的姓名：火寻那曷。除去非常简单且散碎的胡语词汇，除去印象中似有似无的大队侍从、大漠孤烟、连绵的驼队和汹涌的火光，以及满眼满脑的红色，那红色，也许是夜间的篝火，也许是傍晚的夕阳，也许是人畜的血，已经早已搞不清楚究竟了，此外的一切，他在三岁之前所经历过的一切人与事，都已经完全封存在了他的脑海深处，无论如何都回想不起来。他庆幸当时义父在他喃喃的话语中分辨出了他的本名，否则连自己的名字也会成为一个永远的谜团了。

当韩英走出那片贫瘠苍凉的记忆原野，回过神来，他毫无芥蒂地说道：“我还记得，是火寻那曷。”

接下来的一幕，完全把韩英给震惊了，惊得他浑身的汗毛都竖立了起来。

老妇突然跪伏在地，泣不成声。朱耶大叔满眼的泪水亦是夺眶而出。

午后申时，圆日偏西。寿丘里，河阳王府。

一身着紫袍褐靴的男子进到厅门之内，河阳王急忙欠身相望，男子上去搀扶住殿下：“阿爷，孩儿回来了。”

河阳王摆摆手，示意刚刚巡边归来的儿子元越也坐下。元越时任骁骑将军。

王府主事薛适上前服侍河阳王，吩咐身边的两位仆从退出厅堂。

并不宽敞的厅堂之内，一时间悄然无息，厅门紧闭。

“阿爷，你看，”元越起身将一卷黄麻纸递给河阳王，看着王府主事薛适，阴沉地说道，“这是绍宗等平城留守将官一起理出的名册，事涉禁军五尉、城门尉以及各京畿关津诸级将佐七百四十人。”

河阳王并不接那卷黄纸，而是一副深深思虑状。薛主事见此情形，急忙将元越手中的名册接过来，并打算摊展开来。

“不必了。”河阳王抬手轻声道。

薛主事解释道：“殿下，我觉得您还是过一眼，……七百多人，会不会太过……”他咽了一口唾液，露出紧张神色。

河阳王握拳，抵住下颌，缓缓说道：“越儿，你回到寿丘里，是否有人知晓？”

元越目光沉毅：“阿爷放心便是，扈从、将官尚且扎营留驻在黄河北岸，明早才从孟津渡回京，孩儿已吩咐妥当，不会有差错。我是轻装独自进城的。”

河阳王点头：“这样，你再出城去，明日随大队人马一起入城，入城之后，径直进入司徒府，面见王肃，将此名册直接交由其手。”河阳王缓了一口气，“你要清楚镇南将军王肃和御史郦道元二人的身份，他们是天子最为倚重的人。不要节外生枝。”

“孩儿明白。”

河阳王转首，对薛主事吩咐道：“薛主事，越儿今日归来之事，你吩咐府中对此知情的个别人等，不可语及他人，包括兰儿。如有走漏，定不轻饶。”

“是。”

一切恍若隔世。

一时间，对于染庄里刚刚发生的事情，韩英还无法立即相信。他神色恍惚地从染庄出来，正当罢市鼓声响起。再有半个时辰，里坊栅门也要纷纷落锁。

街巷之上，仍是人头攒动，熙熙攘攘，各家店铺的门头，已是初上华灯，这一片红火喧闹，却掩不住冬日里的干冷肃杀。

韩英随着出市的人流疾步向前，路过一家售卖裘袍、罩衣的店家，他迈步进去，匆匆付钱买了一件厚实棉袍，他想在日落之前赶往廷尉府一趟。

天子东巡兖州，京师并不安宁。虽已暮色沉沉，主管要案审理的廷尉府内，仍有一些府吏未及还家，想必不少当值的人员需要通宵达旦了。来到府前，韩英向值守的小吏出示了自己的司徒府腰牌，小吏却严词拒绝，他告诉韩英，廷尉府已接到太子留台和太尉府双署命令，近日廷尉府须加紧防范，非事先审定批准人员，概不允入内。搁在以前，韩英定要与这小吏理论一番，但自从自己进了司徒府入值，他也理解了身为小吏的不易。

他掏出随身带的一小包太和五铢，塞进门吏怀里，央求道："还请上官通融一下，夜里太过寒冷，阿爷年老体弱，实在是难挨。"

小吏见状，仍不让步，正要把铜钱还给韩英，韩英推辞道："这样吧，我带了一件棉袍，还劳烦上官设法带给大匠。"

小吏也知道，将作大匠蒋少游事涉要案，自己作为府中下等末吏，实在是不愿掺和此事。更重要的是，韩英这几十文铜钱，实在也打动不了他。

韩英明白小吏的顾虑，连忙再作解释："这棉袍是刚刚从四通大市购得，绝不会有任何的夹带，上官放心便是。"

好话说尽，小吏却还是不愿通融，他在洛阳城中只有小屋两间，家中还有老母妻小，他想想每天眼见的那些冤案奇案，就不由得浑身打哆嗦，虽然眼前的少年是一眼望去的敦厚，但一旦中间有任何的闪失，他这样的单薄身家，实在是无法承担如此的风险。

韩英抱拳恳请之时，有一个模糊的身影从司徒府往外走。

"韩兄！"

来人向他招呼的同时，他也借着门首亮起的灯笼认清了这位路人，原来是自己在太学的同侪慕容敬，慕容敬借了叔父慕容阔的荫佑，现任白鹭曹中兵参军事，职在候官之列，虽然官秩并不高，但因为有叔父慕容阔任咸阳王府司马，亦谓炙手可热的人物，所以在白鹭曹和廷尉府这样的地方很快就混得相当从容。因为白鹭曹编制少，精力有限，在其所稽查的案件中，有些非重要又明显油水不多的涉案嫌犯，也就移交给了廷尉府接手。今天他赶来廷尉府，正是来移交由候官们监视抓获的两名犯科官员。自从韩英被擢入司徒府，慕容敬被选入白鹭曹，二人已是多日未见。

当慕容敬明白了韩英的来意，便拍了小吏的肩膀说道：“韩将军请托之事，情理之中，还望官爷行个方便吧？如有闪失，廷尉府上峰追究起来，有我担着！”

小吏当然认得慕容敬，也很清楚咸阳王府二号人物慕容阔与这位新晋候官的叔侄关系，他更知道，眼前的这位小将，很可能就是明日的朝廷新锐。片刻的权衡之后，他态度谦恭地说道：“韩将军仁孝之至，慕容使君出面担保，说起来，小的再坚持，就太不近人情了，但公府令格所在，身为末吏，举家老小皆仰仗我这一份薄俸……家中愚弟还没个营生的依靠，不知道慕容使君是否方便，替家弟在咸阳王府经办的产业中谋得一个小差事？”

慕容敬心中暗骂：你这点人情债是要我立即兑现啊，嘴上却道：“小事一桩，好说。”

应付过门监小吏，韩英却仍未得允进到廷尉府中，小吏只是答应及时将棉衣完好地带给将作大匠。看来近日这廷尉府的大门难进，确实是有大人物提前说了话。

韩英十分感激慕容敬的出手相助，心中的郁结也稍缓了一些。

事毕，两人同出，闲叙了一些各自的经历，慕容敬本来就对将作大匠的遭遇有所耳闻，再有半个时辰，里坊栅门也要纷纷落锁。现在知道了一些细节，更是心生唏嘘。

慕容敬看了看左右无人，小声说道：“想起叔父昨日对我说起一件事情，天子从兖州发来飞马诏书给咸阳王，要殿下严加管控京师地方，想必是潜流涌动，并不安宁。叔父本意是让我谨言慎行，我想这廷尉府也是遵咸阳王的命令，便不能强过干涉。天子半月后即回京师，前将军的昭雪之日定然也不会太远。”

慕容敬说罢，正要上马离去，韩英的一只手抓住了他的臂膀：“你也要小心从事……”话说半截，却是只能到此为止了。

慕容敬有些莫名，警觉起来，手扳马鞍：“怎么，你听到什么消息了吗？”

韩英摇头，轻声说道：“众人皆知，咸阳王权势熏天，凡事物极必反啊。似乎你也不应跟得太紧啊。”

慕容敬哈哈大笑：“哎呀，韩兄，你还真是学以致用啊。这日中则昃、月盈则食的道理，你还真是学进了骨子里。”

韩英报以微笑，摇头不再语。

慕容敬见状，稍顿片刻，意味深长地说道：“罢了，韩兄，你觉得我还有别的选择吗？是福是祸，听天由命吧。咱们各自珍重。”

二人别过，慕容敬拍马离去。

韩英望着迅速遁入暮色的骏马，伫立在那里，他虽然感念慕容敬的再次出手相助，却不能告诉慕容敬的是：行刺射声校尉元洛平的弯刀，其最初源头，很可能来自咸阳王府；而自己的身世，是已经覆灭的悦般部落世子！——这一信息的得来，正是经由那间栖身于四通大市之中的胡人染庄。

朱耶大叔的真实身份，则是悦般国朝廷殿前大将，悦般国被柔然灭国之年，朱耶正当而立年壮，国王与王后在那场浩劫中双双身死兵火，举国甲兵覆没，幸存的贵族和百姓或被掳掠至柔然北地，陷身为奴，或西遁南逃，为毗邻强族所容留吸收，留国者也早已被柔然军府所挟持，寡廉少耻之徒则早早卖主求生。而当时尚在襁褓中的韩英则被几名王家侍从带出城垛，逃遁西域各地。朱耶将军眼见救国乏力，在乱军之中只身狼狈逃入戈壁，几年之间，在葱岭东西收得残兵余族数千，风餐露宿，行次无定，这些已经失去故国的悦般遗族赖着顽强的生命力，慢慢在中原和葱岭之西做起了商旅贸易，才得以生存至今。共同的背景和灾难，让这些昔日的将军、武士、朝臣、小吏、商旅、牧人紧紧地团聚在一起。而悦般存国之时，便与大魏通好，数千逸民之中，则有往日多次往返中原与西域的使臣和后人，他们隐瞒身份，凭借往日的经验和记忆，在河西走廊东西两端重获了一线生机，却也怎么都改变不了黄沙蔽日的灭国事实。

然而，在弥漫着茫然与苍凉的气氛之中，忽然有一天，有一个消息，一个共同的希望让这个满身沙尘的群体变得更加坚韧起来，让他们的目光变得明亮起来。

夕阳微沉，一队悦般商人和一队葱岭以西的异域商旅共同夜宿于一座残颓的大漠边缘古堡之中。悦般商人的头人正是昔日的朱耶将军，他还记得那座斑驳古堡里残存的如林木柱，暮色森森，宛如列队守卫的宫廷士兵。残存的土墙之内，他们与异域胡商围坐篝火，分食干粮与美酒，用愚笨的手语和并不流畅的中原官话轻松地交流着，分享着各自的奇遇和遭遇。有个头缠丝绸的异域老者告诉了他一件十几年前的奇事，现在想来是奇事，但在当时说来却是一件可怕的往事。那件往事就发生在这所古堡的东南，在那里他遇到了两个满脸兵火余烟的阉人，他说他一眼就看出来他们是阉人。在葱岭以西的国度和中原地带都有这样的怪人，他们多是服务于皇家宫廷的，在他们的怀抱中，是一个被盛装在皮囊之中全身赤裸的婴儿。当时这位老者还是商旅团中的赶驼手，两位踉跄的阉人向他祈求食物，他将自己的食物分一点给他们。老者想不到这两个阉人却是出手相当大方，他说：“他们竟然要以一块孔雀绿宝石回报我，想必是他们已经多日没有进食。”

这位老人又指着土围的后方说道：“就在那个地方，在太阳升起的方向我遇到了他们。”这位老人说，他给赤裸的婴儿喂了水，他看到是个男孩子，他还看到了在婴儿的左臂上，被人文了一条长着双爪的、有着红色眼睛的东方龙。朱耶将军听到这里，身上血液开始沸腾。“这并不是这件奇遇的结束！”老者继而说道，他咀嚼着嘴里的干馕，又指了指背后的方向，“四天之后，再往东去，在敦煌，敦煌的郊外，我又见到了那两个阉人，很惨，很惨……”老者不停地重复着。

老者并不知道，刚刚燃起希望的朱耶将军再次陷入了难言的悲痛之中，已经化身为商贾的朱耶将军还是屏住呼吸去问：“尊贵的老人，告诉我，告诉我发生了什么？”

老者抱起水囊，把口中坚硬难嚼的馕饼冲进食道中，挥挥手：“死了，都死了，两个阉人被杀死在了路边，就在草丛中。”

一瞬间，朱耶将军的心好像也被彻底杀死。

“我当时很后悔，后悔没有坚持一下，带上他们。要知道，他们身上是有钱的，我所效力的商队头领如果知道他们有钱是不会拒绝他们加入的。或许就可以把他们安全地带进玉门关，到了大魏的地界，就安全了，就能活了……但我又怕奸诈的头领榨取完他们的钱财，我敢肯定最终还是他们的财物害死了他们……”

“尊贵的前辈，孩子呢？婴儿呢？”朱耶将军的手在发抖，他其实已不抱任何希望，却坚持追问着。

“这才是这件事情的最离奇之处。”老者用双手干搓着自己的脸庞，“没有婴儿。没有孩子。”

“啊？孩子并没有死？”朱耶将军激动而兴奋地抓起老人的双手。

“没有死婴儿，没有见到孩子的尸体。这件往事在我脑海中留下的印象极深极深，是因为这位臂上文龙的孩子与我前后有着一次的因缘，一切因缘而起　　”

朱耶将军的心都提到了喉咙之处。

“尔后我一路打听，打听婴儿的去向，入了敦煌城之后，竟然真的听人说起婴儿的事情，两位阉人是被一队亦匪亦商的武装商旅打劫的，佛菩萨于恶人虽亦起慈悲心，但业障深重的恶人，终是要得到现世恶报，这队恶商最终还是被比他们更邪恶的强盗劫杀。而婴儿被一队中原来的官差救起。那位告诉我的商客当时就避祸在事发远处的山坳里，清清楚楚地目睹了这一切的现世报应。”

“慈悲的老菩萨，你告诉我，婴儿去了哪里呢？”朱耶将军再也无法掩饰内心的愉悦。

“他们去了大魏京都平城的方向。”老人指着更东的地方。

十多年来，朱耶将军一直在寻觅，前往东方寻觅。从玉门关到平城，从平城到洛阳，在飞逝而漫长的十数年中，朱耶将军收罗的悦般后裔已达千万之盛，这一情形让他感到既兴奋又失落。让他兴奋的是，他们的力量在一天天地增强着，他隐身于大魏之地，遥控着数十队商旅，操练着故国的官吏、武士和他们的后裔，并且他们的世子，他们复国的希望，就在东方的某地。让他失落的是，这些逸民似乎逐渐从伤痛中走出，忘却了那个记忆中的故国，似乎融入大魏的繁荣稳定之中，他知道，这一点，怨不得他们，何处是家国？能让他们好好活着的便是家啊，就连他自己，曾经在脑海中也有过想安身在这洛京风华之中的念头。这复国的梦和路，太长了，太累了，他何尝不想也在满眼繁华的洛阳城中安身立命？然而，他又是必须执着的，他是故国的将军，是部族的栋梁，他必须支起这片已经破碎的天空，必须追逐那个日渐渺茫的希望，他不允许将自己等同于普通的遗族百姓，等同于那些商旅后裔和牧人子弟。让他感到心安的是，直到目前，他的话语、他的命令，在洛京族人和往来河西走廊的遗民中仍维持着相当的分量。那些潜藏在洛京中的新老武士、掌柜、歌姬、屠夫，甚至混迹进大魏军旅的后生，仍旧是他坚强的后盾和值得信赖的随从。他可能已经做不到直接控制那些已经完全逸出往日记忆的年轻人，但他们中的老一代、他们的中坚力量，仍旧牢牢地控制在他的手中，在他们的命令之下，那些记忆单薄的新一代又很愿意听命于他们的头领和父兄。他始终坚信：自己对族人的掌控力，要远远大于洛阳天子对这个大魏国家的统治力。

这是事实。

如果再有世子的重现，那么一个强有力的复国军团就可以完全重生。那些流落各处的族人就可以再一次聚拢起来。也可谓天赐良机：柔然，衰落了。他们的王子和人质，就被大魏的天子半软禁半优待地居留在不远处的四夷馆里。他并不想去杀死这位柔然王子，这位年轻的王子与自己故国的覆灭并无直接关系——这一点倒还是次要的，更重要的是，朱耶将军要利用他、麻痹他，甚至用暂时的臣服和服从来为己所用。在柔然王子初入洛京之时，朱耶将军已经命令两队商旅去主动宣誓忠于柔然王子。这说得通，因为如今悦般故地已经是柔然胡廷的领地，而又有相当多的悦般旧贵族已经投靠到形形色色的柔然豪酋帐下。在洛阳城里，柔然王子也需要多方的奥援。他还会指派给他们或大或小的任务，柔然王子需要用各种奇珍异宝去维护自己与大魏君臣的友好关系。

在给柔然王子提供服务的同时，悦般遗民也可以更好、更快地接触到大魏的权贵甚至是皇室成员，悦般商人的奇货在贵胄圈里非常受欢迎，尤其是城西的王侯官邸，往往需要通过他们去购得各种新奇宝物。

而那件错金弯刀，正是悦般商人经手卖入咸阳王府的，据商旅头领介绍，那确实是一件兵家精绝奇物，最初是在葱岭以西的一座石堡中得到的。

而今日，就在朱耶大叔蛰居潜伏的染庄里，他和麾下最为忠诚的骨干们，竟然与悦般世子奇迹般地重逢了。

一切太突然，悦般世子出现了。

被苦苦寻觅近二十年后，世子自己找上了将军的家门。

在朱耶将军的心中，世子就该有这样的风范，他的样貌就像一轮正在攀升的朝阳一般，英姿飒爽，绚烂无比。

一路疾走，一路思索。事到如今，该说什么，不该说什么，韩英已经盘算清楚。他目前还不打算对任何人说出自己的悦般世子身份，不仅是由于这个消息的出现太过突然，更是因为他竟然在内心并没有多少复国愿望——这深层的原因，他自己也说不太清。但毕竟他的故国故民给他提供了为阿兄昭雪、为阿爷申冤的契机。

再往前南行二里，便是司徒府。韩英决定毅然入内，面见镇南将军，先将弯刀的来源说与将军。

韩英径直来到府内西侧议事小堂，透过窗纸，见堂中烛光闪烁。先由廊下将军主簿入内禀报，韩英后入，见堂下有一儒雅士人正与将军并坐吃茶。身后堂门随即紧闭。

韩英曾经在远处见过此人一面，正是日前在须弥天阁工地与父亲交接青州工匠的那位朝廷官员。

镇南将军为韩英介绍道：“韩英，这位是郦御史。”他正要为郦道元介绍韩英的身份，却听郦道元击节说道："士别三日，刮目相看。我几日之前便与都护郎有过一面之缘。"

韩英大吃一惊，当日郦道元与阿爷在工地交接公务，自己其实是远远躲在一堆木料旁边的，怎知郦早已将他收入眼底，记在心里。非但如此，就连自己新任的大司徒府小小的九品参军督护郎身份，他都了然于胸。

郦道元微笑着对镇南将军继续说道："都护郎性情爽直，疾恶如仇，武艺了得。此案了却之日，镇南将军府直可将其收入麾下，定当可以为将军效命疆场，为朝廷建功立业。"

"看来御史对韩英的瞩目可是由来已久啊。馆案之后，末将一定请奏天子，把韩英拢入我的帐下！"

郦道元亲自为韩英倒上一杯厚茶汤，让他到自己侧旁的榻上安坐，回视镇南将军，神秘说道："郦某所说，绝非凭空臆测。郦某所荐，绝无可能所推非人。都护郎在将军处公干数日，想必将军还没有亲眼见过他的拳脚与果毅。"

"噢？如此说来，郦御史亲眼见过？"

郦道元摆摆手："可以这么说。"

"此话怎讲？"将军好奇追问。

"哈哈哈哈，"郦道元爽朗大笑，"五日之前，在天阁墙外，都护郎为六七蛮横羽林所强堵，其先以礼节，晓之以情理，不想反遭无故责辱，而后以手为刀，瞬息之间，摧折众甲兵于硬地。于人情，发乎对前将军之至孝；于攻伐，悍若秋风荡落叶。此不为少年英雄，何为英雄？虽为小事，推及大端，可详知耳。"

韩英顿觉一阵脸红。

镇南将军却问道："怎么，事发之时，郦御史也恰在近前？"

郦道元摇头，肃然道："镇南将军在上，并有都护郎在旁，将军为陛下钦命查案大臣，都护郎为前将军公子，皆为馆案之核心中坚人物。今日郦某此来，除去以上沟通案情，实有一事相告，亦是我身离兖州之时，所负天子之重托……"他转身对韩英说道，"都护郎但听无妨，你也必须知晓此案的关系之重大。"

韩英凝重地点了点头。

"天子虽不在洛，但京中非常之事、非常之人，皆由台司制表呈报，每隔五个时辰，都有飞马、龙骑背负漆封密书离开洛京，远赴行在，日夜不息。太子留台与太尉府所呈，各有独立渠道，如镇南将军与下官郦某，自然亦有独对密奏之权。但是在各自权责之外，于各司衙职权空白、疏忽或交合之处，就有白鹭曹独呈。无论蛛丝马迹或公府大事，白鹭长官都视为有必要呈奏。小者如都护郎与恶宿卫斗殴之事，洛阳县令也并不知晓此事，领军将军府方面亦将此事小事化了，但是白鹭候官却会留意，甚至已将事件情形详书，自然不会立即呈奉陛下御览，却会编册入档。

“当初辞别兖州天子行在，陛下对郦某赐有御诏，要下官概收白鹭侦查之权于御史台。但白鹭曹内，早已盘根错节，原有长官密接刺史、诸王，可谓树虽不大，根却深厚。白鹭曹之乱政，甚至已成天子想去立即拔除的旧有之疾，但亦需时日。好在中下层白鹭众候官皆受皇恩多年，近几日已经掌握大况，并裁汰多名为非作歹、栽赃忠义的恶劣候官。

“对于御史台收白鹭候官权，郦某有明诏在手，此为一。二者，天子并有口谕交代下官，要我携御史台、白鹭曹所掌一切情咨、档案，全力协助从兖州后至的查案要员。”

镇南将军若有所思，缓缓说道：“不瞒御史，当日末将与慕兰公主持诏西归，行至相州驿站，我们也曾妄测圣意，感觉天子对中尉遇刺一案事涉之巨，早有圣预。不过……”

“将军但说无妨。”

“为何直到今日御史才来府说明此事？”

郦道元将杯盏捻在手中：“下官不瞒将军，御史台收权白鹭事权，颇费周折。可以说直到今日，有半数白鹭将官，仍旧对御史台收权心存抵触，我判断，尚有诸多情咨内幕没有交割给我这位钦差御史。”郦道元目光冷峻，盯着面前的镇南将军。

“也就是说，白鹭曹委权于贵台，一纸诏书尚且不能完全达成。此事的最终解决，还须天子回京才可完成？”

“正是如此。”

“天子圣明，又为何做这样的临时安排呢？”

“事发突然。”郦道元将杯盏重重地放置案几之上，“或许事情的发展也超出了天子原本的预期。”

镇南将军更加意识到了事情的严重性，对郦道元拱手道：“郦御史，事已至此，末将以为，我们该把问题都挑明了说，如此才能互通有无，化被动为主动。”

郦道元点头。

"我斗胆来问，白鹭曹方面，还有哪些人……是您日前还拿不下的？"

郦道元稍思片刻后干脆答道："名单不重要。其实将军你也可以猜想得到，"他回首看了看一直在旁边静默无声的韩英，又转首过来，"有诸强州刺史的势力，有咸阳王府的，有皇后冯氏一门的，还有贵胄八姓之家的关联人员。且他们之间又多有交叉。"郦道元的声音越来越小。

镇南将军又问了一句："青宫那边呢？"

郦道元摇头。

镇南将军似乎对太子的置身事外长舒了一口气，先朝设立白鹭曹，本意只为建立一支直属于天子本人的精锐鹰犬，哪里想到时至今日，却成了派系斗法的舞台和代言。当今天子亲政之初，即意识到了这一问题，已是大大缩减了候官编额，不想还是积重难返，白鹭曹几成不同的政争势力之间相互罗织罪名、污名的大粪池。想到此处，他的声音也变得微小："这的确在情理之中，是亘古难变的格局。"他说完之后也向韩英看去，韩英领会地点了点头，意在表示会为今夜的密谈保守秘密。

"郦御史，馆案追索至今，已于节外多有生枝，眼见此案焦点已被对手成功转移——前将军身陷囹圄。依公所见，此事如何化解，或说，如何解脱前将军的罪责嫌疑？"镇南将军面露愧色。

"在下以为，所定目标，暂不宜以前将军脱罪为要。"

"郦御史，你说什么？"韩英眉头紧蹙。

镇南将军暂不表态："韩英，莫急，先听御史说下去。"

"你越是将精力和注意力放在此处，便越是歪曲了馆案的路线，模糊了馆案的轨迹。大可放心，近日天子又专门下诏令领军将军、太尉咸阳王严格控防京师，其实是在保护前将军，没有人能够加害于前将军。廷尉府绝对不敢，也无意对前将军用刑。只是冬日夜长，前将军确实要受些苦寒之罪了。"

火盆之内木炭渐消，随着夜色侵袭，就连这司徒府的议事堂内都已是冰寒冻骨。

"郦御史如此迷中点津，末将亦有所清醒。"镇南将军轻叩了下案几，对韩英说道，"韩英，我有三件事情需要嘱你来留意，一者，你日前带雪狼犬在燕然馆外发现的可疑物件，还要继续追踪，这一点恐怕还需郦御史出面支持，白鹭曹可调配人马协同查询；二者，弄清崔宪生前所乘踏雪白额马的行踪，虽然此马是导致前将军入狱的重要物证，事涉前将军被污一案，但是崔宪也是我们一直怀疑的蒋中尉一案涉案人员，从马匹入手，找出杀害崔宪的主使，也就离蒋中尉遇害的背后元凶更近一步；三者，弯刀的主人。”

“禀将军，禀郦御史，”韩英把弯刀从怀里掏出来，“错金弯刀最初的主人找到了，且在洛京之中只有这一把。”

“噢？这么快，是谁？”两个人都迫不及待地问道。

“咸阳王。”

镇南将军点头，口中嗫嚅：“射声校尉元洛平曾对我说过，他的家室曾经在领军将军于烈内室中见到过。”

“也就是说，这把刀，是从咸阳王处又到了于烈将军的手里？”韩英屏住了呼吸。

镇南将军和御史看着面前奄奄一息的炭火——一个权倾朝野、荣宠无上的皇室王亲，一个手握二十万禁军的帝国骁将——想到这里，两个人同时感受到了一种比冬夜还要冷的寒意。

这个时候，忽然听到议事堂厅的门吱呀一声。

三个人回过神来，同时将目光投向堂下，来人是慕兰公主。

“两位继续谈——韩英，你来一下。”慕兰公主将韩英叫出堂外，行至无人处，把一粒用丝绢包裹的药丸交入他手中，“还家之后，让闻玉设法辨识一下此药的成分，切不可交与他人或说与他人，可记好了啊！”

“任何人吗？”

“任何人！”

“明白了。”

慕兰公主又把一匣从宫里带出来的莲花蜂蜜酥塞进了韩英怀里。

/ 第八章 /

铁幕重围

次日巳时，时近当午。

骁骑将军元越携随从甲骑、属吏一百八十人自城东建春门进入洛阳内城。骑乘前后相接，分两列而驰，头骑持天子所赐巡边旌节，只见队伍严整，好不威风。入城之后，骑队继续飞驰西行，直达太子留台驻地金镛城，骁骑将军携两名亲随入内，觐见太子元恂和等待在那里的咸阳王，向其密奏北方诸镇军政要务。

事毕，元越遣归随从，令其各回宅邸安顿，继而独自南折，进入位于铜驼大街之上的大司徒府。

河阳王府主事薛适将元越引至一处偏厅，厅内有四人在座，分别为河阳王元灿、镇南将军王肃、治书侍御史郦道元，以及元越的同父异母妹妹元慕兰。

薛主事出厅掩门，正立门外廊下。

元越先向慕兰公主点了点头，拱手于在座各位：“府台诸公，末将星夜兼程，过孟津关、涉黄河，午前归京，依例先去觐见了太子和咸阳王，立即便赶来司徒府。”说罢，他将一件封漆密函从身上掏出，“请过目。”

河阳王面色凝重，令其交给镇南将军，王肃当面解封。

说是密信，其实是一份详细的名册汇总，名单之列，皆是皇家禁卫军中的羽林虎贲将官，并有各自籍贯、首入禁军的具体年月信息，自天子即位的太和元年，到今年亦即太和十九年，足有六七百人之多。除名单之外，并无其他只言片语。依河阳王府主事之子、尚在恒州任官的薛绍宗前日所呈送的前事说明，这封名册，便是领军将军于烈在这些年里亲自提拔超擢进入禁军序列的所有名单。如果此事坐实，于烈亲信所涉重要职位如此之多之广，那么今天的禁军虽名曰皇家亲军，实则也是于家数代人经营的家族牙兵。

镇南将军粗粗翻看作罢，慕兰公主主动接在手中，她详细看过，突然间，对这份名册有种似曾相识之感，便不禁轻声自语道："我怎么好像在哪里见过这份名单呢？"

慕兰公主的声音虽小，却被河阳王听到耳中，他依旧面色从容："兰儿，你在哪里见过？

"噢……大概，我也不记得了，我怎么会见过呢？"慕兰公主慌忙答过，停了许久，她抬眼看了看面前这位多日不见的兄长，也许是近因巡视北坂，多经朔风洗礼，眉宇之间更多了一份沉敛，也或许是另外一种无法言说的城府。她又看了看堂上的父亲，这位老迈的亲王似乎仍是往日那副远离军政是非的神情，哪怕他已经被天子诏封为大魏朝廷的大司徒。

河阳王始终没有去看这份名册。

此时此刻，名册正在治书侍御史郦道元的手中。

"骁骑将军，此去劳顿，你辛苦了。"镇南将军开口说道。

"镇南将军，北地为我朝防患之要地，皇命在身，实为荣宠。谈不上辛苦。只是……"元越稍顿。

"阿兄，只是什么？"慕兰公主拿起一只白釉狮纽执壶，为元越续上一杯热浆。

元越将酪浆入口小半杯，叹了一口气："有司各有分工，我并不知晓司徒府为何将此重任交给绍宗与我二人……但我也猜到此事非同小可，定与馆案有涉。"

镇南将军点头："正如骁骑将军所言，司徒府专审馆案，此名册所指人等，源于平城故都，也只有借助于平城旧人，才能将这新老禁军将军的来龙去脉搞清楚。在座的诸位皆知，此名单与领军将军府干系重大。目前所能信任倚重的力量，除了天子专为该案所钦定的诸位新官，也只有骁骑将军这样的皇家近支了。"

"末将明白。我要说的，也正是此事，此去北地，其中一个重要公务是调查在职军政官吏德声民望，据我在恒州派员按察，并亲自采访各阶官吏、诸业百姓，得知恒州别驾于祚在州内早已惹得民怨四起，恒州之民生，自迁都以来，不比以往，百业萧条，又有于祚及爪牙侵夺民产，并私增衙兵衙将，甚至在平城郊外深山密林之中，又设兵甲工场，名义上是为恒州防务提供武备，实则自主采铁炼铜，私造铁兵以供私府之用，并不表与上峰，以大宗铁弓、铠甲与长城之外的胡人交易，所得金钱已累有亿万计。其人气焰滔天，以至当今恒州刺史陆叡无法节制。陆叡目前正在京城，诸公可亲自约见印证。我在恒州多有耳闻，陆府君也几欲脱身恒州刺史一职，实因不堪受其别驾反制。”

听过元越所述，众人一时无人发言。

元越继续说道：“下官还侦知到，于祚以恒州别驾之身份，不报刺史，大力扩建恒州城郊马场，其中各项事务具体经手和养护持有之人，皆其亲信党羽，月前趁刺史陆叡离州，从州中府库中签拨了绢帛一万八千匹，从秀荣川尔朱部手里换得健马六千匹。州中吏民腾议汹汹，皆说陆刺史是来京面见陛下，以求他州另任。”

“近日白鹭曹也侦得洛阳朝中勋贵间多有风闻，恒州刺史陆叡将与定州刺史穆泰调职。据下官所知，天子还未就此对调下诏。”郦道元说道。

“果如阿兄所说，穆泰去任恒州刺史，便可以节制得了这位骄横的副手了吗？”慕兰公主反问道。

元越转向慕兰公主：“妹妹，朝野之事，你尚且生疏。你有所不知，穆泰家族在恒州根深叶茂，如果真是天子准许了这个对调，对于钳制手下别驾，去动些手段，还是可以做到的。”元越继续说与众人道，“我在恒州曾派手下干吏，重金买通于祚在山中所设兵甲造场的匠人，带出了一支锋利箭镞，箭镞之上竟有铭文，所刻之字不禁令人瞠目！”

“什么字？”深坐榻中的河阳王终于发话。

“靖！”

“靖？”慕兰公主好奇。

“是靖国、靖难之靖。”镇南将军缓缓说道。

元越点头。

河阳王忽而拍案：“越儿，真有此事？”

“千真万确，身在恒州之时，孩儿已派六百里飞龙骑，将此箭镞实物呈送兖州行在。”

“靖国？靖难？难不成于祚想打着清君侧的旗号起兵造反不成？！”慕兰公主边思边说。

几位将目光齐刷刷投向慕兰公主，却都默不作声。

又经一番短暂沟通，骁骑将军元越告辞诸位，准备还家，主座上的河阳王伸出手来：“越儿，你扶我起身，这司徒府房舍炉冷天寒，我实在有些挨不了。我与你一同归去宅邸。”

“阿爷……”慕兰公主急忙起身，正要上前侍奉河阳王。

“兰儿，不要担心，我上了年纪，不比你们。有你阿兄侍我回府就行了。你们几位盯紧案子的进展吧。眼看天子就要回京了。”

在众人的注目下，元越扶持着河阳王缓缓向厅门走去。

这个时候，厅门忽然从外面推开，一名白鹭曹将官进到堂下，来人气喘吁吁，只是随便拱手应付了其他诸人，看来事情紧急也顾不上什么庄重的礼节了：“郦御史，出大事了，请你尽快回白鹭曹！”

众人都怔了一下，白鹭曹将官却依旧守口如瓶，只是两眼焦灼地巴望着郦道元。白鹭曹办案，一向超然于京都各王府、朝廷诸台司之外，其职多涉朝廷机密，在名义上只向天子个人直接呈禀。多年以来，无论大小官吏，也早已习惯和接受了它的独特身份。

河阳王挥挥手，示意元越搀扶自己离去。

见此状，郦道元也赶紧起身。

厅下只留下了王肃与慕兰公主二人。

“公主，末将有一事相询。”王肃见公主默然低首，并不答话，继续说道，“下官冒昧，想知道方才公主为何没有回答殿下的问话——您在何处见过这份名册？”

慕兰公主闻言，躲闪开王肃的目光，似乎陷入到了只属于自己的深深思绪之中。

“公主是否发觉了……什么不寻常之事？”王肃认为自己有必要追问此事，“或者觉得郦御史此人不可信？——这点公主大可放心。”

“不。”慕兰公主抬起头来，此时此刻，她的目光中弥漫着从未有过的迷茫，并且夹杂着一种难以名状的游弋和猜疑。

王肃正要再说话，慕兰公主突然说道：“我在于烈那里见过。”

“什么？”王肃几乎不敢相信自己的耳朵。

慕兰公主在脑中整理着那些繁杂的思绪，但看得出来，瞬息之间，她的眼神再次变得明亮起来，似乎在短暂时间内做出了重大的抉择：“我们一直被对手牵着鼻子走，无瞬间喘息之机，有一件事情被我们不得已搁置了起来。将军在三日之前曾告诉我，闻过在生前曾经参加了河阳秋围，在乘马之际脚踝负伤。”

"此事当然重要，不瞒公主说，我这里也调查到一些关于此事的密报。公主先把话说完。"

慕兰公主面色坚毅："此事定然蹊跷，在闻过身上发生这类事情，概率是非常小的，更何况是在护卫皇家秋围的场合。知道该事之后，我即到领军将军府，试图拿到当日参加秋围的所有名单，但是，让我意外的是，领军将军于烈已提前让府中佐吏誊抄了该份名册，其中不仅有皇族子弟和众大臣，还有秋围之后的当晚，在华林园参加游宴的禁军扈从名单，其官职如钾仗都将、朱衣直阁、羽林监、冗从仆射、积弩将军、射声校尉、越骑校尉等，甚至连普通侍卫名单都有！"

"这份名单与当日的扈从名单是重合的？"

慕兰公主摇头："当日扈从秋围的禁卫官兵有两千多人，当晚参加游宴宿卫的有三百多人。今日阿兄从平城带来的这份名单，其中足有四百多人全部在于烈自己提供的那份名单之上。"

"公主是猜测，于烈没有必要主动暴露这份名单？"王肃也悟出了其中的玄机。

慕兰公主迎上王肃的目光，点点头："你说得不错，我怀疑阿兄提供的这份名单有问题！"

对于慕兰公主将自己的阿兄视为怀疑对象，王肃似乎并不感到任何意外。他两手交叉于下颌，慨叹一声："有种说法是，举贤不避亲故——可它与任人唯亲、培植亲信，又有多大的区别呢？事情是同一件事情，就看这话，是由谁来说，怎样去说！"

王肃起身："我们再说回那把弯刀，结合韩英的调查以及射声校尉元洛平所提供的信息，此刀很有可能正是由咸阳王转赐给于烈的。公主，我是这么想的，我们对当前的任何结论都要做一个质疑，我们不能再被对手牵着鼻子走，但是，我们可以将计就计。"

两人面前那尊香气愈浓的博山香炉继续升腾着紫烟。

"将军还没有对我说你那边关于该事的最新进展。"慕兰公主道。

王肃看着慕兰公主，他不确定面前的女子是否能够接受以下的事实："我要说的，正与蒋中尉在河阳秋围之际负伤一事有关……中尉所乘马匹的马镫，是被人为破坏的。"

"啊？！"慕兰公主瞪大了眼睛，对于王肃所说，她虽然在内心早已有了隐隐的预感，但是在被证实的这一刻，她顿觉眼前一黑，她微闭了双眸。她自己能感觉到，自己已经有些累了，有些无力面对了，这短短的日子里，她看到了太多她过去不想看的事，甚至连自己的阿兄都在她眼里变得模糊、可疑。她也更加想念逝去的爱人。

王肃转过身去，推开一扇窗牖，深深地吸了一口冰冷而新鲜的空气，伸出手去，天空中仍不见半片雪花，喃喃道：“腊月已深……”

“王将军，你是从哪里得到的情咨？”慕兰公主很快重整了自己的情绪。

王肃掩上窗扇，回身坐回榻上：“射声校尉元洛平昨日专程来府告诉下官的。自从他自己在家中遇刺以来，开始多方整理收集以往留意的异常情形。蒋中尉在秋围负伤之时，他就已经觉察到了此事的蹊跷，但是由于当时在城外有保护皇家的重任在肩，无暇对此事深究。公主可曾记得，自从你我二人从兖州归京后，元洛平就已经主动配合我们审理此案。其实在半月之前，即蒋中尉在四夷馆身亡之后，元校尉就已经开始私下多方巡查。无巧不成书，他是在洛阳城南铁作场的杂物堆里找到了那只被人为损坏的马镫，我也亲自查验了那只马镫，在断裂处的截面，有很细微的锉刀破坏的痕迹。”

“为何元洛平昨日才向将军回报此事？”

“因为他也是昨天上午才拿到确凿的证据。公主要知道，城南的铁作场并非一般铁作工坊，而是归朝廷武库署所有，平日管理极为严密，尤其是朝廷武官，在没有兵部公文或天子特许的情形下，是不得进入铁作场的。而京师禁军、巡防尉兵平日需要修缮的甲兵装备，以及废弃不用的兵器、马匹装甲等铜铁物件，武库署负责召回，一物一记，以旧换新，清清楚楚。”

“也就是说，直到自己遇刺，元洛平才意识到自己有可能被卷入到了闻过一案中，才去重新启动了对闻过负伤一事的追踪？”

“元校尉所述来龙去脉，恰如公主所说。并且昨日元校尉离府之后，我专程去拜托了兰台的郦御史，差遣白鹭曹的可靠下属对此事进行了重查。昨晚公主入议事堂，见到郦御史在座，其中重要议题，正是郦御史来府反馈此事。据白鹭候官查，元洛平所说不虚。并且白鹭曹还掌握了元校尉在铁作场获取线索的手段。而这一点，恰恰是元校尉本人并未向我说起过的——他手中握有铁作场场监侵吞咸阳王府黄金的证据！”

“黄金？”慕兰公主眉头紧蹙，“铁作场哪来的什么黄金？”

“我最初也觉得怪异……”王肃的声音越来越低，他的瞳孔也瞪大了许多，慕兰公主知道，王肃正在犹豫要不要将所掌握的一切信息分享予她。

“王将军，如你觉得有顾忌，不说也罢。”慕兰公主语气肯定且悠缓，她这话并非埋怨或客套，她已经开始明白，在这座外表辉煌的京城里，没有人会不计代价地给你分享手中的秘密。

王肃轻吐了一口气，似乎是在给自己减压：“下官并非不信任公主，只是对于郦御史向我提供的信息，事关重大，并且，我和他还都不太肯定事情的确定性。因为目前来说，郦御史的心腹佐官韦泓等人，从铁作场场监那里得到的信息也十分有限，尽管候官对拘审这样的小吏向来是有百种办法，我想也正是因为铁作场监的官秩品级较低，所调查对象的身份还没有达到掌握高级别机密的程度。”

慕兰公主点头，表示可以理解。

王肃继续说道：“据白鹭曹对铁作场场监的拷问得知，两个月之前，咸阳王府府吏曾经出面，运送到场内两千斤铜锭，最初说是要铸造一尊须弥天阁殿前用鼎，但事实是，这些铜锭，并没有在该处进行任何的锻铸加工，而是被太子府詹事黄腾之全部熔毁了……”

“太子府詹事？”

“对！黄腾之是太子手下的一名佐官，他有一个身份也是刚刚调查得来，他是天师道的秘传术士。后来，咸阳王府确实如约来人，所来之人，为王府司马慕容阔，其所取之物，被装在衬有稻草和麻布的木箱之中。”

“木箱中是黄金？”

“正是！足有二百斤，马蹄黄金。”

“是有人贿赂咸阳王。”

镇南将军点头：“但数量之巨，着实太过惊人。”

“奈何多此一举，如果我是行贿之人，直接秘密送入王府岂不更为安全？”

“这正是此事的疑惑之一。”

“行贿之人是谁？难道是太子？没这个可能性吧。在铁作场那样人多眼杂之处，不会泄露出半点风声吗？”

“据铁作场场监交代，应为穆泰。”

“定州刺史？”

“正是，在慕容阔取金的前一天夜里，穆泰的心腹牙将趁夜色深沉，将装订完好的木箱搬运到了铁作场内。当晚的场门，正是场监亲自拿钥匙打开的。并且牙将一直守护这些木箱到次日慕容阔前来之时。”

“噢？”

“据场监招供，二人当晚还合谋顺走了几锭黄金。”

“太子的人为什么会参与进来呢？另外，区区一州刺史穆泰，虽位高权重，怎么会蓄积来如此巨额的纯金？”

“太子府詹事为何参与此事，原因尚且不明。但穆氏家族在前朝即获先帝荣崇，出将入相，穆门之风，向来端正，即便诸子弟有门阀庇护，聚集大量田产丝帛，以一门之力，一次性拿出如此巨大的纯金，几乎是不可能之事。”

慕兰公主起身，分析道：“太子府詹事参与此事的动机只能先行搁置。这里还留有两个重要疑点，一为穆泰行贿咸阳王的目的，二为黄金的由来。目前来看，与我们调查的案件并无直接关系，但对朝廷，对天子，却是一件值得重视的大案。想必白鹭曹已经暗地着手追查？”

“是的，昨日傍晚，郦御史已派出白鹭曹中的心腹精干驰奔定州，前去秘密拘捕穆泰牙将。”

“也就是说，黄金之事，并不是射声校尉元洛平所发现，而是由他供述的马镫一事牵连而出？”

“黄金一事，正是郦道元郦御史的功劳。”

“王将军，我以为，对我们来说最为紧迫的是另外两个问题：一者，弄清元洛平的其他供词可靠与否；二者，铁作场是闻过坐骑马镫被发现的地方，为何时隔如此多日，一只小小的马镫，却还能找寻得到？不瞒将军所说，我隐隐觉得，这一线索的发现，似乎没有那么简单，绝不是巧合能够解释得了的！”

面对慕兰公主缜密的见解与分析，王肃不禁表露佩服之情：“公主所言极是。据我所知，这座武库署直辖铁作场，其上峰主管台司，一为尚书台负责制造，而穆泰正是前一任尚书台的实际长官；二为领军将军府负责日常接手场中所造大部分的兵甲器械。这座铁作场，很可能是几方进行某种交易或者合作的重要场所。于烈是被我们列入馆案的第一个怀疑对象；弯刀行刺元洛平一案，则牵涉出咸阳王与于烈的私下沟通；铁作场昨日又被牵涉进来，只一次贿赂，便数涉黄金二百斤，这不应该只是一种简单的政治示好和投靠，背后的势力很可能不止定州刺史穆泰一人。”

“将军是担心，在咸阳王、领军将军以及诸如穆泰这样的地方实力派之间，已经达成了某种同盟关系？”

王肃并未直接回答公主的猜度，而他也非常清楚，慕兰公主这样冰雪聪颖的女子是不需要答案的。他目光锐利，转而说道："公主，时至今日，虽然诸多细节有待厘清，但我们已经可以肯定，中尉蒋闻过遇害，绝对是殒命于一张大网之下！"

对于王肃的这番言语，慕兰公主并没有感到意外，恰恰相反，她之所以去京飞驰数百里，面见天子重启馆案，何尝不是因为心存这份隐隐的猜度？但也仅仅是源自直觉，按她原来的料想，闻过的死因，要么是执行官长命令因公殉职，要么是源自尉内同僚、上峰将官的倾轧或利用，以致替人背锅。事发至今日，让她没有想到的是，此案所牵人物、所涉背景，已经大大超出了她原有的想象力。并且，她也有着自己掌握的宫廷秘密，目前来说，还不能向面前这位将军倾诉，其中原因，她很清楚，一半来自她对猜测的不确定性，一半来自对皇家的维护。

王肃见慕兰公主的思绪飞至别处，起身说道："公主，射声尉的张议你还记得吗？"

"嗯，记得。"

"一个时辰之后，他会来司徒府，公主是否一同面询？"

"噢，我们及时相互通报情容即可。我要去四民药局见下闻玉，汐月已经帮我去约了她，她已等我多时。我有件事情托付闻玉，"慕兰公主边说边往厅门走去，"我也有一事正在追查，如有进展，再如实向你通报。"

"公主！"

慕兰公主应声止步。

"你也要多加小心。"

"噢，"慕兰公主心头竟有种说不出的酸楚，她开了厅门，望着凄冷晦暗的天空，"将军，似乎要下雪了，你添些衣物吧。"

慕兰公主离去之后，王肃回到自己的府内寮房，重新坐回到案几之前，他铺平一张干净的麻纸，蘸了笔墨，在纸上的不同位置书写、标记着一些简洁且奇怪的符号。这符号，只有他自己才能看懂，本是在军中为谋划推演军事部署，自己发明的一系列秘密暗符，自从被天子派回京城追查馆案以来，却成为他分析、标记案件要素的得力工具，这些符号，有的代表着地点，有的表示人名和事件。他时而眉心紧锁，时而陷入沉思，时而在这些符号之间画上交叉的线条，或者进行彼此位置的调整。

其间，他在几个标记的周围，重重地画出了几个圈。而这被圈中的符号，实为人名，是被软禁在燕然馆中的柔然王子郁久闾洛伦提供的见客名单，以及言及的可疑事件。前日深夜，他只身前去燕然馆，秘密会见了这位案件直接关联人。

当初在兖州，得到钦理馆案副使一职的任命之时，天子特别把他单独留在行在内殿，交代除非案情必需，或案情毫无进展，切不可贸然提审柔然王子。天子的顾虑，作为镇南将军的他，自然是明白的。天子虽贵为大朝天子，所需要顾及、顾虑的事情太多，哪怕是面对一个实为在京作质的藩国王子。一方面，他需要维持自己作为大魏君王的威严与神圣；另一方面，也不能过度刺激这些在表面上归诚投靠的亲魏力量。两者的关系是微妙的，也是脆弱的。从法度而言，馆案一事，柔然王子手下家臣已服罪被斩首，而王子及柔然胡廷至少在表面上并没有对这一判罚发出任何不服的声音，但是在他们的默然和表面的臣服之下呢？如果进一步对柔然王子施压，或者让对方单方面有不安全感、有进一步被责惩的预感，恐怕都会在宗主与藩属之间形成相互的猜忌与隔膜，甚至是再一次的失和与叛离。

而早些时候，王肃之所以决定秘密前去亲自面见柔然质子，是建立在自己的一番逻辑判断之上的。

他虽然此前身为镇南将军，总理大魏对南方淮河、义阳一线军务，但是在他的幕僚中，也有来自北方背景的军曹参军，在麾下的甲骑部队中，就有久居北方边镇的将官，甚至编有两千名来自铁勒地方和叛逃柔然王廷的胡人军士。

据朝廷掌握的情咨，身在洛京的柔然质子郁久闾洛伦，在柔然诸王子中最为倾慕汉仪，在漠北便以熟读《汉书》有盛名，柔然可汗前年开始学中原定立年号，便是出自这位王子的建议。而在柔然王廷之上，归附中原、与大魏通好的提议，也是出自这位王子的首倡。在柔然可汗诸子中，他也就成了代表柔然归化大魏的最有力人选。但这位王子在柔然内部又面临着诸多的敌对声音，这个马背上的王帐中的太多部酋、领主对郁久闾洛伦王子极为敌视，认为他受了中原教化的毒害，正在邪恶地从血脉和神性上颠覆柔然的伟大传统。

王肃想到这里，对于天子叮嘱自己不要过度施压于柔然王子的缘由，理解得更加透彻了一些。当今的天子，背负大魏王朝百年基业，毅然去北地平城而就嵩洛腹地，效法成周、光武，择天下之中而兴国，何尝不是一个扩大版的柔然四王子？两个人内心的某些部分，也许是相知相通的，于大魏朝野，最能理解这位人质王子压力的人，或许就是当今圣上元宏。天子对此事的小心谨慎，不禁发乎于维系中原朝廷与北方胡廷的关系，也是对这位亲魏慕华柔然王子的爱护。

王肃最终决定约见柔然王子，也是遵照了天子所钦定的一个标准而定：随案情进展，如有足够证据显示，案涉人员为三公、开府、勋贵、一流门阀者，才可择机面询郁久闾洛伦。因为一旦涉及这个层面的朝廷大员，就必定是事关朝廷安稳的大事。

而目前的这些被怀疑对象品秩之高、权势之隆，已经远远超出了天子当初给自己设置的标线，任意一个，都是支撑帝国大厦的一根粗大梁柱。

王肃最终在白鹭曹的提前沟通、安排下，见到了那位面色灰白的胡廷王子。很明显，郁久闾王子已是多日没睡过好觉，他身边的侍卫也被严禁出入燕然馆，区域周边警戒人员已全部被秘密换成了白鹭曹和司徒府的眼线。

王肃注意到，在郁久闾王子房舍内的案几一侧，摆放着一卷东晋葛洪的《抱朴子内篇》，此情此景，让王肃不禁心生感慨，该书著作者葛洪，虽谓研精道儒，学贯百家，但该卷文字，却也是内容庞杂，不在传统儒家经典之列，甚至为不少当世中原士人所轻视。想必读书已经成为这位慕华王子的唯一排遣方式。

更让王肃大感疑惑的是，虽然郁久闾洛伦在谈话间透出一种应有的焦躁感，但这焦躁，又不像是源自他对自身安危的顾虑，而更像是对于馆案被害者蒋闻过的关心。

郁久闾洛伦不经意间轻声说了这样一句话，而情急之下又急急摇头否定了自己的推测："将军，我感觉，蒋中尉应该，并无害我之意……"

郁久闾一番踟蹰之后，王肃意识到对方透露了一条重大的信息，见其闭口再不愿多谈，便也不再做无效的追问。

王肃自在南方齐朝，少年时代，便以诗书名传江左，自是对《周礼》《汉书》烂熟于心，便与郁久闾王子交流起前朝兴废、君臣相宜的心得。二人的关系变得熟络了许多，郁久闾洛伦对他便不再像初见那样排斥，但也没再对馆案一事提供更多的有效信息。

不知过了多久，王肃寮房的门扉被轻轻叩响。

应声而入者是韩英。

王肃站起，轻拍韩英肩膀，说道："你事情办得很好，我已经得到消息了。郦御史半个时辰之前被白鹭曹候官叫离司徒府，想必也是因为此事。"

"嗯，这个时间，人应该已经顺利出河南郡地界了。只是，这白鹭曹一向行事隐秘，无孔不入，为何直到近午时分才发觉？"

王肃略有思忖，而后说道："我昨晚已经与郦御史通报了此事，如果没有郦御史从中帮忙，当然是不会如此顺利的。余下的事情，就要看你托付的护送之人是否得力了，你要明白，此事，司徒府不宜出面实施。”

“属下明白。护送之人乃京城豪侠，办事很是利落，这一路上都有他的眼线提前打前站，不会有问题。”

听到此处，王肃言道：“嗯，明白。告诉他那路引碟书实为伪造的了吗？”

“是的，依将军的说法已经叮嘱过，他们带了足额的金银在身，如被地方官军识出破绽，靠他们多年的往来贩货经验，可以顺利脱身。”

见镇南将军仍是心有顾虑，韩英拱手：“将军尽可放心，如有万一，此豪侠一定会全力护主，并独自承担一切罪责！”

对于执行护送任务的人选，王肃见韩英不愿多说，也就容许了他保有这份私人秘密。

此举，对于王肃，不啻为一场人生豪赌。

赌赢，则可能全盘皆赢；赌输，则必定满盘皆输——此事将导致自己的政治生命和身家性命彻底被交待掉！

就在昨日深夜，他私自放走了被软禁中的柔然王子。

“将军，我此来是有另外一事相禀。崔宪遇害当晚，他所乘踏雪白额马的行踪搞清楚了。”

“噢？这么快？”王肃把韩英让于榻上。

“不仅通过此人弄清了白额马的行踪，崔宪归城当晚，他也是见证人。”韩英无法再掩饰自己的急切，“我阿爷是被人栽赃的！”

“你且细说。”

“将军，崔宪当晚自关津归城之后，曾经在城西青阳门外老槐之下，买过一张馕饼，已经找到了那位卖饼的老迈胡人，此人就寄居在四通大市一处残破街巷里。卖饼老人对崔宪的印象极其深刻，说是当时崔宪神志颇为低落，并且行走颇不灵便，半边身体都是污泥尘土，左臂也好似受伤不能动弹。”

“如此说来，崔宪在城内遇害之前，已经在城外受过一次伤？”

韩英点头：“老者虽心生惊吓，但他看食客的甲装马具，已经判断出崔宪是官家之人，便不敢多问，也不敢多想。直到崔宪付了铜钱之后——老者还清楚记得，崔宪所付铜钱，是朝廷在十月刚刚铸造的太和五铢新钱，而此钱还未大量流传市面，作为俸钱本月月初才下发到禁卫将士手中——崔宪将身上所携的几十文五铢钱，全部给了老者，老者直说给钱过多，崔宪却坚持让他将铜钱全数收下。卖饼之人之所以随后尾随崔宪，也正是感怀于崔宪的善意，当时天色已晚，崔宪带伤独行，老者颇是担心。”

“你继续说。”王肃预感到，一个重大的线索似要来临。

“老者尾随崔宪身后慢行，过了御道，再行数里，里坊之间，已是人迹极罕，一直到了一条狭小的坊内小道，崔宪踉踉跄跄，停在了一座颇为偏僻的小宅门前。此处正是他的宅院，见崔宪先是叩门，老者推测，应是待家人从宅内开门。他见其平安归家，也正要离去，却有两个身影出现在了崔宪的身后——老者直到今日还记得随后那一声重重的闷响，其中一个身影，用刀背从崔宪的后脑将其击昏在地。崔宪倒地的同时，一辆马车从斜道驶出，两人将崔宪扔到马车之上，迅速消失在夜幕之中，而两个黑影直冲老者所藏身的小道对面而来。老者心中大叫不好，顺势躲到身旁的一棵枯槐之后，偏那枯槐树并不粗壮，只遮住了他大半个身躯，且那两个黑影之步伐沉着不乱，越来越近，正当他后悔惹上大麻烦之际，忽然那匹白额马嘶叫了一声，这叫声传来。正是在两个黑影距离树身两步之遥时，也是两个黑影双双循声回头望马匹的同时，两人已经走过了老者。正是这一声凄厉马嘶，头顶上的隐晦弦月救了这位老人。老者却分明看到了他们的装束——他们穿着和崔宪一样的禁军甲胄。”

韩英所述情景，在王肃的头脑中清晰地回现着。

韩英忽然抓住王肃的手臂，央求道：“将军，您出面，去廷尉府，让他们快快放了家父吧，韩英求将军了！”继而，韩英伏身两膝跪地，难抑呜咽，“将军，你还没有看出来吗？这是他们禁军内部的杀戮！这与家父无关啊，阿爷是被他们栽赃陷害的！将军！”

王肃见状，连忙抬手托住韩英的双臂将其扶起：“韩英，你快起身。”

韩英的泪水终于无法控制：“将军，你可知道，二十年前，在敦煌关道边，韩英是一个就要被秃鹰野狼啄食的孤儿，如果没有阿爷将我抱起，我早就是一抔枯骨残渣。二十年来，阿爷视我如亲生，而今阿兄遇害，阿爷遭诬，韩英不忍，心里疼啊。韩英虽然愚钝冲撞，但是知道阿爷为人一向老实本分，他怎么可能去谋害别人呢？将军如能将阿爷救出，韩英愿意侍奉将军于鞍前马后，效万死而不辞！”韩英已是泣不成声。

王肃将韩英扶回榻上：“韩英，你大可放心，对于营救前将军，我必将使出全力。前将军素来恪于使命，朝野共知。救出令尊，不仅关乎其名节安危，也是馆案的一个关键。就你方才所述的系列证人证言，救前将军从廷尉府监牢脱身，已非难事。所以，最终救出前将军的其实是韩英你自己，而不是我。唯此卖饼胡人，目前安在？此人安危，切不可出了意外！”

韩英慢慢拭去泪痕，转而沉毅说道：“将军，韩英已将该做证胡人安顿至可靠之所，并有亲近之人严密防守，不会有任何纰漏。将军以为，目前情形，我们是否该将此证人交予廷尉府，一旦交出，是否会有不测发生？”

王肃一边听韩英禀报，一边点头：“你考虑得非常周到。”但是他对韩英这个年轻后生在洛京之内竟有如此大的能量也颇感惊讶，而此时此刻，显然还不是追究原委的时机。

韩英也从王肃的眼神之中读到了一些信息，他再拱手道：“将军，只要能救出阿爷，只要能为阿兄洗雪冤案，韩英愿意付出我所有的一切。”他目光也变得忧郁起来，“对将军，韩英本心也无任何曲折隐瞒之意。韩英为人，昭昭如月，只是，有些事情、有些人，生来便背负更多，也需要还偿更多吧。韩英今日在此立誓：无论如何，我不会做任何对大魏朝廷、对洛阳黎民有愧之事。我会永远是将军的忠实部下，是阿爷的儿子。”韩英的话音开始颤抖。

王肃再次拍拍韩英的后背：“韩英，你不要多想，也许是我的反应让你有所误解，我并不担心你隐瞒什么私情。韩英之忠直，有乃父前将军之恪严之风，这点我是心中有数的。”王肃将案几上那张写有秘密字符的麻纸收起，“你刚才说二十年前，你是一个孤儿，我何尝不是？你对我的家世一定也有所耳闻。无论大漠南北，中原胡越，之所以今日我们能一起坐在这座洛阳城中，与十万户洛阳百姓共同忠于天子，是源于同一个原因……”

韩英看着这位历事南北的将军，听他继续缓缓说道：“南北之间，所争的什么大义名分，华夏血脉，这些固然重要，但它其实都是表层的。归根结底，只有一个原因，那就是我们都知道，这位天子，这个王朝，它担当着、寄托着我们这样颠沛之人的内心渴求，你我之人，与街市上的卖饼胡人，之所以都钟情于、栖身于洛阳神都，是因为我们相信，普天之下，这座洛阳城，是最有可能给我们一个‘安’字的城池，一者身家性命之安，二者生计存活之安，三者内心良知之安宁。你与我，就是维系这个‘安’字的力量，共同承担着除危转安的使命。我相信，你家阿兄蒋中尉之英年早逝，也撇不开这个使命。无论如何，韩英，你一定要注意安全。安危之间，层纸之隔，不论是这盛世王朝，还是一座城池，它的安危转化，在一些特殊的时刻，很可能只是系于几个人、几件事。”

韩英拭去泪痕，凝重点头。

王肃知道，有些话，韩英听懂了，有些话，他还没有懂，这需要时间的磨砺和经历的洗礼。正如韩英的有些事，他知道，有些事，他还不知道。而对于牵涉个人心灵深处的必要隐私，无论时间如何过往和继续，都没有必要去深究。

“韩英你大可放心，我已有安排，待我面见过咸阳王，今日日暮之后，你携司徒府署吏，亲自将证人直接交与太尉府。”

“交给咸阳王？”韩英大惑不解。

“正是。”王肃胸有成竹，“据我所料，前将军不出三日，必可全身出得廷尉监牢，但还无法官复原职。有一点你要很清楚，目前我们所掌握的一切，只能证明崔宪之死，乃禁军所为，这一点可以排除前将军的杀人嫌疑，但是，前将军却无法说清当晚他到底身在何处！”

也许每个人都有自己的秘密，正如自己，哪怕是阿爷这样的坦荡之人——韩英终于长长地舒了一口气，阿爷能从监牢出来就好，官复原职与否，已经非常不重要了。

镇南将军主簿进到寮房，禀报道：“将军，射声尉张议求见。”

“让他直接来这里。”王肃将所有文牍收起，归入铁柜。

韩英辞别王肃，避开耳目，再次来到四通大市，来到朱耶将军的染坊后院，交代他加派人手，在日暮之前，务必保证胡人老者的人身安全。

慕兰公主出司徒府之后，北折西行，穿西阳门，过白马寺，进洛阳西市。

洛阳西市与城南的四通大市、城东金市，并称洛京三市。西市南临延酤、治觞二里，南抵调音、乐津两坊，北依四民药局，其内乐坊食肆林立，亦是一番热闹异常的景象。

慕兰公主择路曲折而行，进到一处二层酒庄。

这酒庄，是河阳王府出帛六百匹，由王府主事薛适安排人手打理的。

河阳王府的仆役下人、家眷亲戚众多，又有部曲之家无论老小，随殿下从平城南迁入洛，有些故旧亲属的生计还没有着落，就全仗着殿下一人的接济庇护而过活，河阳王又多年不在朝任事，朝廷所给俸禄、天子所赐恩赏虽称优渥，但比起那些出将入相的王公门第，河阳王府的花销就紧张了许多。薛主事在河阳王面前说了好多次，殿下才勉强同意由他出面在西市买了一处两层楼舍，经营起这座酒庄。薛主事心思缜密，安排得法，酒庄经营，既在店内设筵揽客，又辟出门面，专门临街外售酒水，生意很是不错。与其他酒家多经营河洛本地的佳酿不同，这处酒庄以恒代旧地老酒“平城酿”为招牌，每隔十日，都有十几辆弥漫酒香的大车从平城前来供货。

慕兰公主特意让汐月把闻玉约至此处。

公主来到二楼一小隔间内，二人已经等候多时。她先推开窗棂，西阳门前的巍峨双阙遥相可见，楼下街市人流如织，熙熙攘攘，大略看过，没有可疑人员。

公主掩窗回榻，用期盼的眼神看着闻玉，见她眼中布满血丝：“妹妹，劳累你了，有结果了吗？”

“弄清楚了，慕兰姊姊。”闻玉将半粒用黄纸包裹了的药丸递给慕兰公主，“韩英给我说了之后，我即开始着手，切掉了一半融水煮沸，又作沉淀、尝食，对比了既知的药材、药性，目前已经知道这里面的原药材有十几种。”

“这丸中都有何种药草？”慕兰公主迫不及待地问。

“此丸，为蝉蜕、红砒、细辛、薤白、甘草、马兜铃、昆仑黄等合煎炼制而成。如果用量恰到好处、炼制得当，是一味救人的良药，尤对体虚长病的妇人而言，可治蓄弱喘冷哮、肺气喘促之疾。看这配方，不是多年经验的能医圣手，是万万不敢开出此方的。”闻玉边说边点头。

“此话怎讲？”

“这其中的红砒、昆仑黄本为毒物。”

“啊？！”旁边的汐月惊讶地叫出声来，“这……”

慕兰公主却并不感到意外，她抬手止住汐月：“你且细说，为何又说这药方是一味妙方？”

闻玉娓娓道来：“红砒，其药性近砒霜；昆仑黄，即我们常说的石硫黄。砒霜、硫黄之物，非圣医妙手不敢贸然用此两药合煎。”

“砒霜可是剧毒之物啊。”汐月咋舌，小声说道。

慕兰公主心生疑窦，无论如何，在宫中，是没有任何御医敢在后妃的药方中施加过量红砒的，一旦追查起来，即可真相大白。

闻玉继续说道：“我已查验，这红砒的用量倒是微乎其微，其施药比例，合于药理。而这昆仑黄一味……却大有文章。”

二人凝神来听。

“昆仑黄，味甘，多为外施之药，凡用以内服，可坚筋骨。但须以紫浮萍同煮，消其火毒，阴虚火旺之人及体弱妇人是万万不可服用的。于常人来说，如过量服用，可伤阴动气，损伤肝肠，甚至可致心腹绞痛而死，其药理，实为麻痹脏器而亡。而它的毒性，却往往是为普通医者所难以把控。在前朝术士所炼丹药之中，述其毒物，古人往往只关注锻砒之剧毒，却忽视了其中石硫黄的毒性。前些日子，药局前辈从药库专门拿出石硫黄，给医徒班详细讲解过，四民药局就存有一批石硫黄，有机会带你们过去看看。”

汐月的眼睛圆瞪起来。

一股抑积许久的气息从慕兰公主的心腹缓缓发出。当朝皇子之生母、后宫贵嫔高照容在病中所服药丸为剧毒之物，这毒药，又是宫中御医所呈，而众侍御师，一向为皇后冯氏所统率把持控驭。

高照容之垂死，即真相大白于此刻。

说来奇怪，对于这样的结果，慕兰公主却没有丝毫的意外之感，甚至正是因为已有这样的怀疑，她才从高贵嫔处拿走这粒药丸。她甚至猜测，在高贵嫔的寝宫之中，一定有皇后冯氏的耳目。

“公主，这药粒你从哪里得来的呢？与正查的案子有关吗？”汐月难掩好奇。今日一大早，公主就吩咐她在午后想方设法将闻玉从四民药局中约出，汐月假扮了普通苦寒人家的女眷，只说是需找一名女医上门诊治染上风寒的小姑，药局前辈都不愿为此小门小户之家的小疾出诊。汐月指点了在旁边煎药的闻玉，因闻玉入局时短，人也勤快好学，药局掌柜乐意派她接应此事，这一切倒正合了汐月的既定计策。但汐月将此问话说出之后，还是有些后悔，她本不该如此唐突，她知道，公主不说，自有她不说的道理在。

慕兰公主确实不能说。

“公主！”闻玉忽然提声。

这一声惊醒了沉默的慕兰公主，她的一只手已经被闻玉紧紧地攥在双手里，闻玉似乎举棋不定，欲说却又休。

“怎么，妹妹？”慕兰公主伸出手去，将闻玉的一缕头发拢向耳后，心疼地看着闻玉，“你是不是觉得，姊姊丢开了闻过的案子？”

“不，不，我……”闻玉的声音开始发抖起来，“我还不确定……”

“不确定什么呢？”慕兰公主耐心问道。

闻玉似乎做出了一个重大的决定，她两只眼睛满含希望地看着公主：“姊姊，你是否还记得，前些日子你从兖州回京，来到我们家中，还给我带了海产，那一日，有一件小事？”

慕兰公主一边点头，一边回忆搜索着。

闻玉从怀中掏出一卷残本，递到慕兰公主手中：“这卷书册姊姊还记得吗？”

慕兰公主接在手里，见是一卷残旧的《神农本草经》抄本，她恍惚间似乎也想起往日某事。

闻玉继续说道：“姊姊，你展开这书卷，看下我标记的那一篇。你还记得我埋怨韩英随意折我医书吗？而当时韩英却答我，这书纸似乎并不是他折叠起来的。你看标记的那一篇写的是什么？再看它上面，留有很清晰的旧折痕。”

慕兰公主轻易找到了那因为岁月久远、纸张已经薄如蝉翼快要断裂的一篇，她定睛去看，该段纸张上面，所抄写阐述的，正是关于石硫黄的药效特性说明。她大吃一惊。

不等她思虑更多，闻玉摇着她的手臂，突然道：“这段书卷，一定是阿兄折下的！”

慕兰公主和汐月一脸的愕然。

闻玉赶忙解释，她有些上气不接下气的感觉：“姊姊，姊姊，你想想看，这书卷既不是我折叠的，也不是韩英折的，而阿爷却从来不知道我在家里鼓捣些什么，也是不可能有空来翻我的医书的。这必定是阿兄折的，是阿兄生前专门折住了石硫黄这一段！”闻玉边说，边嘤嘤地哭泣了起来。

慕兰公主将闻玉揽在自己的怀里。

闻玉抽噎着：“姊姊，我怎么能怪你呢？怎么会怪你呢？我知道……你是为了阿兄好。如果没有你让我查验这药方……我也……我也不会再回来细看这医书的……”

旁边的汐月也跟着难过起来。

轻抚着怀中的闻玉，慕兰公主偷偷抹去了眼角的泪珠，她需要保持最大理智和清醒，她不要再让伤痛吞噬自己的体力和能量。她在头脑中一遍遍地梳理着这些毫无关联的片段和线索：难道闻过的死，正与这石硫黄有关？与贵嫔高照容被人在药中下毒有关？难道射声校尉的将军们、禁军的一部分人，卷入了皇后与高贵嫔的争宠纠葛？难道闻过成了一场宫廷阴谋的牺牲者，或者参与者？又或者是射声中尉蒋闻过发现了冯皇后手下的阴谋，而后被害，被栽赃？

这一个个、一串串的疑问，在慕兰公主的头脑中冲撞着，交织着。

“闻玉，”慕兰公主忽然想到什么，她将嘴唇上还带着鼻涕的闻玉从怀里移出来，两手抓着闻玉的双肩，“你刚才说，你在四民药局发现存储了大批石硫黄？”

闻玉想了下，点点头：“是啊，也只有药局才会有此物的。前几日药局前辈专门给我们讲了它的药理药性，还分给每人几钱，让我们嗅闻、尝食，并和浮萍炮制。”

“药局那边有多少石硫黄？”

“几十斤，几百斤吧，上千斤？”闻玉蹙了眉头，对于道路的远近，物件的轻重，方向的南北，她像很多小姑娘一样，都不大能搞得清。她摇摇头，知道自己说得有些不着调，“在干燥防火的库房里，是用麻袋装着，放在铺满稻草的木架上，一层一层码着放呢，得有这么多。如果拿汐月这样的个头儿来说，那盛装石硫黄的麻袋，垛得很高，得有她站着的两人多高；宽呢，是她躺下来，头和脚接起来，三四个人那么宽；长呢，四五个人那么长。在库房里可占了不少地方。当然，库房也是很大的，在里面有各种各样的药草、药石，也有红砒这些了，在那库房里走，能让人迷了路。”

慕兰公主赞许地点点头，转而对汐月说道：“汐月，你且去到楼下柜台，取来笔墨和纸张。”

“闻玉，你是否能将库房在药局中的位置，还有石硫黄在库房中码放的方位画出来？不需要非常精确，凭着记忆写画就好。”

“嗯！”闻玉肯定地答道。

汐月从楼下上来之后，闻玉很快就按慕兰公主的交代，将一幅差强人意的路线图画了出来。

慕兰公主把路线图给了汐月：“能看懂吗？”

汐月闻言，皱着眉头与闻玉交流了些具体的方位和路线问题。过了一会儿，汐月对慕兰公主说道：“可以了。”

慕兰公主满意地点点头，对闻玉道：“妹妹，你先回吧。记好，切不可将今日之事说与外人！”

“明白的，慕兰姊姊。唉，真是技多不压身呢，我要跟着阿爷学过绘画就好了……”闻玉怅然若失道。

慕兰公主微笑：“闻玉，你学医这一项，就已经立了大功了。我相信案子会因为你发现的这些线索，很快水落石出！”

闻玉带着满腹的将信将疑离开之后，慕兰公主对汐月吩咐道：“今夜，你潜入四民药局，弄清楚闻玉所说的事情，最好能带回来一点库房存放的石硫黄，不需要多。前提是，不要留下任何痕迹。你多加小心。”

镇南将军王肃与射声尉尉士张议独处之时，已是午后申时。

张议对镇南将军施军礼：“将军，我本可以按约早些前来，元校尉逐个约见射声尉卒问话，了解大家的近日动向，即便今天是我轮休假日，我也不能脱身而出。”

射声校尉元洛平近日在宅邸险遭不测，而对其行踪了解之清楚，莫过于身边的射声尉将士，对于他的这番谨慎和过度慌张，王肃倒也可以理解：“你且坐下，有何事相禀，但请速说。”

张议并未入座，反而跪于王肃膝下，拱手说道：“将军，张议实有欺瞒将军之罪，上次在司徒府觐见将军，我并未将所有见闻之事悉数交代于您。”

王肃并不吃惊，他缓缓屈身，单手扶起张议：“如此说来，张君日前定有难言之隐。”

张议一脸愧色：“谢将军宽怀，张议之所以上次有口难言，是因为属下实在只是一名小卒，无意也不敢介入将官纠葛。”

王肃为张议倒上一杯新煮的清茶：“今日又为何决议全盘倾吐于我呢？”

“望将军恕罪，一者射声中尉蒋闻过在生前待属下实为不薄，多有照顾；二者前中尉蒋闻过、现中尉崔宪及校尉元洛平纷纷罹遭喋血，两死一伤，此系列案情，绝非毫无关联，我只恐怕射声校尉已成为重弩之的，将官纷遭陨落，而真正的幕后显宦还逍遥法外。”张议迟疑了一下，斜目看了一下房门，“实不相瞒，我更怕，怕我自己也身遭不测！”

王肃将茶盏推到张议面前：“接着说。”

“其实我当时就在射声尉公寮之内。”

“是何时？”

“已故中尉蒋闻过与崔宪争吵之时。”

王肃轻轻点头。

“属下……”张议仍是吞吞吐吐，“在两人入房之前，属下是被上峰将军派去校尉公寮的。我并无意窃听他们的谈话。”

“是哪位将军派你去的？”王肃不疾不缓。

“……领军将军。”张议依旧心有余悸。

“噢？”

“属下本无资格私自进入公寮之内，此公寮为校尉、中尉的共用公干之所。但领军将军私下找到属下，要属下去寮内窃取射声校尉的虎纽铜印，在一个城门通行关牒上用印！”

“为何要用射声校尉之印，又是什么样的关牒？”

“将军未在禁军任职，大概对禁军各尉具体权责有所不知。洛阳诸城门之通行权，除去正常的商贾物资往来，须相关台司用印放行，但需要缴纳足额关钱，涉及朝廷的军马、辎重等物，则用朝廷兵部特别关防印鉴，即便太子留台或太尉府也不可徇私放行。其中大要，关乎朝廷税赋，为军国大事。而只有禁军五尉之印所证之物，因事涉皇家宫廷，多为地方奉献、藩国贡物，并有各尉担保护送进城，不涉商贸，才有免税放行之特权，但所运之物，皆入皇宫内府，监察甚密，后由天子、皇后择机赏赐与诸公侯功臣或耆老困苦之家。而领军将军让属下私盖校尉之印的，却是咸阳王府内从西域购得的大宗货物。”

“哦？”

“如果经正常手续，西域胡商经税官一道加税，必定是将此钱又加至货款之上。”

“原来是这样。”

张议提醒王肃：“将军，属下更担心的是，这躲过了朝廷税官稽查的货物，不仅漏缴了朝廷应得之税，也躲过了正常的安防审查。将军一定知道，如战马、刀剑、弓弩、鹰隼、巫邪等非常、奢望之物，是被列入民间贸易禁止之列的。而只要有了五尉的任何一尉用印行，对于往来城门的大小宗货品、活生动物，不但税官没有征税之权，城门尉亦无稽查之权！”

王肃稍思片刻，转而问道：“于领军为何找上你？”

方才还是侃侃而谈的张议立即变得嗫嚅起来：“因为，因为……于领军对属下多有私恩赏赐……我家在洛阳的宅地和城外的田产，皆是于领军特意安排落实的。他要我……要我多多留意射声尉的一切动向，尤其是校尉、中尉等高级别将官。”

“除了窃印之事，你还为他做过什么？拣关键的说吧。”

“还为他侦察禀告过元校尉、蒋中尉等人的日常行踪，比如常去的酒肆、乐坊，还有他们不在值的时间内，经常会见的友人名单。”张议继续面露难色，“王将军，您要知道，于领军是禁军最高统帅，属下实在……即便没有俸禄之外的诸多私下恩赏，于领军有令于我，我也不能不从命啊！”

“这个我明白。”王肃拍拍张议的肩膀，“咱们说回来吧，当日蒋、崔二人的争吵，你是如何撞见的？”

“二人进门之前，我正伏身在地上盖印，听到门外传来急急的脚步声，我就躲进了寮房内给铜人围披的布幔之后——这尊高大铜人乃先帝赐给射声校尉的镇尉之神，是征伐大夏国凯旋缴获的神物。”见镇南将军颔首肯定，张议便继续说道，“听那动静，二人进门之后，有很久的沉寂，想必是二人怄气了一会儿，又听得寮门被关。才听到崔宪先说话，他压低了喉咙对蒋闻过说，不要过度参与于领军和元校尉的争权之事，蒋闻过并没有反驳他，他就继续说，你今夜千万不可去四夷馆，那样只会成为领军将军的牺牲品。蒋闻过则说崔宪太不了解他了，并质问他为何半途变节。崔宪则说，刚开始只是以为于领军有意提拔你我二人，不想咱们越陷越深，这些对于我们来说是不可控制的，我们要及早收手，抽身出来。说到这里，蒋中尉撂下了一句话，要崔宪好自为之，就出门了。——大概也就是这些了，可能有些话记得不是太准确——后来就剩下一个崔宪在房内叹气。想来他也是没有办法，直到好大一会儿他才离开。这后来的事情，也正如崔宪所预计的，蒋中尉把性命丢在了四夷馆。”

“这次，应该都说了吧？”

“那是自然，我怎敢再欺瞒将军？将军一定要为属下保密，无论是领军将军还是校尉元洛平，这两个我可都得罪不起啊。”张议咽了一口唾液，眼中带着难掩的恐惧。

“你可曾对元校尉说过上述事情？”

张议直摇头：“我怎么敢呢？我不想步蒋、崔二人的后尘。我想活着。将军！”

“知道了。射声尉之内，有任何新情况，随时来报告。”镇南将军肃然道，“你中间说错一句话，我帮你纠正一下：于烈，他并不是禁军的最高统帅，禁军的最高统帅，是天子！也只有天子，才是你最大的靠山。”

入夜，白鹭曹六位上阶候官，及新任白鹭曹中兵参军事慕容敬，一起被秘密点入咸阳王府。

王府司马慕容阔手携一柄长槊，伫立正堂，堂下七人低头不语，他将长槊忽然投掷到众人之前，槊尖入地，足有三寸之深，寒光闪烁，连带槊尾的铁柄反复晃动，发出一阵骇人的“嗡嗡”声。慕容阔忽然大发雷霆：“我苦心经营十余年，养兵千日，你们连一个小小柔然王子都看不住，你们连城头的城门尉卒都不如，还当什么白鹭候官！”

其中一人开口辩解：“大人，事发之时，我们都去了龙门关阙。”

“你们一个不落都去了吗？你们那些平常豢养的心腹呢？！”慕容阔走上前来，左右开弓，给了辩解者两记响亮清脆的耳光。

余人再也不敢多言。

辩解者捂住脸颊：“大人，您听我说，是穆泰给我们提供的消息，前去索获南朝细作，据查，在龙门阙索获之人，与镇南将军王肃多有勾连，王肃有里通敌国之嫌！”

“什么？”

“所缉拿之人，正在白鹭曹接受拷问。此案很快即可告破。”

慕容阔听罢，看着辩解者问道：“所说当真？”

“千真万确。”

慕容阔侧身背手而立，思索了片刻，转过身来，先前的厉声稍有缓和：“将功补过，犹未晚矣。慕容敬，此事你重点参与其中，一有消息，立即禀报！你要动动脑子，尤其要借用与韩英那小子的交情，套出司徒府的信息来！”

“是，大人。”慕容敬拱手应命。

慕容阔用凶悍的目光扫视了一遍众人：“都抬起头来！”带着一副阴冷的神情道，“放手去做，不要怕死人，不要怕株连！”

/第九章/

中丞定策

一夜之间，柔然王子逃离洛阳的消息不胫而走，并沿着铜驼大街东西双向、御道南北两翼迅速蔓延，在高级廷臣和后宫贵嫔那里都炸开了锅。柔然胡廷必定借此撕毁藩属协议，再次对大魏开衅，将在北坂之地发生新一轮战事的推断，笼罩在人们的心头。

私下里，那些在北方前沿六镇尚有亲朋故旧的大小官吏，立即铺纸修书，差遣信使火速北上，将全力备战或输送家眷来京的提醒尽快传达给他们。而北方诸州在京的驻官们，也都在得到传闻的第一时间，各派飞马离京返州，通知本州刺史镇将。

截至该日午前巳时，已有数百骑从洛阳城东面的青阳、东阳、建春诸门飞驰出郭，绝尘北去。辰、巳之交，甚至有隶属各家豪门大族的北上骑兵堵塞拥挤在建春门门洞之下。他们各不相让，争相扬鞭催马，平时熟识的信使尚且彼此相视一笑，会意体谅；那些效忠于更高权贵甚至诸王、宫廷的专属仆吏则直接甩鞭谩骂，一刻不停地冲撞出城；早早进城的商贾百姓则躲闪不及，有个进城售卖鸡蛋的京畿农民，顺势一个趔趄，一整筐鸡蛋全部摔碎在城门前。见此情景，城门尉中有位资历尚浅的新尉士要去阻拦斥责，却被身边老卒一把扯住，告诉他这些马上的骑兵都是大有来头，任哪个你也惹不起。新尉士张嘴想说点什么，想想自己留在管县老家艰难过活的父母妻子，也就算了。他把刚刚抬出的一只脚轻轻收回，只当面前的一幕全然没有发生。

与此同时，朝野上下也都在猜测着，到底是谁协助或是策划了这次柔然王子的叛逃？因为自从射声中尉被杀一案发生过后，在柔然王子居住的四夷馆界，或明或暗，至少有三四股力量都安插了眼线，对这位软禁王子实施严密的保护和监控：他们有主理馆案审查的司徒府，有无孔不入、控扼京师一切机密要案的白鹭曹候官，有太子辖下的翊军校尉，有太尉府节制的河南郡干吏。

朝廷的臣属们，虽然在平日里或慑于严惩，或长于明哲保身，谨小慎微，勇于花样百出攀附权贵，遵从上尊下卑，但一遇宫闱秘闻或政争大事，大家都一向不惮于以最大的想象力，以自己掌握的真假消息为根据，在脑中进行大胆妄为的猜测。尤其在不牵涉到自身的时候，更是乐此不疲：大司徒府的衙门重组和吏事安排，源起于馆案发生之后的天子临时诏命，司徒府的人也就明显没有释放涉案人员的动机；白鹭曹行事诡秘，其内部运作、权力构成，为常人所不知又为群吏所悸恐，于此事干系，实在猜想不透；太子元恂两个月前即暴露北叛倾向，眼看青宫之位不保，其个人心思更是让人琢磨不透，会否是孤注一掷，与柔然王子相互勾结，故意给朝廷制造混乱和压力，不得而知；太尉府长官、咸阳王元禧位高权重，在各衙司中都密布亲信，尤其奉了上谕，于公于私，都与各藩国宫廷、朝贡使者交往甚密，藩国朝贡来使，每每贿赂咸阳王，希求通过他在天子面前为本藩多争利好，与此事有重大关联的，是否就是朝廷首席宰辅咸阳王？

思绪飞扬的洛阳重臣们百思不得其解，却有心思缜密的人发现，以上的嫌疑人虽然已经比较全面，但还不够全面。因为这样的猜测只属于智力一般之人的推断，即便柔然王子在以上诸股势力中获得某种协助，他要想以如此敏感的身份出此洛阳城，却是大大的难事。

问题很可能，就出在城门尉！

或者说，没有洛阳城门尉的支持、配合或默许，柔然王子绝无成功出城的可能。

而城门尉，直属于禁军序列领军府。于是，领军将军于烈更有嫌疑！

朝野共知，于烈将军祖籍是故京平城所在的代郡，少善骑射，为前朝名将于栗磾之孙，故尚书令于洛拔长子，四世位隆，本人历任秦、雍刺史、殿中尚书等重职，又为当今圣上所器重，掌管洛阳禁军二十万。完全可以说，他的隐形权势和可以调动的朝野力量，丝毫不弱于当朝太尉、天子的同胞兄弟咸阳王。而馆案一事所涉被杀者——原射声中尉蒋闻过，日前铜驼悬尸案死者崔宪，后继又有射声校尉元洛平在自家宅邸深夜遇刺，无一不是指向领军将军，而一向谨慎本分的将作曹长官蒋少游不仅因馆案痛失爱子，并因后两案锒铛入狱，为这位炙手可热的将军背了一口大大的黑锅。蒋少游主宫阙宗庙之营造、担负须弥天阁之大任，虽然亦为大事，虽然其将作大匠一职秩列从二品，但众人在心里都清楚，这品秩的上乘和荣宠，很大程度上是一种荣誉性的，他除了在营造专营事务的范畴内能够说一不二，在朝中没有任何深厚的人脉，在他被捕入廷尉大狱之时，偌大的一个大魏朝廷，虽然每个人都知道他是冤枉的，廷尉府所提供的证据是软弱无力的，但从御史台到尚书台，没有一个人站出来为他说话。

权力，还是要抓到牢靠的；官位，还是要坐到实在的。营造宗庙浮屠、明堂宫阙那样的神圣事业，还是交给少游这样纯粹的人吧。无论忠义、奸佞、是非成败，重臣巨宦总要在史家的竹书上留得一个姓氏名字，如有幸又参与了天子的治国平天下的宏业，便会是上百数千的文字，对于少游那样的事业、那样的人，怎么会在史书上留下半点笔墨呢——几乎每个以修身齐家为少年初心的儒学之士、每个以天下为己任的朝臣，都在心里这样琢磨着。

然而，事发至此，少游的遭遇，又不免让人心生同情。毕竟，他是一个无辜的好人，重点是，他对别人完全无害。

同情心和猜忌心的涌动与喷薄，又让群臣们很自然地从权势日隆的于烈想到了他的门庭子侄，据传，他的儿子于祚在恒州别驾任上私招兵马、架空刺史——这个传言从骁骑将军元越北巡回京后不胫而走，唤起了不少人记忆中于祚的样子：少小时候，那便是一个劣迹斑斑的少年；还有于烈将军的另外一个儿子于登，现任太子翊军校尉一职，翊军校尉在太子所能掌控的有限青宫卫队中属于一支劲卒，虽然在名义上是属于太子禁卫部队序列，其实仍属京师禁军编制。

想到这里，人们有了另一个猜测：柔然王子一定是在于烈父子的帮助下出逃洛阳城的！

还有什么比这个可能性更大呢？四夷馆一线、洛阳诸城门，这两道严密的布控防线，哪怕有一道出现问题，柔然王子也不可能成功出逃。

领军将军父子三人，内外勾结，配合太子制造乱局？

这说得通吗？

当然说得通！

并且猜测到这一点的不少人庆贺这一事件终于发生。因为他们对朝廷的租调税务改革日渐不满，县郡的统一征收妨碍了他们的既得收益；因为他们对官制改革也不满，他们的祖上与拓跋氏一同征伐天下，父辈还是称侯称王，到了他们这一代全部爵降一级；因为他们对宅邸待遇不满，在平城他们本有阔绰的宅邸和广袤的田产，一经迁洛，他们的财富大大缩水；因为他们对战场上的新规不满，天子让将军们在占领南朝新地之后，不许扰商滋民，凡有纵容士兵劫掠者，格杀勿论；因为他们对更多的饱学之士被天子引入朝堂不满，这大魏的天下，是他们的先人抛头颅、洒热血干出来的，而那些后来者的祖辈苟活于乱世，像狗一样在盲目乱窜，他们哪有资格与自己这样的贵胄后裔同列朝堂？要争要斗，也是我们这些人在我们的圈子里自己争。所以，太子在两个月前的北叛事件中，其实是很有一股支持和同情他的力量的。而这股力量，一旦有风吹草动，又一次燃起希望的熊熊火焰，太子元恂与领军将军于烈的结合浮出水面，正是这部分人乐见的。

午后申酉之交，又有十几匹信使先后从建春门出城，他们是往东去，他们都带着自己主人呈上天子的密奏，奏表中或者在单一诉说着领军将军于烈的过往劣迹以及于氏家族与该次柔然太子北逃事件的重大干系推断，或者提醒天子注意禁军统帅与太子同谋的可能性和严重性。

只有少数人才知道，在今日辰时，天子才收到骁骑将军元越从恒州飞马递去的关于于祚为乱恒州的奏表。

而此时此刻，在返京途中的巨型黑毡车辇之上，天子元宏屏退了侍从内侍，独召一路亲随御驾左右的六弟、彭城王元勰进辇议事。

该日酉时。城南洛水南岸，四通大市，胡人染庄。

染庄临街店门，照常营业，由果儿姑娘照看店面，在其身后，有一扇通往后院的小门，在门后，又有一位强壮的镖师在昏暗夹道里秘密把守。而在后院，门扉紧闭，又有四五个帮工模样的少年一边在烧火煮布，一边警惕地注视着院围四周，因为他们知道，在院墙之外还有五六位时刻通报异常的同伙把风，他们或是在梳理骆驼毛发，或是在漫不经心地晾晒猎取的兽皮，他们不用刻意装扮，他们手中的活计，就是他们平日的营生所依。然而，这一切人等，对于后院屋舍之内的具体事情，都一概不知，他们只是从自己的悦般故主那里，接到了一道密令，要他们严密防守此地，如遇蓄意闯入者，立即设法拖住其人，给屋内之人的疏散提供充足的时间。

染庄后院屋中，共计有六人在座。

位于首榻者，为韩英。其余各位依次是染庄当家朱耶将军、利民典当所老板、万安镖局头领、阮曲阁妓馆女掌柜，以及一名掌控十八支驼队、常年往来于中原腹地与葱岭西部的商团领袖。

这个时候，众人都没有说话，看那朱耶将军的眼神和众位的脸色，像是刚刚发生过一场让座下之人颇为急切又无可奈何的争论。

朱耶将军首先打破了这份沉寂："尊贵的世子，你是不是再考虑一下，我们财力已足，自葱岭至西域，经河西走廊过长安，直抵洛阳，都有我们的部民，世子一声令下，必定应者四起，我悦般复国之成败，就在世子一念之间。"

韩英环视了两侧，余人仍是点头附议，他摇了摇头，把自己重申了多次的意见表达得更加明确一些："众位前辈故人，并不是我没有这样的勇气，更非推卸责任，贪生怕死。实在是，故国已故，我们真的有此必要吗……"

他再一次看到列位失望的眼神，他站了起来，绕着他们走了一圈，转身问道："众位叔伯、酋领，我问你们一句实实在在的话，你们也要实实在在地回答，你们是否觉得，在这洛阳城里，大家过的生活，不如僻壤悦般故地那样好？"

万安镖局头领正欲张嘴申辩，韩英抬手示意，让他先不要插话："正如我前日与朱耶将军密谈，念起故国，将军当然提了不少故国草川山林的好，但是有一个声音至今仍在我耳边回响，将军说及冬日暴雪，牛羊冻毙，不仅都外散落的部民、牲畜冻毙，饿死七八，就连毡车层叠、本是牛羊满栏的王帐之地也是满目的人马死伤，这般惨状，大家都忘记了吗？我们这些王廷的大臣，还想我们的子民过那样的日子吗？"

众故臣听到此处，低头不语，却也不想同意韩英这套说辞。

典当所老板鼓足勇气，抬首争辩道："我的世子，信仰，信仰啊，我们有悦般神的信仰，雪山和草地的圣神会保佑我们的，它也看着我们的，我们是要做不肖的子孙吗？！"

虽然这一番话已经是明显冲撞了他的世子，但其他诸位似乎并不想阻拦他，他们想这番话语或许会刺激世子的尊严和雄心。

韩英并未生气，他站到质疑者面前，抱着他的双臂，真诚地说道："我尊敬的故国财臣，我理解你说的话，但是有一点也请你明白，"韩英忽然提高了声音，"什么是信仰？信仰就是我们无论身处何地、何种境况，这一种力量都能让我们坚强地存活下来，对世间万物充满善意，把苦难克服过来。什么是好的信仰呢？我尊敬的故臣，好的信仰一定只是用来要求我们自己，不是用来要求别人啊！请问你，你真的问过那些艰难度日的悦般故民，他们真的愿意参与到复国中去吗？”

“愿意！他们都愿意，无论男女子民还有他们的后裔都愿意。”妓院女掌柜坚定地说道。

韩英摇摇头，他又环视了各位，表达出由衷的失望之情：“我父王尊贵的大臣们，你们没有真正想了解他们，或者他们只是在你们的蛊惑下才有了这样的想法！”

“我的世子，您怎么能如此说呢？！”朱耶将军吃惊地问道。

韩英直视朱耶将军：“将军，你也没有问过。因为你的心中满是复国的怒火，还有复国的荣耀，甚至，复国之后的地位！”

“世子，你……”朱耶将军的面容立时变成了黑赤颜色。

“还有你们诸位。”韩英的语气变得平淡起来，他不想再去照顾各位旧臣的那份野心，他仰天叹气，而后带着无限的悲悯说道，“你们没有问过，我却问过。院中的那些少年，里巷之间的那些悦般部民，我都问过。他们珍视这样的安宁和生计，他们庆幸于大市税赋的低廉，他们有着自己各种各样的营生，他们经历过那场灭国悲剧，他们并不想念过去的生活。他们的父辈经历过那场变局苦痛，他们的子孙却并不想复国，甚至不知道复国为何物。其他人等，他们有的皈依了佛祖庇佑的寺院，有的还被招募进了禁军部队，有的成了官僚的属臣，甚至有两位已经进了太学。这样不好吗？我们身为悦般故国的权贵，难道不是应该帮助他们更好地生活，更好地融入繁荣中原当中，以使贫困之家变成小康之家，然后平平安安地生活吗？”

众人的情绪并没有丝毫的缓和。

“自从我知道自己的身份之后，我并不是没有那份为祖先雪耻、为国人复仇的雄心。完全可以说，如果只从自己的荣耀和雄心出发，你们在座的任何人，没有比我更有动力、更有力量去从事这份外表看来华丽无比的事业。但是，我们真的要只考虑自己吗？我们所谓的复国大业到底是为了什么？难道只为了我的王位，为了实现你们在洛阳城里无论如何都无法得到的尊贵吗？复国，复国，复国是要死人的，要死很多很多的人！”韩英指着后院的方向，压低声音说道，“那些壮士、少年，那些刚刚安顿下来的故国人，会有许许多多要死去！我不忍心于此。”

韩英为在座的各位都倒上了香腾的羊奶酒：“我尊敬的朱耶将军及列位故臣，我还有一句相问：如果没有我的出现，诸位还会想复国吗？”

他们几个人端着故国世子奉上的酒杯，彼此看着对方，纷纷低垂了眼帘。

朱耶将军长叹一声，无奈地点了点头，说道："也许不会吧。我的世子，您的出现，被我们视为神灵的恩赐。"

韩英笑了笑："朱耶大叔，不是也许不会，是一定不会。您的家族和我的家族，我们源自共同的祖先，神灵恩赐众人相聚于此，在这座洛阳城中，众位就把我视为故友便是最好的，这一切，难道不是神灵有意的安排吗？"

众故臣闻言跪拜，齐声道："您永远是我们尊贵的世子，是我们至高无上的王。"

韩英谦恭上前，将几位挨个儿搀扶起身："诸位前辈请起。"并拱手道，"目前来说，我还有要事有求于诸前辈。还万望列位相助。"

"我们这几位老臣，与数万流落中原各处的悦般故民，随时听候世子的调遣，万死不辞！"朱耶将军手抚心腹，还礼道。

韩英谢过："正如列位前辈所知，如果没有当今大魏朝将作大匠前将军相救，我在二十年前即成道边残骸。如今，义父身陷廷尉府监牢。此一事因为众前辈已经给我提供了信息，查明刺杀射声校尉元洛平的弯刀出自咸阳王府，据镇南将军推断，不日义父将因此出狱。真是万分感谢诸位的及时相助。"

"世子莫要如此生分，您的命令，大家一定谨遵。前将军于世子有恩义，便是对我悦般故民有昆仑大德。"万安镖局头目同样施礼说道。

"尊贵的世子，您还有什么事情需要老臣们来效力？悦般籍十八支商队随时听候您的差遣。"商团巨贾说道。

韩英点头，目光满含对列位的感激："来，大家先坐下……事情是这样，义父一案发生之前，在附近的四夷馆界，曾发生过一桩射声中尉与柔然王子扈从的打斗事件，想必大家也都有所闻言。"

诸位皆称是。

韩英接着说道："事件中的死者射声中尉蒋闻过，其实就是前将军的长子，也就是我的义兄。"

众人惊愕，都竖起了耳朵。

"此事非常蹊跷，据我所知，义兄没有任何动机去刺杀柔然王子。一周之前，天子下诏，由大司徒府重查四夷馆案，也是因为此案有诸多疑点。其实在司徒查案之前，我已经开始秘密巡查柔然王子驻地燕然馆，那时候，我带有一只收留多年的白犬，可惜这只雪狼犬在日前遭了毒手也被杀死。"

“世子，从今日开始，我们为您加派两名武士随从，随时在近处秘密扈从保护您，您定要谨慎小心，听您说了这么多，蒋家一定是陷入了某个大阴谋之中。”

“朱耶大叔，加派扈从大可不必，我的安全应该无忧，并且，从小义父就请了师父教我搏杀击技，三几个歹人我还对付得了。我们不要节外生枝，更不要给故民带去未来的隐忧。你们不要介入到大魏朝野的任何政事纷争之中，这一点尤为触犯朝廷之忌，让大家平平安安地过日子吧。”韩英看了下朱耶将军和其他几位，请他们务必听从自己的意见，但同时又不想驳了他们的好意，韩英继续解释道，“他们的目标并不是我，所以，也请各位勿忧。如有需要，我一定会第一时间告知，少不得给前辈们添麻烦。”

“众位都听世子的吧，”妓馆女掌柜发话了，“世子，您接着说，我们能做些什么呢？”

“雪狼山犬曾在燕然馆墙外夹道中发现可疑之物，引其狂吠，却不料我次日白昼再想去看个究竟，可疑之物已经被人清去。现在想来，一定是前晚的犬吠声惊动了对方。我想让各位帮我查一查，在馆案案发前后共两个月内，燕然馆出入过怎样的可疑物品。”

众人听完，都齐齐地望向了商队领袖。商团领袖目光游弋，也在回忆着什么，过了会儿，他说道：“世子，我去查查看。”

“那好，拜托诸位，越快越好。”韩英起身告辞，对众人施礼，“我不能脱身太久，还要回司徒府一趟，请诸位前辈保重！”

韩英从后院离开之后，众人回到屋舍，重新落榻，朱耶将军捻须说道：“关于复国之事，世子所说，也并非全无道理吧，故民四散各处，各得营生，万里迢迢，再举复国大旗，定也道路坎坷，死伤无数……”

一旁的商队领袖摇头，质问道：“将军，你怎能出此言语？世子年幼，自小为大魏所养育，他一时还转不了这个弯儿。时间，时间能够改变他的想法。我们悦般故臣精诚团结，侍主以忠，一定能撼动世子的心思。”

朱耶将军叹气：“沙陀大人，你阅人无数，看这世子的情形，他会是意志不坚之人吗？”

妓馆女掌柜发言：“且慢，两位大人。方才说到为世子加派便衣卫士，他虽然拒绝了，但是我们该要派驻，还是要去做的。不让世子觉察即可，我巍巍悦般王室，二十年了，上天又把世子赐给我们，切不可掉以轻心啊。”

“处月大人所言极是。”镖师头目附和妓馆女掌柜，“这件事情就交给我吧。”

众人都一致同意，朱耶将军转头对商队领袖说道：“沙陀大人，方才世子问及燕然馆有可疑物品之事……据你推测，会不会是我们贡献给柔然王子的货物？”

“我亦有此疑虑，但是……世子对复国一事尚且无意，我们一时又怎么给世子说明白这件事呢？”商队领袖犯难道，“悦般一向与大魏通好，横遭柔然灭国，如今，我们又听从柔然王子调遣，事情脉络如此曲折复杂，恐怕世子一时难以理解和接受啊。他一直规劝我们不要参与大魏朝廷纷争。你我故臣，与世子刚刚相认，燕然馆一事，又牵涉到他敬重的义兄遇害，众位想过没有，他会想不通，会怪罪我们的！一旦世子对我们心生不信任之感，不要说复国大计，就连维持这种主仆相认的关系都是困难的！”

“那就……从长计议吧。”朱耶将军无奈说道。

暮色袭来之时，众人商定了下次会面的地点——利民典当所，并依计各自从染庄拿了数量不等的彩绸布匹，先后离开染庄。

然而，无论是先行出店的韩英，还是后继分头离去的众位商肆头领，乃至那些一直在内外警觉的后生，他们都丝毫未曾察觉，在不远处一处空旷的船坞里，隔着发霉的壁板孔隙，有一双隐匿在黑暗和湿冷中的眼睛，一直注视着这家染庄院落。

酉时。铜驼大街，大司徒府。

太尉咸阳王元禧竟然主动前来，与河阳王元灿并坐主榻，镇南将军王肃次座而踞，慕兰公主对坐落榻于右，郦道元再踞下位。今日午时，郦道元才接到天子于两天前在毡车御辇上发出的圣旨，正式晋升他为御史中丞并兼白鹭曹长史职，此时此刻，却没有人有兴致给他道贺。

“大王，彻底乱了，京城已经乱成一锅杂菜粥了。”咸阳王执住河阳王冰冷的大手叹息道，“主上近日就将归来，我等臣下该如何交代是好啊。”

河阳王痛苦地咳嗽了几声，慕兰公主欲上前给火塘加炭添火，河阳王摆手令其作罢，他问咸阳王：“太子留台那里，是什么意见呢？”

“唉，我的大王，您是真不知还是假装不知啊，太子目前这处境，他能有什么意见呢？我一早就派出了本府司马前去金镛城通报太子，太子只说是让我拿主意便是。我真怕这夜长梦多，酿出大乱！”

“太尉的意见呢？”

“我？”咸阳王一时噎在了那里，他环顾其他人，“我今日特地来此问计大王啊，还有诸公、慕兰公主。我就直接说了，是不是馆案审查，触及哪位王侯勋爵了？”

河阳王左看右顾：“对于案件的具体进程，由王将军、郦中丞诸位与太尉细谈吧，老朽这躯体残痛如此，确实顾不了那么细致。”

镇南将军王肃见状，颔首答道：“太尉，确实触及勋贵了。”

“谁？”

“领军将军于烈。”

咸阳王闻言，怔了一下：“他的动机呢？”

“尚且不得而知。”

咸阳王直呼要命：“这可麻烦大了。王将军，你要知道，领军将军可不是一般的杂号将军，他是主上和故文明太后都宠信的禁军首领，他掌握禁军可不是一天两天了啊。他会做出私放柔然质子的事情吗？郦中丞，你也说一下你的看法。”

郦道元恭敬施礼，应道：“太尉，朝廷已经风传，此前，于领军与太尉您的交往是颇深的。”

“郦道元，你这叫什么话！”咸阳王勃然，“于烈将军乃禁军统帅，本王为天子元弟、朝廷宰辅，不该精诚同心、效忠陛下吗？”

“太尉息怒，”王肃慌忙解围，“其实是有一样证物，已经牵涉到太尉您这里，既然太尉来此，还烦请说明此物的来历与去处，好让下官们寻了正确的思路继续查案。”王肃说罢，从身边一个小匣之中拿出一柄弯刀。

咸阳王见此，皱了眉头：“这个……”

“太尉，这是当夜入宅刺杀射声校尉元洛平的凶器。太尉是否见过？”

“眼熟，有些眼熟……”咸阳王端在手中，转而问道，“元校尉不是把凶犯尸首和所涉证物都交到河南尹衙门了吗，怎么？”

“下官也颇为诧异。”王肃说道。

“阿兄，你就说这把弯刀是不是你的吧？”慕兰公主终于忍不住，直截了当插话道。

在座诸人也都暗自感佩公主，也只有她才能这样单刀直入，事到如今，遮遮掩掩，实在没有任何必要。

咸阳王似乎面有难色，将弯刀缓缓放回木匣，盖上，转身又握住了河阳王的一只大手：“大王殿下，说起此事，得是半年之前了，我实在有些……有些惭愧啊。”他欲言又止，看了看其他人等，声音绵软下来，“诸位，我说的这件事情，各位知晓便是，切勿外传啊。我曾差遣家府中司马慕容阔给于烈将军带话，并送了他这把从胡商那里购得的波斯弯刀，想让他拨付羽林虎贲百人以作我的王府扈从。但于烈将军并未答应。此后呢，我并未罢休，又派人对于烈说道，我是天子的兄弟，作为首辅大臣，我的命令与诏令有什么差别？”咸阳王言及此处，面露忐忑，继续说道，“于烈却回应我说，上次我也没有说大王不是天子的手足兄弟。如是皇谕命我拨付禁军以为殿下的随从，自然应当派遣太尉府官吏传达，怎能差遣王府司马索要天子羽林，并决然说于烈的头可以得到，禁军羽林却无论如何不能拨付。”咸阳王抬眼看了下各位，自己拿起杯盏喝了口酪浆，自顾说道，“这个事情，搞到最后，弄得我很是难堪。”

“于领军并未从命于殿下您，却收了您的馈赠？”慕兰公主追问道。

“这个……”咸阳王极窘，支吾道，“我想应该是，于领军不想把关系彻底搞僵吧？”

这个说法显然不能说服众人，众人皆不言语。

“无论如何，这把刀是从我的府中到了领军将军那里，而后又出现在射声校尉元洛平遇刺的凶案现场。于烈其人是有脱不清的干系的。”咸阳王在某种程度上承认了自己的失职，但对射声校尉元洛平背着自己示好司徒府却是耿耿于怀，他未料到，一个小小的射声校尉竟然敢在自己这里玩弄心计，但事到如今，他之所以动身来到司徒府，正是想打开僵局，“大王，你看这样处理是否恰当，由你、我，连同太子留台，我们共同署名，给天子上书，让于烈从领军的位置上下来，目前这舆情汹涌，于烈身为领军将军难辞其咎，与其让天子怪罪我们的失职，不若我们主动提出处理意见，这样的处理结果，无论是对京师百姓，还是馆案本身，都是比较恰当的交代。我想，太子那里也定是没有异议的。”

“我看可以吧。”众人都没有想到，对于咸阳王拉着自己和太子一起垫背的做法，河阳王竟然爽快地答应了。这样一来，无论削夺于烈官职的决定正确与否，天子都无法把责任推到某个重臣身上。

“好，大王果然雷霆万钧，雷厉风行。这下我就放心了。”咸阳王把自己身边的一只狐裘披到河阳王身上，转而对郦道元说道，“郦中丞，你意下如何？柔然王子北逃一事，你也担有一定责任，如此一来，也算众臣给主上一个交代，给同僚一个说法。”

郦道元不置可否。

“大王殿下，这份奏本就由我安排府中司马代写，完成之后会将原本交予殿下审看签章。速则一天，缓则两日，天子就会收到这份奏本。诸位请万万保密，切不可在天子诏书下发之前，向在座之外的任何人泄密，以防激起于领军的不满，发生不测！”

众人郑重叉手领命。

须臾之后，慕兰公主直面咸阳王道：“阿兄，刺杀射声校尉的凶器已经搞清楚，且廷尉府验尸关早已证明，该弯刀与杀死中尉崔宪的，乃同一种行凶工具，今日来看，与尚在牢中的前将军无半点关联。并且有当夜的卖饼老者已经证明，崔宪在家宅门前，是被禁军装束者绑架挟持，其所乘白额马，也是自己跑去了前将军宅前——前将军应该可以从廷尉监牢放出来了吧？”

“慕兰，我并无半点主观意愿扣押将作大匠，且少游为我手下干吏，只是，目前来看，杀死崔宪的刀刃，与刺杀元洛平的弯刀，只是据推测为同一种工具，而非同一个……”咸阳王答道。

慕兰公主再道：“阿兄，恕我直言，太尉府对前将军的免官，廷尉府对前将军的抓捕，每一项都证据不足，都是建立在妄断之上。阿兄不要忘记，元慕兰月前受诏，还兼有女尚书一职，如有必要，我会向天子再上奏本，请求皇兄定夺，开释将作大匠。”

“慕兰，我觉得……你一直对我有很深的误解。你与蒋家的感情我自然知晓，也是理解和尊重的，我个人非常希望前将军能够早日官复原职，但当前的问题并不出在我这里，我有什么必要故意阻拦呢？而是出在前将军自己那里，蒋少游他根本不能说出自己当夜的行踪，甚至也拒绝交代。”咸阳王所说也合乎道理，他让了一步说道，“这样，毕竟腊月深冬，少游于大魏朝廷，也曾是忠贞有功之臣，我今日就擅权一次，做这样一个提议，交由廷尉府官署讨论决定，暂释蒋少游归家监禁居住，官职复还与否，由案情进展而定。诸位意下如何？”

对于咸阳王的这一处理方式，众人倒也觉得恰当妥帖。

司徒府会商结束之后，咸阳王特地邀河阳王，乘上自己的香樟温车送他回到宅邸。

余下三人看着两位亲王的背影，御史中丞郦道元对身边的王肃问道："将军，你对此事有何看法？咸阳王竟然如此干脆决绝，这么快就舍弃了于领军？"

王肃沉默不语。

"为了保全自己吧。"慕兰公主说道。

王肃背手转身，看着炉火中噼啪作响的火炭："事情没有这么简单，我还是要与于领军当面对质。"

"还来得及吗？"郦道元心生忧虑。

"该来的，都会来。两代亲王与太子，三人合力，其势赫然，我们改变不了于领军被夺领军将军一职。"王肃分析道，"但是，我们有责任把更多的消息提供给天子，以供最终圣断。"

郦道元颔首，也只好如此："王将军，郁久闾王子应该已经走到相州了吧？"

"我还没有得到消息，韩英正在确认中。"王肃看看外面的天空，"他快回来了。"

旁边的慕兰公主越听越糊涂，不禁蹙眉："二位使君在说什么？"

王肃看了看郦道元，又回头看了看慕兰公主，并未直接回答她的问话，迟疑片刻，突然面色阴沉，低声说道："公主，你有没有发现，尊侯河阳王，近来有什么不对劲儿？"

王肃这个突如其来的问话，却并未让在场的任何一个人感到突兀。

郦道元重回坐榻，持了铁钳，为炉火添炭，一副超然于外的表情。对慕兰公主而言，这个问话，反而证明了她近来的某种疑虑，自从兄长元越从北镇返京以来，她就感觉到了某种诡异的气氛，虽然一家人仍旧是一如既往的融洽，这位异母兄长对自己这个妹妹仍像往常一样敬让三分，但她在冥冥之中，感觉到兄长与父亲似有某种秘事在有意隐瞒她。

"对于阿父近日的情形，我尚且不确定。"此一席话，慕兰公主也算实事求是。

"公主，据你推断，河阳王为何同意咸阳王的提议，联署参劾于烈将军？"王肃再次反问道。

"王将军，我一向对你坦诚相待。实话实说，我不喜欢你今天对我说话的方式，过于婉转诡谲。"慕兰公主直爽地表达了自己的不满。

王肃双目凝视公主，声音虽依旧很低，但语气明显加重："不是我婉转，而是我担心公主把握不清分寸。河阳王毕竟是你的阿父。你要知道，刚刚在座的任何一个亲王，只要他们愿意，任何一个人在天子那里参奏上我与郦中丞一折，我们都会立即官职被夺，甚至入廷尉大狱！”

事情非常明白：慕兰公主已经被明确告知，自己的父亲被怀疑参与到了某个阴谋之中，但她心有不甘，因为她过去从未想过，心思淡薄的父亲，真的会有某种巨大的私心。她口中嗫嚅辩解：“王将军，我觉得，你不仅看低了我的智力，也低估了天子的判断力。”

“公主言重了，我没有低估你，更不会怀疑天子的圣断……”王肃无力地解释道。

慕兰公主伸手制止了王肃的辩解：“镇南将军，我也有一句话，柔然王子出城之事，是否与你和郦中丞两位有关？”

王肃本也无意对慕兰公主隐瞒：“是的，柔然王子是我故意放走的。”

“为什么？”

接下来王肃的一席话让慕兰公主充分理解了他的所作所为。

原来，在王肃到达燕然馆柔然王子郁久闾洛伦驻地之后，见到王子郁久闾洛伦面色憔悴，力气全无，面有大病之相。先是和他寒暄一番，接着，向他展示了后院一口水缸中藏匿的一具女尸，此为一女婢尸身，是郁久闾洛伦从草原带来的贴身女侍。自从燕然馆被监视之后，女仆就开始担心自己的主人会被加害，而加害王子最方便的方法就是在食物中下毒，所以在每餐饭前，忠实的女仆都会亲自尝食每道菜肴，终于在两日之前，女仆尝食一道肉糜之后腹痛身亡。郁久闾洛伦的身边已经没有其他可信任之人，悲痛和恐惧之余，他为防再遭下毒，在王肃登门之前，竟已连续两日粒米未进。当王肃说明来意之后，郁久闾王子仍旧对王肃半信半疑，他已经分辨不出到访之人是敌是友。但郁久闾王子也准备孤注一掷，他准备冒此风险——他告诉王肃，自己手里有关于馆案、甚至比馆案更重要的消息，必须面见天子陛下。王肃告诉王子，陛下东巡诸州尚未还京。郁久闾就要求王肃将自己营救出去，并表示如果王肃能够做到这一点，他可以完全在王肃所安排人手的监视下去面见天子，并且保证，自己向天子禀报的事情，对于破获馆案会有巨大的帮助。王肃见郁久闾王子命悬一线，就一口答应了下来。尔后，便是在郦道元所掌控的白鹭曹干将的协助下，以运送尸体出城为名，将郁久闾王子与女尸同车藏匿，运出了燕然馆。为防止被其他涉事台司发觉，白鹭曹及时抽身出来，在燕然馆外夹道，即把郁久闾洛伦交给了奉命等待的韩英和他手下的两名武士。至于武士如何把郁久闾洛伦偷运出城，王肃就不得而知了。

等王肃说完内情，郦道元起身对公主说道："此事干系重大，如果郁久闾王子成功觐见了陛下，柔然王子北逃一说自然不复存在，更重要的是，馆案之最终告获，指日可待。如果有对手发觉，柔然王子在路途之中被劫杀或追回，不仅北逃一说进一步被坐实，而且还断了一条最重要的线索。公主切记其中利害！"

这件由王肃和郦道元合谋的逃亡事件，却成为众臣们猜测领军将军于烈图谋不轨的又一条铁证。

正当慕兰公主在消化这一突如其来的消息时，韩英扬鞭奔回了司徒府，他侧身下马，快步来到议事堂中。

"怎么样，有消息了吗？"王肃上前急急问道。

"回禀将军，据骑兵回报，今晨王子已过邺城。并且换了快骑，马不停蹄，一路往东，在一日之内可与天子圣驾会合。"

"过了邺城，也就安全了。"郦道元释然道。

尔后，王肃又告诉韩英，在慕兰公主的坚持下，咸阳王已经同意释放其父归家。韩英闻言大喜，要去廷尉府接父亲归来。王肃却让他再等一等，咸阳王刚刚离开司徒府不久，走完既定程序，还须等待一两天时间。

韩英按捺住心中的喜悦，一个劲儿地感谢慕兰公主。

慕兰公主对韩英说道："如果不是你查到卖饼胡人这条线索，阿翁怎会有归家的可能呢？"

韩英闻言，他想起自己不能把背后真实的内情告诉最亲近的人，一时间竟然心生愧意。

王肃见慕兰公主和韩英都自顾思索着什么，他不禁问道："公主，你是不是还有什么心事？"

慕兰公主道："并非有什么心事，而是一件大事。直到目前，我还不确定此事与馆案的联系，但又隐隐觉察似有关联，我正在想如何告知使君。"

"公主但说无妨。"郦道元道。

"嗯，正如方才郦中丞要我保守你们的秘密一样，我也要求在场的各位万万保守我的这一秘密。因为……它可能事涉宫闱之争，并非我个人害怕什么，而是对于此等事情，我不想涉身其中。"慕兰公主淡然说道。

"我本意是去到宫中查访掖廷监，前因一个内侍黄兴寿曾经来司徒府应询，而后却当场发病口不能言。这件事情也是王将军亲历。而在宫中拜望了贵嫔高照容，也就是当今二皇子元恪的生母，她疾笃在身，如今已是命在旦夕之间，也因为其他命妇的三言两语之风闻，我将其所食药丸取走了一粒，这件事情则是经由韩英协助查知结果的。在此药丸之中，有锻砒此种剧毒方药，这一点倒并不意外，因为其量极微，其非常之事则是，其中的石硫黄含量极多，此药石亦为非常之药。”在慕兰公主的叙述中，她故意隐去了闻玉的存在，她不想让这个年岁尚小的妹妹卷入到旋涡中来，旁边的韩英显然是明白的，也就并未插话，“据我侦知，开此药方者，为冯皇后的亲信御医师高婆罗。”说到此处，众人方才真正明白这个消息的重大和敏感，这样的事件不但是慕兰公主想去规避的，也是王肃和郦道元这样没有深厚背景的宦海廷臣避之不及的，“据查，在高婆罗当值的四民药局中，原本就囤积有大量的石硫黄，而昨晚我派汐月前去药局取样，却并未见到原应留在库房中的石硫黄，只是寻到了在麻布小袋中的二三斤而已。很显然，是有人提前转移到他处了。”

王肃听完，也说不上此事与馆案到底有何关联，他转向御史中丞郦道元：“中丞好学，历览奇书，人所共知，对于这石硫黄，你有了解吧？”

郦道元思索片刻，沉吟道：“昆仑黄、石硫黄等物，本为同种，可入药，如遇神医，用得恰如其分，可治疑难杂症，若是庸医，在药方之中征取过量，或炮制失法，则攻伐脾脏，毒性极大，甚至致人肝肠寸断。此外，两汉多有术士用到此物，炼制长生不老之丹药。中原此物倒不多见。据前朝张华在《博物志》中所载：西域硫黄出且弥山，去高昌八百里，有山高数十丈，昼则孔中状如烟，夜则如灯光。故悦般地有火山，山旁石皆焦熔，流地数十里乃凝坚，即石硫黄也。”

听者也都听得入神，而其中要数韩英最为好奇，他急急问道：“郦中丞，您方才是说，有何处出产石硫黄？”

“张华为西晋硕学之士，又任宰辅，距离汉亡不远，他说到了一处，是汉朝西域之高昌国。另一处，则为悦般国，此亦为地处西域的一个坐拥十万部民的小国，一向与我大魏通好，并年年来贡，却在二十年前不幸被柔然胡廷灭国，此事不远。”郦道元解释道。

听到郦道元越说越远，慕兰公主便想把自己掌握的消息一股脑儿说出来，却见旁边的韩英一副愣神的表情：“韩英，你怎么了？”

“我……”韩英慌顾左右，“没什么……”

“韩英，你还记得在你家中有部残本《神农本草经》吗？我从兖州回来那天，你和闻玉还争论了一番，争论是谁折叠了其中一段书纸？”

“记得，记得。”

“你还记得那折纸上的内容吗？”

韩英抓了抓后脑勺，无论如何也想不起来了。

这时候，慕兰公主从袖中取出了那本医书残卷，并展开到所指文字，递到郦道元手中：“这段篇幅，并非他人所折，而是闻过在生前查找留心折下的……”

三人慌忙都凑了上去，单见其书纸残卷之上，赫然写着石硫黄的种种特性与功效。

“慕兰姊，你是说，阿兄生前也在查证石硫黄？石硫黄在他生前已经引起了他的特意关注？”

慕兰公主凝重地点了点头，她转向王肃：“王将军，高婆罗在司徒府的答询档案现在何处？”

“在我公寮之内的铁柜之中。”

“你是否还记得，据御医高婆罗自证，在馆案发生当夜，他正好出诊在外，并因此巧合碰到了馆案事发，并一直担任了闻过遇害一案的验尸官？”

“我记得很清楚。”在慕兰公主问话之前，其实王肃已经开始留意到这件事情。

“真的是巧合吗？闻过生前专门查阅石硫黄，高婆罗的四民药局存储大量石硫黄，贵嫔高照容的药方之中又有过量石硫黄！”慕兰公主的语气愈加激动，她的目光，满含着多日的伤痛和无望，呆呆地望着面前的空气，心中暗自难过：蒋闻过，是否就是因为此石硫黄而遭横死？！

王肃起身，手持茶盅，来回踱了几步，忽然转身：“公主思维缜密，但你有可能还疏漏了一条线索。”

“是什么？”公主忙问。

“郦中丞，你方才说到，术士炼药，也会用到石硫黄？”

“正是，以往术士，多采雄黄来用，其实真正生效之物，与石硫黄几同，为求速达，当今术士也就直接取石硫黄以替雄黄。”

“这就对了！”王肃面露欣然，将茶盅重重置于案几之上，“石硫黄也与另一重大事件颇有关联！”

郦道元略思片刻，问道：“你是说，太子府詹事黄腾之涉案铁作场一事？”

“对，在铁作场场监盗金一案中，我们当时唯一想不通的一个人、一件事，就是黄腾之缘何出现。”

慕兰公主也在回忆着，她喃喃自语道：“定州刺史穆泰向咸阳王索取精铜两千斤，而后，移花接木，密运黄金二百斤进场，以贿赂咸阳王。中间有太子府詹事黄腾之出现，并且据盗金场监交代，黄腾之曾经熔毁了大量精铜。黄腾之到底起到什么作用呢？这中间的刺史、王公、太子部下，到底是什么关系？我还是搞不清……”

不但慕兰公主搞不懂其中的原委，韩英也是不明就里，王肃至多是想到了这一点，再往深处，也抓不到任何关键之处。

只见郦道元将医书残卷轻轻搁在案几之上，斩钉截铁地说出了四个字：“黄白之术！”

“黄白之术？郦中丞，何谓‘黄白之术’？”韩英问道。

郦道元悠然道：“所谓黄白之术，葛洪在其《抱朴子神仙经》中有记：黄者，金也。白者，银也。通俗而言，即为点金炼银之术。据葛洪所说，古有神仙秘重其道，隐之不外传，故而后世可解其分明者，少之又少。他却自称从郑公那里接受了九丹及金银液经，并求到黄白中经五卷。以铜炼金，需先取武都雄黄，捣之如粉，其实也就是我们今天所说的石硫黄，再以牛胆和之，并加碎炭，以大釜覆之，阴乾一月，后以马粪火煴之，经三日三夜，下铜融解，待铜流如水，再经六十日，如此这般，加点丹砂，立凝成黄金，其金明光色美。”

“乱七八糟的，这哪里是什么神仙经，简直是鬼胡扯！”慕兰公主愤然道。

“郦中丞，你说，这黄白之术可信吗？”王肃故意问郦道元。

“我不知道，我没见过。但这世间我没见过的奇事儿也很多啊。”郦道元边说边想笑。

旁边的韩英刚才还在满腹心事抑郁不安，见此也乐了，哈哈一笑，露出了属于他这个年龄的率真和可爱：“噫，哪有这样的好事啊，有这样的好事我就整天睡大觉了。”

王肃继续说道：“诸位，世间到底有没有这样的奇事，我们都不知道，也都没见过。不过话说回来，我们认为此事是真是假都不重要。但是，很明显，有人相信了，这一点很重要。或者说，有人让别人以为他相信了。”

众人静思片刻，郦道元会心点头。

“……噢，我懂了，我终于懂了。”韩英接话道。

“王将军，郦中丞，那据你们看来，对于这黄白之术，咸阳王是真信，还是假信呢？”慕兰公主抱着诚恳的态度请教道。

“他最好是真信，真信，刑不上大夫，对他这样身份的人来说，值天子廓清吏治、统一南北之机，触犯了如此巨额的纳贿重罪，最多削夺王爵、交出兵权、回府待罪；如果是假信，他的罪就要顶破天了。”王肃的面部紧绷了起来。

“太子呢？太子是否与此事有染呢？还是只是太子詹事黄腾之的个人行为？”慕兰公主看看王肃，见王肃不再言语，又向郦道元望去。

郦道元躲不开她的追问，只好摆摆手：“公主，知之为知之，不知为不知。您刚才说的这一点，我仍然是不知道，不但我不知道，我估计王将军这里也是一头雾水。且行且看吧。”

刚才还是兴致勃勃的韩英，对于众位这样打哑谜、绕口令式的交谈已经没有了耐心，因为他有一件重要的事情要去做，在他看来，这也是一件比天还要大的事。

“慕兰姊姊，你方才说，汐月在药局拿回了一些样品，你有带着吗？”

慕兰公主从腰间的蹀躞袋中，取出了一块黄色的有棱石块，递到了韩英手里，就在那石块靠近前的一瞬间，它发出的微微怪味，韩英似乎在哪里嗅到过。

“诸位，我有事先走了，你们忙！”韩英拿到石硫黄样品之后，很快出了司徒府大门。

“我也要告辞了，身上也有一项要事需去处理。”郦道元继而离去。

余下慕兰公主与王肃独处议事堂。

慕兰公主两手手指交叉，心神不定地来回环视着堂内之摆设。

“公主，又有心事？”

“我知道了。”慕兰公主从鼻翼中浅浅呼出一股气息。

“什么？”王肃侧耳。

“知道了河阳王为什么要和咸阳王联署罢黜领军将军。”

“为什么？”

“他想让他的儿子，让骁骑将军元越，来做下任禁军统帅。”慕兰公主的语气异常肯定。

酉时已尽，天色晦暗，城南四通大市早已闭市。韩英在洛水河畔找到一棵隐在荆棘枯草深处的皂荚古树，将缰绳拴在树杈上，留下马匹，径直向四通大市的围墙走去。那围墙竟有两人高，不时还有巡逻的洛阳县巡防尉、河南尹直属衙役列队从墙下经过。等到官军消失在远处夜色深处，韩英把准机会，纵身越过围墙，进到四通大市之内。内外隔绝，市内的酒肆、乐坊却是布幌飘忽，华灯高上，人声鼎沸。韩英夹紧了臂膀，身上的衣裳真还有些抵不住这刺骨的严寒。走了足足有一炷香的工夫，韩英才找到染坊的后院所在，他也不打算再去敲门，就又攀附了墙头入内。

染坊后院里已是灯熄人走，通过门缝，韩英见朱耶大叔家中微露光影，他这才轻叩了门扉。朱耶大叔警觉而来，待知晓了来人的身份之后，朱耶大叔赶忙抽开门闩，将其让进屋内。屋下灯火如豆，老妪与果儿连忙起身施礼，这一套的规矩，搞得韩英十分不自在，忙上前对二人说道："以后就不必如此拘泥了，免得惹人耳目。"

灯火虽弱，却掩不住饭菜的喷香，韩英看到案儿上有盆炖萝卜，另一个瓦罐中，还有半只肥嫩的肉鸡，禁不住肚子咕咕直响。

朱耶将军见韩英咽了一口口水，连忙关切道："是不是还没有吃饭？坐下吃些吧。"

"先说正事，"韩英想把朱耶大叔拉进里间卧房，却见里屋一片漆黑，果儿见状，连忙引燃了另一只油灯，而后低眉退身而出，紧紧地掩闭了房门。

韩英见过去俏皮的果儿如今变得如此生分拘谨，心有不忍，却已经顾不得那么多，他从怀里掏出了那块石硫黄："朱耶大叔，我接下来问你的话，希望你能如实回答，你见过这个吗？"

朱耶大叔将石硫黄接在手中，凑近了油灯去看，不多时，便凝重地点了点头。

"我们悦般国出产石硫黄，对吗？"

"是的，世子。"朱耶大叔对悦般故国的这一物产太熟悉了，当年悦般商人曾经用它和邻国交换生铁、蜂蜜、布匹、木材，在以往悦般朝贡大魏的贡物清单上，也往往有石硫黄的身影。它虽不是金子，却比黄金更珍贵。

"朱耶大叔，不瞒你说，义兄就是因为它，才被害的。"韩英用期盼的眼神看着朱耶大叔，"我能记起来这个气味，当时，我带着雪狼山犬，在燕然馆外的夹道，白犬嗅到的就是地上的石硫黄粉末。"

灯火跳动之间，朱耶大叔好像并不愿直视韩英。

"你能不能告诉我，是不是我们悦般人把石硫黄运到燕然馆的？"

朱耶大叔紧握着那块黄色的石头，沉默不语。

"我亲耳听到郦道元郦中丞说，我悦般地有火山，山旁石皆焦熔，流地数十里乃凝坚，我们的故地就出产这种石硫黄，是吗？是不是我们的悦般商队把它运到洛阳城的，你告诉我？”韩英的语气已经近乎哀求。

朱耶大叔仍旧在躲避韩英的目光。

“将军，不要再犯糊涂了！”韩英的声音在发抖，“我告诉你，如果真是你们将此物运到洛阳城中，你们就是在为自己肇祸，是在为所有生活在洛阳城中的悦般故民肇祸！”

“世子，此话怎讲？”朱耶将军听到此处，一脸愕然。

“将军，大魏朝廷正发生着一场内斗，这场内斗已经死了很多人。直至目前，它还在蔓延。石硫黄之事，今日刚刚爆出，我连夜前来，既是为完成司徒府的查案使命，也是为救我上万悦般人的性命。你们已经牵涉进来，我害怕这场内斗很快就会延及故国人。我一再提醒你们，不要参与任何朝野政争。你们真的是没有这个辨别力吗，还是有我所不知道的秘密？”

朱耶将军这才意识到了事态的严重性：“世子，是……是沙陀大人运进来的。”

韩英心说，果然不出我的所料，是悦般商队首领亲自运进洛阳城的：“朱耶将军，接下来的问题，你回答得越清楚越好，我知道得越详细越好，我不想让自己的故国子民陷入一场无谓的纷争中，成为他们争斗的牺牲品，你听好了吗？”

“听好了，世子，您问吧。”朱耶将军已经屏住了呼吸。

“运进来了多少？”

“两千斤。”

“如此禁物，是怎么进城的？”

“商队拿到了射声校尉的印鉴，冒充皇家贡品，故而城门尉无权稽查。”

“直接的接货人是谁？”

“柔然王子郁久闾洛伦。”

“为什么沙陀大人会答应这趟差事？正是柔然灭了我们的国。”

“柔然王子许诺，如果沙陀大人完成这项货运差事，会安排亲信在柔然王廷游说，说服其在位可汗答应我们复国。”

“我的将军，你认为郁久闾洛伦的这一承诺可信吗？”

朱耶将军摇头：“我……我并没有参与其中，也未抱任何希望，但是沙陀大人，他执意如此。世子，请你理解……”朱耶将军略顿，“在这洛阳城中，众人各司其业，毕竟与故国朝堂不同，我并不能在所有环节、所有事项上，都及时节制各位头领，万安镖局的镖师武士势力也一向支持沙陀大人，两者利益与生计互生互靠。”

“朱耶将军，我能理解。其实话说回来，依我个人之见，你也不要刻意去追求这种节制权和控制欲，悦般故民，彼此之间有难则辅，平日各行各业，应如其他编户商家，各安营生即可。”韩英希望面前的朱耶将军也能明白自己的这份心意，他非常清楚，大魏朝廷是决不容许一支力量强大的隐秘团体存在的，这种秘密团体的所谓抱团，只能刺激官府与它们之间的相互戒备和不信任，万千故民各执生计，消解融合在这座蒸蒸日上的洛阳城中，就是他们最好的出路，“先不说这个了。你可清楚，最终接收这一货物的背后人物是谁？”

“可能是咸阳王，听闻沙陀大人说到过，在燕然馆交货之时，曾有咸阳王府的司马也在院落之中。”

“沙陀大人如何会认识王府司马？”

“沙陀大人麾下有十八支商团，其中最庞大的商队，有上万头双峰和单峰驼，曾多次给咸阳王府交割西域奇货，他自然是有机会认识王府下人的。”

“朱耶将军，我相信你的头脑是清醒的。千万不要再越陷越深，事情还没有到最糟糕的时候。但是请你连夜通知沙陀大人，要他今晚连夜组织，明日只待城门打开，第一时间让洛阳的商队全部撤出城去，去南朝也好，去敦煌往西也好，越远越好，越快越好！总之，要尽快远离洛阳城。你能明白吗？”

“可以的。”朱耶大叔说完，连忙套上一件棉袭，向后院门口奔去。

等到朱耶大叔抽去院门门闩，向里拉门，却有一团重重的模糊血肉，从门外顺势跌落在他的怀中。

他禁不住“啊呀”了一声，韩英在他身后，不明究竟，赶忙上前，却见跌倒在地的是一个熟悉的身影。两个人费尽力气将其抬入房间之内，定睛一看，原来是保护柔然太子出城的悦般武士，这位武士便是在过去曾经和韩英切磋过多次拳脚，也是被韩英亲自挑选出来的两名柔然王子扈从之一。

韩英大呼不妙。

老妪与果儿见状，倒也并不慌张，立即准备热水、棉布、金创药。一番擦拭止血，再喂米汤，足足花了一个时辰，武士才从昏厥中苏醒过来。

“怎么回事？”韩英忙问。

“世子，属下无能，郁久闾王子被劫走了！”

“被谁？”

“被一队禁军，不，是两队，前后两队。”

“怎么回来你一个人，另一个呢？”韩英最关心的还是悦般故民，可是说出来，自己都感到惭愧和无力，他千方百计阻止故人介入朝廷政争，却让自己的故民付出了血的代价。

“走散了，打散了……”悦般武士这才感觉到了身上的疼痛，两排牙齿咬得咯咯直响。

身后的果儿姑娘已经默默走开，端了热水，去清洗院门外门板上的血迹。

待悦般武士喝下了五六碗米汤，吞下半只清炖肉鸡之后，神情稍缓，韩英接着问道：“郁久闾被劫到哪里去了？”

“回洛阳了，我是一路秘密跟着他们回来的，据我观察，两队禁军并不友好。使我负伤的，是第一队先到的禁军，我们掩护着王子，乘马且战且退，当第二队禁军赶到之时，我们才得以脱身，如果他们晚来一步，我们三人都会死于刀下……但实在带不走王子了……他们，他们人太多了，还请世子责罚。”

韩英摇头：“不，没有责罚，我……我也没有资格责罚你们，你们做得已经很好了。你们把命保住，才是最重要的。你先歇息，好好养伤。”

韩英忽生疑窦，转头对朱耶大叔说道：“这会是谁走漏了风声呢？除了镇南将军、郦中丞，以及你我几名悦般故人，没有其他人知道柔然王子的去向。朝野上下所有人都认为，柔然王子是要北逃草原回归胡廷。”

这天夜里，御史中丞兼白鹭曹长史郦道元并未归家，而是在傍晚时分来到廷尉府衙门，以长史印信，将疑犯蒋少游从大狱中提去白鹭曹问讯。

蒋少游对外面的世界已经一无所知，在大狱中虽未动刑，但因常年劳累，又加天寒地冻，他染上了严重的湿冷风寒，瘦骨嶙峋、垂垂病矣之态，令人揪心。在白鹭候官的押解之下，蒋少游跌跌撞撞来到白鹭曹内一处炉火旺盛的偏厅，当他被去了镣铐，面对案几上一罐热腾腾的羹汤时，依旧一脸茫然。

新晋长史郦道元已经等候在堂下，并已备好了一件厚实的棉袍，亲手加在了日前韩英送交的那件冬衣之外。

蒋少游颤抖着双手施礼相谢。

论各自官位品秩，蒋少游在郦道元之上，论彼此手中杀伐实权，少游又远不及道元。

郦道元急忙叉手相拜，又转身前去案几之侧，用一只长柄铜勺盛出一碗羹汤，小心奉来，对蒋少游道："前将军受苦了。"

蒋少游伸出指甲缝间还留有白膏灰屑的双手，捧了那菜肉杂煮的羹汤，不发一言地、慢慢地小心吞咽着。

郦道元不禁感慨宦海无情，人生无常，轻声说道："前将军，您多吃点，罐中还有许多。"

蒋少游一直站在那里，食下半碗热汤，面色稍好了一点。郦道元见他捧着汤碗，停了下来，一脸迷茫地伫立着，便急忙上前接了汤碗："前将军，不再多食些吗？"蒋少游怔怔地看着郦道元，孱弱地摆摆手，郦道元又忙搀扶他坐到靠近炉火的软榻上。

"郦中丞，我的案子，是不是由廷尉移交到白鹭曹了？"京都内外大小官吏，一向畏白鹭候官如食人虎狼，一旦进得此衙，不死即伤，鲜有完肤归去者。

郦道元于榻上伏地再拜："不。下官今日请前将军来此处，是因为这是一处——我们可以随心所欲的畅谈之所。并且下官有一个好消息通报前将军，不出所料，一两日之内，前将军即可出狱回府。"

"有此等事情？"蒋少游闻言，不太敢相信自己的耳朵。

"正是前将军义子日日追寻，明察暗访，找到了崔宪遇害当夜的证人，已为前将军洗雪冤屈。"

蒋少游倾听过后，终于露出欣然之色，喜上眉梢喃喃道："是韩英，好孩子……那么，我就可以回到天阁营造工场了，"他突然想起什么来，变得很是激动，又连忙刻意压抑了自己的情绪，对郦道元解释道，"工期……工期太紧张了，但这天太过寒冷，又不能让工匠们值夜赶工，冻伤不说，脚架以竹木为之，这个月份变得比春夏更易脆断，稍有不慎，即出人命。还有，阁顶莲花宝瓶，足容五十斛，其四维八道锁链，将作副匠王遇一直建议用金玉镶琢而成，我亦是一向反对的，是必须用铸铁为锁的；最上层顶阁构件，这几日我在牢中湿地之上，又仔细画图比对了，应改格肩榫为燕尾榫，更需待天气稍温进行吊装，不能急于恶天求成……"

"前将军……"郦道元实在不忍去打断他，又不得不说出全部的实情，"你还不能回到须弥天阁，是回府居住。"

"什么？我……"蒋少游的神情，犹如一盆冉冉起升的炭火，被劈头泼来一盆井水，"是软禁在家？"

“是的。”

“不行，绝对不行！”蒋少游意识到了自己的过分执着，但他认为自己有必要坚守这份意志，继而解释道，“郦中丞，你不要以为我是为了自己那点私心，不错，少游志在营造，但自我入掌将作大权，从未主动上书朝廷，在宇内多建一阙一阁，所从事务，皆奉天子诏令、中书之命，所付差事，更未超用一分一厘。少游何曾不知，宫阙明堂之耗，全赖民脂民膏。我心头牵念者，只为一举则成，殿阁永固，所立浮屠阙堂，百年之内，不复再有劳民耗钱修葺之举。而这须弥天阁，其后佛殿之恢宏，几比皇城太极宝殿，更有僧房楼观，两千余间，雕梁粉壁，青琐绮疏，形制尤为浩大，可谓中国千年以来之未有。少游负此重任，怎可不时时殚精竭虑，念兹在兹？而少游之上，一干重臣，皆有各种诉望，有强令欲添金玉者，有期插手铸造铜佛偷工减料中饱私囊者，有以次石冒充上石者，不一而足，而副匠王遇向崇浮华之风，不顾百年之计，暗通权贵，却有王公在其后助力，少游不胜其烦，一者担心他们空耗朝廷资财，二恐其慕于奇技淫巧，不以根本为要。半月之前，副匠王遇还极力说服我重凿阁壁八侧，填装五彩颇黎，颇黎之美亮，人所共知，然其价高昂，究其根本，为其难得，融炼金晶砾石，百炼不得其一……”

郦道元还是不得不去打断他：“前将军，我并没有误会您的心意。想五年之前，您以访问副使职出访江左伪齐，不惜性命之忧，秘绘齐宫形制，正是为使宫阙营造之劳，一劳永逸。而后果然融合南北，所作魏宫，既合简约工整之格，又不失皇家绮丽之风，大为彰显大魏品格。有识之士，怎能不解前将军之良苦用心？我要说的第一层意思是，前将军之重回天阁工场，非我等力量所能及啊。前将军难道还未曾察觉，是有人想方设法，不让前将军回去吗？”

少游略思：“那我就立即上书天子，少游之心意，圣上观若明镜。”

“前将军，不要走这一步。”

“郦中丞有何忧虑？难不成是阻挠之人，连天子都怕他三分吗？我之上书，会让天子为难吗？”

郦道元摇头，目光深邃而沉稳：“并不是。自古以来，并不是没有被掣肘的天子。但是当今我大魏天子，圣察明断，威望亦如日中天，在这样的事情上，倒还没有人能够影响得了他的决断。”

“那为何郦中丞不同意我上书？”

“前将军，经得贵公子韩英、慕兰公主从中相助，你得以从廷尉大牢开释，回居家中。暂缓赴职，不但对你，而且对于司徒府正在查审的案子来说，都是最好的安排。”

“你是说，闻过的案子？”

“正是。”

“前将军，据下官追查分析，铜驼悬尸一案，很有可能您是赶巧撞上了。”

“哦？”

“使得崔宪被杀，成为幕后指使者的一石二鸟之举。一者，崔宪是必死无疑的，当时馆案刚刚重启，司徒府和我这边，根本都还没有反应过来；二者，很有可能，前将军您，也是必须被对手排挤出局的。即便无崔宪一案，不出意外，您也会栽在另案之上。”

蒋少游闻此，也在搜索排列着脑中的思绪线索。

“下官几敢断定，如果没有崔宪悬尸一案，前将军甚至会有性命之虞！”郦道元的话已经说得很明确，蒋少游撞上崔宪命案，身陷大狱，反而是捡回了一条性命，他的脸色变得越来越阴郁，“前将军，您最清楚，您正在负责营建的二十八重须弥天阁，有太多地方，可以制造偶然伤毙事件。所以，你不要回去、不要上书。天子远在途中行在之所，对京城事情，不可能知道得如此精细。以上所述，只是我的猜测。我也不可能将此没有确凿证据的推断上禀于天子。我丝毫不怀疑您的忠诚，以及天子对您的信任。也正因为如此，您不要上书。”

蒋少游凛然且无谓道：“郦中丞，我不惧死，乱世之人，死生由天，此为第一；二者，如果事情真如中丞所料，难道我就该遂了对方的意愿，颓然退出将作曹吗？”

郦道元胸有成竹：“前将军，你错了，此非颓然被动，而是纵敌骄敌之计！”稍顿片刻，郦道元继续说道，“前将军要明白，令公子蒋中尉隶属射声校尉，崔宪亦供职射声校尉，皆遭非命，他们二人之案，不可能是独立的。你又身涉崔宪命案戴罪，你真的会以为，你的案子和他们二人的案子是无关的吗？前将军不会如此愚钝吧？”

蒋少游闻到此处，心中更痛，他已经决定同意郦道元的提议，但还有一点是他尚不明白的：“如此，是不是我继续入狱廷尉，更好些？”

“不，前将军只要不在将作曹长官任上，就应该是安全的，没有必要继续待在大狱之中受此苦寒。再者，也是更重要的一点，我建议前将军出狱之后，一边静养静待，一边另谋一桩小事来做。”

“什么事情呢？”蒋少游问道。

“要前将军暂勿上书天子，求归将作曹长官一职，以达纵敌目的的建议，是下官与镇南将军王肃一同定下的，前将军有必要对此知情。绝非道元个人之见。”郦道元边说边低首从袖中抽出一张密封的麻纸，上面还留有桐墨的清香，“我们之所以有此建议，当然还有一个原因，那便是前将军你，确实不能说明你当夜的去处。”

蒋少游闻此，神情泰然，因为他早已拿定主意，永远不会对任何人说起那些隐居洛阳地窟的乱世草民。

郦道元已经将那幅纸卷完全展开，将其推到了蒋少游面前，少游看去，很轻易辨别出纸上所画，是洛阳畿内山川水文图，郦道元又道：“之所以今天由下官一人单独拜见前将军，其实也是我有意为之。因为下面我们要说的事情，也便是我个人对您的建议，我不想让任何第三人知晓的，并非不相信将军，而是对此事，知道的人越少越好。”

“中丞何意？”

“前将军以为，这洛阳帝京的水系流向，何如？”

“噢，我听闻中丞于公务之余，在为前朝名作《水经》作注，以补原经之不足，堪证前人之谬误，如此贡献当世、泽被后代之事，也只能中丞这样广博古今书卷，足遍万千河山的新秀大家才堪承担，不但需绝世才华，更需勇气与使命，老夫佩服至极。”

“不，前将军，我要与您谈的，不是这些。”

“关于洛阳水系，老夫略知，迁都之前，天子曾命我勘察洛阳地势、故宫，洛阳地处大河之南，崤函帝宅，河洛王里，跨伊、洛、涧几条河流，北倚邙山，南对伊阙，东据虎牢，西有崤坂，素有河山拱戴之誉。”

“前将军难道没有发现，洛阳城西北之阳谷水走势的缓急之玄妙吗？”

“还请中丞赐教。”

郦道元指着水文图的一角：“前将军，据我实地勘察，阳谷水自源头一路所经之地，皆为类北邙山之极黏土质，渗水力并不强劲，而在入洛之前，水势极峻，几有与滚滚大河争格之气象，但是，在入畿十里之内，水势剧降，其中原委，我已勘测得知一二，在京畿地下，有巨大的天然溶洞地窟，以融吸谷水，只因这地河所收，阳谷水入京之后才变舒缓。但是，万千年来，阳谷之水，必有改道。”郦道元突然声音变低，他盯着蒋少游混浊的双眼，凝神说道，“前将军，我和你，都发现了一个天大的秘密。”

蒋少游对郦道元的眼神并无半点回应。

“在这洛阳城中，有一座复杂且巨大的地下穴窟，一旦进入这座穴窟，可以潜到皇城井河水系之内！”郦道元不得不自己揭开这个谜底。

蒋少游立即明白了郦道元的话意，知道了自己用性命保守的秘密其实早已被郦道元发觉，他却并不慌乱，而是缓缓将那水文图放回郦道元手中，淡然说道：“郦中丞，在地下穴窟一角苟且求生的人，已经全部撤出来了，皇城，是安全的，”他抬头看着郦道元，眼神是坚毅且充满着怜悯的，“并且，他们也并不知道自己的头顶就是大魏皇宫的太极殿，他们怎可能知道皇城的内部布局？”

郦道元用手指轻叩了几声案几：“前将军，我并非没有菩萨心肠。但你是否想过一旦他们走漏这个消息之后的后果呢？当前天子迁都鼎革之事初定，朝野异动频仍，南北对峙……”

“他们不会的，我了解他们，他们只是想活下去，朝臣的政争距其太遥远，他们管不着也不想管，更不会想到拿这个去向何人邀功，郦中丞，你千万不可居心叵测，不能向天子告发，他们只是想有个住处、有口饭吃的苍头流民。”蒋少游的情绪变得激动起来，但是也意识到了自己的失言，他站起身来，“郦中丞，我……我可以向你保证这一点。”

“前将军，您能保证得了吗！”

蒋少游的手抚额头，在拼命地思索说服对方的理由，他重坐榻上，与郦道元四目相对，口气变得坚定了起来：“郦中丞，不是我能保证什么，而是我早早就断定这一点了。他们数百人世出一系，不会拿自己家族老小的性命当儿戏。他们的头领知道轻重。中丞试想，如果你我是他们的头领，你会拿此出去散播吗？一旦说出，还有活路吗？！”

郦道元移座向前，靠近蒋少游，轻抚他的手背：“前将军，你莫要惊惶，我日前已将奉终里前的旧寺院落买下。”

蒋少游这才意识到，郦道元也已经发现了奉终里外的地窟入口，而他又是怎么发现的呢？他很快就会得到答案：在崔宪案发当晚，郦道元跟踪了蒋少游！

“不要担心，前将军，此事，只有你我二人知道。这便是我今夜未邀王肃将军同来见您的原因。”

“你打算如何处置？”

“这个非常简单，奉终里外旧寺土地，已经作为我的私产被圈起，那个残碑下的孤穴，也已经用砾石填平。从此在这个世界上，这个洞口已经不存在了。你我也都要把它忘记了。”

蒋少游冷静下来，心生歉意：“郦中丞，我错怪你了。”

“千金堰之另一处窟口，就交由前将军完成吧。”

蒋少游会意：“多谢中丞。”

郦道元仰头闭目，苦笑道：“前将军，如你所言，地窟之民，乃乱世草民。让我来说，你我二人，何尝不是盛世草民。”

当即，蒋少游索来笔墨，在白鹭曹偏堂之内，给咸阳王元禧写了一封书信，一方面感谢咸阳王宥其出狱，另一方面表达了自己在各项工程场所忙碌多年，已成禀性，领朝廷俸禄而赋闲在家，心有愧然，请别领阳谷水畔千金堰修葺大匠之小职。

酉时已尽，残月高挂，郦道元寻思：如若再把蒋少游送回廷尉大牢，又是一夜湿冷难挨，想来少游也即将出狱，便吩咐了值夜候官，前去廷尉送信，只说今日白鹭曹需夜审少游。他又安排了衙吏，在内院为蒋少游安排了一方住处。

郦道元收紧了身上的木棉複襦，在从夹道回到自己公寮的途中，透过回廊之外的一片枯树，望见坐落于底院中的一排衙内刑房尚有灯火，便信步前去查看。虽然自从回京之日，郦道元便逐步接手候官衙务，前日又收到诏命，正式上任白鹭曹长史一职，但衙内事务，不但没有做到了如指掌，甚至对司内各曹正在进行的调查，也并不能做到完全掌握，近日白鹭曹主簿所呈档书，他也没有来得及全部查看。

步至刑房，两名守吏见长史夜间前来，匆忙为其开门，其内不远，又有两名候官肃然安坐，看管一座兽锁铆钉厚门，经过此门，便是人满为患、犯人皆是遍体鳞伤的馊臭监牢区域，与其对应的一排房舍，墙体厚实，夯土在内，外覆条石，便是大名鼎鼎又神秘恐怖的白鹭曹刑房，郦道元神色凝重，走到一间发出声音和火光的刑房之外，只听到一阵“哗哗”的泼水声，推开刑房木门，见到两名上级候官，正用一桶冷水泼浇面目全非的犯人。

见长史夜查，审讯候官停了下来，叉手施礼。

郦道元抬手，示意候官免礼，峃然道：“是什么案子？”

“不劳长史费心，是桩走私小案。”一名候官不失恭谨，淡定答道。

“商贾百姓？”郦道元眉宇蹙紧，“平民涉案，白鹭曹不要干涉，移交郡县衙门即可。”

“郦长史，这只小鱼虽只是平常行商，背后却事涉巨宦，”方才答话的候官上前解释道，“洛阳县令怕是……”

“涉及何人？”

“禀长史，尚且不得而知，所以才用了重刑，但情咨来源，极为可靠！”这位候官语气斩钉截铁，依然从容不迫。

郦道元听罢，点了点头，走向前去，借着旁边炉内熊熊烈焰，才看清被双手吊绑的犯人已是衣衫斑驳满身血污，披散的乱发之末，滴沥一股股的腥臭血水。也只有通过犯人孱弱游丝的鼻息，才知道他还留有半条性命。

“打死了，案子就没法破获了。”郦道元面色冷峻，反身出门。

他并非没有察觉到动刑候官对他的搪塞，但是馆案一事头绪繁杂，一时实在无力就此小事多加干涉。

回到公寮，郦道元安坐下来，从主簿呈上的百十卷案宗中抽出一档，正欲细阅，却听到前方衙院传来一阵慌乱的马蹄声，不多久新任掾吏韦泓气喘吁吁前来：“郦长史，北逃的柔然王子被追回了！”

郦道元的脊背上打了一个冷战，焦急问道：“现在何处？”

“此刻正在宣阳门外，被禁军押解着，但城门尉拒开城门。怕是要出大事。”

郦道元闻言立即起身，吩咐韦泓：“即刻备马，”边说边取来佩刀，“典令值夜候官五十，速随我去！”

/ 第十章 /

白鹭夺人

郦道元腰佩环首玄铁刀，扬鞭催马出衙，身后紧随一队虎狼候官，皆乘高头骏马。

一时间，寂静的洛阳城里，飞砾四起，兵铁凄厉，瞬间即达阊阖门阙前广场，只瞥见门楼之上，一排莲花灯笼，迭次高挂，城上禁军羽林，寒甲如霜。此处亦为东西御道、铜驼大街交叉之所，五十余骑，掉头南折之时，马声嘶作一团，此去十里，即为城南宣阳门。

喘息之间，又过凌阴、衣冠二里，巍峨宣阳门近在咫尺。

白鹭曹马队离宣阳门越来越近，郦道元却看到门下各处攒动着一片片的火把，随风跳跃着。随着郦道元一行的近前，火光笼罩之下的一列列兵士也都回头来望。

城下前列有一马匹呼哧着白色雾气掉头前来，走近郦道元所乘高马之侧，来骑之上的人拱手：“郦中丞，王将军、公主几人已登城楼。”说话之人是韩英。

郦道元径直折转马头，向宣阳门左侧的砖砌城梯行去，在他身后的白鹭候官试图跟随长官向前，但先到队列却不愿给他们留出空隙。原来这先到的几列马队，既有大队禁军虎贲骑，也有洛阳城所隶属的司州府衙兵骑乘，并有太尉府府兵，在各队之前的，是大司徒府具装骑兵。很明显，司徒府的甲骑到来最早。正当城下吵闹推搡发生之时，后面又有一队人马前来，是太子留台的扈从校尉兵，头骑之上的是太子府詹事黄腾之。

城下骚乱很快平息，因为他们都很清楚，城下各府衙骑队的彼此争执，纯为一时意气，毫无意义，甚至他们对星夜赶来的目的都不清楚，更何况他们之间有不少人都隶属同一乡籍，相互熟识。

他们的长官，已在城楼之上，上峰之间的最后议决，才具有决定意义。

郦道元舍马登楼之后，但见城楼之上尉卒林立，月下一片刀光闪闪，弓弩手也都已张弓搭箭。而城门之外，也有几十人的马队在火光掩映之下焦急地等待着。

当夜轮值的城门尉见到这位新到者不敢怠慢，便把郦道元引至城楼之上的房厅之中，厅中的气氛已是剑拔弩张。

郦道元看到几人之中，有镇南将军王肃，有慕兰公主，有咸阳王府司马慕容阔，并有司州别驾、河南郡守，他们把领军将军于烈围在中间。

郦道元入门之时，咸阳王府司马慕容阔正将一张加盖官印的文书展在领军将军于烈面前，要其看仔细了："我持咸阳王手令，叛逃王子必须押回司州大牢，他秘密叛逃，定有台司高层参与。虽有诸公并公主在上，但太尉手令在此，恕我不敢不从！"

领军将军终于将咸阳王手书接在手里，并不言语，这份加盖太尉府印信的手令，在慕容阔登楼之初，就已经拿了出来，他已经举在手里挥舞半天了。

"慕容阔，你去告诉咸阳王，郁久闾所涉之案，乃四夷馆要案，为天子特诏严查，今日，最应该将其带回的是我大司徒府。"慕兰公主两目怒火熊熊燃烧，她转向游移不定的领军将军，"于领军，我可以明确地告诉你，你若想洗清嫌疑，也必须将郁久闾交还到司徒府手中。否则，他一旦在别处遭遇不测，你休想脱清干系！"

慕兰公主身侧的王肃望向于烈，两人的眼神一擦而过。

郦道元身后的太子府詹事黄腾之已经挤到前来："诸公莫争，莫争，城下所缉之人，为太子翊军校尉于登将军领兵前去拿获，太子有令旨，将所缉之人押回金镛城严加看束。"

郦道元心生疑窦：怎么，郁久闾洛伦是太子手下禁卫追回的？

这时，众人听到城外之人又生大呼之声："领军将军，我是射声尉将张议，末将已领军将人带回，请开城门！"

这是怎么一回事？射声校尉乃皇城禁军五尉之一，太子翊军校尉归属太子留台直辖，虽同属领军将军属下序列，但同出执勤缉拿凶犯的情形还是非常罕有的。

司州别驾拱手向前："公主，列位上官，能否听下官一言？"众人没人理会他，他继续自顾自说道，"以下官之见，馆案在前，柔然质子北叛在后，所发之地，皆在司州所辖地域，窃以为，咸阳王殿下吩咐押解柔然质子前去司州大狱，是为高瞻远瞩之谋啊。如今天子东巡，殿下总理朝廷军民之政，都督六州军事，又兼领司州刺史一职，日理万机，无论是对于柔然质子一案，还是此前的馆案，殿下也都希望能够早日水落石出，但如今柔然质子蹊跷脱身，幸有禁军追回，眼看各府衙台司，就此问题争执不下，将其解入司州州狱似为最优之选，诸公如因案件需要，需问讯提审柔然质子，下官定然俯首听命。”

“还是解回白鹭曹吧。”一直沉静无语的郦道元语气虽不强硬，但其中话意却是没有半点让步，“候官衙门直接听命大魏天子。诸公如若不能决断，还请各自回府，禀报长官，来向郦某要人。”

最终，众位迫不得已，只好同意了郦道元的主张。如今，郦道元既为御史中丞，又新任白鹭曹长史，于朝廷密案，该司可越过尚书台、各府衙乃至诸州镇军府，有临机参夺之权。

“我还有一点提请各位，回府之后，务必禀告上峰，请各府衙统一口径，只说此两日，柔然王子郁久闾洛伦，乃是受跋陀禅师邀约，前去嵩山少林进香。北逃一事，实为谣传。拜托各位。”郦道元叉手相拜，“这一说法，对在场各位及诸王公，都有百益而无一害。”

众人对此提议达成一致，柔然质子北逃一旦成为口实，无论是在天子那里，还是在朝野之间，在场诸人身后的府衙王公都有重大失责之咎。

领军将军于烈下令，开启宣阳门。

城外之人通过门洞之后，只见左右两列将士都瑟瑟发抖，他们簇拥着落魄失魂的柔然质子依次进城。让人吃惊的是，在队尾的马背之上，竟驮有几具尸首，尸身之上所着甲胄，既有射声校尉尉卒常甲，又有太子翊军校尉制装。各自为首的张议与于登二人，也并不多言，将质子交予白鹭曹候官之后，各自领兵回府。

“领军将军，可否愿同我前去司徒府一叙，吃上一盏薄茶？”王肃对于烈言道。

于烈拱手应邀。

在他们慢悠悠的马匹之侧，在清一色的红砾石铺就的铜驼大街两侧，洛阳的百姓们对本坊栅墙之外发生的一切一无所知。他们正为今晚的祭灶活动设立神主，陈列鼎俎。相传，腊月月晦之夜，灶神上天白人罪状。于是千百年来，敬畏天帝的洛阳百姓在这一天都会谨奉灶神，富者杀黄羊祭祀；中户烹制酥肉扣碗，杀上一只冠肉鲜明的红公鸡；穷者则无须牛羊三牲，只灶台之前，于烟熏火燎之处，摆上红枣、核桃、柿饼，但大家都会从大市购来灶糖，或自制灶饼，以飨神灵。至于这造神是何方神圣，由于如今的洛阳四民源流不一，信仰不同，便是各有说法，有供颛顼之子火神祝融，有供道家司命菩萨，佛家的子弟，则以香饭供养诸佛，也有具体到供奉圣弟子周利槃陀伽尊者，并持诵“扫尘除垢”四字，而后动手洒扫，既净门庭尘垢，又除贪嗔痴慢疑之内心尘土，而证道果。而那些手巧的小姑、妯娌之间，则更喜互帮互学，一起拿红纸剪出《喜鹊登梅》《鸳鸯戏水》《孔雀戏牡丹》《狮子滚绣球》的祥瑞喜庆之相。

一炷香后，于烈将军随王肃来到司徒府内王肃公寮之内。

王肃亲自吹旺炉炭，将一尊小釜盛了新水，置于其上。两人默然对坐。

王肃先行发话：“领军将军，怎么会去两队人马？我不是告诉你，劲旅暗行，拿回质子即可，怎能搞得如此大动干戈？”

于烈看那铜釜渐热，眉间的疲惫之感也逐渐扩散开来：“此番干戈并非我所想引起……”于烈握紧了拳头，“禁军之源，出于多门，实不相瞒，我对五尉执行如此机密之事，没有把握。”

“为什么？原本可以不用射声校尉之人。”王肃不解道。

于烈心思沉重地摇了摇头：“没有用的。其他四尉，也有射声校尉元洛平的眼线。你要知道，此次追拿，并不是执行天子下达的诏命。下面的禁军尉卒不知道，但是领军府以下办事机构左右卫府、五校尉长官不可能不知道。我们没有天子的手诏！”

“所以你干脆全用了射声校尉之人？”

“是的。”

“你是作何考虑的？”

“即便通知其他校尉前去追获质子，射声校尉元洛平也会听到风声，必然设法暗地阻挠，并且我们亦很难落到实证。不如将其直接派往，元洛平定然会铤而走险，就此一搏，这是他最后的机会。当然，也是我洗清自己的最好机会。”

王肃暗暗佩服，这位禁军统帅果然心细如发，于烈能掌控禁军如此长久，弥得天子恩信，绝非只靠战场杀伐的匹夫之勇，或令行禁止的治军胆略，具备以上两点，能够让一个人成为一名优秀的将军，却无法保证他成为在京都各方角力中稳踞领军府的禁军统帅。

“将军次子、太子翊军校尉于登带兵前去，又是何故？”

“也是我同时派去的。”

“以防郁久闾遭遇不测？”

“正是。犬子一直暗随其后，他们两队人马入城的情形你也看到了，显然是发生过一番打杀。”

王肃将已经煮开的井水从浮表掠出半瓢，倒入残水罐中：“将军，头开的表层鱼眼水，必须舍去，下面的沸水煮出来的，才是极品好汤。”

于烈目无表情，他对煎茶学问一无所知。

王肃再问：“太子翊军校尉典兵出城，太子知晓吗？”

“是秘密行事，并未上禀太子。”

“你不怕太子治他的罪吗？”

于烈苦笑：“王将军，你我之间还有必要打哑谜吗？天子废黜我领军之职的诏书，想必已经过了相州。次子于登以往得以荣登显位，全赖父祖之荫护，而如今，覆巢之下，岂有完卵？将军世出琅琊名门，岂能不明此中玄机？太子谨小慎微，怎能不步趋天子，旋赐我儿罪状？只不过是早一天晚一天的事情。”

王肃会意一笑，为于烈添上头茶：“于领军这是在进行一场危险的博弈，你就不怕爱子成了这煮茶的头瓢水，被白白泼去牺牲掉吗？”

“胜则全生，败则皆死。不搏此局，会一败涂地。如此而已。”于烈蹙眉，饮下茗茶。

“茶怎么样？”

“有点苦。”

“先苦后甜。还请于领军慢慢品鉴，将军最能解其奥妙，一定会深深地爱上它。”

于烈侧身，将身侧席上的佩刀矫正了位置：“不要再说你的茶了。前次见面仓促，许多事情将军还没有告诉我，你为何会将追获质子一事交付与我？”

“因为我信任领军。”

“噢？难道我不是司徒府查案的首要怀疑对象吗？”

“过去是。”

“什么时间开始不是了？”

王肃欣然一笑：“确切地说，你现在仍是司徒府多数人的怀疑对象。至于怎么从我个人的怀疑中排除，共有三点。”

“说说看。”

“其一，射声校尉元洛平遇刺一案。他提交的行凶证据西域弯刀直接指向于领军你。这一点倒是天衣无缝，因为我从咸阳王那里，也得到了这把弯刀早前转赠给你的说法。我自然没有能力和凭据去怀疑元洛平这一行为的真假。但是，正因为这一指向太过明显，也就是说，你们的对立关系显而易见。如果他没有露出马脚，我是有理由继续怀疑于领军的。正因为他在我面前露出了破绽，所以我才逆向推测，从一开始，你就是被有意栽赃的。”

“他的什么破绽？”

“他身上所负之伤。”

“元洛平在宅邸遇刺，有家丁为证，并有夜巡军警到场，更有其爱妾命丧刀下，将军所指伤情，难道是假的不成？”

“有真有假。”王肃目光犀利，直视于烈，“领军在上，你我皆是有丰富战阵经验之人，对于刀兵之伤，平生所见甚多。元洛平来司徒府献刀，只言及手臂与胸膛受利刃所割，险些命丧刺客之手。但他说了假话，他还有一处伤，没有说出来。”

“他为何不说？或许，王将军又不是疗伤的军医，他没有必要说得那么全，有所遗漏，也应该是正常的吧？”

“于领军所言极是，但直到我将自己在军中常备的金创药膏馈赠于他，他仍只说，有此灵药，膛、臂之伤必能早日痊愈。”王肃也喝下一盏浓茶，“他愈是强调，愈有问题。”

“王将军就不怕自己的推断出现错误吗？”

“当然不只是猜测。他一直在隐瞒另一处伤情。”

“何处？”

“右臀之伤，并且还不轻。如我方才所言，你我是可以从一个人的行动上来判断一个人的伤情的，这并不需要医官的经验，只需要多见些战场惨状即可。”

于烈赞同地点了点头，但是仍旧有疑问：“一处伤情，你就能判断出元洛平栽赃于我？”

“元洛平遇刺当晚，将作大匠义子韩英所收留的一匹雪狼山犬也死掉了，在山犬的牙口之中，至死还咬着一块血肉。那是一大块人肉！而随人肉撕咬下来的，还有一长条残布。我与郦中丞提出此番怀疑之后，中丞即着平时乔装效力于元校尉宅邸中的候官眼线，在其家旧物之中，发现了一件已经被焚毁大半的残损褶裤，褶裤所缺之处，恰是犬口之中撕下的残布。领军觉得，这还是直觉的推测吗？”

“白鹭候官，果然无孔不入。王将军，候官如此猖獗，你就不害怕吗？”

“现在还不是讨论候官劣行的时候。”

于烈叹了一口气，静思片刻，主动为自己倒上一杯新茶："所以……"

"于领军，此一事还未完。"王肃打断了他，"对于此事，只寻着一条线索的追查和证实，对于佐证判断是否成立，还不够完备。元洛平的刀伤，事发次日之后，即是由御医高婆罗派员前去诊治，我曾就此事问讯高婆罗，很容易就知道了元洛平的伤及部位，并且高婆罗很明确地告诉我元洛平虽然很明显下体有伤，却不予承认，仍旧只让御医给他疗治了膛、臂的刀伤。"

于烈听到此处，手中的杯盏定在那里："你觉得高婆罗可信吗？"

"高婆罗当然不可全然相信，但具体到此事，如此多的证据相互印证，足以表明他关于元洛平负伤的话，是可信的。这一点其实是我们的意外收获，元洛平与高婆罗二人的相互戒备，也就间接证明了在四夷馆蒋闻过遇害一案中，高婆罗在案发现场的出现和射声校尉是无关的，或者说，他们之间是彼此独立行动的！"

"你是说，馆案背后，不止一股力量？"

王肃盯着于烈，肯定地点了点头："接着方才我打断于领军的话说，所以——元洛平自导自演了遇害一事。"

"他有什么动机和必要呢？"

"他的动机就是进一步把所有命案都引向于领军你。把蒋闻过遇害一案，把崔宪铜驼悬尸一案，把自己遇刺一案，都指向你。而弯刀的出现，是于领军无论如何都无法摆脱的行凶证据，因为咸阳王为求自保，会很快指证您才是弯刀的最后主人。而事实情况是，元洛平自己或者是他指使人，盗取了你存在府中的弯刀。"

于烈顿感脊背发麻。

王肃继续说道："于领军方才发问，说到两点：动机和必要。我们刚才所说，只是动机，他自己谋划宅中遇刺，是因为他此前刚刚负伤，这一点才是必要性——他在行刺将作大匠的时候，意外被雪狼犬袭击，由此临时起意，制造了这桩堪称完美的志在一箭双雕的表演，既能掩盖自己的负伤一事，又可再出一拳，重击于领军你。"

"他甚至不惜杀掉自己的爱妾。"于烈知道射声校尉元洛平一向怀有野心，志夺领军将军一职，却从未想到他能如此狠心。

"正如领军所说，他离自己的目标已经很近了，近在垂手之间。而最终使其圆此心愿的，是河阳王之子、骁骑将军元越！"

于烈一门，在大魏朝廷上下经营三代，于朝野之间自然也是广布旧吏，骁骑将军元越参奏其长子于祚在恒州为匪作乱，于烈早已得到消息。

“唉……”听到王肃提及此事，于烈不禁悲痛无奈，他手抚颧额，连连摇头，“家门不幸！于祚为兄，于登为弟，却是兄长德行远不及弟。我不止一次提醒于祚，不可逼人太甚，不可骄奢无人，他最终还是祸及了我于氏一族。因为父祖的功劳，使他少小年纪即获天子重任，一向骄横待人，又不长在我身边，缺少管教，想来天子仁德，恩遇我于氏一族，留于祚在恒州任别驾一职，也是因我在朝为重臣，期他能立场分明抗衡恒州保守勋旧，却不料他没有丝毫的担当，且去鱼肉乡里，残害百姓。我真想一刀捅了这逆子贼臣！”

王肃冷眼相观，对此也确实不知道该说什么好，于烈的这番肺腑之痛，差点让王肃忘记自己本要对他说的话题重点：“此事从长计议吧。于领军可否知道，骁骑将军元越北巡恒州途中上呈给天子的奏表，并不只有贵公子于祚在州内为非之事，还有针对领军您个人的。”

于烈表示并不知道详情。

“恒州勋旧，收集了你多年来提携、超拔的七百多名禁军将领、洛阳八关镇将名单，指为于领军结党营私之铁证。”

于烈忽然感到，自己的全身好似被一张张、一层层的大网袭卷覆来。

“这份名单我已看到。但恰恰也就是这部内容详尽的名册，成为致我信任领军无辜的第二个诱因。”

于烈更加疑惑。这许多年来，在地方刺史任上、在殿中尚书任上，自己到底提拔了多少亲信故旧，他自己也说不清楚。更重要的是，他自己更难说清，于公于私，有没有和这些部旧有过超乎寻常的相互庇护之举、相互抬举之事，因为结纳朋党的标准和最终审判，只在天子一个人的心中，而人心，却是难以琢磨的；这天下最难猜透的人心，又非天子莫属。自己都无法把握清楚、无法完全洗清的事情，为何王肃又能辨我清白呢？

“于领军是否还记得，你给慕兰公主所提供的关于河阳秋围的扈从名册？”

“当然。蒋闻过先在河阳秋围之时骑马受伤，而后又命丧四夷馆，我身为禁军统帅，自然是会注意到秋围期间的这次离奇事件。没等慕兰公主前来找我，我就已经让军府主簿誊抄了秋围当日的所有参与者和扈从人员名册。”于烈回忆道。

王肃稍顿，解释道：“领军一定不知道，在你所提供给公主的名单中，其中两百多名尉官以上级别人员名单，是完全被包括在骁骑将军元越所收集的名册之内。他的那份名录，是你这么多年来提拔、举荐的所有将领名单，这一点我相信是属实的。”

于烈自己都不能相信，经己之手，竟提拔了数量如此之大、职位所涉如此之广的将领。

王肃继续说道："于领军说得不错，这份名单已经到了天子手中。试想，如果陛下身边的禁军统帅，在羽林虎贲之中培植了如此根深叶茂的私人亲信，天子他能放心吗？"

"末将是为国举才。"于烈辩解了一句，但是他的声音很小，因为他很清楚，为朝廷，还是为自己，其间的界限，并没有那么清楚。

"但是，"王肃道，"也正是于领军您所供的名录，全然在元越所刻意搜集的名册之中，此事也就更加削弱了我对你的怀疑。确切地说，也就是我多次对比了两份名册之后，我才决定将追获柔然质子一事托付将军来完成。至少在你我这里，骁骑将军元越是帮了我们的忙。如果他知道在慕兰公主手中握有一份您提供的那份名册，他是无论如何不会将此事告知司徒府众将官的。也就是说，骁骑将军与慕兰公主，在此等事情之上，是并不相互通气的。这一点是我们极为庆幸的。但在天子那里，恐怕就是对您的重重一击了。"

于烈已经明白了事情发展至今的格局背景："如此说来，是骁骑将军元越与射声校尉元洛平合谋去我领军将军一职了。"虽然领军之位马上不保，但于烈还是不愿对此等事件视而不见，"平心而论，领军将军之职，固然隆于朝野，在其位之人，亦愈受荣宠，受人如此排挤，于烈心有不甘，毕竟我于氏一门，四世重臣，我也并非没有对方的任何把柄，不要说是元越和元洛平，就连河阳王、咸阳王这样的王公，我也有参奏他们的凭据！大不了鱼死网破！"于烈将手掌重重地拍在自己的环首刀鞘之上。

"于领军！"王肃拉住于烈的手臂，目光中透射出他对此事已多有思索，"万万不可。一旦你轻举妄动，不但会给天子留下重臣党争的糟糕印象，恐怕到头来会不可收拾，舍弃你们各方，不过是重组一次宰辅人选和禁军班底，而且会坐实目前关于你的众多污名。加之一向焦躁的于祚公子如果再反应过激，在恒州方面，他的这种情绪恐怕会被顽固勋旧煽动、利用，继而组织私邸力量对抗天子。局势完全失控，并非不可能。这是有人求之不得的！到那时候，于领军您就没有任何胜算了。"

于烈横眉怒目，左手的拳头握得咯咯直响："无论如何，我于烈不可能坐以待毙。"

王肃轻拍了两下于烈的手臂，倾身于于烈一侧："领军且听我再说下去。我今日邀约你前来，绝非只是为将军解谜，也是为将军献策。如此关头，你任何反击都是徒然，甚至适得其反，你最好的选择，就是无为……”

“什么也不做？”

“以静制动。”

“说得轻巧，眼看于氏一门，四世所获圣恩隆宠颓然坠地，而今父子贬谪事小，脑袋搬家事大。他们给于祚安上的可是蓄势谋反的帽子！”

王肃坐直，掸了掸衣上的茶末：“我在找你追获柔然王子之前，已向天子上书，原原本本地陈述了末将对禁军诸事的看法。”

“噢？你怎么说的？”

“领军但知无大忧即可。”王肃语气肯定。

于烈闭目咬唇：“也罢，我就再信王将军一次。”

王肃将茶盏再推向于烈面前：“再有于领军缜密筹划追获柔然王子一事，我便为自己上表天子一事的必要性更加感到确定。领军为保万全之策，不惜得罪太子，直命太子翊军校尉于登前去，名为拿人，实为保人，其实领军的所作所为，已足证清白，只是天子远在途中，还不能及时掌握这一切。”

“我自然会亲自去向太子讲明，我调发于登出城，不只是因为他是我的儿子，主要是完全的信任，更是因为太子翊军校尉一支，与禁军五尉没有交合，至少在他们出兵之前，于登不至于把我的命令泄露出去。我领军府为保军国安危，也是有权临机调动太子卫队的。”

“话虽如此，毕竟皇宫是皇宫，青宫是青宫。”在此问题上，王肃不想再赘言，“关于翊军校尉于登调拨军马出城一事，他自然会向太子说明，但我也建议领军将军府对太子留台，只要做做官样文章即可，至于留台如何处置公子于登，你不宜过多干涉，没有必要。”

于烈沉思了一阵，点了下头。

“于领军在追获柔然王子一事上面，不仅自证了清白，对末将也帮助甚大。”王肃语气诚恳。

于烈摆摆手，表示对方不要说得这么言重，口中却是表达了些许的不满：“当初将军只说让我出禁军协助追人，却没有告诉我这背后的事情。我也只能将忙帮到这个地方了。”

王肃也摇头：“我说将军大助于我——我之所指，并不是安全将柔然王子带回。而是另一件事情，将军帮我厘清了射声尉张议的身份。”

“将军找我之后，我直接将此事交代给了校尉元洛平，是元校尉安排张议前去的。”

“如果元校尉只是指派张议带兵追获逃犯，这一步尚不能证明张议就是元校尉的心腹。但他为了夺回柔然质子，不惜与翊军校尉刀兵相见，足见他与元校尉个人关系之深。如果没有于登公子的翊军校尉兵及时出现，柔然王子一定已是命丧荒郊，张议掉转马头，只需归京回禀没有追获到逃犯即可。”

于烈用手指轻弹了两下刀鞘：“即便是如今这种局面，无论是张议，还是元洛平，也都好向我交差，只说从领军府领命追获要犯，其他一概不知即可。张议与于登二人，并不认识对方，况且于登只是应了我的口令带兵。”

“如此甚好。接下来，恐怕要委屈领军将军了。”

于烈提刀起身，叉手道：“镇南将军，于烈一门老小的性命，就全部交给你了。”

“末将岂敢。想必天子自有圣断吧。”

当夜戌亥之交，太子詹事黄腾之率领百名马步军在前，太子翊军校尉于登与数十尉卒行于后，双方一路无语。待至洛阳城内金镛小城之下，忽然从光极门内冲出千余名太子留台健卒，来军甲胄鲜明，皆执槊张弓，将于登一行层层围住，一时间，气氛剑拔弩张。

前行的太子府詹事折转马头，不疾不缓，从袖中抽出一张文书，大声宣读校尉于登私调留台甲兵出城之罪状，并称上奉太子谕令，夺其太子府翊军校尉军职，即刻解至留台内署严加审讯，翊军校尉余众为其蒙蔽，概不追责，听其各回尉营。

翊军校尉此次出城所领官兵，皆是心腹之人，故而纵有黄詹事承诺不罪及随从，仍是愤愤不平。于登身侧的一名尉官拱手对黄腾之称道：“还烦请詹事与太子殿下讲明，本尉将士此次出城，领有领军将军府密令。太子府为本尉公务效命之所，然领军府为本尉之直属上司，上峰有令，翊军校尉不敢不从。”

太子詹事黄腾之并不理会该尉官，他执辔前行，来到于登面前，小声说道：“于校尉，不要让下官为难。据黄某所知，至今太子留台尚未收到令尊发来的正式文书。调拨太子尉军出城，不是小事啊。天子追查，罪过定然不轻！”他见于登依然肖然而立，钩了马鞭双手抱拳，“于校尉，走走过场，走走过场，你如此私自典兵出城，让太子很难办啊。”

于登心中明白，领军将军府之所以没有向太子留台发出正式官文照会此事，是因为父亲担心消息走漏。

“校尉，校尉，别再想了……”黄腾之催促道。

于登所乘枣红高骑回转身去，面向执刀对峙的下属，叉手施礼，肃然道：“各位将士，一路奔波，各位劳苦。请诸位先行归营。”他转身对身边的尉官说道，“死伤的几位兄弟，还劳兄台料理，请即刻带人去我于府，取来足额金银布帛，先厚葬了将士、抚恤了家眷再说。”

校尉麾下众将士闻言，却仍是目光汹汹，紧攥手中刀弩。

黄腾之见状，大声咆哮道：“怎么？你们，你们还想造反吗？！我手上有……”

“闭嘴！”于登怒上心头，唰的一声，他腰间的玄武环首刀闪出刀鞘，瞬息之间，刀尖定在黄腾之鼻翼毫厘之处。

黄腾之始料未及，怔了许久，才反应过来趔趄躲避，眼看马鞭已经掉落马下，因为紧抓了马脖子，整个人才没有从马上翻下。

事发突然，无论是黄腾之的贴身扈从，还是后续出城的卫士，都没有反应过来。

黄腾之牙齿打战，口中喃喃：“你，你……你……”

于登乜了他一眼，又是一瞬间，寒光直刀已回鞘中，其胯下的马匹，步伐矫健，在黄腾之面前从容回转了一圈。

“黄詹事，翊军校尉三千将士，在都下，向来忠于职守，唯命是从；在疆场，从来都是赴死效命。请你，不要污蔑他们。”这一次，于登的话音很低，但很重。

“噢，不会，没有，黄某没有此意。我是看他们，他们不听于校尉您的军命。”黄腾之边说边吞咽唾沫。

于登再次面向众麾下，正颜道：“收！”

数十将士虽仍旧担心校尉的安危，但还是收起了手中的寒兵强弩。

黄腾之见此，立即命令身后卫士将于登扯下马来，缴其兵械，用麻绳捆了个结结实实。方才还是哈腰屈身的黄腾之，立即掩饰不住内心的趾高气扬：“于校尉，翊军校尉事，就不用你操心了，下官奉太子谕令，领属该尉。”火光攒动之下，众人看着校尉的背影消失在光极门内。

黄腾之回转身去，对放下了刀兵的翊军校尉将官声色俱厉道：“自此刻起，太子翊军校尉只领天子与太子留台谕令，敢有不从，再有乱命者，立斩不赦！”

镇南将军王肃与领军将军于烈话别之刻，已是亥时尽头。夜深，地冻，天空那瓣残月，也躲进暗黑云层，不见踪影。整座洛阳城，除了西南一隅的须弥天阁工场还在举火赶工，似乎已经完全沉寂下来。

慕兰公主与韩英二人，还在司徒府前厅等待王肃。

不多时候，花斑、黄骠、浑红——三匹飞骑依次从司徒府腾空而出，直奔白鹭曹。

郦道元已在白鹭曹议事堂等候多时，在他手边的案几之上，是一尺多高的白鹭衙门在审案宗。

郦道元见王肃三人进厅，连忙起身道："怎么耽误如此之久，你们都不怕别人先来提审，以串供词吗？"

王肃确然道："放心吧，他们还有紧要的事情需要处理。我当然也是先处理了紧要之事才来拜会郦公。柔然质子在白鹭曹衙门，难道还有事出意外的道理？"

"那可不定然，"郦道元侧身转视那厚厚的卷宗，"白鹭曹不是一般的衙门，历来行事诡秘，直达天庭，也正因为如此，才超然独立于台司监察之外。这一点，反而成就了一些奸人的个人图谋。我看这卷中数案，不仅与天子大权无干，与社稷安危无涉，还都是在替关系重臣们出头当打手，行施党同伐异的勾当。"

"噢，有如此严重吗？"

"所以，我还真不能保证，郁久闾在白鹭曹中就是绝对安全的！"

王肃身边的慕兰公主上前提议："连夜将柔然质子转入御史台如何？"

"我想过这一点，但御史台方面，虽然其台司小吏没有白鹭曹候官这般背景复杂，但上峰之间又纠葛不清，也非万安之地。更为重要的是，押解柔然质子回白鹭曹，也是大家都能够接受的，去往御史台就当另说了。眼下的时间，也来不及了。"郦道元面露焦急之色，"这样，劳烦公主与韩英二位先去后堂质子所居之所，勒束督检候官守卫，一定要确保今夜之安全，我与王将军片刻即来。"

慕兰公主与韩英快步去往白鹭曹后堂。

看着二人离去的身影，王肃道："郦公是有意支开二人吧？"

郦道元吩咐心掾吏韦泓关闭议事厅门，在廊下严守："王将军，长话短说。你我二人明明已议定合力将质子放出洛阳，使其面见天子，以期馆案真相大白。为何你故意走漏风声？"

王肃走近郦道元，神情也明显紧张起来："郦公，如你所说，时间已然来不及了。郁久闾昼伏夜出，潜行奔往天子行在，五日时间都未必够用，再等天子总梳各方情咨，比较下来，又需时间……你要知道，这些时日，给天子秘密上表的，不仅有你我，还有我们的对手。”

“你为何不提前告知于我？”郦道元质问。

“这件事情知道的人越少越好，谁知道就对谁没有好处。因为郁久闾是坚持要去面见天子，在洛阳城里，如今他谁都不相信。如果天子知晓有人故意截断其面圣之路，你觉得行此欺君大匿之事的人，会在天子那里得到恩赏吗？”

“那你又为什么通报了领军将军？”

“郦公，没有时间细说了。我只能告诉你，于领军没有选择，他必须全力以赴，前去追拿，也只有他才有力量保证质子的安全。”

郦道元边听边思，拿起厚袍，笑道：“我明白了。王将军，你这个计划并非临时起意，或者后来才意识到事态紧急，而是从一开始就谋划好了的。你安排禁军出城前去追获，在质子那里，不仅不会暴露自己的言而无信，而且，于领军一方面为摆脱嫌疑，定然会拼命追回质子，另一方面为在天子跟前将功补过，最终成功将风传北逃的柔然质子追获，他也定然会在天子那里，将此功劳全部揽在自己身上，也就替你保守了秘密，你们二人对此，也是心照不宣的。对吗？”

王肃看着郦道元的表情，嘘了一声，故作凄然状：“是。但我没想瞒你这一切，并且只要质子回城，你自然会明白这一切，我有什么必要瞒你呢？我是为郦公好。”

“高。”郦道元伸出大拇指，“以致我最终哪怕已经成了你的谋划的知情人，也不得不为你保密。”

两人会心而笑，冰释前嫌。

郦道元穿好棉袍，走向厅门，半是严肃半是打趣道：“王将军，这些时日，下官真是有眼不识泰山，你这叫一箭数雕啊，这下子，柔然质子不会再对面见天子抱有任何希望，并且数次濒死，他要继续保守秘密的意志，算是被你彻底瓦解了。事到如今，你成了他不得不去信任的救命稻草。”

王肃无奈摇头，做无辜状。

后堂之内，郦道元屏退一切守卫，只留下王肃、慕兰公主与韩英、掾吏韦泓几人。

在那里，他们见到了神色颓然、濒于精神崩溃的柔然王子郁久闾洛伦，他见众人进来，依次看了来人，当他看到自己曾经求婚不成的慕兰公主，一瞬间不禁眼前一亮，但又想到自己落魄至此，便觉黯然失色。最终，他把目光锁向了立于左侧的韩英，满脸戚然道："韩参军，你指派与我的两名壮士，一死一散，我也差点死在他们的刀下。真是连累了他们二人。"

韩英这才知道，自己的一位故民已经因为自己的安排而丧生刀剑之下，心头不禁猛然一痛。当夜，正是韩英在燕然馆外紧急接应了乔装逃出的郁久闾洛伦，将其交予两位悦般武士之手，而后他们翻越四夷馆墙而出，又泅渡进冰冷刺骨的洛水，摸黑找到一条地下水道，用准备好的乌兹铁剪铰断了三根水下铁栏，才得以逃出戒备森严的洛阳城池。

而这位柔弱质子给其他几人的印象，却是没有半点的草原狼廷杀气，其浑身气质，反而更像颇受儒佛之道浸染的中原世家子。

在接下来的时间里，果如郦道元所料，郁久闾洛伦已经完全放弃了面见天子的期望，在逃往天子行在的途中，如果不是太子翊军校尉及时赶到，他已经死在射声校尉一军的铁弩之下。而此前，在他的印象里，在射声中尉蒋闻过突然死于自己扈从手中之前，自己与禁军射声尉根本毫无瓜葛。他已经不知道，自己该相信谁，但是他又非常清楚，在大魏朝廷里，有人想立即置他于死地。如果再拖延下去，很可能自己所掌握的秘密会随着自己的死亡一同被埋葬。而将他卷入这旋涡的，恰恰就是自己所掌握的机密，而这机密的形成，又是自己一念之间造成的。

镇南将军王肃对于自己出逃的缜密安排，韩英指派壮士的一路舍身效命，又让他不得不对面前的几个人产生莫大的信任感。

柔然王子郁久闾洛伦目光混沌，恍然若失道："你们也许并不清楚，在柔然王廷中，我其实是一位弱势王子。其中缘由，多方面吧。我生母早亡，当今柔然王廷世子比我年幼许多，但其母深得父王宠爱。我自小是被一位出身于幽燕汉地的乳母抚养，她是在豆蔻之年被柔然大军掠虏至王帐之下的，想来乳母亦是出身世家大族，我自幼接触《易》《礼》，便是在她的口诵熏陶之下。待我成年，又多交好因中原兵乱逃亡草原的士族大臣，在他们的辅佐之下，柔然王帐定年号、重教化，曾有几年，我在王帐诸王子中声望日隆。但当今世子的生母和旧臣，却是在父王面前百般谗言加害于我，说我丢弃祖宗之风，携士人大臣串谋柔然王权，日积月累，父王自是对我戒惧有加。乳母也在年迈之年，被父王无端赐死。其实，离离草原大地，王化与否，祖宗之制变或不变，不是根本。这些说辞，都是由头，皆为欲加之罪，我辩或不辩，都意义不大。关键的，还是王权和朝权在谁手里边。其后，柔然与大魏交好，两国偃师停戈，父王派我来洛阳做质子，本也合了我的意愿。想来我真应一心静诵圣典，在这春有牡丹，冬有伽蓝佛声、水间白鹭的洛阳城，安然于此，不动痴嗔欲之心。但是，我却被潜藏的欲望所蛊惑。权力的欲望，一念之处，即是虚妄。”

几人眼见郁久闾洛伦几度动容，皆默然倾听。

郁久闾洛伦眉颊之间，焕然有明媚之色，他自己苦笑了一声，继续说道：“王将军，也许你不信，其实我对茶道也只略知一二。如有来日，你我共摆红炉白瓷，对坐论道，同吟‘止为荼荈据，吹嘘对鼎立’，复作新赋，令洛阳纸再贵，岂不妙趣横生？”

郦道元对郁久闾洛伦暗暗称佩，未承想，他对前晋左思诗作如此熟知，并把其个人与王肃二人比作左家二娇女，为尽快喝上沁人心脾的茶汤，急不可耐用嘴对鼎狂吹，活灵活现。一个人落魄至此，竟还如此打趣，不禁让人唏嘘不已。

王肃见郁久闾洛伦将自己视为茶中知己，突然心头涌上五味杂陈之感。

慕兰公主虽然不忍打破这位柔情王子的曼妙意境，还是礼貌地开口问道：“王子殿下，后来是何人蛊惑于你？又为何事呢？”她太想尽快知道馆案当天，蒋闻过所陷身其中的，是一桩什么阴谋。

“定州刺史穆泰。”

众人惊愕，在大家的印象中，这是一位刚刚才进入馆案涉案视野，在此案中地位极其次要，而其所涉事件，又让人始终捉摸不透的人物。

每个人都竖起了耳朵。

“我与穆府君相识于两年前，当时他还在尚书仆射任上，在一次咸阳王府举办的筵席上相识，穆府君亦是儒学修养甚高之人。那一日，我与他酒间多有诗赋唱和，自此，他对我馈赠甚丰，哪怕是在他外放定州、转任刺史这一年中，此间两人除了笔墨谈文论赋，并无其他任何交接。直到三个月之前的一日，穆泰突然遣人将我约至北邙山中咸阳王供养的极乐寺工地。穆府君告诉我，他是专为辅助咸阳王兴建此伽蓝而秘密回京，并说这座优胜伽蓝之地，是众位地方刺史、镇将共同为咸阳王出资建造的，他也谈到咸阳王权势炙手可热，他们作为地方大员，不得不挖空心思攀此首辅重臣。对他能够毫无保留地对我说出这样的隐秘之事，我自然感到亲近。然后，他也说出了他们面临的困难，就是各州地方度支皆有困难，无法满足咸阳王之欲壑，但又不忍盘剥州内百姓、镇民，所幸他近日遇到一位奇士，能化铜成金，炼就失传的黄白之术，但苦于点金之药之难得，而这点药之关键，是为昆仑黄……”

“又是石硫黄。”慕兰公主喃喃自语道。

但是没有人发现他们身侧韩英的眼神变化，此时此刻，韩英心头赫然收紧，这也就解释了为何悦般商队领袖会向柔然王子提供石硫黄的原因。

郁久闾洛伦满脸的忧思成疚：“也正是这昆仑黄所提供的契机，再次燃起了我对赫赫王廷权势的欲望之火。穆府君告诉我，在柔然二十年前征得的一块土地上，就出产此物。希望我能从中帮忙，搞到昆仑黄。”

“穆泰所提出产昆仑黄之地，为何地？”王肃警觉问道。

“悦般故地。”

这时候，王肃和慕兰公主都望向了郦道元，就在两日之前，是郦道元告诉他们：“故悦般地，有火山，山旁石皆焦熔，流地数十里乃凝坚，即石硫黄。”

他们并没有发觉韩英变得越发心事重重。

郁久闾洛伦继续说道：“虽说起初我并不想参与到此种贿赂宰辅之事，但想来穆府君对我如此交心，其本人又是朝廷重臣，他们之间的利益纠葛不关我事，我亦无法改变此种朝廷风气，便勉强应允，说会去想想办法。但当我问及需要搞到多少昆仑黄，穆府君说出数额，也着实让我难办。因为我大体知晓，在大魏朝廷所列的贸易携运禁单中，金银、铜铁、箭弩、军马、硫黄之类物资，皆在其列，只要出入边境，就会严加稽查，虽然小批量可通过商队私带躲过关隘查检，但是大宗出入，是不可能的。”

“穆泰让你提供多少昆仑黄？”王肃问道。

“两千斤。我听闻之后，便一口拒绝了。”郁久闾洛伦接着说道，“穆府君便进而说服我，告诉我请来术士炼金，以所得药金贿赂咸阳王，此计是一干地方大员的共同意志。”

“可还记得穆泰都说到过哪些地方大员吗？”王肃又问。

郁久闾洛伦仔细回忆起来，皱着眉头，将左手拇指放在嘴唇下面来回移动，搜索着：“我记不太全了……有镇北大将军、朔州刺史、恒州刺史、夏州刺史、抚冥镇将、代郡太守，还有前任彭城镇将。”

王肃与郦道元对视一眼，他们看到彼此的表情都像被凝冻住了的城南洛水——镇北大将军元思誉、朔州刺史元颐、恒州刺史陆睿、夏州刺史穆罴、抚冥镇将元业、代郡太守元珍、前彭城镇将元拔——这些大员，不仅出身显宦门庭，更有元氏王侯名列在内，与当今天子皆同出大魏前朝景慕皇帝一系，且多为当今天子叔伯一辈，一个个手握北方诸州镇军政大权，履历颇丰，如刺史元颐，袭封阳平王，又连任怀朔镇将，而今并督河西诸军事。

“我最终还是答应了，”一股绝望的情绪像狂潮一般涌上郁久闾洛伦的心头，使他感到浑身更加冰凉，他沮丧地抬起头来，望着王肃，“知道我为什么答应吗？因为穆泰对我承诺，只要我助成此事，他与这些地方大员，联合咸阳王将密表天子，自北方军镇派出十万将士，助我……助我回到草原王帐，夺回本就该属于我的柔然汗位！”

王肃直接问出自己的疑惑：“你就如此轻易相信了穆泰的承诺？”

“他拿出了一份密奏表文让我看，在那份表文之上，先是回顾大魏与草原百年纠葛，而后对我大加赞许，称颂郁久闾洛伦恭俭自居，仁柔爱人，博涉典籍，崇慕王化，是真正能够担负维系中原与草原通好关系的柱石所依。且提请天子放归我回到草原王帐。在洛阳城内，择取中原士人良吏以为智囊协赞与我，在北部六镇并恒、定诸州，同出兵马十万，秘密集结于怀荒镇，在此地扈从我回返草原。于军事而言，大军密出，可撼柔然；于正统而言，郁久闾洛伦为王廷嫡子，如此珠联璧合，雷霆之间，扫荡草原顽冥，佐我登位。长城南北百年通好，如此可定然。在表文的最后，便是以上所述的众位大员之亲笔签署。穆泰应诺，咸阳王收到巨金，作为朝廷首辅，必然会责无旁贷，领衔此奏表。两国百年和好，便是在此一举。

“穆泰也说明了支持我夺取汗位一事，其筹划决断，并非成于一日，而是经过此前与众臣长久的秘密磋商。正因为当前大魏与柔然关系尚且脆弱，所以朝廷才会在北方保留豢养大量镇兵州将，不但空耗朝廷资财，且不利天子集中军备，向江淮挥师，天下一统便是遥遥无期。而草原王廷如果能在我的统御之下雨沐王化二十年，便可与中原同心同德。所以，我才是柔然汗位的最好人选。之所以穆泰长期倾心结交于我，实为由此而洞察我的心意。如今邀我共参献金咸阳王一事，既是因为石硫黄产地为柔然国土，更是因为希望我能用行动表达我的决心，对于进军草原王帐，如果只有外军，没有嫡子的呼应和支持，这场军事行动便是没有意义的，也是没有效果的，因为大魏只是想在草原出现一位真正从内心亲魏的新可汗。而如果我拒绝参与献金一事，便是明确表达自己对于大员们的合谋之事没有认同，相反，这些北方镇将便对我没有足够的信任。穆泰说，他们需要的，其实是我的野心。”最后，郁久闾洛伦的叙述平静淡然，就像是在诉说别人的故事。

“这便是要我协助你，去面见天子的原因吧？”王肃听完，感到自己的内心如同浸了冰水，苍凉而无力。因为柔然王子一直在别人的设计之中，甚至他现在之所以被追回，也是出于自己的设计。

“对。”郁久闾洛伦就像被抽空了血液，面色苍白，“我是要去向天子核实，他们到底有没有把这份密表上奏。我已经没有了选择，我必须向天子坦白这一切。因为随着我的参与，我不仅没有收到天子的任何回应，却在我的居所发生了血案，我身边那些来自草原的忠实扈从或被处以极刑，或被别处羁押，就连我自己，也差点中毒身亡。而如今，”郁久闾神情越发低迷，“我在经历过一场厮杀之后，又莫名其妙被追回了洛阳城里。我已经没有活路了，活不成了……”他浑身发抖，如影随形的恐惧再次向他袭来。

“你是怎么把如此巨量的石硫黄运入洛阳的？”王肃还无暇去消弭郁久闾洛伦的绝望感。

郁久闾洛伦望向王肃，稍顿，答道：“我本来是准备传信于身在草原的帐下家臣，要他亲自前去悦般故地完成这趟使命。但我身边的一位亲信告诉我他有办法，因为他的身份就是悦般人，他在洛阳城里结识了悦般籍的骆驼商队，很快，经过他的往来沟通，他们答应在一个月内就能把货物秘密运至洛阳城。”

旁边的韩英一直低头不语，此时更是眉头紧皱。

“但是他们……向我提出了一个条件。”郁久闾洛伦突然想起来。

“什么条件？”王肃紧问。

“商队说运送石硫黄之事风险极大。他们提出，希望我能在柔然王廷动员朝廷，说服父王，将悦般的土地划出一半还给流散的悦般故人。我当然清楚，他们是想复国。”

“你答应了？”

“是的。”

“你对悦般人的许诺，似乎与穆泰对你的许诺一样，就没打算兑现吧？”慕兰公主道。

“我……”郁久闾洛伦正想辩解，却想到一件事情，“我最终收到的石硫黄并不是说好的两千斤，少了五百斤。”

“怎么回事？”王肃似乎也意识到了这件事情的重要性。

“我的悦般仆从告诉我，商队进城，是几支驼队分散在不同时间从各门入城的，但是其中五百斤被城门尉查禁羁押了。商队为了使驼队的人马出狱，还为此花了不少的布帛、胡椒去摆平此事，但因为石硫黄是极为贵重的药材，价值不菲，所以货物没有被返还，只是把人和骆驼放归了。”

“这件事情，你告诉穆泰了吗？他明确向你索要的数额是两千斤。”王肃问。

“没有，我骗他说是路上风沙肆虐，有一支夹带石硫黄的驼队在路上失踪了。穆泰也就没有多说什么。”

许久不言语的郦道元再次发话：“看来，中间遗落石硫黄一事的真正详情，也只有拘押了组织走私的悦般商队才能搞清楚，从城门尉入手的话，很难。搞不好还会……打草惊蛇。”

其他几人都表示同意。唯有韩英，在听到郦道元的话之后，一阵巨大的担忧再次袭来，但有一件事情，他已经决定了。

王肃当即对慕兰公主说道：“公主，各国商队都聚集居住于城南四通大市，内有一整套服务商队贸易的钱庄、驼圈，想必悦般商队也不例外。明日一早，在大市开市之前，公主可否典拔司徒府卫兵，前去拿获悦般驼队人马？”

慕兰公主点头，同时望向韩英：“韩英也随我去。”

王肃之所以提议由慕兰公主完成此事，是因为他怀疑由公主发现的、一度在四民药局中存放的石硫黄，与这批城门尉查获的货物会有关联，并且公主留有那批石硫黄的物证样品，她可以在第一时间调查清楚此事。更为重要的是，一旦石硫黄的遗落与四民药局扯上关系，便是与药局背后的主使御医高婆罗发生关联，而高婆罗的背后，则是当今皇后。如果这一系列微弱的关系能够串联起来，那么涉及皇后的部分，由慕兰公主出面交涉厘清，则是最为妥帖合适的。

慕兰公主面色变得忧伤起来，她再问郁久闾洛伦：“馆案发生当夜，到底怎么回事？为什么你的扈从要杀死射声中尉蒋闻过？”

慕兰公主所问，才是今晚所来的人最为期待揭开的谜底。

郁久闾洛伦也非常清楚，今夜在此，这个问题是他无法逃避的。他虽有心理准备，但听到慕兰公主的问话，还是无法抑制地紧张起来，他的双手在发抖，脸上怛然失色，脖子上的青筋暴突，咬紧牙关，迫使自己能够说出话来。最终，他的声音就像从他的心腹中翻涌而出，突然咆哮道：“人不是我的侍卫杀的！中尉的死，与我根本无关！”

“什么？！”众人惊愕。

郁久闾洛伦咬紧了牙关，两手揪着凌乱的头发，双肘支撑着案几，痛苦异常，许久他才抬起头来，看着一致逼问的众人，缓缓说道："我的人出燕然馆门之时，蒋闻过已经死了，已经死在馆门前了！"

"为什么你在太子和咸阳王那里，都说是你的扈从错把射声中尉当刺客，夜乱交兵，失手致其死亡？"王肃发问。

"穆泰，还是穆泰！是在馆案发生当夜，提早有两个时辰，他遣来奴仆传话于我，要我如此说便可。"郁久闾洛伦懊恼不已，"馆案发生之前，他便亲口对我说过，我私运禁物入城，囤积大量石硫黄的事情已被射声中尉发觉，中尉其人必须除掉。因为射声尉将官与天子关系极近，一旦天子知情，牵出巨金贿赂咸阳王一案，将引发一场朝廷大地震。不但诸州要员会被天子削夺官职兵权，我这个重要参与者，也会被削夺爵位，以大魏律令严惩下狱。更甚者，我以质子之身，参与朝廷朋党，是为天子之大忌。我一时乱了方寸，他却宽慰我说，人不用我来处理，什么都不用做。"

这一番言语，也就解释了在蒋家宅邸，为何蒋闻过会翻查标记《神农本草经》关于石硫黄的内容，由此又可以想到，蒋闻过发现这宗石硫黄走私案之后，带着诸多疑惑所进行的苦心追踪。也只有上苍才能知晓，在那些独自支撑、辗转难眠，而又屡次潜行夜出的日子里，这位禁军中尉经历了怎样的煎熬和被算计。而对这一切，作为他的亲人，大家却都毫无察觉。

慕兰公主闻此，心中一阵刀绞，至情至念，泣下交颈，几欲昏倒。旁边的韩英立时将她搀扶住，而韩英何尝不想大哭出来，馆案以来，兄长一直以刺客之嫌蒙冤于世，死得不明不白。

"嗯，也就是说，前有穆泰向你承诺什么都不用你做，临机却遣人告诉你，如何应对台司关于此案子的审讯。穆泰与你的当面交谈，谈及必须除掉中尉这件事，是在什么时候？"王肃问道。

"馆案之前数日，大概六天前。"郁久闾洛伦言讫闭目，仰天道，"我不杀中尉，中尉却因我而死。我还亲手把我的侍卫送到刀斧之下……"

对于慕兰公主与韩英来说，数月以来，伤痛之河的尽头，是一个更为冰冷的洞窟。

馆案之谜，眼看已经水落石出：穆泰才是杀死射声中尉的真正元凶，一路来，他两次成功利用了柔然王子的怯弱恐惧，不仅通过柔然王子顺利得到了悦般石硫黄，向咸阳王纳入巨贿，又在可能败露之时，残忍杀死了事件的发觉者。而面前这位王子，则俯首贴耳走出来，主动去充当嗜血虎狼的替罪羊。而天子宠臣、当朝第一宰辅咸阳王元禧，还有那些手握重兵的州镇大员，则是舔食撕咬中尉血肉的狼群一员。

王肃突然又问郁久闾洛伦："石硫黄入城之后，最开始是存于何处？"

"就在我居住的燕然馆库房内，是穆泰交代先存此处。他分析说因为四夷馆区为天子御批的臣服王公、藩国贡使常居处，平日从来没有司州府或洛阳县的官兵曹吏进馆搜查。并且这石硫黄又是为咸阳王之事所备，只要过了城门尉稽查，进到城内，即便有什么麻烦，他也可以通过咸阳王解决。"

"他什么时间把石硫黄运走的？"

"馆案发生之后的次日夜间，也是那名家奴带人前来的。"

"他是否对你说过，石硫黄将转运至何处？"

"我没有主动去问。我不想再知道太多。"郁久闾洛伦颓然答道，"但是他的家奴告诉我，穆泰已经秘密回到定州治所中山，要我对任何人都不许提到穆泰曾来洛阳。"

"噢？穆泰回中山，他是否提前告知过你？"

"没有。"

王肃在堂中踱了两步，回身面对郦道元，沉吟道："穆泰是情急之下，仓促归州。"

郦道元思索片刻："为何王将军如此笃定？穆泰归京、去京，皆是秘密行事，即便他与王子有所合谋，也不一定会将所有行踪告知王子。"

王肃摇了摇头："我的断定，并非源于他未当面告知离京返州。而是根据前后时间，他在五六日之前即通知王子：射声中尉须死，并且告诉王子他不用做任何事情，只要保守秘密、严加看管石硫黄。这个时间点到馆案案发的时间过长，而遣人来告诉王子如何应对台司问询，却只是提前了两个时辰。而运走石硫黄，也是在事发之后的第二天夜里。郦中丞，你或许觉得是隔了一日白昼的时段，其实是当时燕然馆已经被太子府兵马和州郡兵卒共守，也只能在夜里才能寻找到时机。也就是说，虽然穆泰提前明确通知了王子，射声中尉会为他的发现付出生命的代价，但穆泰并不确定中尉具体的身亡地点。试想，如果亡于别处，当然郁久闾王子是没有必要出来做证的，但中尉是在燕然馆石狮之侧被击杀，他就必须让郁久闾王子出来有个说法，才能对付得了司州衙门和太子留台的双重质询。"

“王将军的意思是……穆泰是临时才决定，要于当晚在四夷馆下手谋害中尉？”郦道元蹙眉。

“不，他不是临时才决定，他是临时才知道。”王肃语气果断，背过手去，稍顿片刻，“你们再想一想，次日夜间穆泰紧急调运硫黄，他当天才急忙潜归中山。如果是出自他的谋划，他会如此慌乱吗？”

众人恍然大悟，还有另外一个人——他是独立于穆泰的，或是不受穆泰控制的——而这个人，才是直接杀死射声中尉的元凶。他与穆泰都想置蒋闻过于死地，但是在何时致死、何处击杀方面，他们的想法或做法是有分歧的。以穆泰的意愿，他是不愿暴露石硫黄的藏匿地点燕然馆的，这便是他起初承诺郁久闾王子只需冷眼相观的原因。而他最有可能潜归定州的时间，很可能就是在馆案发生的次日辰时城门开启之后，这是他所能出城的最快时间；而他遣人冒险将石硫黄调出的时间，也是他能做出反应的最快时间。第二天夜间，巡守燕然馆的两支守卫，一为隶属太子留台，二为司州府衙——而咸阳王兼任司州刺史一职——石硫黄的紧急成功调出，显然得到了咸阳王属下的配合与支持。

“王子殿下，馆案发生之前，你是否接触过什么可疑人物，或者说，是否接触过与馆案有关，但很有可能其人并非隶属于穆泰一方的人物？”王肃上前再问。

听了王肃的分析，郁久闾洛伦也意识到，事情很可能比自己原想的更为复杂。他原来只想尽快面圣，将所知的一切密谋、自己所参与的一切罪状，都在这位圣明的陛下面前坦白出来，而如今他发现，自己所涉入的，只是大网之一角。郁久闾洛伦在榻上坐直，拼命地挠着后脑勺，似乎用力地抓挠，能够将脑中的人和事一点不剩地抓出来、剥开来。直到头发被揪掉了一大绺儿，郁久闾洛伦才大拍了一下案儿：“我想起来了！”这是王肃与其结识之后，唯一从他的脸上看到的笑容和光亮，大家都屏住了呼吸，“有一个禁军尉卒，对！是禁军，他的甲胄制式与这次捉拿、袭击我的第一支禁军一模一样……某日暮霭初至，我的侍卫在燕然馆回廊之下看到了他，他只说是奉内宫懿旨，前来燕然馆请邀吐谷浑王子与家眷前去禁中赴宴，吐谷浑王子确实也住过燕然馆内另一院落，但因他比我早至洛阳一年，在此前月余，已搬入天子专赐给他的位于慕化里的新造专属府邸。属下侍卫盘问他的时候，我恰从廊下路过，撞见此事，但这位禁军很快就拱手出馆了。当时……也不能说我毫不在意，毕竟馆内存有朝廷禁品，但因四夷馆内常有大内宦官、王公仆从送帖请宴，各国贡臣、使团及其女眷，与廷臣之家也多有各自的交往，我只目送该位禁军出馆，便回堂又去临摹碑帖了。”

“可还记得这位禁军的模样？”

郁久闾洛伦再思：“倒也长相朗俊，典型的供职于官家的军卫气质，嗯……对，眉上，似在左眉之上，有一片浅赤的胎记，应是胎记……”

“是崔宪。”慕兰公主冷冷地说道。

在座的诸位，也只有公主见过崔宪其人。一时间，整座厅堂鸦雀无声。

最后，王肃对郦道元道：“郦中丞，时候不早了，不如先送王子殿下回归住处吧。”

“好，今晚就暂居我的公寮。”郦道元将厅外守候的韦泓叫进，吩咐将郁久闾王子带离，并强调一定加派人手严加防范。

郁久闾王子带着无尽的狐疑与悔恨拱手离去。

郦道元对王肃说道：“我想王将军已经有了答案了。”

王肃目光如电，缓缓道来：“射声校尉元洛平！”

“元洛平，”郦道元慢慢重复这个名字，稍作思忖再道，“为何王将军会排除他与穆泰合谋的可能呢？”

“前面我已经说过穆泰不可能与这位直接的杀人元凶合谋的依据。如果郦公还是觉得单方面的原因不够充分，那么，各位细想，从元洛平的角度出发，其实也有一个他也不会与穆泰合谋的证据——”他望向慕兰公主。

“将军所指，是否为元洛平向司徒府告发，曾在铁作场内发现马镫一事？”慕兰公主说道。

“正是。”

“噢？请公主说来听听。”郦道元转向公主。

火烛跳动之下，不掩慕兰公主的秋水明眸，仍满含难以承受的痛楚。她见众人都望向自己，轻轻拭去面颊泪痕，慢慢说道：“元洛平为将河阳秋围期间，蒋闻过负伤的责任引向领军将军于烈，主动提供了蒋闻过的马镫被人为损坏的证据，而这只损坏的马镫，是他在铁作场中找到的。这座铁作场，又是穆泰他们捣鼓炼金的场所，如果元洛平与穆泰有共同的谋划，他就不会故意将此敏感地点暴露出来。正是他的这一刻意地向司徒府靠拢，意图再提供证据将于烈置于绝境的举动，才使得郦中丞决定火速派出白鹭曹候官，将铁作场监缉拿审讯，我们才得以掌握穆泰与黄腾之等人在铁作场炼金一事的证据，穆泰才由此进入我们查案的视野。”王肃之所以将话题引向慕兰公主，便是因为不忍看着公主在那里黯然落泪，陷入痛苦的旋涡，鼓励她说出只言片语，兴许会使其情绪转移些。慕兰公主继续说道：“很明显，二人至少在馆案之前，并不是同谋关系。不但不是同谋，听王将军适才的分析，慕兰觉得与真相颇为贴合，很有可能，元洛平是通过崔宪，或只是指派了崔宪——这一点目前还不能够了解详情，但是他们掌握了燕然馆内藏有石硫黄一事。也就是说，穆泰伙同柔然王子走私石硫黄一事，是败露在了元洛平手里。但元洛平并没有告发穆泰。那就说明二者有某种程度上的共同意志和诉求。并且还直接将知情人之一的蒋闻过谋害于燕然馆门前……”说到此处，慕兰公主拼命地抑制自己的个人情感，“而此命案的发生，完全有可能将石硫黄的藏匿之地燕然馆暴露于众人之前。元洛平如此处心积虑，欲发而不发，那么就只有一种解释：他是将石硫黄一事视作把柄，在威胁、恐吓穆泰。”

众人听完，纷纷表示认同。又见公主虽然眼中强抑晶莹，所说的话语却是丝丝入扣。公主内心如此坚强，所经之事又这般无力回天，大家无不在内心颇感佩服。

此时此刻，已是新一日的凌晨，丑寅之交。

郦道元亲自动手，再去剪烛，回身坐下：“公主，王将军，依二位看来，是否立即羁押元洛平？”

慕兰公主望向王肃，等待他的决断，她历事愈多，愈是发现：凡物，并不都是非黑即白；凡事，并非都要立即出手，让射出的箭多飞一会儿，有时会更好。

王肃两眼亦是满含血丝，他对这个问题的思索，早在郁久闾王子离开之前就开始了，到现在，看那情形，应该已经得出了结论。

“如不出我所料，天子废黜领军将军于烈的诏书，将在今日午后进入洛阳城。而同一份诏书中，一定会有新的领军名单补上。大家都非常清楚，现任骁骑将军元越、射声校尉元洛平，二人都是最为炙手可热的人选。”他说此话时，大家都望向了慕兰公主，也就是说，天亮之后，她的兄长是有可能擢为新的领军将军的，当然，也有可能是这个背负着一连串的命案与阴谋的嫌犯元洛平。目前来看，是他们二人的合力，将这位六十岁的领军统帅拉下领军之位，到底谁会是最终的补缺幸运者，只有天子一个人知道。王肃继续说道：“大家想过没有，如果天子诏书将射声校尉元洛平提为新领军，司徒府是否真的有权力将这位刚刚任命的领军将军缉拿？”

“那么，就让白鹭曹来做吧，众所周知。候官只听命于天子，白鹭出马，即便朝中大臣私下有非议，禁军各部也不敢不从！”郦道元道。

王肃点头，再道：“这还只是问题的一个方面，但是无论是司徒府还是白鹭曹前去拿人，都会给朝臣造成天子无法及时掌握朝局的印象。近臣不可能持了一份诏书回京，只念前半段的废黜，不念后半段的任命。而天子新任命的领军将军眼看已经身在白鹭曹刑房之中。”

郦道元也意识到了事情的难办：“方才王将军所说，是关乎天子颜面，但是你是否想过，如果元洛平荣升禁军统帅，手下可是有二十万羽林虎贲。他身为射声校尉，已经是上下其手，多有阴谋，如果再居高位，一定会撬动更多资源来为己服务，掩饰消弭其罪行痕迹！王将军，当断不断，可是养虎遗患，将军此前的诸多查审，说不定将付之东流。”

王肃摆手，而后两手交叉，目光直盯着面前的烛火：“我有一种直觉，我认为应该留着元洛平！”

这句话，在座众位听在耳畔，几乎不敢相信是从王肃口中说出来的。一向以多重事实进行缜密推理、以多种角度进行论证聚拢的王肃，怎能说出这种玄之又玄的话语？。

“王将军，你这就……”郦道元不想把话说得太难听。

“虽然我相信其他重臣也有参奏于烈将军的表书上呈天子，虽然骁骑将军元越有呈恒州地方收集到的其子于祚为乱州郡、于烈本人任用巨量亲信的表文，但我也给天子有本密奏。我已经将我掌握的信息全数奉交陛下，我向天子表明的意见只有一个：于祚跋扈恒州或为真，但谋反之事几为构陷之罪，于烈将军管束禁军有失察之责为真，但并未主动参与京城诸案。至于是否结纳朋党，则需天子自为圣断。于烈的反面便是元洛平和元越。考虑众臣汹汹之口，领军将军于烈会被废黜，但是如若天子通过掌握的各方信息做出恰当裁断，我则有预感元洛平似乎也不会被提拔为新的禁军统帅。”

“王将军，你这是在说服自己不去缉拿元洛平，你方才还在说元洛平如果胜任领军一职的后续事情。说到底，你还是在相信自己毫无根据的直觉。”

“直觉，往往并不是毫无根据的。”王肃的话语越来越难以说服大家，众人都摇头。王肃见状，略微合眼，沉静说道：“那么，请众位说说看，元洛平为何要去刺杀将作大匠？”

大家似乎猛然被点醒。

“为了嫁祸给于烈将军。”

王肃睁眼：“郦中丞，你这个解释，说服不了我。正如我的直觉，尚且无法让你完全信服。你之所判，很可能只是真相的一部分。”他呼出浓重的鼻息，双目动若幽火，“无论如何，请你听我这一次。如有闪失，王肃将以官爵与项上头颅，一并担责！”

三人从堂下步出，道元送别。初而四围静寂，猛然听到远处传来一阵凄厉惨叫，令人脊背发凉，三人闻声驻足，越过杂树掩映望去。

郦道元摇了摇头，竟露出无奈状，解释道：“候官们还在刑审犯人。”

王肃见四下再无他人，转过头去，压低了喉咙，对郦道元忧心忡忡地说道：“郦中丞，这白鹭曹……也真该更张整肃了。百载以来，千余候官，超然于正常台司之外，为获大案要案，无论廷臣、布衣，严刑峻法，捕风栽赃，无所不用其极。百姓道路以目，噤若寒蝉，这可不是盛世该有的情形啊。”

郦道元重重地叹了口气，苦笑道：“足下所言，也正是在下的忧心所在。候官行事诡秘，就连我这长史都不能明察其真实行径，更莫说……莫说是高踞九五之尊的天子了。白鹭曹直属内廷，超然于三司、兰台之监察，此风之成，非朝夕之间，扼其源头，必须令其重归百僚序列。天子此次诏我这位御史中丞代领白鹭长史，想必也是已洞见其害。”

王肃点头：“郦中丞，忙过这段时间，你我倡议朝中正直，联署上表，请求天子准许，给这庭院深深的白鹭曹来次大换血吧。末将日前尚且领有都官尚书左仆射之职，也不能辜负天子的这份恩赏，其职有参与朝政之权。”

“那也不能浪费了我的女尚书之职，我亦署名。”慕兰公主也道。

“下官求之不得！”郦道元拱手拜谢。

白鹭曹出来，跨上马背，抬首去望，先见东南偏东，已现太白，天似穹庐，星汉满缀，银光点点。

王肃令各自栖身，作短暂安歇。

在护送慕兰公主回去的路上，韩英前后望了望，忽然小声对公主说：“姊姊，拿获悦般商团的命令，是否可以推迟半日？”

/ 第十一章 /

贵妃血书

腊月二十八，天色即曙，红日将出。

高天四围，朦胧依旧。但在洛阳城内，东、西、南三大市之坊门亭楼之上，齐时发出了咚咚鼓声。

今、明两日，为给都畿百姓留出充分的年货采买时间，三大市开市时刻，都比平日提早了一个时辰。与之相应，郭城、内城诸门亦隆隆开启。城郭内外，皆是张灯结彩。横跨洛水之上的永桥，很快挤满了过往的人群。

在各大市之内，那些售假面胡人假面狮、虎头帽子虎头鞋、猪头羊蹄、胡椒八角、花灯布帛的店铺，则在开市之前的半个时辰里都已经挑灯码好货品，早早准备停当开门迎客。

没有人注意到，在城南四通大市的三门青石牌坊之下，随着出市的人群，挤出了几个杂役模样的人。他们急匆匆，又向北挤过永桥，与成千上万急于在元日之前奔回家中的近畿小吏、百姓一同消失在晨曦之中。他们则北上经由黄河渡口小平津，直驱苍茫的太行群山。

直到两三个时辰之后的巳午之交，慕兰公主才下令，自司徒府点拨卫卒六十名，由韩英、汐月带领，前去四通大市商队集中的客栈缉拿悦般商队领袖。

在永桥之上，有一支手执天子旌节、胯下坐骑呼哧地喘息出白雾的人马雁行过桥，北指铜驼大街。一时间，飞沙走石，路上行人和司徒府兵都各自避让。

这一队人马之中，最为显贵者，为朝廷尚书令、当今天子六弟——彭城王元勰，在天子诸同胞兄弟中，彭城王年轻温顺，在容貌上与天子也最为相仿。天子外出，彭城王常伴车驾左右，遇帝有疾，更是昼夜不离其侧，饮食必先尝而后进，蓬首垢面，衣不解带。

他带回了一份自天子归京途中行在发出的诏书。

彭城王径入尚书台。

马队其他随从，为首者乃天子近侍首席长官、大长秋白整，携有一众褐衣宦官，宦官并不下马，在铜驼大街两侧迭次分向四出，他们前去传唤太子元恂、咸阳王元禧、领军将军于烈、河阳王元灿、公主元慕兰、镇南将军王肃、骁骑将军元越、射声校尉元洛平、御史中丞郦道元，赴尚书台听诏。

众臣应命，火速赶来。

只见大长秋白整攘刀厉色，立于彭城王元勰之侧。彭城王与来人逐个颔首，而后正襟宣诏：

今迁都甫尔，北人恋旧，南北纷扰。

领军将军于烈受任前朝，荣宠隆赫，父参王政，入执禁军，委以腹心，子据大邦，礼盛外姻，势均戚里。道隆三子，礼成五孙，岂不善哉，可不美欤！然，于烈擅行国政，排黜懿亲，并勒禁军不力，羽林虎贲多涉不法。其长子于祚，居恒州为刺史别驾，不念国恩，神志骄傲，不勤职事，欺蔑台衮，蜂虿有毒，敢行反噬。次子于登，官居太子留台任翊军校尉职，肆此骄暗，凌傲百司，擅调翊军出京。

卿等父子三人，亦应大辟，念于氏一门，有功于既往，今，朕从轻惩处——

解于烈领军将军官节，黜一切受赐爵位，冠服禄恤尽从削夺，即日贬为庶民，可以白衣之身，守河阳马场。若三年有成，还复本任；无成，永归南亩。

另授任城王元澄天子旌节、铜虎、竹使符、御仗，北上行恒州事，携虎贲禁军六十北赴平城，直往擒拿于烈长子于祚。若已强盛，可承制发并、肆州兵击获之。元日之前，无论生死，押廷尉大狱！

次子于登，黜太子翊军校尉职，迁洛南少室山轘辕关，以什长微职充任巡卒。

领军将军于烈虽然早有心理准备，但当亲耳听到天子决断，仍是不免震惊。眼看于氏一族，前一刻还是父子齐受皇恩荣宠——无论是在京都洛阳还是在故都平城，个个盘踞军政要职，出入朱轮华毂——瞬间皆已为白衣罪人。

彭城王元勰继续宣读：“同诏，彰表骁骑将军元越，前持节巡察北境八州，历时两月，不辞劳顿，抚苍生慰百僚，恪尽职守，无惧火水，兴利除弊，使国境宴然，百姓沐圣德，有大功于社稷，擢摄领军将军职。

“又诏，拔射声校尉元洛平为左卫将军，襄赞协理领军府诸事宜。

并有诏于镇南将军王肃：

“归化降臣王肃，”当王肃听到彭城王念到诏书中的这句话时，顿时脑间“嗡”的一声响，几乎晕厥在地，而其他重臣也都将目光齐刷刷地集中在他的脸上，大家听到天子在诏书中如此称呼王肃的时候，比听到于烈削夺领军要职更加惊愕。自从王肃北投，天子诏其陪侍帷幄，言兼昼夜，对坐纵论古今之治乱，时政之得失，事多听允，几有相见恨晚之感。降大任于其身，人所共知，为何今日天子突然以如此的口吻传诏于他？

稍顿之后的彭城王元勰继续朗声读诏：“卿家，向遭岛夷伪主戕害，自弃暗投明，朕不以为疑，念其身出琅琊高门，谙于兵书儒学，待之若旧，荣其佩紫怀黄，赞帷幄之谋，乘轺建节，奉疆场之任。卿到省之初，甚有善称。比来不爱身羽，节亏忠悫，居机衡之右，无勤恪之声，有阿党之迹。今，竟纵汝旧家老奴结交南虏战将。卿愚惑，正由恋旧，非有深谋远虑，为此陋计耳。圣朝恩法并举。即日，罢黜罪臣王肃镇南将军职并一切官爵，收押白鹭刑房，委候官考究查实。

“御史中丞兼候官曹长史郦道元，弹劾不避强御，朕或欲宽贷者，卿辄争之。王侯贵胄见卿，尤不能不惮，何况罪臣。王肃预通敌将、怀贰谋叛一案，著卿严正刑书，不孚朕望，以彰朝廷恩法。”

寥寥数言，瞬息之间，镇南将军王肃亦是从云端重重跌入深渊！

王肃心头痉挛，不明所以。众人各怀心思，但皆是震惊无比。

并有诏于河阳王元灿：命其全权审理四夷馆案，廷尉少卿女官元慕兰、御史中丞兼白鹭曹长史郦道元尽心协理，限新年元日之前，务必结案。

而这一时刻，已是太和二十年腊月二十八日未申之交，透过尚书台大堂的窗棂，可以窥见日已西坠，而距离天子规定的结案时间，只剩不到三日。

诏书宣读完毕，有人欢喜有人忧，众人恭谨再拜天子，口称谢恩接敕。

彭城王元勰将诏书付台存档，并命曹吏撰写官文，立即通告各衙。

他告诉众位或升或降的朝臣，天子行在已至汴水，正与随从大臣和地方州吏实地勘察山水地势，筹引黄河入汴水、引汴水入泗水、再达淮水之军国大计。彭城王元勰以个人身份拱手礼与众位：“通渠于洛，南北联通，南伐之日，下船而战，犹开户而斗。天子不避寒暑，经国万机，神州一统，指日可待。还望诸公同僚，勠力同心！”

诸臣再呼天子圣明。

彭城王元勰留下将被收押入白鹭刑房的王肃、负责监禁的白鹭曹长史郦道元二人在堂，并命大长秋白整与虎贲六人押解前领军将军于烈前往别室候训。

余者各回衙司即刻赴命。

刚刚回过神来的前镇南将军垂头无语。

彭城王元勰叹了口气，从袖中抽出一叠书信，慢慢铺展开来，递于跪伏在地的王肃。那几张书信所用纸张，与通常的霜白麻纸不同，呈淡淡的青绿色。一旁的郦道元知道，此为苔纸，乃是南人以水苔精造而成，并在成纸未干之时，在其表面施草木胶剂，再经磨光，可防湿气。

王肃定睛细看，信的抬头为“萧衍顿首王将军足下”字句，他心头又一震，“萧衍”——莫不是与自己在南方前线对峙的南齐镇将萧衍？

在去年，镇南将军王肃带甲二十万，堑栅三重，力攻义阳，南齐萧衍引兵救义阳，去城百余里，畏大魏兵强，不敢进。更为重要的是，王肃北投大魏之前，在建康城里，他与萧衍有着颇为密切的过往。如今，萧衍又领受萧齐建康朝廷之命，都督齐境西北诸州军事，往来于新亭、白下之间。

王肃再往下看，顿觉五雷轰顶：

得知无恙，幸甚，幸甚。

将军勇冠三军，才为世出，弃燕雀之小志，慕鸿鹄以高翔。

昔琅琊王氏一门，遭遇圣朝先君圣主，立功立事，开国称孤。拥旌万里，何其壮也。尔后，将军父兄惨然罹命，其痛也哉，其悲也哉。而今思之，以仆愚见，此往事之铸成，因缘有三：一者主上新登大宝，诸州为乱，主上不自安，以致有妄猜忠臣之心；二者奸佞左右离间；三者，尊侯妄动，而举重兵。

将军平心衡之，王家一门，岂真无责咎乎？

将军奔亡就虏，实属无奈，朝野共知，主上亦多叹息失才，扪心省察。

将军之所知，不假仆一二谈也。况事发之时，将军身居建康，在京为官，本无父兄之罪，而勋重于当世。夫迷途知返，主上屈法申恩，吞舟是漏；将军松柏不剪，妻子尚在；悠悠尔心，亦何可言。今功臣名将，雁行有序，并刑马作誓，传之子孙。

将军独委颜偕命，驱驰毡裘之北虏，宁不哀哉？

夫以慕容超之强，身送东市；姚泓之盛，面缚西都。故知霜露所均，不育异类；姬汉旧邦，无取杂种。北虏僭盗中原，多历年所，恶积祸盈，理至燋烂。况伪孽昏狡，自相夷戮，部落携离，酋豪猜贰。

方今系颈伪邦，悬首藁街，将军鱼游于沸鼎之中，不亦惑乎？

四时若春，江南草长，杂花生树，群莺乱飞。见故国之旗鼓，感平生于畴日，抚弦登陴，岂不怆悢！

所以廉公之思赵将，吴子之泣西河，人之情也，将军独无情哉？想早励良规，自求多福。

当今主上圣明，天下安乐。唯北狄野心，窃踞成周王宅，欲延岁月之命耳！待圣朝吊民伊洛，伐罪河南，若遂不改，方思仆言。聊布往怀，君其详之。

萧衍再拜。

王肃读毕，惊悸之余，真相大白，竟有瞬间的轻松之感。

他不得不承认，这是一封文辞优美、情真意切、打动人心的“策反”信文。信中所述，关于王家如何在南方齐朝遭遇灭门劫难，其分析不无道理，既有南齐皇帝新登大宝之际的惶恐不安，也有父亲为求自保匆忙起兵的原因——事实也正是如此，刚刚篡权登位的新主与重兵在握的权臣，他们永远是不可能信任对方的，是必然相互猜忌、彼此防范的——其间的权力逻辑，没有对错，只有输赢。“四时若春，江南草长，杂花生树，群莺乱飞。”——这样的南国美景，多少次飞入王肃夜梦之中，而这样辗转难眠的夜晚，恰恰真的是如信中所说，是牵挂着家眷儿女。而直至收到这封书信之前，一直无声无息的妻子骨肉，还不知生死。“将军松柏不剪，妻子尚在”，着实令王肃感到莫大的安心与欣慰。“将军鱼游于沸鼎之中”——此时此刻的王肃，何尝不像一只鼎镬中的将死之鱼、一只命运堪忧的羔羊？

彭城王元勰见王肃仍是垂首不语，一边俯身将其搀起，一边不住摇头，不无痛惜地说道：“将军，怎可如此颟顸，把事情弄到这般境地？将军前受皇恩，当阿衡之任，经纶夷险，蒙遗爱之誉，其不美乎？”

王肃猛然回神：“彭城王……我……”

郦道元拱手，上前小心翼翼地问彭城王元勰：“敢问尚书，这信，是哪里得来的呢？”

彭城王元勰忽然哈哈大笑，此笑如此唐突，使得旁边的两人都感到一阵莫名。

“郦中丞，郦长史，”彭城王转向郦道元，连着叫出了他的专兼职位，“你问我的话，也正是天子要我问你的啊。”

“这……”郦道元瞠目。

“此封苔纸书信，正是白鹭曹候官秘密上呈于至尊行在的。”彭城王元勰微笑道。

郦道元闻言，立即想到了在白鹭曹中堆放的大量尚未阅及的卷宗，他惶恐跪伏：“微臣节制候官不力，怠于曹事，还请天子、请彭城王殿下恕罪！”

彭城王元勰摆手，再点点头：“郦中丞，天子也跟我说了，郦卿于此事，确有责任，但尚且构不上罪状。白鹭之设，已有百年。上规王侯，下束百姓，直隶天子，于社稷安危，确有其功。但私立公堂，滥设名目，栽赃忠良，施肉刑、戕无辜，是其大弊之处。朝野共知，太和以来，白鹭之制，业经多番鼎革，候官编制已由前朝五千，减至今日五百，却仍是百弊丛生。疆臣通敌此等大事，个别候官秘密行事，已经破获，该曹长史却对此案一无所知，此非圣朝之常事。天子于此等事情的旨意，在诏授郦中丞赴任白鹭曹长史之时，已经非常清楚，中丞务必将白鹭曹务划拨御史台的进度加快起来。”

“微臣遵旨。曹事之根本，在于人事。郦道元即日即启动厘清曹内权责之事，廓清曹务。并将曹内正审之案，予以分类，将不涉朝廷根本之常案，分项移交与兰台、廷尉、洛阳府县。”

“如此甚好。天子并有口谕，自此之后，天子不再接受白鹭曹候官秘呈，曹内大案，全归御史台辖制，由御史中丞划一上禀。”

“谢天子隆恩，微臣定当如履薄冰，不辱皇家威严。”郦道元当然明白，天子有意将白鹭曹从内廷剥离，于公，是圣明天子之举，于私，则是天子在加重郦道元这位御史中丞手中的权责。

彭城王元勰忽然转向王肃，面无表情地说道：“王将军，本王方才问你的话，你还没有回答。”

“王肃有负天子，枉顾皇家恩隆。”王肃再次深深跪伏顿首，说罢之后，不再言语。

旁边的郦道元也百思不得其解，难道这位身负荣宠的南朝降将真的会通敌吗？从书信的真伪上来看，信纸来自南朝，定然是不会错的。再从内容上判断，洋洋洒洒，文辞纷飞，表达的意思主要就是萧衍劝降王肃重归南朝。如果只是这一层内容，王肃倒还好去开脱，敌我双方，相互劝降，甚至书信离间对方君臣，本为常事。郦道元忽然想起王肃府上庖厨用人误尝河豚致死一事，这两件事情会不会有着某种关联？

想到这里，郦道元再近前，小声回禀道："殿下，日前王肃府中曾有用人去四通大市买鱼，十分蹊跷，冬日腊月，竟购得南方河豚，归家之后，厨人烹煮不当，竟在尝食之后死于非命。朝中皆知，王肃长于江左水乡，喜茶嗜鱼，偏偏后来那卖鱼的人，找寻不见了。这封信，会不会也是有人故意中伤陷害王将军……"

彭城王元勰侧身倾听，缓缓问道："竟有此事？"他转向王肃，"王将军，你这始终缄默，本王也只好提醒你一下，在四通大市中，有家百纸坊，坊中有位方姓老汉，你可熟识？"

王肃这才想到，因为公务缠身，自己竟有好久没有去探望二老了，也没有他们的音信了。

"方姓老翁及老妪者，为我建康旧府的两位老仆。"王肃见此，只好坦言。

"主家弃暗投明，仆家千里迢迢，追随至此，主仆有情，本为古今佳话，王将军为何不将二人收归洛阳府上？"此刻的彭城王元勰表情阴冷。

王肃的喉咙蠕动了一下，对于彭城王的这一质问，他不能说出自己的真实想法。他的真实想法是：在南朝建康，王氏一族历经司马氏的东晋、刘氏的南宋、今日萧氏的南齐三朝，曾几何时，何等荣耀，朝夕之间，却是合家丧命，殃及奴仆，遗枯骨于道边。他自己在北朝大魏，不过单枪匹马，他再也不想在宦海沉浮中牵连这些无辜的旧府老人，只是资助他们在这风云诡谲的乱世平平安安地活下来就好。

"回彭城王，方姓老仆前遭王氏一族变故，来寻旧主，因他夫妻二人在建康伪京经营过制纸的作坊，有此活命的技艺，便只是讨要了几匹绢帛，在四通大市开起了这座百纸坊……"王肃的说法虽然勉强，但也算说得过去。

"王将军，你可知道，你的这两个老仆已经不在人世？"

"什么？！"王肃忽然眼前一黑，斜身瘫倒在地。

旁边的郦道元也是一脸的愕然。

“郦长史，这个事情，你还是要回头调查下白鹭曹的众候官。王将军的两个家仆，已经死在了白鹭曹的刑房之内。这封书信，据候官禀报，便是在龙门山的石缝中找到的。候官是在龙门关隘抓获他们的，据说是刚从南阳北归。”

王肃强忍着心中的剧痛撑着半边身体，他的两只手都在发抖：“殿下所述，可当真？”

“千真万确。”

“草菅人命！”郦道元亦是怒不可遏。

王肃无论如何也想不到，到头来这两位劫后余生的老人还是死在了自己的牵连之下。

“王将军，本王问你的话，你至今没有正面回答——你可曾给萧衍去信？”

王肃瘫坐在地，他抓着已经被去掉冠带的头发，想让自己平静下来：“去过。”

“啊？！”郦道元惊出一身冷汗，“王肃，你！”

旁边的彭城王元勰却是不疾不徐：“我再问你，为何北来许久，你仍旧不曾婚配，孤身一人，想必南返之情愫，并非一日一时了吧？”

王肃怆然闭目，摇了摇头，又点了点头，两股泪液从眼角流淌而出：“请彭城王转禀至尊，罪臣之所以多次婉拒天子指婚高门，只因王氏一族，家破人亡，只遗肃一支，妻离子散，兴许尚存于世，此时婚配，实有不忍。前得消息，得知乱军之际，肃之妻子三人，被萧齐镇将萧衍捕得于淮泗之间，而今囚于萧衍大军驻地。王肃明白，只要我再执天子旌旗，披甲上阵，与之对阵，萧衍必以肃之妻子为质，要挟于我。人非草木，孰能无情？我之去信与萧衍，内有三意：其一，感谢萧衍于乱军之中救我妻子；其二，申明君子大义，两军对战，我为圣朝天子效命，彼为乱主死身，战则战矣，死则死矣，各得其所，若以幼童女眷为战阵人质，非名将之所为，必为天下为后世所耻笑。如若萧衍一意孤行，肃亦怀大义灭亲之志，必不为其胁迫；其三，是为劝降萧衍，南朝僭主，利令智昏，枉杀功臣，血屠父兄，良禽择木而栖，贤臣择主而事，此为圣人之训，望萧衍及早迷途知返，以免有朝一日引火烧身。”

“这居间送信的信使，便是王将军府上的方姓老仆，对否？”彭城王问。

王肃再次惨然点头，他忽然又抬起头：“彭城王，去信之事，一者，因老仆在淮、泗之间多有公府家丁旧识，故主动请缨代为转送；二者，存世之人，也只有老仆才认得王家内府家眷，也是为探听虚实，不为萧衍诓骗。但复信之事，必不为老仆所为，想那建康王家，亦为高门大族，府吏也算见多识广，见其信文，亦晓其利害，必不会将此有可能陷主家于不仁不义的复信带回洛阳。定有人陷害家仆与王肃，家仆二人殒命于此，还望彭城王代为启奏天子，为其申冤！”

彭城王元勰若有所思：“这信文的纸张，并非我朝所有，想来在江左也算是一般人家不曾见过的奢物。”

“彭城王，想得此纸并不难。百纸坊中必有其物，可请郦中丞前去查找。”王肃提议道。

彭城王元勰看了看郦道元，郦道元摇摇头：“即便是有，想必也是查无对证了。如果其后有元凶，敢于栽赃于王将军的，该是怎样的阴险胆大之人，怎会可能放弃这样的细节？可叹二位老仆，也是……”他本来想说“死无对证”四个字，却没有说出口。

过度的悲伤，也许真能激起一个人的胆识和勇气，但也能够降低一个人的智商和谋略。此刻的王肃便是后一种情形。

彭城王元勰再次起身，扶起王肃：“王将军，我之所问，亦是天子所问，明白吗？”

“罪臣明白。”

郦道元的内心已如热锅上的蚂蚁，想不到自己刚刚上任的白鹭曹已经展开了这样大的动作，而这一切，背后的主使人又是谁呢？他忙不迭上前：“殿下，可否向卑职透露上禀此密奏的候官姓名，我好去按图索骥，查出真相。”

彭城王叹了口气：“皇兄并没有言及于此。”

“这……”郦道元这就犯难了，难道天子是要考验自己这个新任白鹭长史的为政能力吗？

王肃见状：“彭城王，郦中丞，斗胆妄测圣意，至尊之所以没有告诉殿下候官姓名，或许是，没有必要说。”

“噢？”彭城王诧异，“王将军的意思是？”

王肃经过短暂的情绪调整，虽然心有悲戚，但眼看是满血复活：“殿下请想，其一，我家中老仆已死，死无对证，其南去淮、泗之间，必有沿途关防为证，这是对我极其不利的。我看这书信，与萧衍字迹极其相仿，说实话，我亦是不能辨其真假，其为对我不利的因素之二。其三，即便知道候官姓名，其情报网络遍及各州，能够如此大动干戈构罪于王肃，必不是候官这样的明面上的探卒，很可能是，他们自己也不清楚情报的真实源头。郦中丞如果大动干戈于此没有根据的事情上，去追查候官，反而会激起候官抱团抵触，这与郦中丞接下来的整肃白鹭工作，是极为不利的。天子既然已经降罪于我，定然是有了圣断。王肃领诏前往白鹭刑房，接受进一步的讯问即是。”

“王将军，你的意思是——天子之意，想静观其变？”郦道元似乎也已经有所体悟。

旁边的彭城王元勰故意咳嗽了一声，他大概不想参与这类讨论，或者感觉在臣下对天子圣意进行如此的讨论之时，自己不宜在场：“王将军，且委屈一下，随郦中丞同回白鹭曹吧。时间紧迫，本王今日还要再出京畿，明日再返汴水，回报天子。”

“彭城王，天子东巡归来，是否还是从虎牢入洛，我等众臣，几时前去郊迎天子车驾？至今秘书监尚未通知诸衙司。”郦道元说道。

彭城王顿了一下：“哦，时近元日，百僚不宜远离台司，应各理军政。天子于东巡行在已发诏令，此后天子出巡回朝，皆不设郊迎等繁文缛节，各如往常，安司其职即可。”

“天子实乃三代罕有之明君。”郦道元拱手东拜。

彭城王点点头：“另外，此次主上归京，不走北线虎牢关，走南线轘辕关，从汴水过颍川，自少室太室，北入京畿地带。”

“噢？嵩岳峰万仞，似刀削，怪石嶙峋，山势雄险，道路曲折，弯道十二曲蛇行谷间，不便大队人马同行，为何车驾由此回京？”郦道元再问。

“本来原定仍走北线返京，一路通达。但禅师跋陀日前给主上上了谢表，盛赞天子所敕建的少室山宝刹为清修悟禅佳境，又谈及身体老迈，得此幽境，不欲再复出中岳之地，志在静心诵经，结徒修禅，并组织弟子日夜翻译《华严》《涅槃》二经，元日须弥天阁朝会就不来洛阳了。跋陀禅师自天竺东行，到过拂林国，经西域诸国，终择大魏而居，自太和十四年去到故都平城，又追随主上一路奔赴洛阳，这些年来，禅师与天子既是师徒，又为益友。所以，主上倒也不去勉强禅师，特意改道走南线回京，前去少林礼佛，为生民祈福，也是专程探望老禅师。”

王肃随郦道元刚出堂门，就见白鹭曹一众候官已经领了诏命，带着刑具在院中等候王肃。这一幕，让郦道元也感到了分外的吃惊。

彭城王元勰进至一处偏堂之中，前领军将军于烈已在此处守候多时。

“彭城王在上，罪臣于烈……”于烈见彭城王进来，立即迎上跪拜。

彭城王元勰并不理他，从旁边的大长秋白整手中接过一副名册，摔在于烈的跟前：“好你个领军将军、禁军统帅，你心里还有天子吗？！羽林虎贲还是皇家部队吗？！你来亲眼看看你多年经营的于家军！”

远远地隔着门窗和数株青桐，无论是正在被戴上镣铐的王肃，还是那些威风凛凛的候官，都听到了彭城王的震怒。

晚些时候，彭城王元勰策马回到坐落于城西寿丘里的彭城王府邸，欲做短暂停歇而后出城，刚入府门，就见府中仆从急急来报：“殿下，咸阳王已候您多时了。”

彭城王进到客堂，见到满脸焦急的咸阳王，上前问道：“王兄，你在此作甚？”

刚刚还在团团转的咸阳王元禧一脸惨然，他忙拉住彭城王元勰的手：“六弟，这次，你可要救我！”

看那情形，咸阳王已是没有了选择，便一股脑儿将穆泰给自己贿赂巨金的事情说了出来。

彭城王元勰听完，也是无计可施：“王兄啊，你这可是顶风作案！二百斤黄金，够十万军队打一场大仗了，你真敢收。三兄因贪淫之罪，被御史中丞弹劾，皇兄亲数其过，杖之一百，免官在第，至今不肯赦免于他。你这，不是给皇兄出难题吗……”

咸阳王眼看已是穷途末路：“六弟，都是为兄的糊涂。事到临头，就不说那些没用的了。皇兄一向听你的规劝，你一定要为二哥想想办法。”

“事不宜迟，你跟我一起前去面圣，负荆请罪吧。皇兄念及你的过往之功，兴许会法外开恩。”

“只能如此了吗？我不敢去见他啊，万一天子盛怒……”

“只能如此了，王兄，不要一错再错！你还等着皇兄找你吗？！”彭城王元勰恨其不争，心说皇兄上治百僚，下尉百姓，终日劳顿，以致积劳成疾，几位同胞兄弟却都是贪财好货，连连触犯国法，实伤皇度——他转念想了下，“我问你，王兄，为何你现在才想到坦白此事？你以为皇兄对你的事情真是一无所知吗？”

“这……”咸阳王面露难色，却也只能全盘托出，“六弟不要再羞辱兄长了。实话告诉你吧，是有人秘密告知我的，司徒府那边已经追查到穆泰炼金献金的事情了……”

“谁通报于你的？”

“一个年轻后生，慕容敬。”

“慕容敬？”彭城王警觉起来。

“对，我府上司马慕容阔的侄儿，没多久前，才被我调去白鹭曹任九品参军。”

彭城王听罢，联想起白鹭曹的诸多怪事，蹙眉陷入了一阵思索，而后说道：“王兄，你是说，你府中长史的侄儿，他是背着其叔父秘密告诉你的？”

“对啊！我早就发现慕容阔背着我干了不少勾当。幸亏他这个侄儿还能念及我的提拔恩遇，”咸阳王见言语有失，拂袖道，“算了算了，不说这个了。六弟你只要愿意救我，皇兄一定会宽宥我的。”

半个时辰之后，咸阳王扮成随从模样，跟随彭城王的卫队一道儿出了洛阳城，径直前往汴水行在。而彭城王的一位近侍，则前往白鹭曹面见长史郦道元，送来了一张彭城王元勰的密封手书，在一张桑麻纸上，有寥寥数语：“王已随我出京。慕容敬或可大用，中丞自酌。”

而郦道元则将这份手书递给了身边的王肃，二人对视一笑。

郦道元淡然道：“又一条鱼浮出水面了。”

王肃摆弄着手臂上的镣铐：“这鱼，小了点。”

郦道元心胸顿觉舒畅，哈哈大笑：“不是咸阳王，只是他身边的王府司马卷入其中，算是最好的结果了。如果真是他，你我就麻烦了。”

对于郦道元的这个说法，王肃未置可否：“此事，由你我定计，由韩英执行，故意将司徒府追查穆泰献金一事透露给他的太学同侪慕容敬，结果却甄别出他的叔父慕容阔是个奸邪之人。”

“至少慕容敬这个后生，与其叔父慕容阔不是完全一条心。他能违悖叔父的意愿，给咸阳王通信，一定也是做了很大的挣扎。”

“未必吧，难道不能解释为——慕容敬急切想在咸阳王面前邀功吗？”王肃反问。

郦道元摇头：“很难讲得通。慕容敬与咸阳王地位悬殊，此前相识与否都不一定，对于慕容敬来说，通过叔父上禀咸阳王是最为稳妥的。他如此唐突通知咸阳王，显然是在叔父慕容阔那里遭遇了阻力。也就是说，慕容阔是不同意在此时将咸阳王的干系撇清的。他，或者说他们，还需要咸阳王的昏聩贪渎来做掩饰。”

“如此说来，这彭城王元勰，倒也真是一个明敏睿智之人。聪睿者无野心，有野心者多颟顸。这德不配位的人事安排，太多了。”王肃叹息道，“郦中丞，箭在弦上，请由白鹭曹出面，即刻缉拿咸阳王府司马慕容阔。”

“不通知河阳王？”

“来不及了。”

这天夜里，在洛阳三百二十坊之内，于三大市的酒肆姬馆之中，人们听着外面的声声爆竹，围坐在杯盘狼藉的案几之前，一边享受着屠苏美酒，还有那些美味馋人的烂熟猪头、豆沙甘松、各色炖菜、烧烤肉串，一边讨论着京都里白天发生的大事：镇南将军王肃“与敌交通，谋为内应”，已收押于白鹭刑房；领军将军于烈父子二人居功自傲，一日之间，废为布衣，戴罪从军，并有长子于祚在州谋乱，天子已派任城王亲往捕拿；新任领军将军元越走马上任……

这一夜，顺着挂满红灯的铜驼大街，韩英从廷尉大牢背出一个苟延残喘的老朽之躯，在闻玉的一同搀扶下，回到了简陋的家中。无论如何，被羁押多日的将作大匠蒋少游，终于被释放还家了。

“阿爷，我裁出了两只瑞兽，我们也贴在窗棂上吧。”闻玉拿出了一只纸鹿，一头纸麒麟，是用从百纸坊买来的红纸剪成的。

蒋少游把剩在碗底的麦面粥小心地刷在窗棂上，面带着微笑，与一双儿女一道，将红鹿、红麒麟贴了上去。

“阿爷，我配了一服药方，恢复元气的，马上就煎好，您喝了就睡下，好好歇息几天。”闻玉用竹筒吹着身边的小炉火。

“阿爷不劳累，明日就去谷水上的千金堰工地。”蒋少游怜惜地看着闻玉。

腊月二十九，雪仍未下，只是干冷，还有凄厉肃杀的风。

种有麦田的农家都忧心忡忡，有几个老迈之人，拄着粗糙的拐杖，佝偻着身躯，伫立在田埂麦垄间，呆呆地望着那些孱弱无力的小绿苗。

虽然已近新年元日，但近畿户中的男丁，大都主动去参加谷水千金堰的劳役了。大魏租调之制为：丁男授田一顷，需岁输麦三斛以为地租。于人力，则每岁需服役二十日，无力或不愿参加劳役者，可日纳三尺绢帛代替，京都、地方有大事，需加役二十五日者，则免除桑麻之调，若服满三十日徭役，则租、调皆免。

一个须发已白的高个男人一大早就来到工地之上，他拿出了自己在狱中就已经绘制完毕的缮修图纸。都水衙门众小吏纷纷向他施礼，来者正是将作大匠蒋少游，他不做多余寒暄，甫一走马上任，即刻利落吩咐，按图施工。

洛阳城内，白鹭曹刑房。咸阳王府司马慕容阔，此时已身陷其中。

隔壁刑房之内，则是身戴枷锁的镇南将军王肃，在他一旁的，是慕兰公主与韩英二人。两间刑房之间，开有小孔，王肃一行，可清楚听得隔壁刑房的全程审讯。

白鹭曹长史郦道元独坐审讯慕容阔，长史一脸冷峻，声音低沉："慕容阔，今日以外结州官、构陷王公之罪押你至白鹭曹衙，你可认罪？"

慕容阔摇头。

对方的反应全在郦道元意料之中，他徐徐说道："想必慕容司马对白鹭曹酷刑早有耳闻，但本官不想对你用刑。因为你是明白人。我可以明白地告诉你，咸阳王已经放弃了你。此时此刻，太尉马匹，与天子行在，已是近在咫尺。换句话说，他已经主动向天子说明接受穆泰等人献金一事。"

郦道元所述，倒是大出慕容阔意料，似乎是在情急之下说出："咸阳王怎会如此糊涂？"

"糊涂？"郦道元冷笑一声，"不要再演戏了，慕容阔，如果说咸阳王糊涂，也是被你蒙在鼓里以致两耳失聪。我再问你，穆泰为何馈赠咸阳王如此巨额的黄金？"

慕容阔也冷笑一声，随即吐了一口唾沫在地，提声说道："咸阳王贪财好货，是你郦中丞不知道，还是天子不明了？穆泰为获恒州刺史要职，献金于咸阳王殿下，干我何事？慕容阔只不过是殿下的一个马前卒，郦中丞至于为难我一个下人吗？"

"好，慕容阔，我早已提醒你，你我之间，不要进行如此没有质量的对谈。我现在请你细想一事，你可知道咸阳王从何人那里知道，穆泰涉案之事已经泄露，他觉得应该舍弃你了吗？"

"何人？"慕容阔急问之后，又来掩饰，"这又干我何事？"

郦道元稍顿，蔑视道："是慕容敬，你视为己出的亲侄儿。"

慕容阔立时惊愕，两目圆睁，不敢相信郦道元的话："你休要诓骗于我，也不要试图套话于我。我也再说一遍，我慕容阔也是跟着朝廷宰辅见过大世面的人，你这小小的白鹭曹能奈我何？"

"嘘！"郦道元食指指尖抵住人中，小声道，"慕容阔，顾左右而言他，解决不了问题，我实话告诉你，郦某既然抓你归案，就有确凿证据。绝对不会冤枉你。你今日进白鹭曹，不要心存侥幸，从今日起，你只有两个结局：被朝廷斩首，受大辟之刑。或者，把你知道的全部说出来，活下来！"

慕容阔垂下首来，仍是沉默不语。

“你不愿说，我来替你说。”郦道元命人带进一名身背枷锁的小吏，“这位你很熟悉吧？前定州刺史穆泰的门人，曾与你多次交接钱物，此次贡献二百斤黄金之事，便是你们二人具体对接。”

慕容阔见状，气势减弱了许多。

证人被带下之后，郦道元稍顿片刻，继续说道：“我今天要问你的事情，并非勾结外官、献金王侯之事，而是那两千斤石硫黄，到底现在身在何处？”

慕容阔叹了口气：“两千斤？不是一千多斤吗？给咸阳王炼金用了，黄腾之捣鼓的，在城南铁作监工场……”

“慕容阔！”郦道元大怒，“本朝有律，官吏受一匹绢者，杀无赦！这么多年来，你上下其手，中饱私囊，何止百两金、千匹绢！王侯功臣有皇家御赐免死铁券，天威盛怒之下，尚且不足恃。你慕容阔自己掂量一下，你有什么？你自以为的靠山，真能靠得住吗！本官现在即可将你杖毙于此地！”

慕容阔顿时瘫坐在地。

过了许久，郦道元语气和缓道：“我说慕容阔啊，你虽为长辈，却不如子侄慕容敬通晓大义。你想过没有，你一手铸成大错，会使你这慕容一支横遭灭门之灾。合家老幼无辜，你焉能如此心狠手辣？本官对你身世，也知一二。你本为北燕皇家后裔，大魏世祖之时收复燕地，不料你家阿父又因重大失责，惨遭腐刑。”郦道元看到慕容阔的双眼中闪出一团仇恨之火，“但朝廷自有法度，你怎能迁咎于本朝圣明天子？再者来说，旧国慕容氏之衰败，源于冯氏篡掌北燕国玺，又怎能归咎于大魏世祖一统？”

“不要再枉费口舌！我什么都不会说的，你自说自话吧。”慕容阔反而挺直了腰板。

“慕容阔，你抱已死之心，与泱泱大国为敌，本中丞佩服你的勇气。但是，你想过你那些无辜的子侄和同宗亲人吗？他们的胸中，是不是也像你一样，藏着除了能吞噬自己，毫无用处的烈火？汝父虽受朝廷刑法，子侄本宗却依旧深得皇室王侯信任，我如果是足下，我定然不会这般不理智。事到如今，我能做的，也很少了，因为你已经错得太远、太离谱。我唯一能做的，大概也就是在天子那里为你争得一份免死的特诏。”

郦道元看到，慕容阔开始陷入一种艰难的抉择，向左是为父雪耻，向右是性命得以存活，合家得以脱险。

郦道元拿起纸笔，走向慕容阔：“你不必现在就说出来，毕竟你的错误，也算是你的志向吧。燕赵多义士，你的决定，要么是成全了你一个人的所谓大义，要么是保全了一家的性命。譬如慕容敬这样年纪轻轻，即入太学、录参军，太可惜了……”

“郦道元……”慕容阔抬头，“你能言而有信吗？”

“什么？”

“在天子那里为我求得免死明诏。”

“我争取吧。”

慕容阔喉咙蠕动，看着郦道元，过了一会儿，接过了纸笔，在上面写出了几个字。

郦道元见字大吃一惊，一手将纸张接在手里，一手将慕容阔扶起：“还可以再具体些吗？这地方，可大了去了。”

慕容阔摇头：“我也只是知道个大概的场所，此为穆泰亲自安排心腹调运的，我并未参与。而如今，穆泰已赴恒州刺史任上。如此秘密之事，下面的办事之人，想来也只是听从穆泰的亲自安排。”

“四民药局之中，曾藏匿了大量石硫黄，是否为慕容司马所为？”郦道元突然问道。

“药局藏匿石硫黄？我全然不知。”慕容阔矢口否认。

郦道元听罢，将慕容阔的供纸叠好：“再问慕容司马，侍御师高婆罗对于此事，是否有参与？事到如今，你一定不要再有所隐瞒。司马回答之前，我也可以把所了解到的尽可能多的信息，分享与你——四民药局的背后，有咸阳王的重金资助，而侍御师高婆罗则是这间药局的首席医师。并且，曾经就有大量石硫黄，藏匿在四民药局之中！但是现在，已经不在药局。本来这种种迹象都指向了咸阳王，但据今日慕容司马的供词来看，咸阳王也只是犯有受金之罪，被穆泰等人所利用，以筹措炼金点药之名，掩护了石硫黄的入城。你是否将自己掌握的信息，也坦白于郦某？”

“高婆罗与此事有关？我还是第一次听说。”慕容阔再次否认，郦道元看他的表情，不似有撒谎之意。

“穆泰等人，要此巨量石硫黄作何之用，你可知道？接下来此案的破获，还要靠慕容司马鼎力相助。”

“郦中丞，收起你这些办案的套路吧。我招此供，并非怕死。而是我要活着，想亲眼看看，这元氏大魏在当今天子手中，到底能弄到何等地步，是又一个昙花一现的北燕，还是一个迥异于前代、开创伟业的圣朝。”

郦道元点头，慕容阔的这番话，倒是真的有些让他心生敬意：“既然慕容司马把话说到这种境地，郦某也再对你说句掏心的话，本朝能享国到何时，我不知道，任谁也不知道，古往今来，也没有不败亡的朝代。但当今天子，绝对是罕有之圣君，上苍有眼，会让他享国长久，文明之鼎革、九州之一统，在此一举。至少我个人，真心实意，祈愿三宝加持于天子。”

“对于石硫黄作何之用，我真的不清楚。穆泰只是告诉我，京师将有大变，此物可淆乱人眼、人心，有志者，则可于乱中取栗。他对我的承诺是，事成之后，故北燕地界，由我前去任州牧职并任都督职，全权处理军政诸事。我知道的，都已经全部告诉了郦中丞。”慕容阔坦言道，“我的猜想，应为趁乱烧燃石硫黄，散发黄烟毒气，或炮制大量毒药，投入伽蓝之内及周边里坊的甜水井之中，制造伤病恐慌。”

郦道元再道：“慕容司马与太子府的黄腾之，是否有交接？”

“因公务有过几次交涉，但不算有深交。我也听说，此人颇掌炼丹玄术，并参与了穆泰黄白炼金之事。对他的了解，也就仅此而已了。”慕容阔答道。

“所以，慕容司马在此事中的罪责，仅限于促成了咸阳王同意炼金，而后穆泰等人以咸阳王身份为掩护，成功筹集到石硫黄进京。除此之外，你皆一无所知。事实应该是如此的，对吗？”

慕容阔会意笑了笑：“谢过中丞。”

“我还有一句话问你，你可以答，也可以不答，不录在档，且与本案无关。”

“中丞请讲。”

“对于穆泰暗度陈仓，以炼金为名，运石硫黄进京一事，咸阳王是否真的一无所知？”

“郦中丞，你就不怕隔墙有耳吗？”慕容阔忽然笑道，“中丞的这一次问话，下官就不回答了，因为，我不清楚。但郦中丞一定要清楚，不仅复仇之火有可能吞噬一个人，好奇之心也有可能杀死一个人！正如中丞所说，当今天子仁德……你我，就不要再给天子出难题了。”

“好。那么接下来，就委屈慕容司马在此湿冷刑房挨上一段时日了。”郦道元立即退出，将慕容阔的亲笔供状藏在袖间，快步回到白鹭曹的衙门厅堂。

王肃、慕兰公主、韩英三人随后亦至。

“看来这慕容阔，所知消息实在有限。”慕容公主无不遗憾地说。

王肃道：“也只能到他这里了。如果咸阳王果真深度参与此事，你我就真的无能为力了。这已经超出郦中丞的白鹭曹和河阳王掌管的司徒府所管辖的范围了。实事求是地说，我等也不可能找到什么咸阳王参与的确凿证据。我们主动把穆泰献金暴露一事，先透给慕容敬，而后再到慕容阔，最后到咸阳王那里。而慕容阔反对提醒咸阳王，显然是想冒险到底。咸阳王得知之后，却连夜前去面见天子，坦白了接受外官献金之罪。如此来看，咸阳王的嫌疑确实是极小的。咸阳王之事，我们不要再想了，只能留给天子来处理。”

郦道元微微点头：“即便如此，慕容阔浮出水面，对我们而言，收获也是很大的。”

郦道元将慕容阔的供纸展开，几人上前，看到纸上写有四个潦草小字：“须弥天阁”。

众人顿时倒吸了一口凉气，有一件郁结已久之事终于被解开——前将军、将作大匠蒋少游蒙冤入狱，是一个设置好的圈套——大匠去职，就是为了排除他，将石硫黄顺利运入须弥天阁！

“公主，天子给司徒府留下的结案日期就在元日大典之前，而盛典的举办地点就在须弥天阁，不管他们是想借石硫黄燃放毒雾，还是投毒于城内水井，请你火速典司徒府兵，前去须弥天阁搜索石硫黄！”王肃急切吩咐道。

慕兰公主略思片刻，准备离去。

“公主，你且稍等，”郦道元将掾吏韦泓唤入，对慕兰公主解释道，“我从兖州归来之时，与时任南青州户曹参军的韦泓带巧匠四千多人入京，其中半数入驻天阁工地，两千匠人皆为韦泓所遴选。石硫黄藏匿之所，定是难寻。望韦泓能助公主一臂之力。”

“是！”韦泓应命，与慕兰公主先行离开。

郦道元再写一份文书，加盖白鹭曹官印，吩咐韩英道：“你速去城外谷水千金堰工地，找到家君，请他无论如何先回须弥天阁，配合公主，找到石硫黄！在天阁如遇禁军阻拦家君入内，你可将此白鹭曹办案文书示与众羽林军士，定然无人敢来阻拦。骑一匹快马，接回前将军！”

“韩英，我的坐骑渝轮就在曹衙之内，你乘此马前去。”王肃也意识到了事情的危急。

两人离开之后，郦道元的眼神反而越发焦灼，他先是吩咐亲信候官将王肃的镣铐解开："王将军，我们就不要演得如此逼真了，并无旁人，这道具，就不再用了。你且坐下，同我一道再梳理一下案情。"

王肃背手，来回踱步。

"王将军，我们引而不发，留着射声校尉元洛平不予缉捕，眼见天子已经下诏超擢其为禁军左卫将军。在禁军之中，其位只逊于领军将军元越一人，节制禁军五校尉。今日，据慕容阔招供，又有阴谋笼罩于须弥天阁，而天子归京之后，将在元日午前辰巳之交莅临天阁现场，并有后妃皇女、王侯众卿、藩臣贡使、僧尼百姓数万人在场。而担负其护卫之职的，正是朝廷禁军。我们这步棋，是不是走得过险了？一旦发生意外，我们可是……"郦道元的眉心已经沁出了豆大汗珠，他压低了嗓门，"将军，将会是一场恐怖的祸乱啊！"

王肃凝神仰天。

"不行，我这就去面见大长秋白整，要其在元日之时，加强天子护卫，庆典所带扈从禁军，必须重新严加遴选。"郦道元说完就要迈向厅堂大门。

"郦中丞！"王肃虽然压低了嗓门，郦道元同样听出了他的喝止之意，"我日前已经上密表与天子，提醒了此事。"

"什么？"郦道元蹙眉。

"此次大长秋回京，便是提前安排此事。"

"你什么意思？"郦道元更觉意外，"天子已知晓须弥天阁将有阴谋发生？"

王肃点头。

"你为什么又要瞒着我？"郦道元抓住了王肃的衣领，"你既然已经知道，为什么又要施计让韩英通信给慕容敬，让咸阳王从该案中脱身，又让我处心积虑从慕容阔口中套取案情？"

王肃舒了一口气，并不挣脱，语重心长说道："郦公，使得咸阳王脱身事外，此间道理我刚刚已经说过，我们动不了他！至尊要动他，也得好好掂量掂量。作为天子，他能够完全信任的人太少了，而天子在认准咸阳王之后，又给予了他太多的信任和荣宠，封太尉，领首善之地司州刺史，都督帝国腹地六州军事，一桩证据不足的案子就可以把他给扳倒吗？！天子也需要时间，需要缓冲。我们既然没有能力给他一个证据确凿的全部真相，把掌握到的部分真相提供给他就可以了！而咸阳王主动前去面见天子，坦白收受穆泰等人的贿赂，就是我们给予天子的部分真相。"

郦道元放开了王肃的衣领，语气亦和缓了下来："你什么时候觉察到须弥天阁藏有隐情的？"

"元洛平自作聪明，一步步浮出水面之后。"王肃答道，"今日来看，他至少有两个目的：一者，借崔宪遇害、铜驼悬尸一案，成功把将作大匠构陷进入廷尉大狱；二者，此前行刺将作大匠不成，被雪狼犬咬伤，便临时起意，自残、杀妾，再陷领军将军于烈，于烈业已被废领军之职。"

郦道元也陷入了思索。

王肃继续说道："郦公，你多番质问我，为何我不主张立即羁押元洛平。我今日可以把缘由说得更明确一些了，之所以我能够说明白，也是你的多方调查帮我厘清楚的。那便是，我们的对手，不是元洛平一个人，或者只是元洛平这一股势力！如果我们收押了元洛平，就全断了。这一点，可是与咸阳王不同，咸阳王只是一座山头，一个可以摇摆的山峰，说到底，天子对咸阳王，是有所驾驭，可以控制的，无论换了谁做天子，咸阳王至多也就是如今的权势。元洛平则不然……"王肃将话语停了下来。

"你为何说，我们的对手不是元洛平这一条线上的人？"郦道元想用王肃的话语，去印证自己的推断。

"第一，如果没有元洛平在铁作场找到被人为破坏的马镫，提供给司徒府，试图以此进一步构陷于烈，我们就不可能发现穆泰在铁作场的炼金骗局，也就牵涉不出咸阳王府的慕容阔，还有太子府詹事黄腾之。也就是说，元洛平与穆泰、慕容阔、黄腾之这三个人并不是一股势力，或者说，他们并不是最早的合谋者。慕容阔的背后，是不是咸阳王？穆泰的背后是不是大军在握的北方诸州镇？黄腾之的背后是不是太子？郦公明鉴，你敢继续做这样的推断吗？"

郦道元面无表情："你的第二呢？"

"第二，没有高婆罗对我提供的元洛平伤及臀部的报告，我就不可能确凿推断出元洛平被雪狼犬撕咬的真相，而高婆罗不仅出现在四夷馆案的现场，而且在四民药局藏匿石硫黄。由此可见，高婆罗与元洛平也不是一条线上的人。而高婆罗，一个御医的背后，会是谁，他与谁平常又走得近？"

"应该是一位皇子或后妃？"郦道元猜测道。

"皇后冯氏。"

郦道元听到之后，再次惊出一身冷汗，立时感到脑袋发木，他把声音压到了最低，低得只有对面的王肃能够听到：“将军，宫闱之事，可不是你我朝臣敢去任意猜度的。”

“这并不是我的猜测。慕兰公主已经拿到了皇后伙同高婆罗毒杀另一位嫔妃的证物。”王肃屏住了呼吸，目光如炬，看着郦道元。

王肃停住了，郦道元也彻底惊呆了。

两个人一直保持着沉默，过了半炷香的工夫，郦道元才喘了一口气，低声说道：“我明白了，王将军。”

“你明白了什么？”

“明白了在你的观念中，在你的行事中，为何常常有‘止’这样的字眼。祸莫大于无足，福莫厚乎知止。当止则要止。”

“慕兰公主打算怎么办？将此事上禀天子？”

“她也在犹豫。虽说是所谓证物，但是，天子宠爱皇后冯氏……你懂的。”

“三思后行吧。我就当从来没有听说过此事。你我为外官，非内宦，离这样的事情越远越好。”郦道元用力地睁了睁眼睛，吐出一口憋了半天的气息，不自觉地用手指敲了几下面前的案几。

“我还是方才的意见，我们不可能掌握整个真相，事君以忠，把所知道、所能弄清楚的部分真相，原原本本呈现给天子，至于结论，交由天子圣断吧！”

“怎么个呈现法？”

王肃靠前，倾身于郦道元一侧：“郦公，你立即带领数十候官，照会河阳王，以司徒府、白鹭曹联合办案，分为两路，共同前去缉拿两个人——太子府詹事黄腾之、御师高婆罗。拘捕罪名为结纳州吏、巫术炼金、构陷王公！”

“好！我这就去，那你……你随便吧，不出白鹭曹大门就行。”

“你且去忙，我来读书。”王肃从怀中掏出了一卷古书。

“读书？什么书？”

王肃抻开，郦道元边整理衣服冠带，边探头去看，书封面上为“抱朴子葛洪”几个黝黑大字。

郦道元下阶：“行，将军挺有闲情雅致，这书哪来的？”

“从柔然王子那里借来的。”

慕兰公主回到司徒府后，点三百府兵，立即列队浩浩荡荡前往须弥天阁工场。

进得伽蓝之地，才见天阁上下，数十庭院，千间僧房，有的密密匝匝，有的疏落有致，殿宇高耸金碧，青璅绮疏，各处焕然一新。院庭之内，多数树木虽少绿意，却都缀上了彩帛红纸，更有菁菁汝颍之竹、北邙南山佳石，罗莳其间，蔓蔓香草，随处可见，颇有野致。回廊挑檐之下，匠人们纷纷攀上跳下，高掌大红灯笼。

再看巍巍天阁，去地过百丈，直入云霄，每层有四面，面有三户六窗，户皆朱漆，图以云气，画彩仙灵，再望内窥，阁内飞天、菩萨、比丘以及供养人像，座座高冠大履，褒衣博带，庄严焕炳，世所未闻。慕兰公主也不免惊叹天阁工程之巧夺天工。

四处院落，只剩下器械、余料，工人们正在收纳整理。而须弥天阁的巨型脚架还没有拆下，在其旁边，新立了四座巨型木构滑车，并有数百匠人在扎结碗口粗的麻绳。不远处，则停放着一座金光闪闪的葫芦宝瓶，足有三四丈高，宝瓶肚围，还嵌有曼妙晶莹的各色颇黎，每块颇黎足有脸盆大小，并有直径两丈的莲花承露底座被木棉大被包裹，置于其旁，想来应是宝瓶底座，又有周匝所垂金铎数百，铎之大小，如一石瓮，次第摆在其旁，复有更加粗大的铁链四道。

天阁工程一切就绪，只差莲花宝瓶提升吊装在天阁之顶。

众人见有女官带人入内，也都司空见惯，因为平日里就有内宫女官结队而来，更有朝廷宰辅重臣纷沓而至，都是为了督促关心这天阁的进度。慕兰公主与韦泓二人并不先传负责天阁事务的将作副匠王遇，而是径直去往南青州工匠驻地，韦泓先后招来十几名在工地待命的南青州小吏，小声询问大家，近日可否见得什么异常之物进到天阁工地之内。韦泓见众人并无头绪，只好明说是石硫黄。作为青州匠人，整天与各种石料灰浆打交道，众人对于此物还是略知一二的，但也都表示，没有见到此物进场。

慕兰公主问韦泓："副匠王遇是否在天阁之内？"

韦泓告诉她，王遇被外来的一名禁军请走。

慕兰公主寻思：叫走王遇之人，必定是新任左卫将军元洛平。倒也正好，趁此没有干扰之际，搜索场内可疑地点。司徒府兵卒立即领命搜查，天阁之内，上万工匠不明就里，纷纷窃窃私语。

司徒府厅堂，河阳王元灿展开一张楮纸，亲自写好一份照会公文，加盖司徒之印。公文的主要内容是请领军将军府配合，将四夷馆馆案嫌犯——新任射声中尉张议交付归案，其谋杀原射声中尉蒋闻过之动机，为"尉内倾轧，伺机争取中尉之职”。王府主事薛适之领命之后，前往领军府，面见新任领军将军元越。

郦道元进府拜见之时，河阳王正抱臂闭目，独自静坐。

郦道元说明来意，河阳王听后直摇头：“唉，这真是扯不断，理更乱。郦中丞，我这也是急得没有半点头绪，也只好当个死猪硬扛了。本来镇南将军王肃坐镇，正查得风生水起。他这突然被戴了个勾结岛夷敌将的罪名，锒铛入狱……你说怎么办吧，老夫听你的安排。总要给天子一个交代。”

“大司徒，得您出马了。我去金镛城面见太子，抓捕黄腾之。您呢，这贵胄之身，国之巨础，烦劳进宫一趟吧，把侍御师高婆罗给羁押归案。二人归案，案情定会水落石出。”

“为何羁此二人？”河阳王不解。

“黄腾之身为太子府官，勾结地方刺史，构陷贿赂王公朝臣。”

“你是说献金给咸阳王吧？”

“正是。”

“羁押高婆罗，又是以何罪名呢？”

“藏匿巨额朝廷贸易禁品——石硫黄。”

“噢，这样啊。郦中丞应该早一步到，我刚刚发过照会给领军府，中尉张议亦将被收押归案。”

“大司徒，这可不一样，张议是禁军的人，骁骑将军今已履任领军将军，您去一封文书就好，于公于私，禁军都会乖乖交出来。但这高婆罗是内署御师……”

河阳王咂巴了一下嘴巴：“这……这天子不在宫中，又无内署请邀，说起来，慕兰以女尚书的身份前去捕人是最合适的……要不，我与郦中丞同去缉拿黄腾之，等慕兰那边忙完天阁搜查之事，让她去禁中拿人？”

“大司徒，您这有馆案全理之权，直接去掖廷监拿人便是。要不然殿下您传令，着司徒府人马前去金镛小城，从太子手里缉拿黄腾之，下官去找大长秋白内使，秘密缉拿高婆罗。”

河阳王站起来，直摇头：“郦中丞，咱这可是必然得罪人啊，不是得罪太子，就是得罪这些受天子宠幸的内侍官……”

郦道元哈哈一笑：“下官这朝廷御史的身份，干的就是得罪人的事儿。”

“罢了，罢了……”

河阳王蹒跚出厅，上至府吏给准备好的牛车之上。两侧二十府兵，长铍铁铠，威风凛凛。

慕兰公主带兵在须弥天阁搜索了整整两个时辰，仍旧一无所获，就连南青州户曹参军韦泓手下的四千多名工匠，手头没有紧急事务的，也都参与到搜索之中。但以须弥天阁建筑群之宏阔浩繁，在其中要找到一堆黄色的药石，谈何容易。

正当发愁之时，韩英带着一身泥浆的蒋少游来到天阁之内。在回来的路上，韩英已经向父亲讲述了慕容阔最新的供词。他叮嘱父亲，不仅是馆案之告破，甚至是天子之安危，都可能与此石硫黄有联系。蒋少游自然是不敢有丝毫的怠慢。

慕兰公主连忙前去迎上，和韩英共同搀扶着刚刚出狱的蒋少游。

此刻已近申酉之交，天色逐渐暗淡了下来。

将作大匠的声音沙哑："公主，你让府兵们回去吧。"

遣罢府兵与青州工匠，慕兰公主再次回到将作大匠身旁，一道道如刀的北风，掠过将作大匠灰白相间的乱发，只见他自上而下，再自下而上，一遍遍地察看着这幢出自己手的接天高阁。

然后，蒋少游又在两个人的搀扶下，绕着须弥天阁和一座座伽蓝殿阙细细巡视。

天色完全暗下来。

"怎么样，阿翁？"慕兰公主轻声问道。

蒋少游面色沉重，摇了摇头，他离开两人的搀扶，往忙忙碌碌的匠人中间走了走。大多数工匠对他都已非常熟悉，他们或是在捆扎着明天要用的麻绳，或是在加固几座巨型的吊装木车。他们轻声地问候着老人家，他们不知道为什么这位老人消失了好多日子。他们无从知道，他们也无力去关心。

蒋少游从忙碌的人群中走出来，无奈地说道："回去吧。"

"什么？！"慕兰公主瞪大了眼睛，旋即觉察到了自己的失礼，怯生生地说道，"阿翁，您也没……没发现吗？"

"公主，天色已晚，只能明日一早，我再前来了。"

三个人走出森森羽林层层守卫的须弥天阁，一路向北。

没有人察觉到，在不远的身后，有一个人影或快或慢，躲躲闪闪，一路尾随着他们。

御史中丞、白鹭曹长史郦道元带了两名候官，顺利进入金镛城，让候官立于阶下，只身前去厅堂觐见太子元恂。太子听完郦道元所述，对府中近臣参与咒术炼金一事也颇感意外，不等郦道元提出缉拿要求，便立即着人前去捆绑黄腾之，带到堂前。

太子也顾不上外人在场，将案几石砚重重掷向垂头丧气的太子府詹事，大声呵斥："黄腾之！父皇给我机会让我建功悔过，你口口声声说忠心辅佐，却背着我向咸阳王示好，你不就等着我倒霉，给自己找新靠山吗？！"

黄腾之扑通跪下。

太子元恂急得团团转，看看郦道元，又看看黄腾之，焦躁不安，奔向黄腾之，将其一脚踹翻在地，劈头大骂："我简直被你彻彻底底地害死了！"一番气喘吁吁，又无可奈何，眼眶中几乎就要奔出泪水，缓缓说道，"黄腾之，别人都早早离我而去，你最后离我而去，我本不想怪你。你交结王侯，我也不想怪你。你……你用什么咒术啊，什么黄白炼金！父皇最恨这些妖术巫咒之事，你这下真是把太子府结纳咸阳王的事儿给我坐实了。父皇能饶过叔父，你以为他会饶了我吗！"

黄腾之也涕泪俱下："太子殿下，我错了，穆泰只说，我只要完成炼金一事，便会在咸阳王那里为我说话，把我调出太子府，出任司州别驾一职。"

太子元恂背过手去，凄然道："郦中丞，你把他带走吧。"

当两名候官押解着黄腾之出到金镛城外，郦道元拍拍黄腾之的肩膀："黄腾之，你的表演，还真算有声有色啊。"

"你说什么？"

"黄腾之，这外面天冷，我不想跟你多费口舌。此去白鹭曹，不远不近，半个时辰足到。我给你这一路的时间，将你知道的事情好好捋一捋，不要再说什么炼金不炼金了。我想知道两个问题：第一，你们要石硫黄作何之用；第二，石硫黄现在何处。想清楚了，你就告诉看守候官，让他们来找我，没想清楚，你就待下去吧。这候官们的酷刑，驰名京畿内外，我是不敢看。"

"郦道元，你……"被五花大绑的黄腾之想抬手申辩，却是无法动弹。

郦道元上马，向司徒府方向挥鞭而去。黄腾之被几个候官再次捆扎起来，用麻绳连到一匹骏马的鞍上，还没等他反应过来，马匹已经开始撒腿狂奔。

"还有王法吗？还有王法吗！"在金镛城光极门前的大道上，响起两声响亮的面对苍穹的泣告，只一瞬间，这告呼就被惨叫声掩盖了。

郦道元策马来到司徒府，入至厅堂，见河阳王元灿、新任领军将军元越、慕兰公主、王府主簿薛适已分列在座。

郦道元拱手道："诸公在上，嫌犯黄腾之已被下官缉拿归案，现已押归白鹭曹，特来向大司徒禀告。"

河阳王轻微点了点头，其他诸人皆不言语，尤其慕兰公主，两眼低垂，面有愠怒。

郦道元在空气中感到了一种奇怪的气息，他也顾不得太多，直接表明了自己的真实来意："大司徒，御师高婆罗亦被押解回来了吧？"

领军将军元越请郦道元入座，摇了摇头："阿父前去内宫索人，才知道天子在少室山行在又染了风疾，皇后谕令亲信宦官和御师高婆罗一行，带了药剂、燕窝，前去探望天子了。"

"什么？"郦道元正要落座，大吃一惊，"大司徒，这高婆罗可是馆案的重点嫌犯。"

王府主事薛适见状，犹豫了一下，缓缓道："郦中丞，这高婆罗是得了皇后的谕令，前去给天子侍疾。"言下之意，这是司徒府也没有办法的事情。

"唉！"河阳王捶案，却无可奈何，"薛主事，你把羁押张议一事也给郦中丞回禀了吧。"

薛适上前："郦中丞，新任射声中尉张议持刀拒捕，自坠阊阖门城墙，已亡。"

郦道元又是心头一紧。射声士张议，对于他和王肃而言，本是一个可捕亦可不捕的角色，如下令羁捕，便是把案件已经针对原射声校尉元洛平给挑明了，这就违背了暂时不惊动他的初衷。但是，既然河阳王独掌了审案大权，有意在张议这个小角色这里达成结案，或者取得重大突破，走这一步棋，也未尝不可。借着河阳王的缉捕令，看对方的反应，也算投石问路。现如今，石头是投出去了，路却被封死了，因为这个小角色自我了断了。

"当时张议就在阊阖门一段城墙上巡值，我领兵到时，他显然已经明白了事情败露，当即就纵身跳下阊阖东阙，阙有九丈高，阙下广场皆是坚硬赭石铺就，当场脑浆四射。郦中丞如要进一步勘查，可以随时传唤当时在场的射声士前来府中应询。"主事薛适继续说道。

"不，关于此事，我没有什么要查验的。死了就死了吧。"郦道元的脑子现在一团乱麻，他转向慕兰公主，"公主，须弥天阁那边，是否也是没有结果？"

慕兰公主的心思似乎并不全在案情上，她闻声顿了一下，才答道："没有，将作大匠也亲自过去了，还是没有发现什么异常。”

“既然如此，那我就先回白鹭曹了。”郦道元起身告辞。

“我也去！”慕兰公主拿着马鞭，说着就要往外走。

“兰儿，天色已晚，你该回府了。”河阳王道。

“我要去连夜审讯黄腾之。”慕兰公主不多理会父亲的劝慰，也乘了马匹，跟随郦道元身后前往白鹭曹。

郦道元回身看慕兰公主，见她颇有心事，一副失魂落魄的模样，也只好慢慢前行。

一炷香后，两人回到白鹭曹，只见厅堂之内仍旧烛火闪烁，进入门内，才发现王肃仍旧肘依案几，拿着那卷古书，蹙眉静读。在他身侧的席上，放置着被卸下的沉重镣铐。

“你们终于回来了。”王肃将书卷搁下，疲惫地揉了揉两鬓。

“哈哈，我说王将军，别的大小官吏，只要进了这白鹭曹都是两股战战，魂飞魄散，你这可倒好，气定沉闲，手不释卷，遨游古今。”郦道元打趣说。

王肃也微笑：“还不多亏中丞奉诏履新，廓清乖戾，舍弃酷刑，依法办案，我这遇到好时候了嘛。”

“王肃，”慕兰公主突然说话，“冯皇后让我嫁给她的弟弟北平侯冯夙，并已遣派宦官将男方过书送去嵩岳行在，要天子先过目。但我死都不会嫁的。”

慕兰公主为天子从妹，一向受其宠爱，冯皇后早已有意结此良缘，此事对于天子近臣来说，已是旧闻。

“那你……”王肃迟疑，“下官能有什么办法呢？”

“你要快快破案！”慕兰公主快言快语，她看了看四周，走近两人，小声说道，“实话对你们说，我确信，这皇后，一定是有问题的。”

王肃与郦道元二人，午后才讨论过要远离宫闱之事，慕兰公主的这一猜测，又一次让两人不知如何回答才好。

慕兰公主看着两个人的神情，明白了他们的顾虑：“算了……我自己处理吧。”她背过手去，看着窗外漆黑的世界，“今日暮时，兄长元越得内官传旨，诏其典选羽林三千，明晨出城，南下轘辕关，前去少室山迎接銮驾回京。”

郦道元略思片刻：“此去少室山跋陀大师禅修之地，路途不远，半日可达，想来天子归京之刻，应为明日申酉之交，暮霭来袭之时。”

“南线归京之路轘辕关，路险石狭……”王肃似有忧虑，他曾专门经由此关南下颍汝、南阳勘察地形。

慕兰公主转身，盯着面前跳动的烛火，突然说道：“皇后早已知晓，天子回京将舍北线虎牢关，定走南线轘辕道！”

“公主何出此言？”王肃生疑。

慕兰公主回坐榻上，双目沉毅，一边述说一边思虑：“因为早在半月之前，皇后即从跋陀禅师口中得知，彼将缺席元日之会。”

“噢？”王肃不明就里。

“将军一定还记得，十日之前，宫掖监宦官黄兴寿在司徒府应询期间，突然发病，口不能言。事后我专程前去大内追查此事，恰逢高僧跋陀率领众弟子自神虎门西出宫禁，回返少林。听闻一同参加佛事的陈留公主所言，圣僧是应皇后屡次盛邀，前来宫中作法躯魔并升座讲佛。而在僧伽法事结束之时，皇后向禅师道谢，谈及元日之时再聆大师如莲禅音。跋陀即表明，此后将深居少室而简出，潜心修禅译经，元日之会，将不再赴京参加。元日朝会，为天子新年头等威仪之盛事，皇后听闻，一再恳请禅师再作打算，无奈禅师却心意已定。”

“公主的意思是，以跋陀禅师与天子十数年之厚谊，皇后早已判断，天子收到禅师的谢表，知道禅师决意隐居山林，在回京途中，定会绕道少室专程去探望禅师？”王肃问道。

“正是。”

旁边的郦道元也颇感遗憾，自己在内心里却也能够理解，他说道：“跋陀禅师自入大魏，凡伽蓝佛事、慰民抚恤等，向来与我天子相协以彰，惺惺相惜，公举光大佛陀、伸张皇仪。此次须弥天阁新成，盛事撼动中外，禅师却不能参加这元日朝会，天子心念跋陀，专程绕道去探望禅师，于天子之仁德重情，也确在情理之中吧。”

王肃点头，深以为然。

这时，厅堂之外，有男女对话之声。须臾之后，郦道元的亲信掾吏韦泓进来禀报，有自称汐月的女子前来觐见慕兰公主。

王肃这才想起，已经有多日不见汐月姑娘了。

进得厅堂的汐月一脸着急，见到厅下有多人，却也不想顾及太多的神情，未作施礼，便径直走向慕兰公主，在公主耳边微声说道：“请公主借步，汐月有要事相报。”

慕兰公主便拉了汐月来到厅堂之一角的围屏之后，两人又是一番窃窃私语，足有一炷香之久。虽然听不到两人的声音，但是明显瞥见了公主满脸的惊惧之色。公主又是一番叮嘱，将汐月遣还。

慕兰公主回座之时，似有失魂落魄之神色，并不言语。

王肃见对方并不说话，只好找了一个话题："有几日没有见到汐月了。"

慕兰公主闻声，看了王肃一眼，一半心不在焉，一半像是解释，缓缓道："在华林园外翟泉之侧，天子御赐给我一处别馆，我让汐月在那里看押一个人。"

"呃，看押何人？"王肃道。

"宫掖监内侍宦官——黄兴寿。"

"刚才听公主言及，黄兴寿此人，不是发病在宫中吗？"郦道元接话道。

慕兰公主稍顿："在宫内一名小黄门的协助下，我将黄兴寿从宫中转移出来，将其秘密安置在了我的别馆之中。近些日子，汐月一直在馆内保护他。"

"保护？"王肃心生疑窦。

"对，但他并不是发病，而是中了曼陀罗花之毒。如果一直在宫中，会再被逐日施毒，继而毒发身亡。"

"黄兴寿死在公主别馆了？"郦道元紧问。

慕兰公主摇头："他痊愈了。"

"噢，那就太好了，想不到汐月还能解毒。"王肃道。

"汐月哪有那样的本领，是闻玉日夜照料，配出的解毒药方。"

王肃这才意识到，公主竟在众人的眼皮之下，带着两个小姑娘家，做了这样的一桩大事，但还是提醒道："一定要注意安全。"

"安全倒是无碍，当时天子赐我馆舍，本是为……我和中尉新婚之用。"说到此处，慕兰公主低下了头，手捻裙上缥褶，"馆舍之内，有将作大匠亲造的夹道密室。"

王肃不曾想到，将作大匠蒋少游竟有如此缜密的心思。但对于他身边的郦道元来说，却并不算出乎意料。

"黄兴寿为何会被人施毒，他说什么了？"王肃再问。

这个时候，王肃与郦道元都注意到，慕兰公主脸上的忧色在迅速加重，她呼出的鼻息越来越重，甚至撼动了面前的烛火。

慕兰公主看了看王肃，又看看郦道元，她的声音忽然颤抖起来："皇后有弑杀天子之图谋！”

顿时，整个厅堂的空气冻结住了。王肃和郦道元的嘴巴都大张着。

过了许久，王肃才缓缓低头，将杯中茶汤喝了一点在口腔之中，他看看郦道元，再看看公主，还是不能言语。

郦道元脑门上的青筋更是暴突着，颤巍巍地小声道：“公主……”

慕兰公主轻轻抬手，让郦道元打住，在接下来的时间里，她说出了自己所知道的隐情。

原来，当今皇后冯氏为已故文明冯太后之侄女，冯氏入宫陪侍天子之时，天子与冯氏都年岁尚小。日后，文明冯太后因侄女性情乖张，将其罚出宫禁，外居佛寺诵经自省，却不料，冯氏居外两年之间，与当时的江湖郎中高婆罗发生私情。而天子亲政之后，念及两小无猜，又将冯氏迎回宫中，加之故文明冯太后对于天子有教养之恩，天子恩及冯氏一门，晋封冯氏为当今皇后。高婆罗也就这么神不知鬼不觉地进了御师署，摇身一变成了御医首领。天子又常年在外巡查征战，御师出入宫禁有其方便，对于此宫闱丑事，只有皇后身边的几名亲信知道，但是慑于皇后统领后宫之威权，都是不敢言语。却碰到一个不知趣的黄兴寿，曾经当面撞见了两人的苟且之事，而后终日郁郁，失魂落魄。皇后冯氏为防不测，便与高婆罗合谋，以曼陀罗之毒放入黄兴寿之餐食之中。而正当镇南将军、慕兰公主一行自行在领诏，回京在大司徒府启动馆案重审，黄兴寿业已察觉到自己的性命不保，故而冒险前来告密，不料还是当场毒发失言。

王肃含着口中的半口茶汤听完了慕兰公主的解释，当他喘过气来之后，猛然咳了出来，差点被那半口汤给呛死。

郦道元则是心中一震，他想起了另一件事——皇后已派御师高婆罗前往嵩岳少室山，为天子侍疾！

“我这里还有一物。”说话之间，慕兰公主撕开紧缝的衣袖，拿出了一方浸染着斑驳血红的白绢。她看着面前的二人，将白绢递于王肃之手，郦道元赶忙凑前来看，这才看清楚，这方白绢之上，是一个个蘸血写成的血字——

罪妾高照容万死，泣血顿首：

官家归京之日，妾身已作枯槁。

前因妾之愚怯，致有大罪者二：一欺君，未能将淫后、婆罗之苟且面禀陛下。二不能亲身教养皇子元怿，使妖后夺我骨肉。再有不能瞑目之大冤：遭冯氏鸩杀，万望官家为罪妾昭雪。

官家恩宠，来生再报。

伏愿官家千秋万寿。

读罢血书之后，王肃与郦道元彻底傻掉了。

而慕兰公主似乎恢复了平静："这份血书，是我前去后宫拜访之时，高贵嫔暗中塞给我的。之所以一直秘不示人，并非是我害怕什么。而是我起初以为，这是后宫贵妇们的相互栽赃倾轧，又涉天子声威，所以不敢轻信，或者说，不愿相信——轻信必然肇起祸乱。贵嫔已死，死无对证，也很难再说清楚。而今日内宦黄兴寿脱离曼陀罗之毒，刚刚苏醒过来，不待我出面，便将皇后之丑事供词说与汐月，必是黄兴寿决意舍命之举。他对高贵嫔之血书又不知情，更无必要拿自己的性命去栽赃高高在上的冯氏。如此，二者相互印证，皇后之丑端，定然不假。"

"高婆罗已经前去少室行在侍疾了！"郦道元回过神来，"天子如再有万一——"

"天子如再有万一……这冯后，便是太后了。"王肃将茶盏轻轻搁在了案几之上，"在她的手中，则有幼小的皇次子元怿。"

"太子府詹事黄腾之，已经在参与一场结纳外官的朋党之事，并已归案。虽然他口称该事与太子无关，但太子本来就势弱，在满朝汹汹舆论和天子那里，太子定然难辞其咎。一旦太子被废，至尊龙体再有万一之虞，皇次子元怿自然顺承皇统、荣登大宝。在他身后，真正掌权的，就是这位身居大内的冯氏了。她是想——做第二个文明冯太后！"郦道元满目惊恐。

对于郦道元这样推心置腹、大逆不道，而又环环相扣、证据确凿的推理结论，王肃似乎并不关心。他忽然明白了什么似的，看着郦道元："郦公，我们一直以为，是我们凭借自己的力量追踪到了太子詹事黄腾之，难道……"他还是不敢相信自己的推断，他调整了一下自己的坐姿，"难道是有人故意将黄腾之送交给我们的吗？"

郦道元一时也想不通。

慕兰公主冷笑一声，幽幽说道："是送交给你们，还是舍弃给你们，这二者的区别，大吗？"

一句话，倒点醒了梦中人。

"公主，得尽快将此封血书送给天子。等他回京，就来不及了！高婆罗已经在去往少室行在的路上了。”郦道元急切道。

“谁去送？谁去送都不合适，都是给自身肇祸。”王肃道，“这是一封什么书信？这不是一份捷文，甚至不是一封普通的告密信，这是一封将天子颜面和皇家威仪踹进深渊的信。圣意难测——你们想过没有，天子如果怀疑送信之人知其内情，他会将信使如何处理？！”

“这……”郦道元还真没想到这一茬儿。

“我去，我现在就出发！”慕兰公主道，“没有人比我更合适。”

“公主，你不能去。”王肃闻言道，“天子之安危，确为天下第一要务，但洛阳城中之事，也不能离开公主。公主不要忘记，在城中我们还有同样重要的事情要做，那就是要立即找到石硫黄！而如今，我并不能出到白鹭曹之外半步，公主要明白，现如今我们能够信任的人很少！我的意见是，你可派汐月前去，让汐月携带公主官节，骑乘天子赐给公主的渠黄宝马。这血书，可藏入秘匣暗格之内，在暗格之外……”

“对，在暗格之外，放上如阿胶、人参等物，恰天子患疾，放些补物在内，也说得过去。”郦道元提议道。

“不可。暗格之外，应空无一物。于秘匣之外再加盖公主私印封章，如此一来，天子定能明白公主的心意，也必然明了送信之人的不知情，不会妄加猜测信使。”王肃说道，“如果真是放了什么燕窝补品，说不定天子真会把该匣当普通的供奉礼盒给忽视了。暗格之外空空无物，天子则能立即猜中其间蹊跷。”

“还是你说得对。”郦道元悻悻道。

趁着冰冷的夜色，有一高头骏马，斜插过即将关闭的城门出城疾驰而去。

骑马之人正是慕兰公主的贴身扈从汐月，她的坐骑为天子御赐给慕兰公主的神骏渠黄。汐月很快绕过洛水幽林，间道城南万安山，飞驰到城外二三十里之处。她的目的地，是设在嵩岳北麓的天子行銮驻地。

/第十二章/

莲花宝顶

腊月三十日。

黎明，寅时过中。

洛阳城中，鸡鸣犬吠。

白鹭曹内，彻夜火烛通明。

铜驼大街南端，新任领军将军元越典领羽林三千，已兵临宣阳门下。只闻铁蹄萧萧，但见队阵辚辚，前阵持盾挺槊，中阵仗铍携弩，后阵腰佩龙武环首大刀，个个鲜衣怒马，阵缘环炬，金铁火龙，赫赫相映。

城门隆隆，特为领军出城提前开启。

洛阳城内，辰时刚到，将作大匠蒋少游、慕兰公主、韩英三人先至须弥天阁。白鹭曹长史郦道元点遣候官百人很快纷沓而至，在新任御史台掾吏、原南青州户曹参军韦泓的协助下，开始对天阁域内进行地毯式搜索。不多时，大长秋白整也从宫中带着百八十名内侍宦官加入进来。

将作副匠王遇已在阁内忙碌，按提前画好的站位，指挥数千匠师，为吊装莲花宝瓶进行最后的工作筹备。

在接下来的两个时辰里，天阁二十八层、殿宇九重、院落三百，僧、客堂房千间，就连伽蓝之内的六座水井、各处暗角沟渠都进行了检查，仍是一无所获。

“前将军，你看，也只留地宫一处了……”郦道元忧心忡忡地说道。

地宫之内，有九间之阔，法相庄严，内有佛像、法器、经卷，皆为天子此前御赐供养之宝物。在明日朝会之时，并有迎奉佛指舍利入内之盛举，地宫内外，只留一座九寸厚的石门以为出入，为使纤尘不染，日常就有三十羽林荷刀守卫，任何匠人、小吏不得擅自出入。

“可以去看看。”蒋少游说道，似乎他对此也不并寄予太大希望。

郦道元出面，带了六名候官亲自入内，小心查证，也并无结果，只得失望而出。

远处传来了一声声、一阵阵从缓到急的工匠号子声，只听得领呼紧凑，声调逐渐高亢激昂，“嗨、哟、嗖”“嗨、哟、嗖”……

四架吊装云车发出吱吱呀呀的声响，碗口粗的麻绳被一毫毫、一寸寸地抬起，起来了，起来了，那面硕大的莲花承露盘被一点点提升起来，随着巨盘的升起，天空中出现了一尊洁白无瑕的莲花，迎着太阳的光晕，形成一圈圈的七彩之光。

人们都昂头看着承露莲盘被升到第一层、第二层、第三层……猜想着如此巨大的重物，怎样被固定在插入云霄的天阁之顶。当那大盘被提升到人们的头顶，眼尖的人才发现，在大盘的底部，已经被凿出磨盘大小、一臂之深的六边形凹槽，原来在天阁之顶，已经预留出了一个同样形状、一样高度的凸起，只要被放置上去，便会分毫不差、严丝合缝，这承露宝盘便会在阁顶巍峨矗立数百上千年。大家不禁被工匠们的精湛技艺所折服，并且不住地赞叹。

时间又过去了半个时辰，很多人已经放弃了找到石硫黄的希望，态度变得敷衍了起来，而只有蒋少游在韩英和慕兰公主的保护下，在天阁之内，逐层勘察已经安放好的铜像、佛龛等物。就连郦道元也不得不承认，自己虽然大张旗鼓地带队搜查，其实是把最大的希望，也是唯一的希望寄托到这位老匠人身上。

而最终，他再一次看到蒋少游从阁内空手出来。

就连将作大匠都亲自来过两次，找了两遍了，也许是没有任何希望了吧，也许是石硫黄已经被对手扔在别处了，投放在平民里巷中的水井中了吧。但是郦道元认为，慕容阔没有理由欺骗自己，又或者慕容阔本来掌握的消息不够准确呢？

又是一片欢呼声，一片像海洋的波涛、像平地的惊雷一样的欢呼雀跃声将郦道元的思绪打破。那尊洁白如玉的承露宝盘，足足耗时两个时辰，在数百人的巧妙配合、在齿轮和云梯的协同下，被稳稳地放在天阁之巅。抬头望去，它又变得那么精致、那样小巧，就像菩萨飞升，从她的衣带上飘落在人间一枚晶莹剔透的白玉宝莲。

接下来的任务，对于这些能工巧匠，就变得更为神圣和困难了——要把那尊金光闪闪的宝瓶再次层层提升、放置在承露盘中。

这一次需要的工匠人数又增加了一倍，器械又变得更加复杂，匠人站位也变得更加严格，因为在宝瓶之外，还链接有八道环环相扣、中间铁环犹如拳头那么大的铁索。那尊边缘装饰有各色晶莹颇黎的葫芦宝瓶，被提前打制好的木架固定装载，威严地伫立在两架云梯之间。

将作副匠王遇屹立在天阁百石栏内，用力地将手中的一支巨鞭甩起触地，“啪”的一声，犹如晴天霹雳，霹雳过后，“起！”王遇一声号令，随之响起一阵阵、一重重更为壮阔的集体呼号声——“咳、哎、嗨、哟、嗖”“咳、哎、嗨、哟、嗖”“咳、哎、嗨、哟、嗖”……

木框内的金光宝瓶刚开始纹丝不动，直到云梯上的绞轮转动了三十多重，宝瓶才一点点离开地面。匠人们憋着气息，手臂、脖颈、脸颊上都暴着一股股粗大的青筋，终于，升到了一层、两层、三层、四层、五层、六层……到了九层。

就在宝瓶底部到了天阁九层的斗拱飞檐之时，“啪！啪！”

人们听到了两声压过呼号的鞭响，挥鞭之人声如洪钟：“驻——！”

匠人们纷纷应声驻停，每座升降云梯之下，有四名专伺驻停的匠人，他们合力将整根树桩削成的巨大木销插入云梯机关。天阁之下一千二百名拼力的匠人终于可以在中途缓一口气了。

人们正想擦汗，却听到石栏之下有个声音，几乎淹没在密集的喘息声中：“前将军，前将军，你这是……”

正在专心指挥的将作副匠王遇，看到了那个身材高大的挥鞭之人——将作大匠蒋少游。

王遇急忙跑上台阶：“前将军，您这喊的什么停啊？现在这天阁工地归我管，归我……”

蒋少游屹立在石栏之内，手搭凉棚，气息陈定，仰望着那只悬在空中、接受四方照射，显得更加金碧辉煌的葫芦宝瓶。他身后的慕兰公主以前从来没听到过阿翁发出的号令如此震天动地、孔武有力、悦耳动听。她的眉间瞬时也泛起了一枚花朵。她高兴地用目光去搜寻韩英，却怎么也找不见他的踪影。

郦道元也已经满怀激动地跑到石栏之下：“前将军！你是不是发现了？是不是

发现了石硫黄？”

蒋少游手执巨鞭，并不言语，他仰望苍穹，直视那悬在半空中熠熠生辉的莲花宝瓶。

众人随着他的目光都往上看。

“啊，前将军，是不是就在这宝瓶之中？！”郦道元难掩心中的兴奋，高喊道。

蒋少游放下手臂，点点头，对郦道元说道：“让他们放下来吧。”

“好，好好。”郦道元连忙去招呼上千匠人，让他们把宝瓶撤回地面。

刚刚累得气喘吁吁的匠人们面面相觑，大家开始交头接耳。

将作副匠王遇傻眼了，他跑到郦道元身前，面向上千工匠：“不要听他的！时间来不及了，宝瓶今日午前必须吊装完毕，明日一早便是元日朝会，我们今日一旦不能完成寺内所有筹备事务，天子不会饶过我们的！”

匠人们当然明白这座伽蓝是皇家寺院，从他们进工地的第一天起，就清楚地知道自己是在做一件成则荣获天子恩赏、败则牵连举家生计的非常之事。

这时，大长秋白整也上前来，要与郦道元共同商量，还未及他们开始交谈，就听到石栏之内的将作大匠发话了。人们清楚地觉察到蒋少游的声音，这一次变得浑浊而乏力：“弟兄们，这宝瓶被人私自改造了！已经不合规格，如果贸然吊装，一旦降雪，必将压覆！”

“啊！噢！”匠人们都纷纷大惊，他们开始讨论，似乎这宝瓶的样式真的与最先看到的不一样。

郦道元见状，也扯着喉咙开始喊：“弟兄们——误期会被天子责罚，但这寒冬腊月，如果一场暴雪就把它压塌下来，再伤及无辜，这就不是责罚的事儿了！前将军、将作大匠，为我大魏国之巨匠，大家要相信他，他一定可以把宝瓶给改造好的。大家既不会被天子责罚，也不会出人命——”

人群中的很多人点头称是，有的说在改造金镛城时自己就跟大匠做活，大匠是当今天子和已故的老太后都信任的老臣，听他的不会有错。

“不要听他胡说！这宝瓶再作改造，绝非半日可成。一来二去，绝对耽误工期。宝瓶所造，为数十位经验丰富的突厥匠师日夜精作而成，怎会有问题！”王遇继续阻挠郦道元，他转身对郦道元小声说，“郦中丞，我是新任天阁土监，您能不能别听大匠胡说？他老人家是过分谨慎惯了。我敢以脑袋担保，这宝瓶轻重，绝无问题，也定然不会发生大雪倾覆之事！您能不能让我在天子那里好好露一回脸儿？”

“你个官儿迷！”郦道元怒斥道。

一旁有个突厥老匠情绪激动，他刚才还在分外激动地看着自己打造的宝瓶徐徐升空，这会儿他听懂了有人说他的宝瓶有问题，他拖着身边一个年轻的突厥后生，让他帮自己向将作大匠转述话语。突厥后生只有十四五岁，说出的洛阳官话分外生涩：“宝瓶打造……用了半年，更多，日日夜夜，返工很多，天竺乌兹钢，用的，将来没有出问题，一点不会……合轻重之格……”

蒋少游下阶，拍了拍突厥铁匠师的臂膀：“放心，阿翁。问题并不出在您这里。”

他转过身去对王遇说：“王使君，人各有志，平日你如何隔着我攀附上峰，窥大匠之位，我都不以为意。这宝瓶明显经过改造，你真的不知道吗？”

“这……”王遇面露难色，“前将军，即便改造过，也不涉关键，您也不是不知道啊，您这是明摆着想让我难堪啊。”

郦道元面露愠怒：“王遇，我现在以白鹭曹长史的身份跟你说话，你再阻我办案，我即刻令候官将你捉入曹。”

王遇听后，一副颇为不屑的表情。

大长秋白整走上前来：“王副匠一心为公，圣听岂能不察？即便这宝瓶吊装耽误几个时辰，也不妨大事。”

大长秋为内宦领袖，终日侍奉天子左右，王遇见对方也这么说，便道：“白内使，那还请您一定在天子面前为下官美言几句。眼看着今日的工程，非要持续到午夜不可。一旦出了差错，卑职实在担当不起。”

在王遇的一声号令之下，金光宝瓶又被一点点降落下来。

此刻，已经时近正午。

巨型木架护卫着莲花宝瓶稳稳落地，匠人们都累得直吐舌头。

郦道元立即命人前去上下查看，众位候官爬上爬下，一炷香的工夫，愣是什么异常都没发现。

“前将军，您不是说这宝瓶需要再改造吗？您倒是改造啊！”王遇不耐烦地说道。

“前将军，您看这——”郦道元也有些心生悔意，与大长秋白整共同看着目不转睛的蒋少游。

“砸开！”

“什么！”王遇瞠目结舌，他已经愕然到直呼下达命令的上官姓名，“蒋……

蒋少游，你……你不是老糊涂了吧？”

慕兰公主闻言，上前给了王遇一个耳光：“休得无礼！”

王遇几乎被扇了一个满天星，恍惚之间，看到了出手者为慕兰公主，只好抱着半边脸颊，跪下谢罪，口中喃喃道：“这金瓶之上，镶嵌的十张大块颇黎，是用了十斤黄金从咸阳王府转购而来，古今少见，砸了可惜……”

“前将军，怎么砸？”郦道元问蒋少游。

还没等蒋少游说话，只听到人群外围发生了一阵骚动，传来一阵整齐的军阵步伐，并有盔甲、兵铁之声。原来是禁军左卫将军元洛平带着一千身着明光铠甲、手执寒光直刀的虎贲禁军来到伽蓝之内，其中半是步兵，半是马队，元洛平一声令下，将人群重重围住。

元洛平眉头紧蹙，从具装战马上下来，走入人群，给上上下下的官员拱手拜过，然后面对着在场的所有人：“须弥天阁，皇家伽蓝，明日三元，朝会在即。末将奉天子御诏，守卫天阁，如有阻挠工程进度者，杀无赦！”

“元洛平，你敢！”慕兰公主拔出腰间的佩刀，直指左卫将军的胸前护甲。

元洛平伸出两根手指，把慕兰公主的利刃轻轻拨开，而后抱拳：“公主，臣元洛平新奉皇诏，莅任左卫将军一职，元领军去京之时，都下禁军劲旅，并一切军民骚乱，由臣全权节制。还请公主保重贵体，勿被奸佞所欺，延宕元日大事。”

慕兰公主又想抬刀，已有两名禁军闪电上前，将其兵刃瞬间缴械。

“元洛平！你想造反吗？！”慕兰公主怒道。

“臣不敢，臣如履薄冰。遇有皇家事务，臣只奉天子之诏与领军将军之命，眼中并无众位朝臣。还请公主海涵。”

见此阵势，大长秋白整带领的百十宦官早已噤若寒蝉。而在郦道元带领的众多候官之中，本就是鱼龙混杂，平时搞起酷刑、栽赃州府大臣倒是个个生龙活虎，见了这些全副武装、杀气腾腾的禁军，除了郦道元的少数几名亲信候官，其他也都是呆若木鸡，作壁上观。

将作副匠王遇看准时机，凑上前来：“左卫将军，您看这宝瓶，升，还是不升？”

元洛平转身，在他的目光所及之处，众人纷纷躲开一条通道，他目光的尽头，则是那尊纹丝不动的佛家金光宝瓶。

“升！”元洛平退出人群，来到铁甲重围之外。

随着金光宝瓶的再次腾空而起，郦道元心如死灰。这一下一上，一旦宝瓶被装上百丈阁顶，下面的所有工程器械都会因为太过硕大无法搬动，被就地拆解损毁。如今还是一片喧嚣的天阁工地，在几个时辰之后，在今日夜幕降临之前，就会被打扫清理得干干净净，迎着明日的朝阳，开启它古今未有之伽蓝圣地的使命。再想把这宝瓶给弄下来，就不可能了。

也罢，就让它腾空而起，与那莲花露盘合二为一吧，自己也已经尽力了。天知道，那石硫黄在宝瓶之中能生成何物。郦道元如此想着。

“咳、哎、嗨、哟、嗖”“咳、哎、嗨、哟、嗖”“咳、哎、嗨、哟、嗖”……整齐而洪亮的号子声再次响起。

“嗒、嗒、嗒、嗒”“嗒、嗒、嗒、嗒”“嗒、嗒、嗒、嗒”……

隐隐约约，从须弥天阁外围的四面八方，又传来一阵阵奇怪的声音，这声音由小而大，由远及近，铺天盖地笼罩而来。工匠的呼号声还在继续，但是已经完全被这后来四处弥漫的声浪给吞没。

人们纷纷回首去看，从天阁周围，伸出一展展旌旗，一支支剑戟，从伽蓝九门，有秩有序，涌进一匹匹长鬃飞扬的骏马。这些马匹，没有那种华丽的具装，马匹上的士卒，没有那种明亮的盔甲，他们是一队队的轻骑兵，但是那些轻骑兵的脸上，明显带着或新或旧的伤痕，他们的目光里，明显带着刚刚战场杀伐的血红。

伽蓝之内的人全部惊呆了，就连匠人们的号子声也都不自觉地停了下来，负责云车驻停的匠人们果断将木销再次插入机关。

最后，从天阁的正门，在一队赤袍将领的坐骑簇拥下，一位身穿白色战袍的青年策马入内，他手中拿着一卷装裱精美的文书。

看到此情此景，在场的每一位朝臣都惊呆了，尤其是其中的两个人——将作大匠与慕兰公主。

白袍将军的坐骑越来越近，他的面容越来越清晰。

当慕兰公主看清那张覆盖着战火颜色的脸庞，两行眼泪夺眶而出。她张着嘴巴，还是不敢相信眼前的事实，她就像一尊受尽风霜的菩萨像完完全全地定在那里。

白袍将军下马，向将作大匠和慕兰公主深深地望了一眼，强忍着不让眼中的泪液涌出，他转向了一干重臣，打开了那卷文书，高声朗读：朕今遣射声校尉蒋闻过，率悬瓠军士万人，兼程返京，入洛之后，迅疾接手须弥天阁内外防务，不得有误。

郦道元心头一动，真是巧了，月前闲暇之日，为《水经》作注，述及汝水，才写到悬瓠这一段：汝水东经悬瓠城北，形若垂瓠，故取其名。悬瓠地处古豫州，在镮辕关之更南，为北进汴洛，南下荆楚之要地。悬瓠也是大魏朝廷面向南方前线的重要屯兵治所。

一切真相大白：蒋闻过并没有死在四夷馆！他不仅没有死，还被晋封为五尉要职射声校尉，效力于大魏军镇要地悬瓠。看此情形，一定是参加了不少次与南朝萧齐军队的鏖战。

不知道为什么，当慕兰公主看到这个时时刻刻牵之念之的人，日日夜夜以泪洗面，发誓还其清白、弄清死因的人，在一瞬间，就这么出现在自己面前，她却没有了那种生死相依、失而复得的感觉。她的感觉，更像是被人迎头狠狠地打了一棒。

她的手还在发抖，她的唇还在战栗，她的泪水还在风中飘洒，她失魂落魄地走到白袍将军面前，看着对方躲避的眼睛，她的泪水更加不受控制地流淌着。她终究只是一个白璧无瑕的女子，她一时还不知道该如何理解眼前的一切，过了许久，她才嘤嘤地哭出声来："闻过，这，这都是什么啊……"

她想吼叫出来，但是又止住了。她转身，向天阁的大门走去，她越来越觉得天旋地转。当她走到天阁大门前时，终于支撑不住，晕倒在地上。

这个时候，韩英刚好进来了，他带着一位拄着拐杖的长发老者。韩英顾不得远处的剑戟如林，赶紧将慕兰公主扶起来，抱在怀中："慕兰姊姊，你醒醒，你怎么了？"

远处的将作大匠和郦道元已经快步赶来。

拄杖老者见状，从怀中掏出了一个小纸包，慢慢打开，拿出了一丸暗赤色的小药粒，放进慕兰公主的嘴里，又拔开拐杖上面的老葫芦，将葫芦中的甜井水慢慢滴进公主口中。

韩英看着急急前来的父亲，愣是摸不着头脑，恍惚间好像又隔着人影，看到远处的一个白色身影是那么熟悉，但又顾不上那么多："阿爷，我发现自从昨夜，就有人跟踪我们，直到今晨，又有人跟我们来到天阁，我怕有意外，刚才出去杀了个回马枪，遇到了跟踪我们的乞丐，哦，不，如今看来是假扮的乞丐，他又引我去见了这位老人。老人说什么也要赶快来见你。"韩英一手抱着慢慢苏醒的慕兰公主，一边努力地解释着，"郦中丞，这又是怎么回事啊？"

郦中丞也没法回答他。

"蒋恩公，多日不见啊。"拄杖老者从容起身，"我这已经寻你好多时日了。"

蒋少游心疼地看着慕兰公主，又回头看看自己那个死而复生的儿子，此时此刻，也是百感交集："长老，这里没有外人，你想说什么就说吧。"

拄杖老者似乎感觉到了，蒋少游对于将要听到的回答，并不如以前那么迫切了，不但不迫切，反而变得可有可无似的。老者摊开两手："恩公，我怎么感觉到有哪点不对呢？"

郦道元立刻变得警觉起来："这位老丈，你要告诉前将军什么消息？"

"真的没外人吗？"老者并不理会郦道元，对蒋少游再次问，"还是咱们两个单独谈一下吧。"

"真的没有必要，长老，这两个孩子，你的人也跟了我两天了，这是自家一双儿女。至于我身边这位郦中丞——对你我的秘密也是知道的。郦中丞对于你们的事情，不是我告诉他的，是他自己发现的。"

"好吧。既然如此，我曾经对恩公做过承诺，你已帮我族人成功脱离险境，我便把当夜我的人看到的情形告诉你。可惜这么多时日，我有意报恩履行诺言，却不见你的踪影。"

"当夜？"韩英仍旧没有听懂。

"我的族人不仅看到了当晚暗地射杀贵公子的身影，而且悄声尾随，来到了他的府邸门前。"

"哪座府邸？"

"河阳王府。"

众人都看着已经睁开了双眼的慕兰公主，公主自然也听到了老者说的话。

"长老，你赶紧离开吧，离洛阳越远越好。"蒋少游叮嘱道。

"蒋恩公大可放心，族人全部撤入颍川境内大隗山群峦之中了，只留我和小侄在京，就是为了有朝一日能够见到恩公，报恩于君。我们对这世事，都无意关注。无论是盛世还是乱世，皆与我族人无关。这洛阳城中的秘密，只要两位使君愿去保守，便会永远不为世人所知。"拄杖老者说罢，转身告辞。

他身后的人并不知道，一个时辰之后，在城南洛水的一处偏僻水泊里，漂起了一个红衣浮尸，那正是这位报恩老者的尸身。就连蒋少游也早已忘记了这位长老在地下穴窟中曾经对他说过的话——"老朽对不起恩公，事情之后，老朽必以死谢罪于恩公。"

“韩英，你先送公主回府吧。”蒋少游俯身，将慕兰公主扶起。

“阿翁……我无大碍。”慕兰公主仍旧气息微弱。

郦道元经过短暂思索，对韩英说道：“你送完慕兰公主，立即前往白鹭曹，将事情的最新进展禀告于镇南将军。”

韩英已经领会了郦道元的意思，河阳王的家族之内有人直接参与了谋害兄长一案。

“还有，也要告诉将军，你的兄长蒋闻过还活着！”郦道元补充道。

“啊！”韩英张大了嘴巴，先惊后喜，旋即兴奋起来，“在哪里呢？阿兄在哪里呢？”

郦道元指了指远处的白袍将军，他看韩英的表情也是一时还没有反应过来。

“韩英，你先去做事吧。阿兄之事，回来再说。”蒋少游命令道。

韩英只好一步三回望，满脑狐疑地离去，再看看身边的慕兰公主：“慕兰姊姊，这，这……你不是该高兴才对吗？”

慕兰公主面无表情：“韩英，你去白鹭曹吧，我想静静。”慕兰公主将韩英的坐骑缰绳从拴马石上解开，递到他手中，坚持让他离去。

韩英挠着后脑勺，满脑子的狐疑，跨上了马鞍。

慕兰公主牵上马匹，独自来到洛水之畔。正当午时，腊月虽冷，却太阳普照，水面由西往东静静流淌，在蓝天下犹如一匹无瑕白练铺展开来，上面缀满了点点金光，时而又有水鸟展翅掠过，泛起阵阵涟漪。

慕兰公主踢着脚边的卵石，口中轻轻地哼唱：“披罗衣之璀粲兮，珥瑶碧之华琚。戴金翠之首饰，缀明珠以耀躯……”她一边哼唱，一边笑出声来，笑着笑着，却情不自禁地落下了眼泪。曾几何时，因为当时的射声中尉蒋闻过喜欢那建安时代的诗赋，她才去诵背曹子建的《洛神赋》。而如今，洛水神女远去，中尉已归来，她却是心中哀痛万分。

闻过为什么这样狠心骗自己呢？

还有天子，自己心心念念、在内心无数次为其祈福的皇兄，为什么也要骗自己呢？

还有自己的兄长，为什么要去图谋射杀蒋闻过呢？

她心中有太多的疑问，太多的难过，太多的失望。

她把这个世界，想得太过简单。

她不仅自己横了一条心要把恋人的死弄个水落石出，还把自己的侍女汐月派往了皇兄的行銮大帐。她一心想救人，却不知道，这次将汐月置于了何等的危险之中。

她恨他们，恨那些满脑子足智多谋、整天思虑万千的人。

她太累了，她的身心都已经被掏空了，她这样想着想着，竟然斜倚在一棵皂荚树下睡着了，伴着泪水睡着了。

不知道过了多久，也许是一个时辰，也许是两个时辰，她做了一个梦，梦到汐月也被天子赐死了。

她忽然惊醒，不能把汐月置于危险的境地！

慕兰公主跨上马匹，扬鞭向铜驼大街方向奔去。

她来到白鹭曹之时，王肃、郦道元、韩英都在厅堂之内，他们正在密谈着什么。

他们三人见慕兰公主进来，都齐刷刷地望向她，韩英先上前来，端来一杯热浆，关切地问："姊姊，你没事吧？"

慕兰公主点头，问道："事情怎么样了？"

"查清楚了。"王肃指着面前的几种物件，"石硫黄就在宝瓶之中。"

在他们的面前，有一团木棉絮，一块面盆大小的透明颇黎，还有一堆灰色的粉末。

"这是？"慕兰公主不明所以。

"姊姊你看——"韩英撕掉一小团木棉絮，放在青砖铺就的地面上，又小心翼翼将那块晶莹的颇黎捧在手里，走到太阳可以直射映照的窗棂下面。透过那面巨大的颇黎，太阳光竟被聚成了一个小圆点。韩英来回调整角度，又打开窗牖，那圆点最后被固定在木棉絮上："慕兰姊，你耐心等等看。"

一直等了有两炷香的工夫，那圆点之下的木棉絮竟然冒起了细细的白烟，又过了一会儿，木棉絮竟然被烧着了，闪烁出一小点火星。

"唉，不行，坚持不了了，胳膊疼。"韩英终于扛不住了，"不过这也足够了。"

"挺神奇的……"慕兰公主惊奇道，"颇黎还能生起火啊，还真不知道。"

韩英把那块颇黎捧到公主面前："也不是了，据郦中丞说，只有这种表面凸起的才会生火。你来摸摸看，这两面都有弧度，不平整的。"

慕兰公主伸手去摸了摸那面神奇的颇黎，脸上露出了干净无邪的笑容，那笑容，就像一个幼小的孩童，第一次吃到甜甜的蜂蜜那样美。

“这就查清楚了吗？”慕兰公主小声问。

那一小团木棉絮还在慢慢地自动燃烧着，那点火星越来越大。韩英将燃着的木棉移得更远，又从那团灰色的粉末里捻了一点点，走向木棉絮，将那点粉末撒在火星上，瞬间，“嗞”的一声，火星变成了一团火焰，瞬间又消失了。

“呀！”慕兰公主更惊奇了，“这又是什么？”

“你给这粉末起个名字吧，王将军。”郦道元微笑道。

“既然是来自炼丹家的石硫黄伏火法，我们就叫它伏火药吧。”王肃道。

“好名字，王将军近些时日以来，在我这白鹭曹内，不仅是苦读葛洪的《抱朴子》，琢磨这失传已久的黄白之术，还多方留意收集河洛地区炼丹家的传世配方。最后呢，这炼金术没找回来，却是发现了道家术士们用石硫黄炼丹伏火之时，发生意外的奥秘所在。”郦道元不无遗憾地打趣说，“要是能把这炼金术也给找回来，就更好了。”

“我也没有那么天分高、悟性好，这也是同太子府詹事黄腾之交流的心得结果。我现在都在怀疑，这白鹭曹的酷刑，是废除好，还是保留好。”王肃苦笑道。

“区别对待，一事一议吧。”郦道元道。

“他倒是坚持此事与太子无关，是穆泰与他私下策划的。”王肃道。

“那就还是依王将军的办案原则来，把我们已经掌握的部分上禀天子就好，剩下的，就交由天子圣断吧。”郦道元道。

韩英看慕兰对于眼前的一切还不大明白，继续说道：“慕兰姊，是不是挺神奇？这稍微一点点的伏火药就能燃烧如此剧烈，你想一两千斤的伏火药该是怎样的威力？这一两千斤伏火药全部都被装在了那莲花宝瓶之中，药粉之上，又被覆盖了一层木棉絮，而葫芦宝瓶的瓶壁四周，被镶嵌上了八面七彩颇黎，更可恨的是，只有这一面是这样凸起的。按那宝瓶的放置角度，明日上午，辰巳之交，太阳就恰恰映照在这面凸面颇黎上，只需要短短两三炷香的工夫，这莲花宝瓶就会被引燃爆炸，整个须弥天阁的上半部分都会被殃及！”

慕兰公主边听边瞪大了眼睛，也就是说，明日元日朝会，皇兄和一并登上天阁的王侯众卿，会应声与须弥天阁一起倾亡！

“明日朝会不会耽搁，我给了慕容阔一个将功补过的机会，让他前去咸阳王的库房重新找一面颇黎，将这面替下就好。将作副匠王遇已经被收押，据他供认，这面颇黎的细节，他并不知情，是穆泰以咸阳王的名义转送到须弥天阁的，而将作曹则直接将十斤黄金送给了咸阳王府。我想这王遇所言应该不虚，他也是因为自己的贪欲被穆泰给利用了。”郦道元进一步说明道。

“总听你们说及穆泰，为什么迟迟不见朝廷前去收押此人？”慕兰公主问道。

“已经去了。”

“谁？”

“任城王元澄。”

“他不是前去羁拿作乱恒州的别驾于祚吗？”慕兰公主还清楚地记得彭城王元勰前日宣读的诏书内容，领军将军于烈、太子翊军校尉于登父子同日被贬为布衣从军，于烈长子于祚则由任城王元澄亲带禁军从天子行在出发，亲自前去平城缉捕。

“慕兰公主，如今看来，于烈将军的这位长子于祚，在平城贪渎好货、鱼肉百姓为真，但作乱为假。于祚从秀容川调拨马匹，并在白登山中铸炼刀兵剑戟，皆是奉天子诏令所为。天子是故意找了这么一个身有污点的忠臣，来作万一之筹备。他的兵马，都是为任城王元澄前去弹压叛乱准备的。”郦道元道。

“天子早有预感了？”慕兰公主又想到自己死而复生的情人，终于恍然大悟。

王肃喟然：“恐怕就不是预感如此简单了，而是天子手中有什么确凿的证据。”

“那么我的阿兄元越，又担当了怎样的角色呢？”慕兰公主忧心道。

“元越已处凶多吉少之境地。”王肃不想隐瞒她。

“天子为何又要晋升他的官职呢？”慕兰公主不解。

王肃略略迟疑，缓缓说道：“将欲擒之，必先纵之；将欲取之，必先予之。”

慕兰公主似乎并不震惊：“元越他到底想要什么呢？”

王肃叹气：“没有人知道，天子也未必能吃透，所以才会先予其高官厚禄吧。”

“他会满足于此吗？”

“这只能由他自己来回答，恐怕天子也在等着他的回答。”王肃看着窗棂外面开始西斜的阳光。

郦道元站起身来，不无忧心地说道：“天子也是在下一步险棋啊。”

“中丞此话何意？”慕兰公主问道。

还没等郦道元回答，大长秋白整在郦道元亲信候官的引领下，进至白鹭曹厅堂。他先将一封天子手书交与王肃，再对郦道元说道：“郦中丞，禁军一万已在讲武场集结完毕，赶紧出城吧。”

郦道元拱手，与王肃、公主告别：“公主，我也该出发向轘辕关挺进，前去迎接圣驾了。你的问题，由王将军回答你吧。”

郦道元离开之后，王肃站起，正颜对韩英道：“旷野将军韩英听天子诏令——”

韩英见王肃拿出的文书上盖有天子印玺，伏身接诏。

王肃朗声道：“将作大匠蒋少游之养子、镇南将军府第九品上旷野将军韩英，办事明敏，果毅武勇，耿忠社稷，今，朕擢卿为第七品上威戎将军。闻诏，前去河阳马场，协领军将军于烈父子，弹压马场之乱。”

镇南将军读罢简短的诏令，对韩英说道：“事不宜迟，我的逾轮就在白鹭曹中，你火速前往洛阳城东，此刻在建春门外，已陆续集结于烈将军的亲信禁军官兵万人，你们将一同归入于领军麾下——地方州镇送来京师整修河阳马场的两万丁壮，将在午后发动叛乱！”

韩英立即应命退去。

一旁的慕兰公主则一直蹙眉不语，她已经习惯了消息的愕然、事态的意外。

王肃将新煎的茶汤给公主斟上一杯。

慕兰公主将茶接在手中，豁然说道：“我对将军，已经全然没有了秘密。我对这洛阳城中的大小秘密，也从来没有真正产生过兴趣。你非常清楚，我为什么一步步走到今天，全是因为我曾经的心上之人、我的未婚夫，卷入到一场突如其来的变故之中，惨遭杀戮……”说到这里，慕兰公主苦笑了一声，“而如今，他竟然……又出现了，当初知道他没了，我的心都跟着死了，你能体会吗？如果能，你们都不会骗我，不会把我骗得这么惨！”慕兰公主的泪水已经流淌到了茶盏之中，她的手再一次颤抖，她的心再一次如刀割一样疼痛。

此时此刻，旁边的王肃不知道该说什么。

慕兰公主伸出手去，想将脸上的泪液擦掉，但是不知为何，那泪液却怎么也擦不干净，只是一层层、一遍遍地在她的脸庞上滑过。

“公主，我并不知道他还活着——”王肃听到自己的声音在颤抖，他不知道为什么，突然是那么心疼眼前的女子。这种感觉，只有在他想念自己生死未卜的儿女的时候才会袭来。那是一种无法言说的疼痛感，更是一种莫名的不可把握的恐惧感。

“那我问你，你是否提前知道，你自己的旧府老仆会死，自己会被人了一朝削夺将军之职？”慕兰公主咬着嘴唇，她狐疑地看着眼前的王肃，她不知道，还要不要相信这些人的话。

王肃怔在了那里，他痛苦地摇摇头，又点了点头：“我并不想让他们受到伤害，我也从来没想到，这两位万里迢迢追随于我的故人，都会因为此案受到牵连。北归之后，我之所以不让他们紧随于我，就是因为我不想因为我的沉浮不定，使他们再遭受祸端。但当我听闻他们的死讯，细想之后，我确实又并不感到意外。确实是我害死了他们……”王肃未曾想到，慕兰公主的一句话，再次戳疼了自己的痛处，“公主，我也不可能预先知道，接手此案之后，我会被栽赃以通敌之罪，并且天子还信了，哦，不，如今看来，他是利用了这一点，顺势让我进这白鹭曹，而将河阳王单独搁在了馆案钦差长史的位置上。天子需要河阳王来单独作答一份问卷，这份问卷，其实并不涉及馆案本身，天子只想知道，河阳王是否真的如他表面那样忠心于他。如今来看，天子是提前对河阳王与骁骑将军产生了怀疑，这怀疑的起点，应是元越北巡之后，元将军上奏具表恒州别驾于祚诸罪，并将祸水引向领军将军于烈之时。或者应该说，天子在收到元越上表之后，见到表内对于诸州刺史之叛象并无提及，反而将问题的焦点集中于于氏父子，天子就已经怀疑元将军与定州刺史穆泰、恒州刺史陆睿、镇北大将军元思誉等人勾结在一起了。但是他们却都不知道，他们准备弑杀今上、叛乱之后共举的新天子——朔州刺史阳平王元颐，一边虚与委蛇答应了他们的拥戴，却在第二天，就借口回到朔州筹备举兵事宜，刚北过黄河，就折向东去，到天子那里告发谢罪了！”

“你是什么时候知道此事的？”

“今日午前，你们在天阁搜索石硫黄之时，已有大批天子近臣提前回京，前来筹备一切。”王肃稍有犹豫，迟疑道，“公主，此时此刻，河阳王已被软禁在府了。”

“什么？！”慕兰公主茫然失措，呆坐在那里，像一尊泥塑。

须臾之后，她想坐起：“不行，我要回去……”脑子却是一阵眩晕。

“公主！”镇南将军不忍道，“这阴谋制造巨量伏火药，筹划数月，想要弑杀天子的，就有河阳王！”

“他……不可能，不可能……”慕兰公主能够清楚地听到自己的牙齿都在颤抖，“一定是，一定是元越欺瞒了阿父。”

“公主……”王肃实在不忍心告诉她真相，或者他确也明白，公主是不愿接受这样的事实，“河阳王府主事薛适的儿子——在恒州任游击将军的薛绍宗，日前已经被带军前去弹压的任城王元澄收押。薛绍宗已经招认了，是元越他们联合恒州反叛力量，共同炮制了一份名册，名册之上，皆是他们不能控制的禁军中坚力量，却都是于烈多年的亲信，如果没有阳平王元颐的及时告密，于烈与七百四十名禁军将官必然会因此获罪。他们的计划非常周密，但是却没有想到阳平王元颐并无反叛之心。”

“阿父如果参与叛乱，他要什么，他图什么？！他已经是尊贵有加了。”慕兰公主还不愿相信。

“目前还没有河阳王本人的供词，或者天子也没想得到他的什么供词，但是我们可以推理得知。河阳王与穆泰等人的合作，是始于中途，他们需要河阳王的威望，他们想回归平城，那些刺史、镇军并不想，也没有资格登上天子之位，所以他们才会选中阳平王元颐。其实对于他们来说，只要新的天子是一位愿意同他们合作的拓跋皇族就好，是不是元颐并不必然，这一点大概就是元颐不敢参与的真实原因。而拓跋家族中，还有河阳王这一支的存在，元越等兄弟，并没有在迁都洛阳的过程中得到过多的利益、满意的封爵。而一旦当今天子暴毙，都城迁回平城，这些因为改良受损的人就会聚集在他们相中的皇族成员周围，而骁骑将军元越，就是一位合适的人选。或者，就是河阳王本人！”王肃徐徐说道。

慕兰公主把自己的脸颊深埋在双手之中，她不愿意接受这样的说法，她心中的阿父，是一位多年蛰伏宅邸、与世无争、淡泊名利的宗室亲王。不可能，任何人都会骗自己，自己的待嫁夫婿欺瞒自己，天子利用自己，但阿父无论如何也不会欺骗自己！绝对不可能！

在白鹭曹之外，在三百二十里坊之间，十万门庭，已经弥漫在岁尽除旧的欢腾之中。同里百姓，家主之间，未进晚食，已开始共饮屠苏、椒柏酒，老人之间，互赠桃汤、胶牙糖。

而这一天，中产之家的勤快妇人们已经将面揉好、发好。这腊月发面的时间，不能比今日更早，早则易坏，也不能比今日再晚，晚则面发不足。从初一元日到初五，百姓之家的主食，便是这发面蒸出来的白生生、暄腾腾的麦面馒头了。

比他们更兴奋的，是那些喜笑颜开的幼童，年纪稍长的男童学着成人的模样，击打火石，引燃木屑枯草，火烧竹节，街巷之间，噼啪作响。

日暮云霞绚，余晖映人间。

王肃慨叹一声：“公主，郦中丞离去之前，曾于不经意间，说天子是在下一着险棋，公主追问中丞……”王肃见慕兰公主并不抬头，继续说道，“天子诏命新领军将军元越前去少室迎驾，准其带羽林三千，公主可知，这三千羽林，或为元越平日笼络之死士，或为一心思北之鲜卑旧族子弟。如不出意外，他们必定会临险劫持天子，并且在天子身边，有少数内应叛军。这一动向，都已经被天子近臣完全掌握。天子也早有准备，已从南阳、义阳前线抽调中原诸州军士五万北返，十面埋伏于颍川界内，而射声中尉蒋闻过，哦，不，现在已被天子加封为射声校尉，他所携五千兵马，亦是刚刚身历南北战火的骁勇军卒。天子常年亲临矢石，带军征战，前线将卒皆对其忠心耿耿，所以元越此行，所带三千有意作乱的叛军死士，一旦有丝毫异动，都会被伏军当场斩杀。元越所点之死士，也是叛军之中坚，这恰也省了朝廷的逐一盘问。”

“所以，万般阻遏我前去天子行在，送呈高贵嫔的血书，也是王将军你计划中的事项？”慕兰公主冷笑道。

“少不得一场血战，毕竟是数千向死之卒。难免伤及无辜吧。”

“王将军，你们这帮人，是否也太过自负了。即便元越有弑君之心，即便他有里应外合之人，但天子此番外出，禁军扈从大概在两万之多，皆为精挑细选之虎贲精锐……”慕兰公主摇了摇头，鼻孔中哼了一声，“这造反之事，没有十拿九稳，谁会去干？不要说没有伏兵，只这三千死士对战数万精锐，已经知己知彼。如果我是元越，我也不会去动这个手！”

“公主所言极是。”王肃赞许道，“元越此番异动，实为仓促之举。并且要其带军去向轘辕关的，也正是天子本人。之所以我们确认元越所领，皆为死士，便是从他简选的人员去辨别的。这些士卒散于屯骑、步兵、射声、长水、越骑五校尉及城门尉之内，其家眷背景，皆为尚未遣至洛阳的鲜卑旧家！他们最初想动手的地方并不是在险要的轘辕道，而是在洛阳城中！明日朝会之时，一旦宝瓶伏火药被引燃，身处天阁之巅的天子、王公及中枢大臣首先会被殃及。他们会将屠刀伸向那些拥护鼎革大业的众卿、士大夫！之所以元越仓促选兵，提前行动，就是因为他担心天阁之内的石硫黄会被发现，而他们要做的，就是带兵前往轘辕道，在第二批伏火药被引爆之后，趁乱杀掉天子及诸王公近臣！”

“什么？还有第二批伏火药？”

“是的。”

“你们还有多少隐秘隐瞒着我？”

王肃不愿就此多作解释，略微沉吟，道：“其实，也正是公主你的调查和提醒，才让我们发现，他们早就清楚了天子回京要走南线轘辕道。而轘辕道山路崎岖，凡十二曲，循环往返，再多的兵力都是无法施展开的，尤其是在其中的某一两处险要之处，山石一旦被伏火药炸塌倾溃，被拦截逼仄谷底之间的，哪怕是一头头雄狮，也只能成为一只只待杀的羔羊。”

“你是说，第二批伏火药设置在轘辕道上？”

王肃面色森然：“公主，你想过一旦天子蒙难，会出现何种局面吗？我可以告诉你，无论是河阳王还是元越背后的势力，抑或穆泰、陆叡、元思誉此等的州镇重臣，或是当今皇后和太子，他们任何人都没有力量重整山河！不错，是有人心思北，但大魏定社稷于这天下之中的洛阳城，人心思定，天下一统，则是更大的人心。如果北方再遭战乱，这偌大的神州再乱百年，也并不意外，你面前这座繁华似锦的洛阳城，会再次成为虎狼出没、荒草萋萋的残破之地！”

慕兰公主仰首，看了看这巍峨的白鹭厅堂：“可是，他们却全然不顾这一切，他们都有着属于自己的执着。”

“正是如此。所以，郦中丞一行此去轘辕道，只能成功，不能失败。”

“你们有把握吗？”

“轘辕道上十二曲，已经安排了足够的人马前往搜查伏火药。如果没有搜出这批暂时消失无踪的伏火药，天子是决不会从少室行在启程的。”

慕兰公主起身：“将军，让我去趟轘辕道吧。”

她见王肃并不回应，思索了一会儿，猛然道：“你们是不是以为，我也参与了河阳王府的阴谋？——你把我留在此处，是在替天子软禁我，是吗？”

王肃摇摇头，盯着慕兰公主：“你不怕死吗？即便不死于伏火药，也很有可能遭遇乱兵之刀刃。”

“我怕，我不想让任何人死。所以才要去制止元越。”慕兰公主神情沉毅，“我会去面见天子，要求与他的毡车同行于轘辕道上。”

王肃立即领会了她的意思，再连连摇头，愤然说道：“公主，你以为元越会在意你与天子一同赴死吗？你以为一个一心向往至尊大位的人会在意——在意兄妹之情吗？！你知不知道当年文明太后为了抓牢手中的皇权，亲手杀死了自己的亲生骨肉，杀死了当今天子的父皇！自古到今，这种事情还少吗？！”王肃自己也说不清楚哪来的勇气，为了说服这位单纯的女子，竟然能说出如此大逆不道的话来。

慕兰公主低首：“将军，谢谢你的好意。你说的，我都懂。不单我要去，请将军也向司徒府通报一声，将软禁中的阿父和我一起送到天子那里。河阳王如果真的有弑君野心……”惊愕和伤痛又一次向她的全部身心袭来，“那就让阿父也亲身感受这种恐惧吧。也让他看看，他的亲生儿子会不会为了那个遥不可及的皇位，去狠心一并杀了他。”慕兰公主说完，双眼充斥着鲜红的颜色，是泪，也是血。

“公主，你……”王肃大惊失色，他无法体会到，此刻慕兰公主的内心，遭受着怎样的折磨。

慕兰公主突然哈哈大笑，过了一会儿，又流出泪水来：“将军，业力相报，真实不虚。无论是我，还是河阳王，都要承受一切，也都有责任来面对这一切。此为我们父女去往天子行在，陪同车驾归京的缘由之一。同时，我也相信，如果元越真的是那种为了虚无缥缈的皇位而置世间之一切全然不顾的人，他也一定是贪生怕死之人。你，郦中丞，还有高高在上的天子，你们都成竹在胸，于是你们给那些蓄意谋反的人一次又一次的机会、一个又一个的舞台，让他们去暴露自己的野心，表演自己的恶行。但你们可曾想过，也要利用一下他们的怯懦、利用一下他们对死亡的恐惧，怯懦和恐惧，何尝不是好的事物呢？如果元越已然知道自己已入精心设计的深彀之中，如果他知道自己再走下去、再赌下去，必输无疑，必死无疑，他这样的贪生怕死之辈，还会去孤注一掷吗？他所有的孤注，一次次的阴谋，何尝不是因为别人给了他一次次的希望、一次次的憧憬？！我此番去往轘辕道，会先去告诉他，他已经输了。先去掐掉他最后的那一点点希望。然后——我会毅然陪同天子毡车。我不相信元越还会赌下去。我不相信他会真的想死！什么死士？全是鬼迷心窍的赌徒，都是狗屁！”

“公主，如此一来，你便破坏了天子的整个筹划！”

“哈哈哈……”慕兰公主狂笑不止，诡异地说道，“王将军，这次，你也说实话了吧？你不经意、不自知间，说出了连自己都没意识到的实情——你们都是嗜血的赌徒，你们其实不在乎死更多的人，你们所要的、所追求的，只是赌胜的感觉，然后赢者通吃。你说，你们与元越、与河阳王、与穆泰、与宫中那位装腔作势的肮脏皇后，有什么区别？！你好好想想，你们的格局，你们的结局，与元越之流会有什么不同？！”

王肃的脊背顿时沁出一阵冷汗，浑身笼罩在强烈的悸怖感之中。

王肃已经记不清楚，慕兰公主是什么时候离开的，直到他面前煎茶的铜壶吱吱作响，里面的水全部被煮干，他才微微回过神来。一时间，他有些分不清真实与虚幻，在他的眼帘中，渲染出一幕幕离奇多变的彩色光晕——忽而面前是杀声震天、死尸累累的南阳城墙头，他自己手执横槊，满身血污，身边的蓬蒿地上，全是凌乱的胳膊、头颅、兵甲，一阵风吹倒了身侧那面被夕阳染成金黄的旌旗；闭眼的瞬间，竟又回到了南国的建康城中，秦淮绿波，杂花生树，群莺乱飞，母亲正在王家宅院之内，在池边石板上亲手杀鱼，母亲的笑容也是被夕阳染成了金黄；刹那间，耳畔又听到了自己的三个子女绕在自己膝边相互追逐的声音，他们的声音真好听，一串串，一阵阵，像小溪的潺潺声，像银铃的清脆响；蒙眬之间，他看到了夫人的面容，就躲在不远处的荷叶之间，她像是坐在织机前，因为她的方向，也是传来一阵阵、一串串的唧唧复唧唧，那声音，也很是悦耳，夫人的面庞，也是金黄金黄的。金黄的夕阳下，他又看到了一张带着血污的脸庞，那脸庞，不停地在自己面前晃动，像是父亲的，像是兄长的，像是自己的，又千变万化，也像是最疼爱的女儿的……

“将军，将军……”从一张被血污浸染的脸庞上发出一串喊声来——是韩英，“将军，你怎么了？”

韩英那张本来白皙的面容，怎么会是战场杀人的颜色呢？王肃终于回过神来，先是满脸疑惑地看着他，继而又抱着他的双臂，满目怜爱地看着这位少年。

“将军，河阳马场的叛乱已经解决好了。他们私藏的武器全部被收缴了，有两三千兵丁不服调遣，杀了几百名前去弹压的禁军，结果，他们全部被杀了，我这也差点……不过并无大碍。”韩英抹了下额上的血污，喘息说道。

王肃看着他手臂上捆扎的绷带已浸透了血红。不知道为什么，他看着韩英的沉静和从容，忽然感到一阵悲伤——为一个曾经单纯的少年，竟然如此快速习惯了战争、竟然如此不惧杀戮和被杀，感到深深的悲痛。而在这混战的乱世，继续会有数万、数十万的少年，会习惯杀声震天，甚至会在相互的杀伐中建功立业。

他不愿往下想，自己何尝不是这样无惧者中的一员。

王肃一直保持着无声的沉默，韩英一直在莫名地等待。最后，韩英见铜壶之中已经没有半滴水，便学着王肃的模样，磨了一碗新茶，添了一壶新水，加了姜、胡椒和剩下的一些不知道什么东西，再去和茶来煮。

间或，韩英会问下王肃：“将军，你说阿兄怎么就这么莫名地活了过来呢？”

王肃并没有回答他。

不知道过了有多久，韩英又嗫嚅道：“将军，慕兰姊该是有多么伤心呢？”

王肃仍旧不置可否。

最后，韩英来到厅堂的门槛上，蹲坐下来，看着远处一点点降下的金色余晖。

天色就这么一点点暗了下来，慢慢地，天上好像飘下了一枚枚莲花的花瓣，是下雪了。

太和二十年的第一场雪，终于落下了。

“王将军，”院中传来一阵熟悉的声音，是郦道元，他的声音如释重负，“天子车驾回城了。”

郦道元怀中抱着一个硕大的白陶水罐，看着两个奇怪的人，一内一外坐着，他走向前去，靠近王肃，兴奋地说道：“找到伏火药了，不出所料，就埋设在轘辕道上的两处曲狭之地。天子又赐给了慕兰公主一匹神骏，她和河阳王是伴着天子的毡车两侧，在半个时辰之前进入宣阳门的。元越已被天子近侍秘密缉捕，河阳王一入洛阳城，便被软禁在了府邸之中。高婆罗也已招供，确有谋害贵妃高照容之谋……还有太子，这次也要彻底失位了！”

“太子？太子与伏火药之事确有所涉？”王肃听罢，缓缓问道。

郦道元稍顿，通过洞开的厅门看了看寂静的庭院，悄声道：“与伏火药之事是否有直接牵涉，恐怕已难知究竟……但是，太子头上有另一桩更为严重的罪行，却已得到了证实，足以致其于万劫不复。”

“什么？”

“太子曾以西北灾荒形势严峻为由，自作主张，从太仓署调拨粮秣四十万斛，说是拨付给凉夏二州，而事实上——这批粮草已经落入了北州叛军的手中。”

“噢？！你是说，太子与穆泰等人早有勾结？”

郦道元忧心忡忡：“怕是在恒州，任城王元澄那边，少不得一场恶战。”

半个时辰之前，一队人马皆披重甲的队伍向洛阳城挺进。前队旗纛林立，仪仗威严，更有僧尼持宝结路，在其后面，则为天子紫盖毡车驾临，翠华争拥，车马络绎，阵马风樯，眼看前队已入宣阳门，而天子一行扈从的队尾，还绵延在城外三四里处。

但只有天子身边的近侍十多人才知道，在这驾万众簇拥的毡车之内，乘坐的并不是天子真身，而是长相与天子酷似的六弟彭城王元勰。真正的天子车驾，是在另一队五千精锐羽林的严密扈从之下，半个时辰之后才从跋陀禅师修行的少室丛林中开拔出发的，在他们身后的群山之中，还埋伏有两万刚刚经历了战火洗礼的悬瓠兵将随时待命。

白鹭曹衙，院落一角，数枝红梅凌寒独开，此时此刻，疏影横斜，暗香浮动。

莽莽高天，则是雪花纷飞。

王肃与郦道元共围泥炉。

御史中丞一边添炭煮茶，一边说道："煎茶所用之水，将军深谙其道，山水为上，江水为中，井水为下。我这罐中之水，是天子专门着人送来的，乃嵩山深处不冻甘泉。天子说了，山色空蒙，盘谷清泉，此水大好。要让将军用它来烹茶。"

过了不久，积雪盈围厅门。

郦道元拿开炉上壶盖，王肃盯着那咕咕作响的新汤，见其已微沸如鱼目，煎茶之人又执瓢将云母水膜掠出弃之，顷刻之间，茶汤边缘涌动如珠。

"郦公，"许久沉默的王肃终于开口，"据你所见，这事情的真相，到底是圣明天子借用咸阳王的贪黩之事，查出了一干涉案群凶，还是咸阳王利用了天子的恐惧之心，扳倒了一大片自己的政敌？"

郦道元小心翼翼地将一碗碧绿茶汤奉给王肃，对其问题，默不作答。

半月之后，上元之夜，天子发出敕令，诏命南青州迁洛之两千巧匠，结队南过轘辕关，前往嵩山之麓一方石罅流泉处，开建一座幽胜的山间伽蓝。

畿内百姓传说：有位皇家公主，要在此处落发为比丘尼。

图书在版编目（CIP）数据

洛阳危机：孝文帝密使 / 李纲著 . — 南京：江苏凤凰文艺出版社，2019.5
ISBN 978-7-5594-3509-5

Ⅰ. ①洛… Ⅱ. ①李… Ⅲ. ①长篇历史小说 – 中国 – 当代 Ⅳ. ① I247.5

中国版本图书馆 CIP 数据核字 (2019) 第 058797 号

洛阳危机：孝文帝密使

李纲 著

责任编辑　王　青　张　倩
特约编辑　晏杰然
装帧设计　Topic Design
出版发行　江苏凤凰文艺出版社
南京市中央路 165 号，邮编：210009
网　　址　http://www.jswenyi.com
印　　刷　三河市文通印刷包装有限公司
开　　本　700mm × 980mm　1/16
印　　张　20.5
字　　数　354 千字
版　　次　2019 年 5 月第 1 版　2019 年 5 月第 1 次印刷
书　　号　ISBN 978-7-5594-3509-5
定　　价　46.00 元